Au début c'est un jeu, puis cela devient une drogue, parfois un piège. Une image par jour, c'est le rythme. Son regard s'aiguise, toujours plus attentif, toujours plus libre. Il reprend contact avec le monde qui l'entoure, observe. Le ciel, les oiseaux, les gens qui sont là tout autour, ceux du quartier mais aussi les touristes et les manifestants sur le Parvis des Libertés et des Droits de l'Homme. Le périmètre dans lequel il se déplace est restreint : 200 mètres à gauche, 200 mètres à droite. Eh pourtant, chaque jour est une rencontre. Chaque jour est une surprise…

First it's a game, then it becomes a drug, sometimes a trap. A picture a day, that's the rhythm. His eye sharpens, always more attentive, always freer. He gets back in touch with the world around him, he watches. The sky, the birds, the people who are there all around, the people from the neighborhood but also the tourists and the demonstrators on the square of Liberties and Rights of Human. The perimeter in which he moves is limited: 200 meters on the left, 200 meters on the right. And yet, each day is an encounter. Each day is a surprise…

J - 363
AVANT L'AN 2000

J - 357
AVANT L'AN 2000

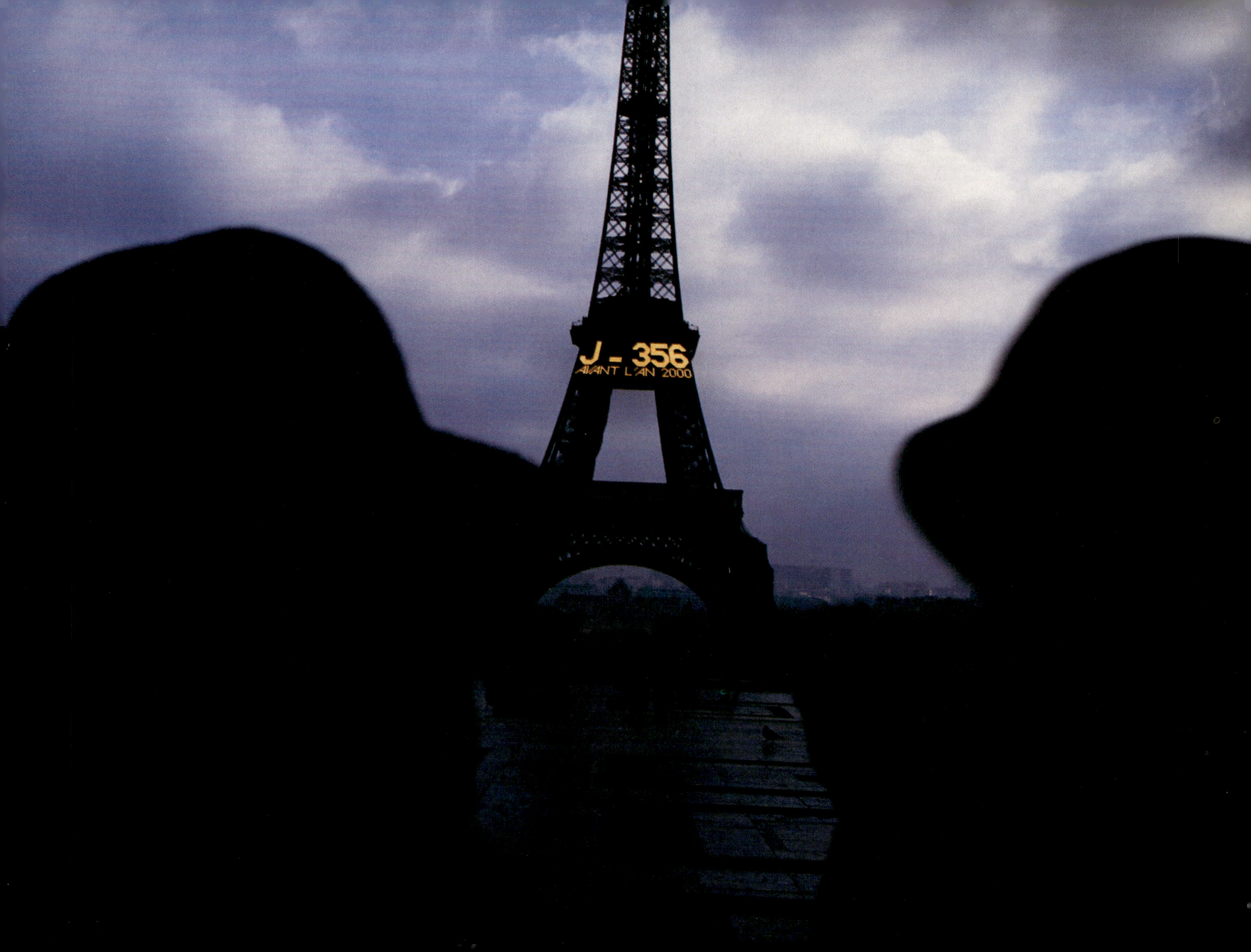
J - 356
AVANT L'AN 2000

En évoquant l'idée qui l'a conduit aux pieds de la Tour Eiffel pour illustrer la dernière année du siècle, Jean-Paul LUBLINER dit soupçonner le temps d'être le véritable objet de sa recherche. Attraction du compteur lumineux rythmant irréversiblement, au deuxième étage du monument, la fuite des jours vers l'an 2000 ? Besoin de pérennité emprunté à l'éternelle jeunesse de cette longue armature de fer, orgueilleusement campée dans le paysage parisien ? Ou réplique de l'homme de l'art – porteur d'infini s'il en est – à la technique d'un métier qui ne connaît, lui, que l'instant ?

Il y a de tout cela, sans doute, dans la démarche de ce faiseur d'images dont l'œil guette l'au-delà de la vie. Car la réalité n'est ici que prétexte à la quête du photographe : le déclic de son objectif n'agit que dans l'étrange, l'inattendu, l'insolite, le plus vrai que vrai, dont on se demande, au vu du résultat, qui, du sujet qui passe ou de celui qui le traque, a le plus d'esprit.

L'œuvre de LUBLINER a les couleurs et la mobilité d'un théâtre. Le geste saisi, la scène décrite n'y sont muets qu'en apparence. Chacun de ses clichés prend un sens et c'est là que le texte s'écrit.

Par cet album, il nous offre en tout cas une belle histoire de l'entrée de la Tour Eiffel dans l'an 2000 et de la complicité qu'elle établit avec son environnement. Certes, il y a ce qui lui est et ce qui nous est familier : le ciel, la Seine, les arbres du Champs-de-Mars, le Trocadéro, le pont d'Iéna. Permanence ! Mais il y a aussi tout ce qui s'anime, tous ceux qui l'animent : Parisiens de toujours, Parisiens de quelques jours, venus de loin, parfois de très loin, tutoyer en passant ce "Mécano" géant qui leur parle de leur enfance.

La magie de la tour, son universalité, cette façon qu'elle a de jouer de tous les registres de sa coquetterie, ombrée sous les nuages, rayonnante au soleil, parée de lumière chaque nuit, ont rarement trouvé traduction plus fidèle, lisible dans le geste et sur le visage de ceux qui la contemplent. Ou tout simplement la côtoient.

Ils passent… elle demeure.

Je ne sais si Jean-Paul LUBLINER a obtenu réponse du temps qu'il voulait questionner en feuilletant les dernières pages du XXᵉ siècle. Mais à défaut de faire parler le Sphinx, il a donné beaucoup d'éloquence à son talent.

Recalling the idea which drew him to the foot of the Eiffel tower, in order to illustrate the last year of the century, Jean-Paul LUBLINER says he suspects time being the true object which motivated his project. Attraction of the luminous meter, on the second floor of the monument, irreversibly punctuating the passage of the days, which brings us to closer to the year 2000? Need for perpetuity which is sought from the eternal youth of this long steel framework, proudly planted in the Parisian landscape? Or a replica of the artist —bearing infinity, if any— with the technique of a profession which only recognizes the instant? All of these, most probably, define the approach of this creator of images on the look out for life's hereafter. As reality here is only a pretext for the photographer's quest: the trigger of his lens acts only in the peculiar, the unexpected, the unusual, truer than truth that is the question. Considering the result, is it the subject that passes by or the one who pursues it, which has the most wit?

LUBLINER's work carries the colors and the mobility of a theater. The captured gesture, the illustrated scene is only silent in appearance. Each one of his shots has its own meaning and that is how the story unfolds.

It is certain, that through this photo album he offers us a beautiful opening story for the Eiffel tower's entry into the millennium, as well as the complicity she establishes with her environment. Of course, there are aspects which are familiar to her as well as to ourselves: the sky, the Seine, the trees of the Champs de Mars, the Trocadero, the Iena bridge.

Everlasting! Yet there is also the animation and those who animate it: full time Parisians, part time Parisians, those coming from afar, very far, walk past this giant mechanical toy which reminds them of their childhood.

The enchantment of the tower, its universality, the various manners of seduction which she plays, shaded beneath the clouds, gleaming through the sunlight, adorned each night in light, these have never been rendered so faithfully, seen through the gestures and on the faces of those who gaze at her. Or simply those who daily encounter her.

They pass… .She remains….

I do not know if Jean-Paul LUBLINER found the answer to time that he was looking for as he turned the last few pages of the 20th century. But having failed to discover the meaning of time through this journey, he has nevertheless given us an eloquent example of his talent.

Jacqueline NEBOUT
Président-Directeur général de la Société nouvelle d'exploitation de la Tour Eiffel
Chairman Executive Officer of the Société nouvelle d'exploitation de la Tour Eiffel

tour eiffel

un voyage immobile
par Jean-Paul Lubliner

Design par Michel Mallard
Editions du Collectionneur

A quatre ou cinq heures du matin, j'étais là, dehors.
Ce fut la première photo. Le lendemain, j'ai renouvelé l'expérience, comme ça. Le troisième et le quatrième jours furent automatiques. Je n'ai pas pensé. Mais le cinquième jour… tout a basculé. Alors seulement j'ai pris conscience de ce projet fou. Alors seulement j'ai décidé de m'embarquer. Il fallait que je m'équipe : appareils photos, sac à dos, pellicules. J'étais prêt.

Ma vie à ce moment-là, à la fin d'un mode de vie, a besoin d'autre chose. Face à la difficulté de l'existence, au vide qui m'entoure, il me faut lever les yeux, prendre conscience, m'éveiller spirituellement. La vie est souvent bienveillante, tel un battement d'ailes furtif, insaisissable, qui vous suspend : il faut lui faire confiance, elle vous donne votre chance. J'ai toujours souhaité échafauder un projet ambitieux. Un projet qui m'oblige à me surpasser pour mieux me régénérer. A chacun sa forme de méditation, moi j'ai choisi de rester au cœur de la ville. Communier avec elle, dans un espace qui m'est à la fois si familier et que je n'ai jamais vraiment pris le temps d'observer, d'apprécier.

Je suis face à moi-même, paniqué. Je découvre cette étendue qui me semble immense, étrangère, hostile. Je suis perdu, sans repère. Elle, splendide, immense, se dresse devant moi. Totem moderne dans la cité, tour de fer omniprésente. Face à elle, je ne vois qu'elle. Je suis bloqué. Je regarde autour de moi, je cherche mes repères. Je me fixe sur le décompte. Moi qui ne suis jamais disponible, homme pressé, j'étais en train de m'imposer une pause salutaire. Et puis, il y a la photo. C'est un vieux rêve qui m'intimide. Enfin, je passe à l'acte. Au bout de deux semaines, j'apprends à me détacher de mon modèle : j'introduis les premiers personnages dans l'histoire. C'est un cycliste de dos et, le lendemain, un homme de face. Cette vie dans l'image m'ouvre d'autres horizons. Je commence à me passionner. Je sais que je peux continuer.

Les jours s'égrènent… J'échappe à ma nostalgie, à mes routines, je résiste. Je sais le moment important. C'est une confrontation avec moi-même. La délivrance n'est pas loin. Le ciel de Paris… Depuis combien de jours, d'années, n'ai-je pas regardé dans sa direction ? Aujourd'hui, il est à moi, comme sont à moi les oiseaux, les arbres, l'eau, les bruits de la ville… Je découvre l'architecture, puis les gens. Ceux qui vivent à proximité et viennent promener leur chien, ceux qui font leur jogging, les touristes aussi, et tous ceux venus manifester sur le Parvis des Libertés et des Droits de l'Homme, lieu de revendication par excellence.
Le souvenir bienveillant de mon père, grand humaniste, me revient, me protège.
Les commerçants me reconnaissent et me saluent. La marchande de gaufres et de barbe à papa, le vendeur de merguez… 200 mètres à gauche, 200 mètres à droite, je continue mon exploration.

Me libérant de mes obsessions, je découvre celles des autres. Ceux qui font le tour du monde à vélo, à moto ou en rollers, et dont le parcours finit un jour ou l'autre par passer par le Trocadéro. Et puis, il y a cette joie qui se dégage du lieu : la danse, les tam-tams, les pelouses… Je retrouve peu à peu goût à la vie. Et si parfois des doutes subsistent sur la finalité de ce projet, sur ma capacité à me renouveler, à me régénérer, je sais que je suis allé trop loin pour revenir en arrière. Deux mois s'écoulent…

770.944 Lub
1110 7748 02/17/03   LCL
Lubliner, Jean-Paul.

Tour Eiffel : un voyage
immobile /
                        JM

LeRoy Collins Leon County
PUBLIC LIBRARY
200 West Park Avenue
Tallahassee, Florida 32301-7720

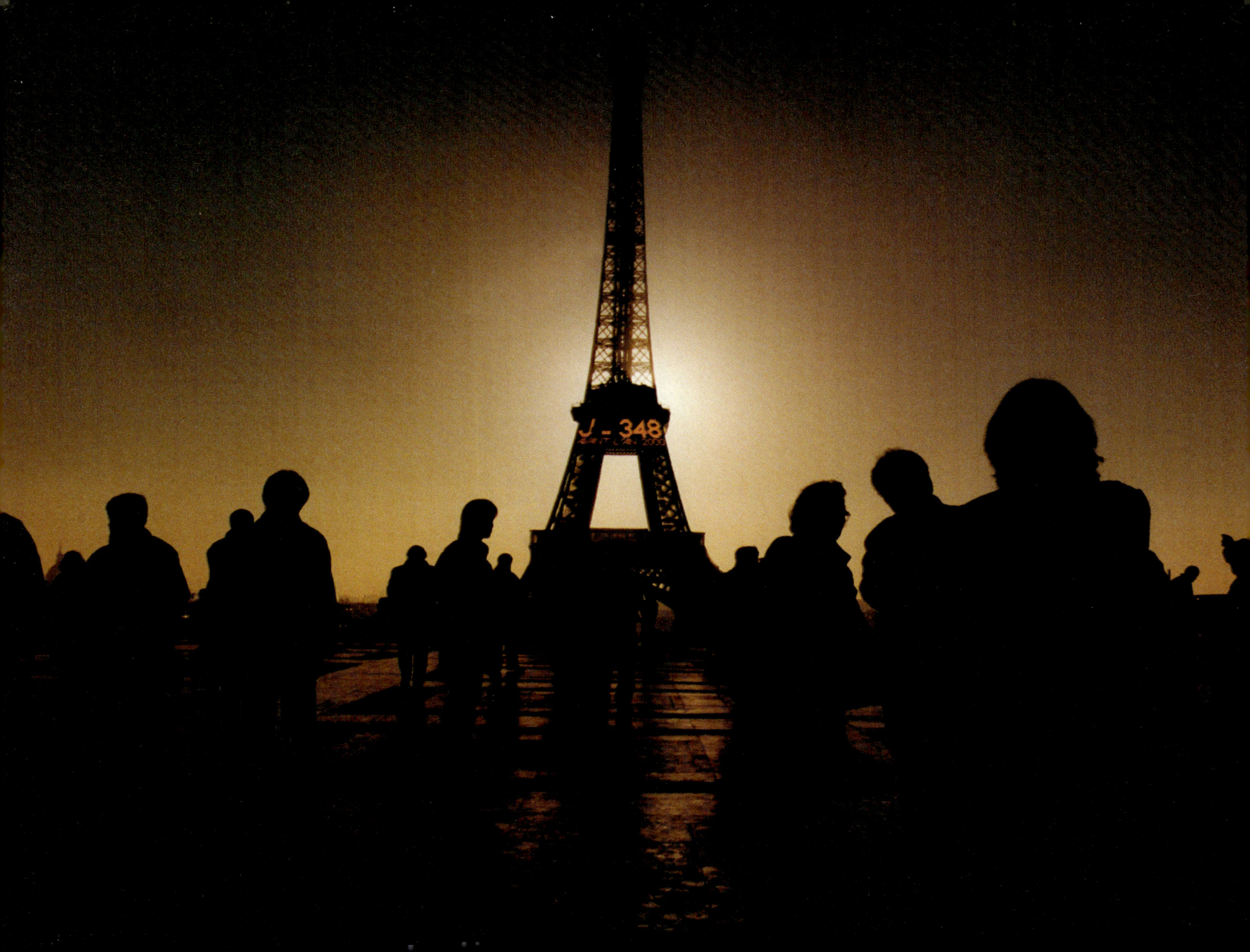
J - 348

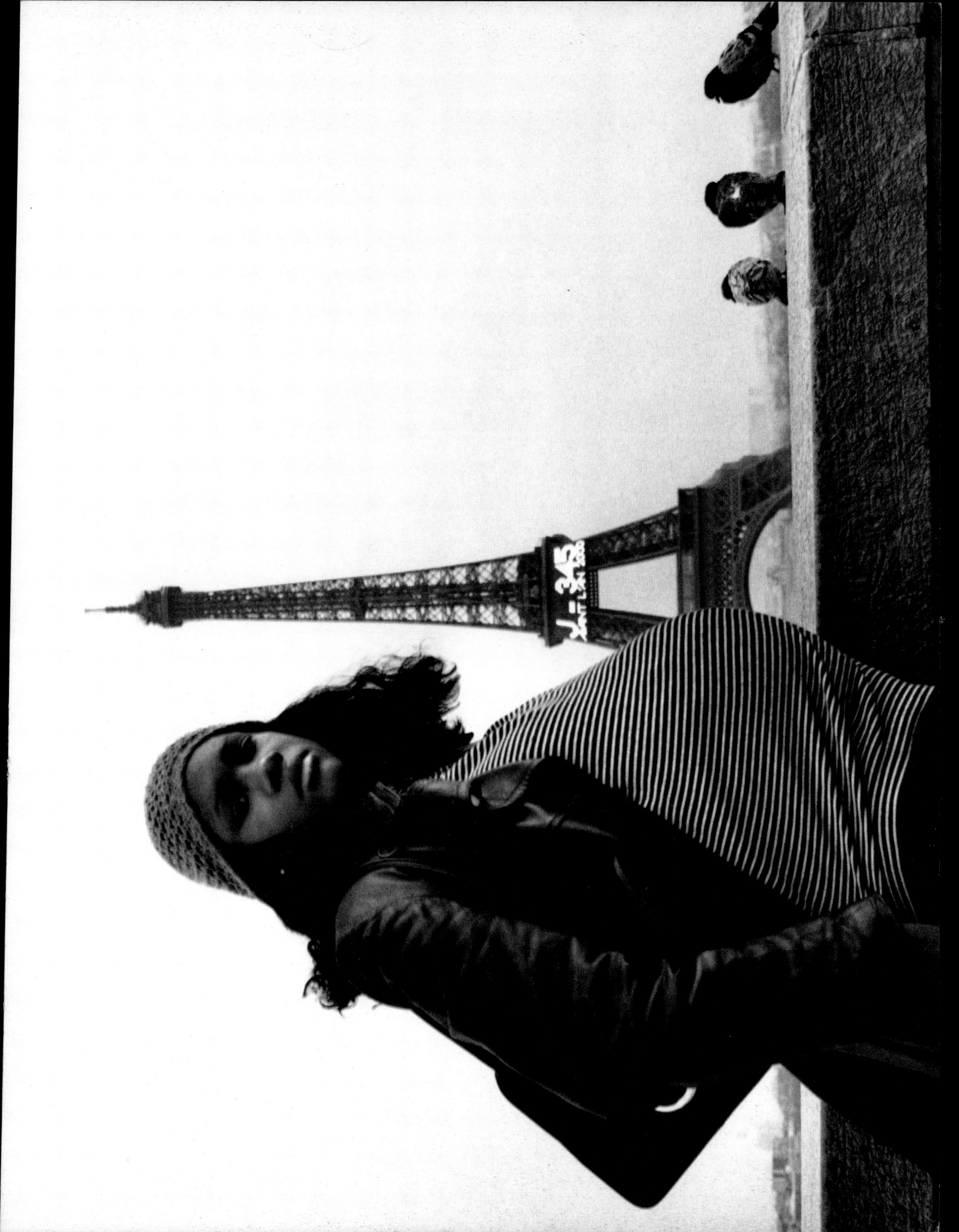
J-345

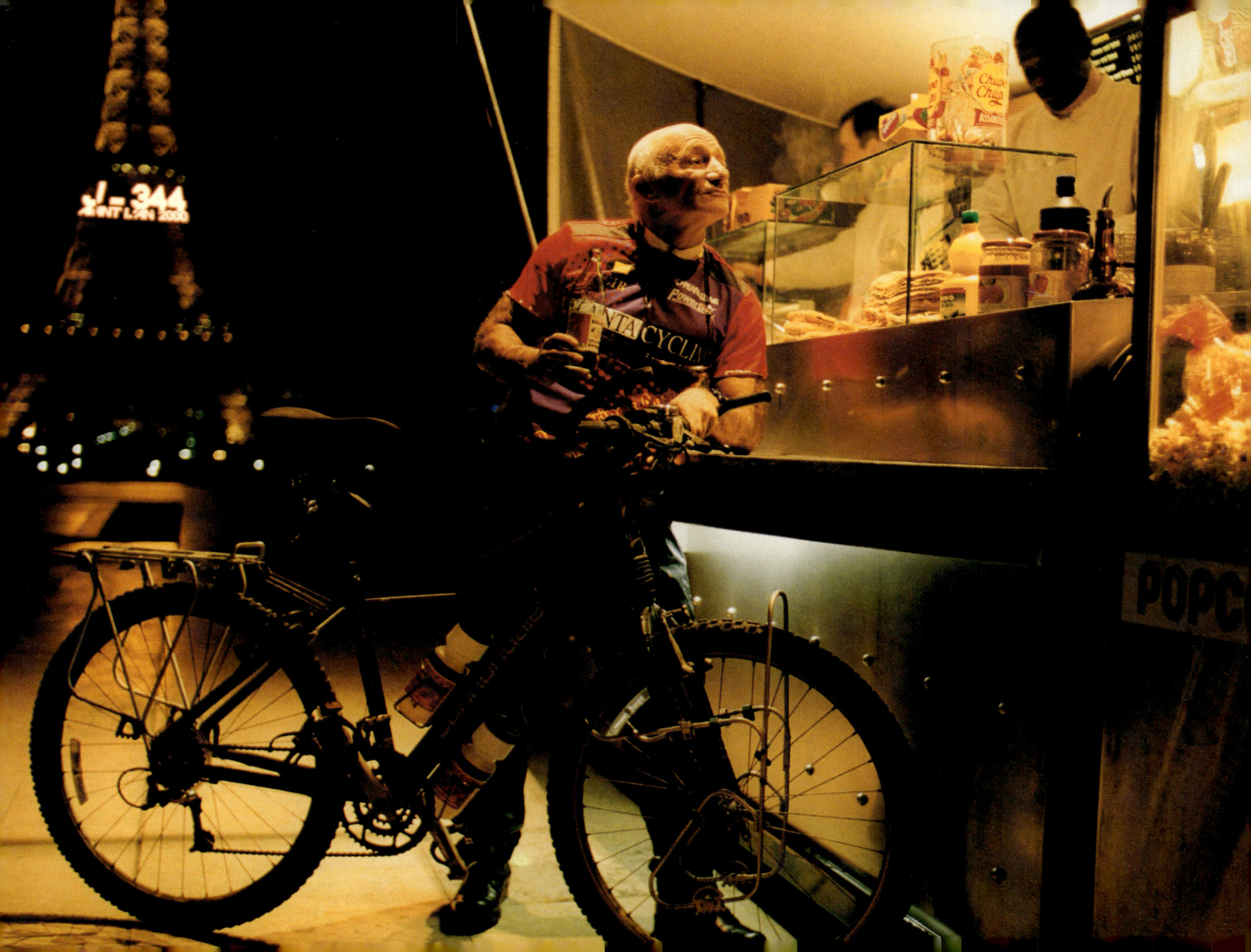
J - 344
Chupa Chups
POPC

C'est l'été. Paris se vide et je reste seul dans ma prison parisienne. Pas un jour ne peut m'éloigner de ce projet qui finit par me dépasser. Et pourtant, si : je découvre qu'à condition d'enchaîner deux images, l'une juste avant minuit, l'autre juste après, j'ai devant moi une trentaine d'heures de liberté. Je prends l'Eurostar pour m'échapper à Londres. Un moment volé.

Au moment où je me sens serein, il arrive qu'une angoisse perfide me submerge encore. Se renouveler toujours et encore, quel pari fou ! Mais rien ne peut gâcher ce plaisir incommensurable : chercher et trouver ma photo. Mon œil s'habitue. Il la voit avant qu'elle n'existe, toujours plus attentif, toujours plus libre. Et à chaque fois, c'est un cadeau. L'obsession ne me poursuit jamais au-delà de ce périmètre électrique. De retour cher moi, dans mes rêves, pas une fois je ne me suis laissé envahir.

Comme dans un marathon, les derniers kilomètres sont les plus durs. Le dernier mois surtout. Je dois fournir au quotidien "Le Monde" deux photos chaque jour. Il n'en publie qu'une, mais s'accorde le droit de choisir. Pourtant, quelle que soit ma fatigue, ma lassitude, mes photos me portent, me nourrissent. Alors j'oublie tout. Y compris cette excitation qui monte. Je touche au but. Quel but ? L'an 2000 ? J'entre de plain-pied dans le futur. Je suis dans mon avenir. Le vertige me prend. Je savoure le moment. Je suis allé au bout de moi-même. Au bout de ce voyage immobile. Je sais maintenant que chaque jour de ma vie sera une recherche du meilleur moment. Un accord avec moi-même, avec mon instinct, ma véritable inspiration, comme pour chacune de mes photos.

That night, at four or five AM. I shot the first photograph. The next day, I repeated the experience. The third and fourth day I proceeded in a mechanical manner. But on the fifth day... everything changed. I all of a sudden became aware of this crazy project and only then decided to get involved. I had to get equipped: camera, back pack, film. I was set. I was at a turning point in my life, searching for new alternatives. Facing life's difficulties and the emptiness surrounding me, I had to open my eyes, regain consciousness, attain a spiritual awakening. Life is often kind to us, like the flutter of wings, furtive, elusive, uplifting us, we must trust it for it always gives us a chance. I have always wished to come up with an ambitious project. A project which would be a challenge, forcing me to surpass and therefore renew myself. Each to his own meditation technique, I chose the heart of the city. To be in communion with her, in a space which is not only familiar to me but with which I have not taken the time to discover and appreciate.

I am confronted to myself, panicked. This vast space reveals itself, foreign, hostile, I am lost, no bearings. She stands before me, magnificent, grand, erect. Modern totem of the city, omnipresent. Facing her, she is everywhere I look. I am paralyzed, I scan the area, searching for my bearings. I stare at the countdown.
I, unavailable, a man in a hurry, was inflicting upon myself a useful pause. Then comes the photography. An old intimidating dream. At last, I break the ice....
After a fortnight I begin to detach myself from my subject, inserting the first characters of

my story. A cyclist seen from behind and the next day a man from affront. This life within the picture opens new horizons to me, passion begins to rise, I know I can carry on.
The days roll by... I escape my feeling of nostalgia, my routines, resisting. I know this is a crucial moment. A time to confront myself. Liberation is within reach.

The Paris skies... How many days, years has it been since I've looked that way? Today I have it all to myself, as I have the birds, the trees, water, the sounds of the city... I discover the architecture, then the people. Those living in the vicinity who walk their dogs, those who jog and the tourists. As well as all those who have come to demonstrate for Freedom and Human Rights on the square established par excellence. The pleasant memory of my father, great humanist, comes back to me, protecting me. Shopkeepers recognize and greet me. The woman selling waffles and cotton candy, the man selling merguez... 200 meters to the left, 200 meters to right, I proceed on my journey.

By fulfilling my obsession, I discover those of others. Those who cycle around the world, on a motorcycle or on rollerblades and whose course one day or another, ultimately passes through the Trocadero. Moreover, there is a joy which emanates from the place: the dancing, the bongos, the lawns...in time I find life worth living again. And if at times doubts remain concerning the purpose of this project and my ability to renew and regenerate myself, I know that I have gone too far to turn back, already two months....

It's summer time. Paris empties itself and I remain alone in my Parisian prison. Not a day enables me to escape this project which is beyond my control. Yet, there is a way. I discover that by shooting two photographs in a row, one just before midnight and one right after, thirty hours of freedom lie ahead of me. I escape and hop on the Eurostar heading for London. A stolen moment in time. Just when a feeling of peace spreads over me, anguish rises once again and overwhelms me: renewing myself over and over, crazy bet! However nothing can ruin this immeasurable pleasure, searching and capturing my photograph. My eye becomes accustomed. Seeing it before it even exists. Freer yet invariably attentive. Each time being a present. This obsession never going beyond the electrical perimeter. Even on my return home, in my dreams, I never let myself get invaded.

Just like in a marathon the last kilometers are the most difficult. Especially the last month. Each day I must hand in two photographs to Le Monde newspaper. They only publish one granting themselves the right to choose. Yet, no matter how tired and weary I may be my photographs sustain and replenish me. I am oblivious to everything, to the rising excitement. My goal is within reach. What goal? The year 2000? I enter full force into the future. Standing on the edge of time. Enjoying the moment. I come to terms with myself. At the term of this immobile voyage. I now am certain that each day of my life will be a quest for the ultimate moment. A pact with myself, a pact with my instincts, my true inspiration, as for each of my photographs.

Jean-Paul Lubliner

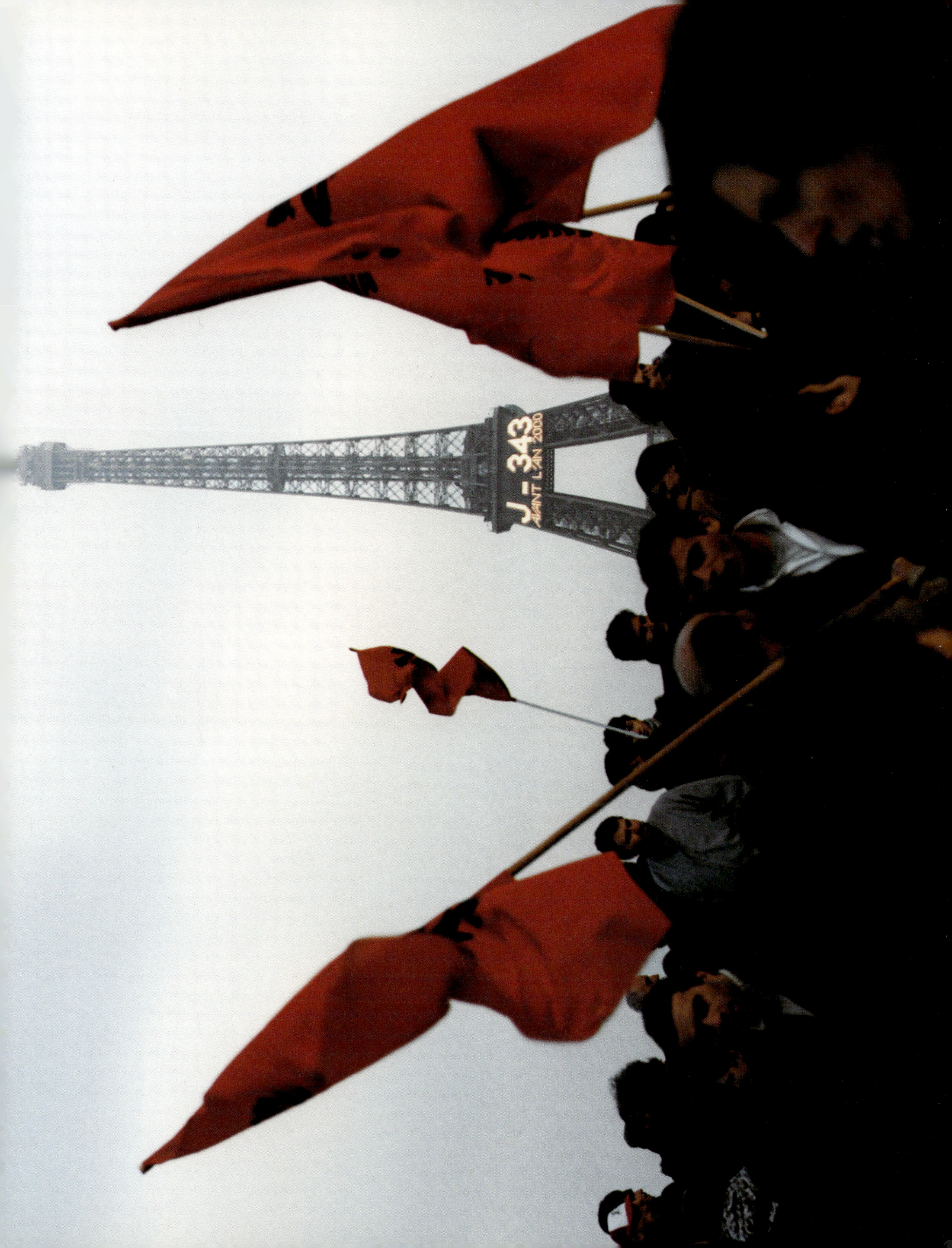
J - 343
AVANT L'AN 2000

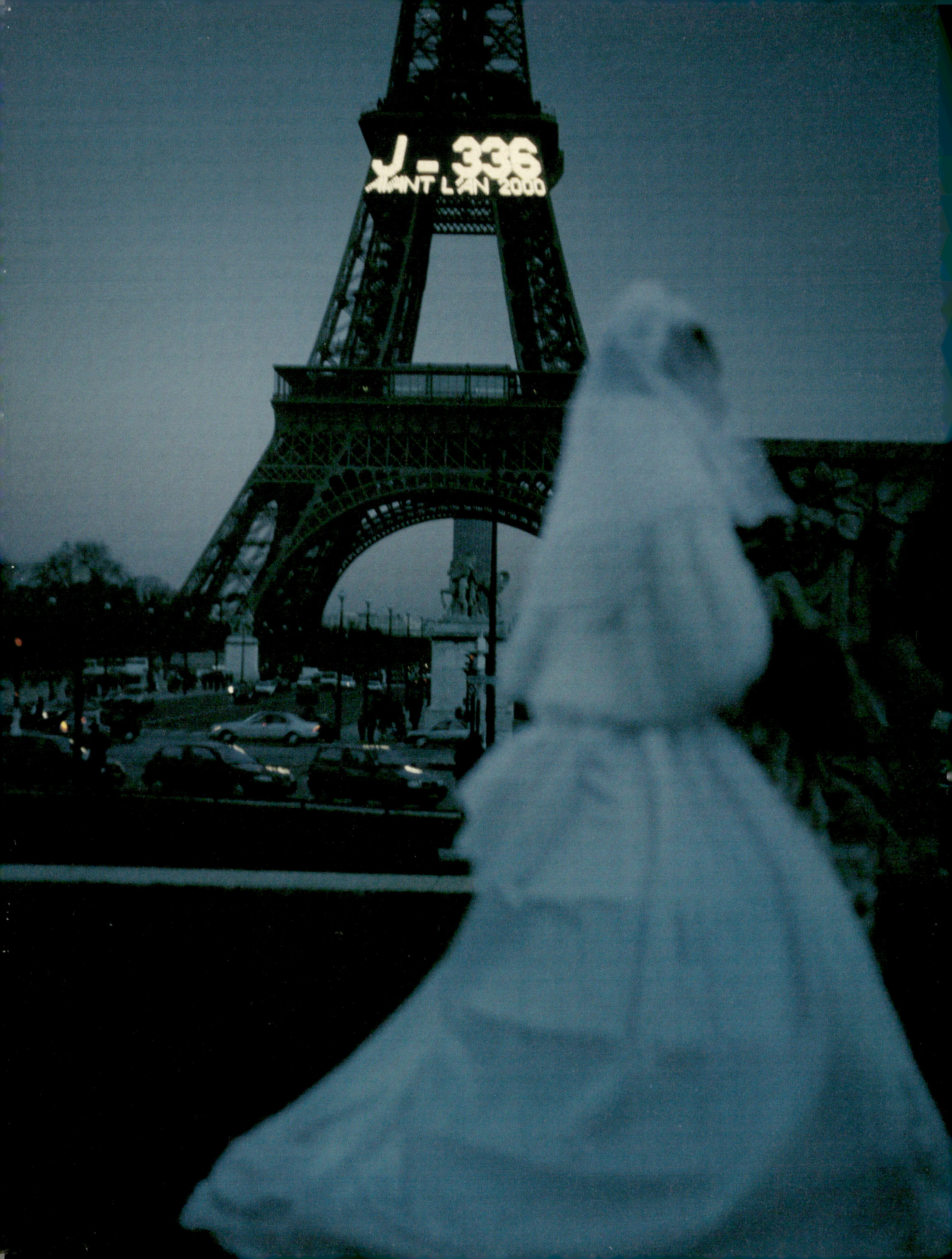
J_336
AVANT L'AN 2000

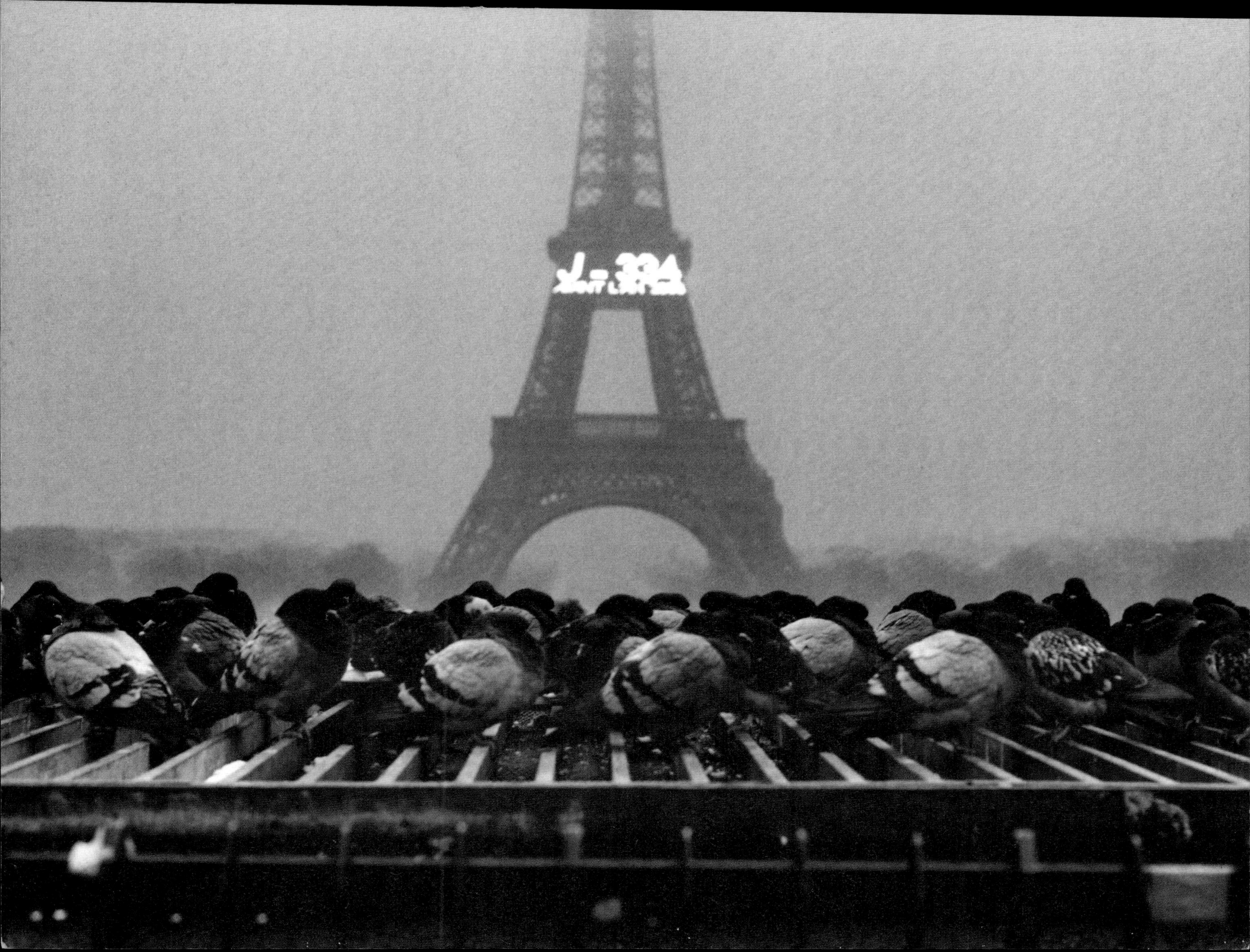

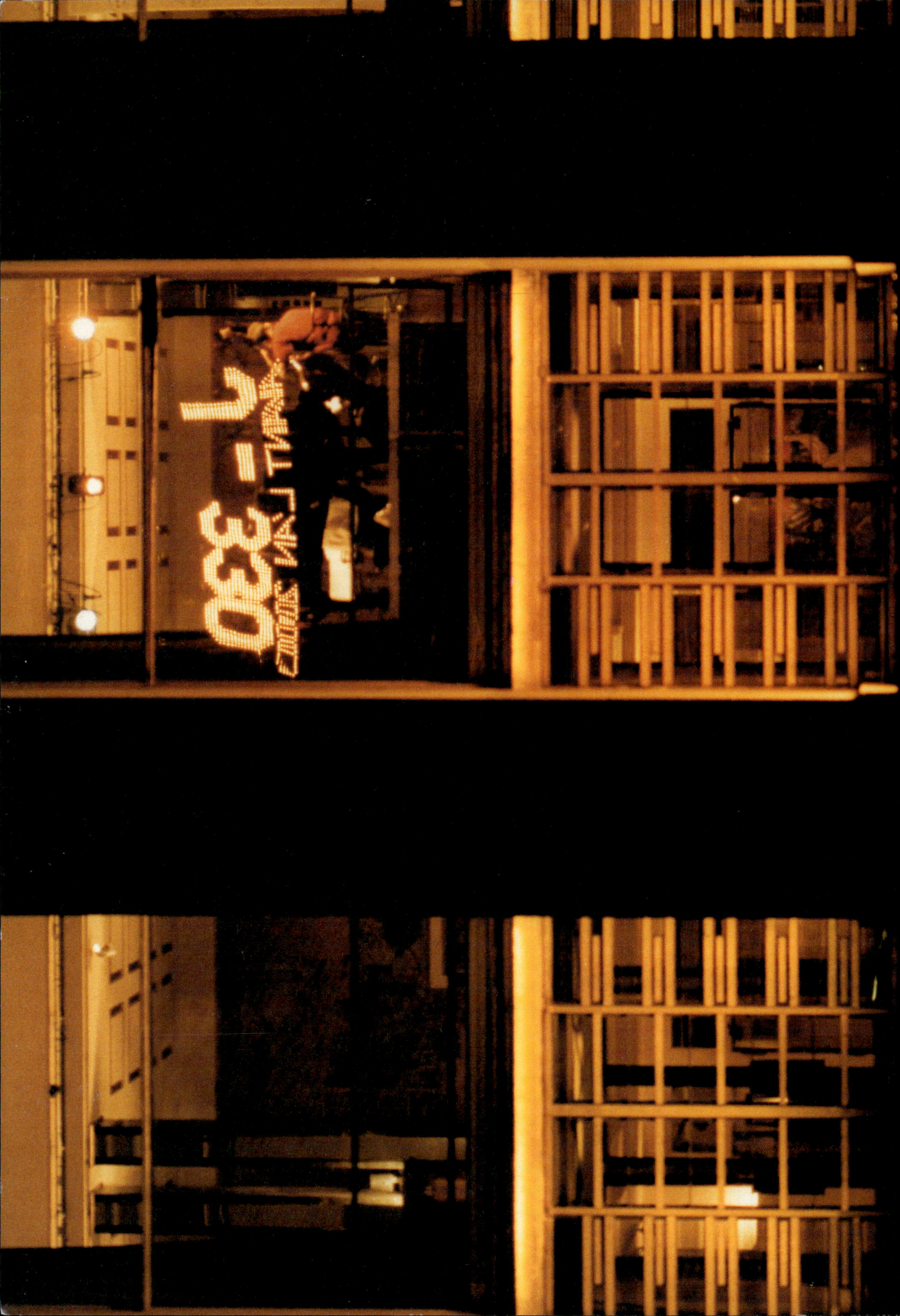

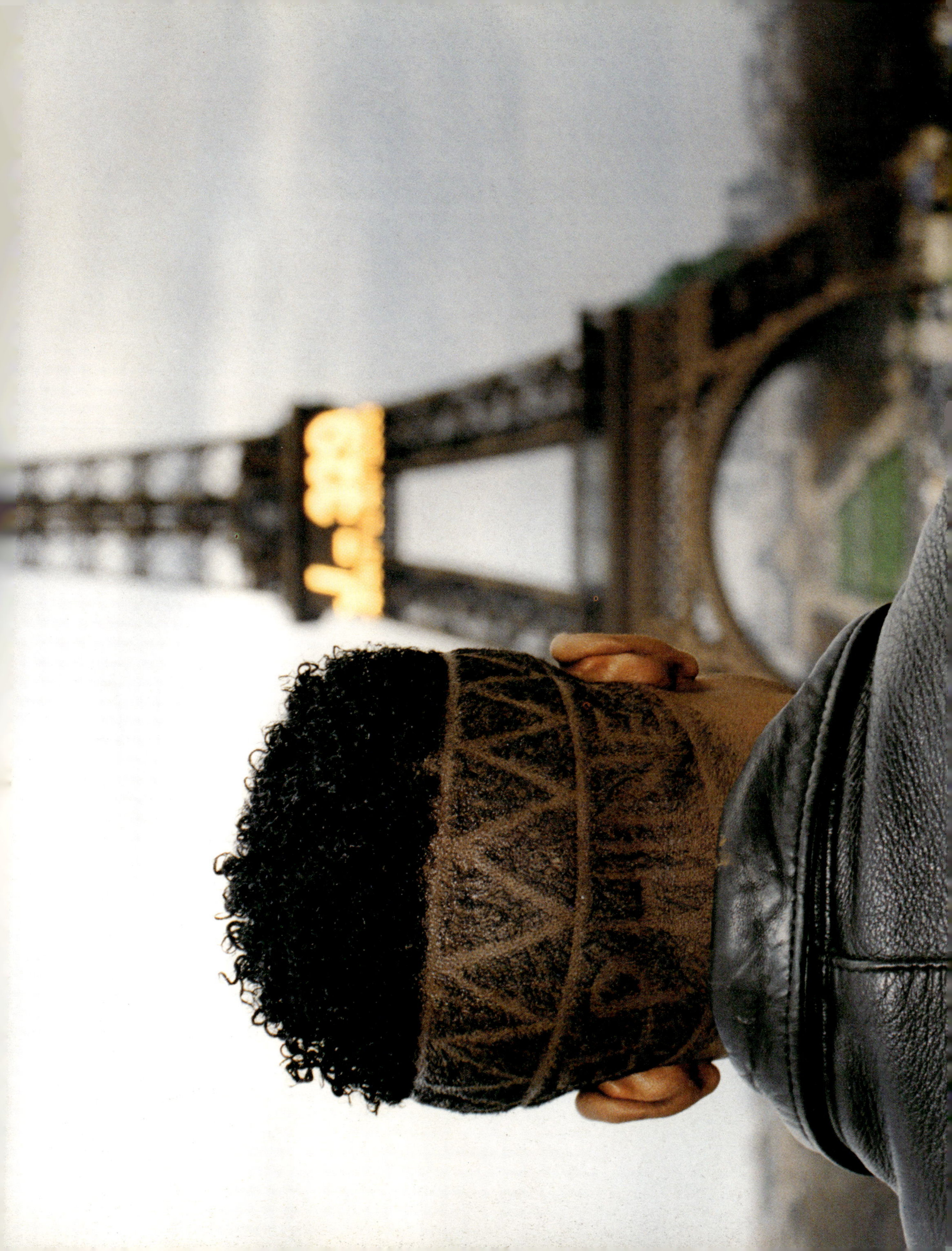

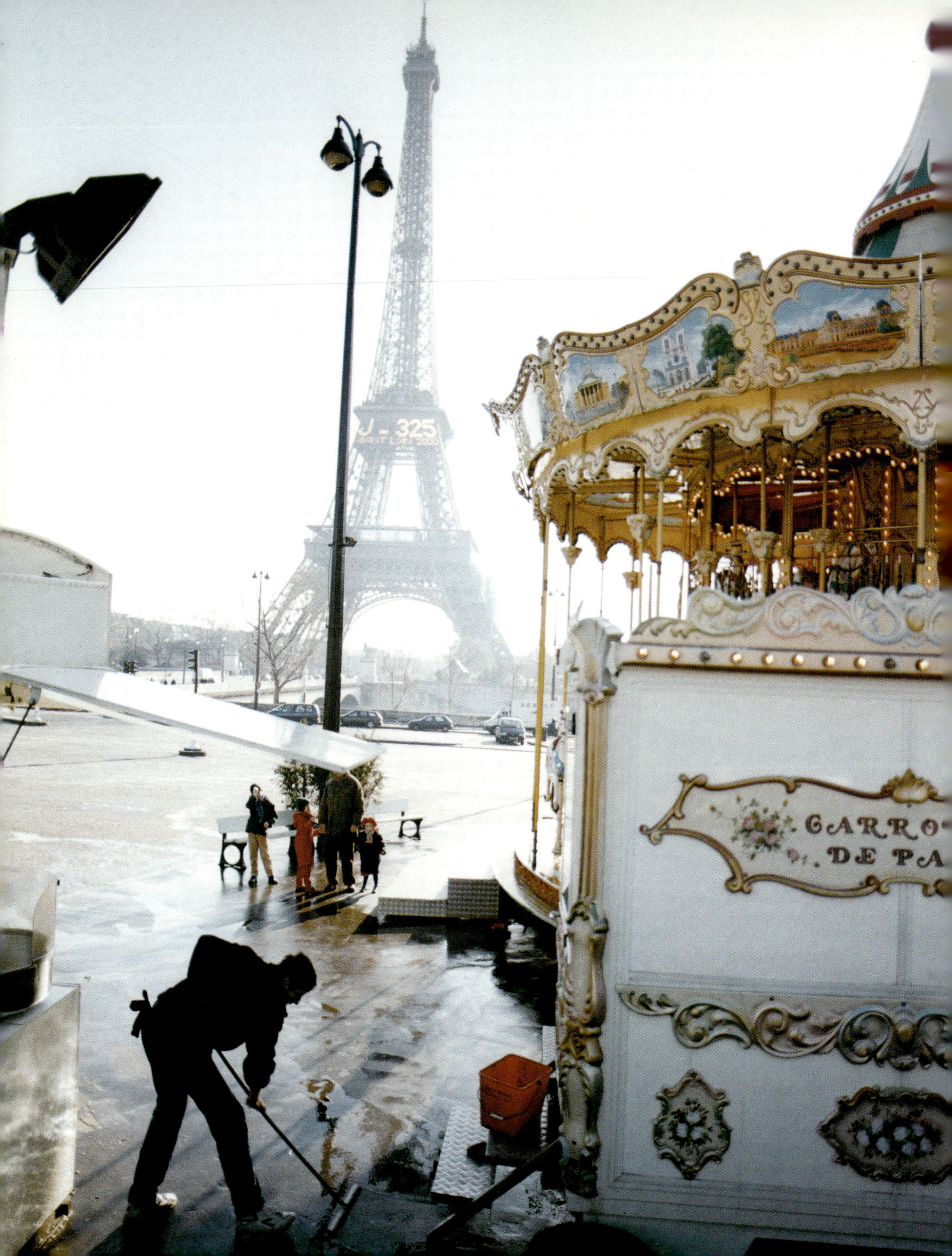
J - 325
AVANT L'AN 2000
CARRO
DE PA

Le temps n'est pas comme une rivière qui coule gentiment vers la mer. Le temps est un aspect d'un espace-temps einsteinien, où les trajectoires ne se déplacent pas comme des flèches temporelles à travers l'espace, mais sont géodésiques dans une matrice à quatre dimensions, dans laquelle le temps revêt un aspect égal.

Le temps, tel que nous le percevons, est un artifice de notre conscience, puisqu'il se déplace à travers cette matrice. Nous mesurons sa durée avec des unités mathématiques absolues, mais nous le percevons de manière subjective, et il s'étend et se compresse. Quelques minutes passées à faire l'amour peuvent être d'une subjective éternité. Et une heure à attendre au fond d'un avion ou affamé dans un restaurant peut être interminable. D'un autre côté, un an peut sembler passer en un instant, une vie dans un clin d'œil éternel.

De la même manière, la signification placée dans l'an 2000 est entièrement subjective, l'artifice d'un système mathématique arbitraire dont l'année zéro – jusqu'à l'an 2000 – ne veut rien dire pour un Musulman, un Juif ou un Bouddhiste. Le temps est une illusion. La magie des nombres est une illusion. Nos perceptions des deux sont des illusions. Seul le Chaos est réel.

Time is not like a river flowing gently to the sea. Time is an aspect of Einsteinian space-time, where trajectories do not cross space like arrows of time, but are geodesics in a four-dimensional matrix in which time is equally important.

Time as we perceive it is a device of our consciousness as it moves through this matrix. We measure its duration in absolute mathematical units, but we perceive it subjectively, and it stretches and compresses. A few minutes making love can be a subjective eternity. And an hour waiting on the ground in an airplane or waiting hungrily in a restaurant for a late arrival can be interminable. On the other hand, a year can seem to fly by in an instant, a lifetime in the blink of an eternal eye.

In the same way, the meaning placed on "the Year 2000" is utterly subjective, a device of an arbitrary mathematical system whose Year Zero —and hence whose Year 2000— means nothing to a Muslim or a Jew or a Buddhist.

Time is illusion. The magic of numbers is illusion. Our perceptions of both are illusion. Only Chaos is real.

Norman Spinrad
Auteur de Science-Fiction
Science Fiction Author

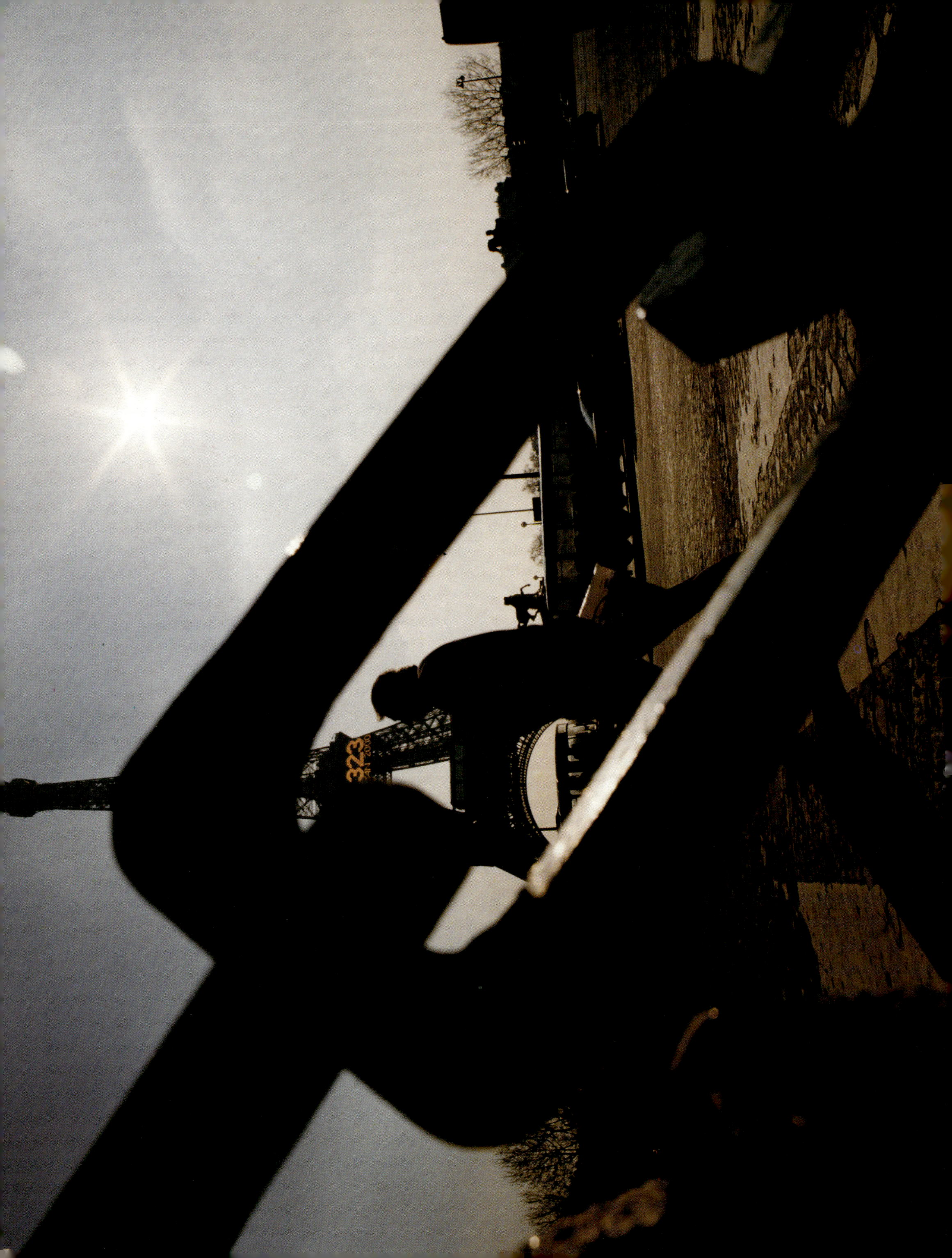
323
AN 2000

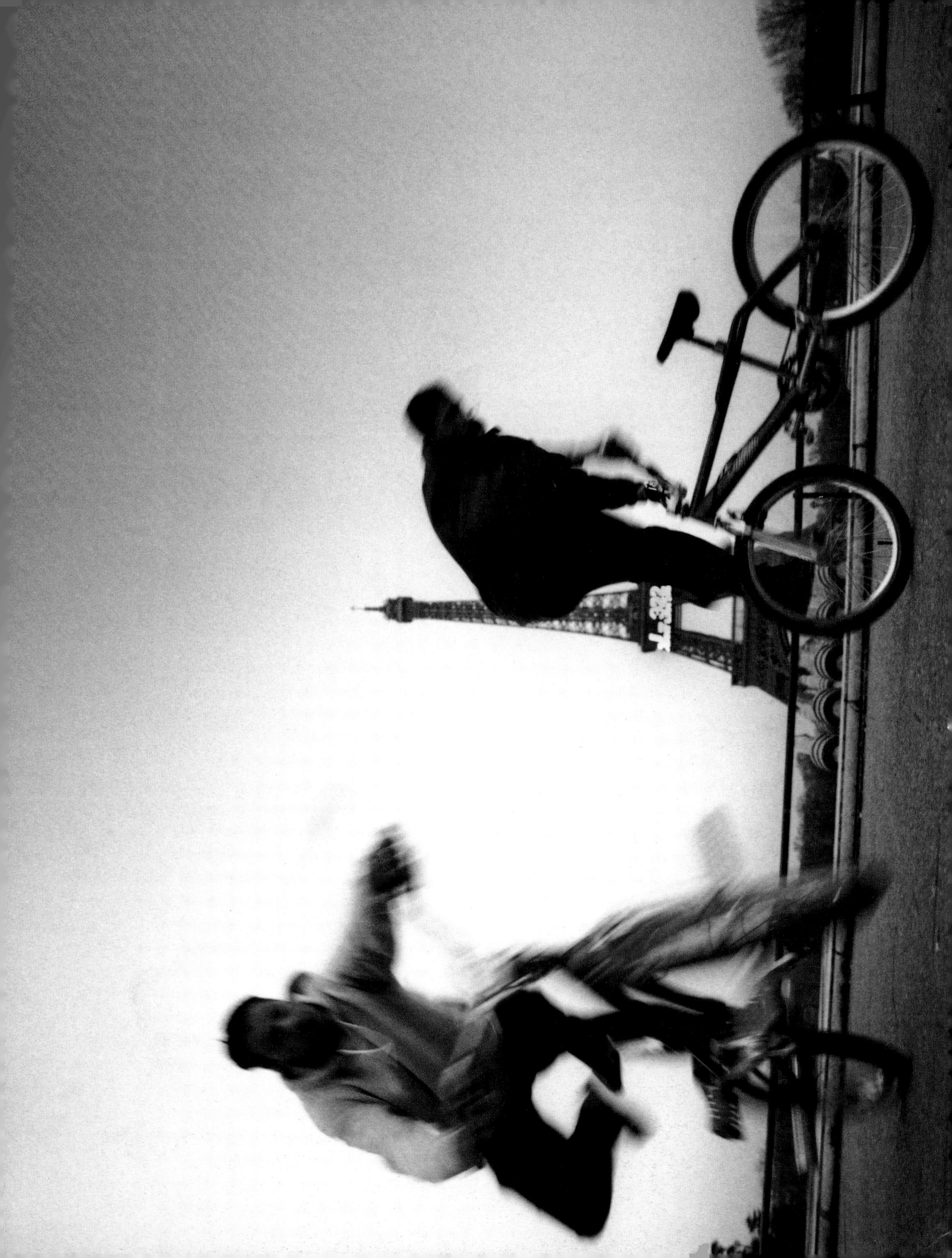

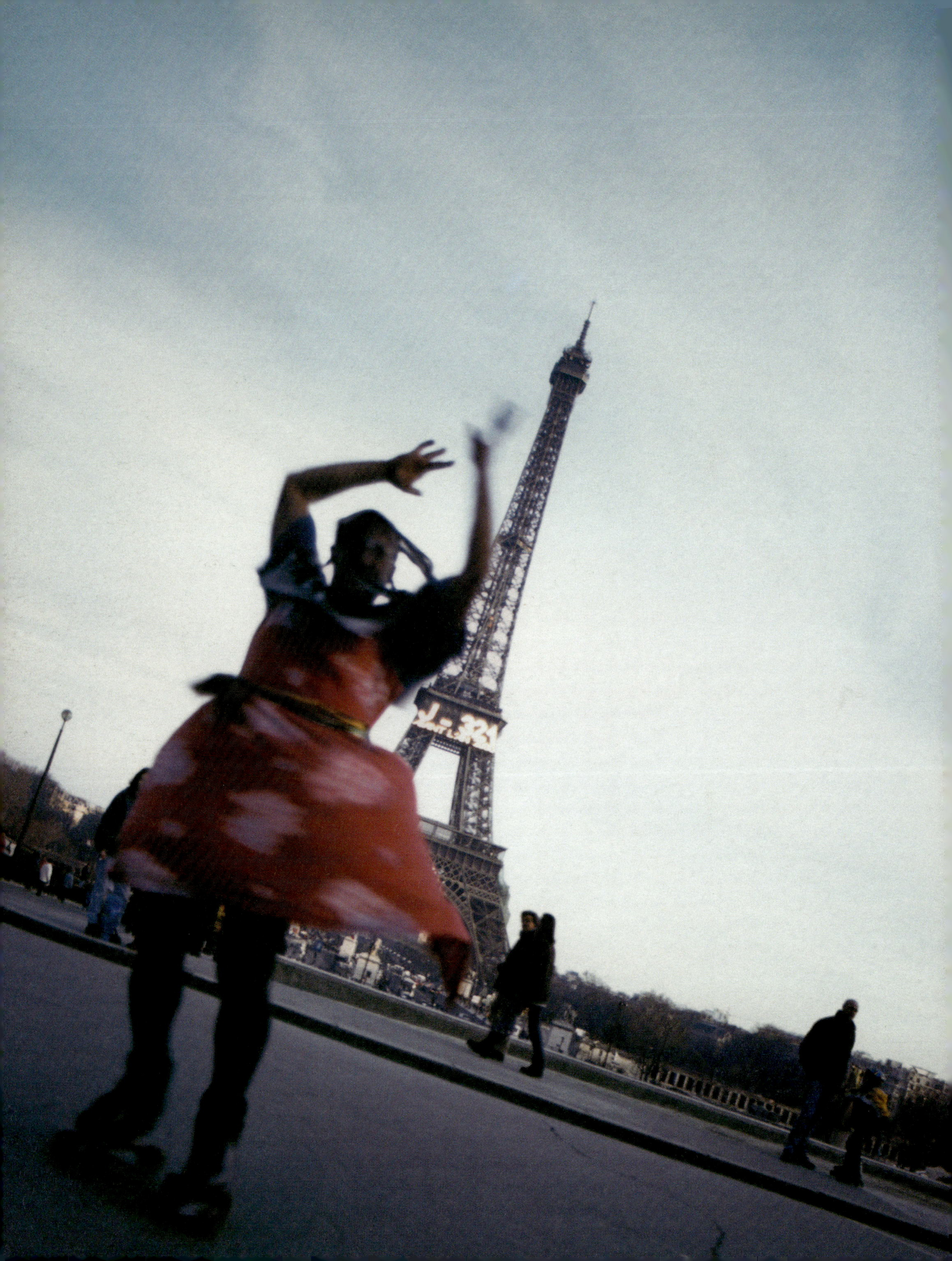

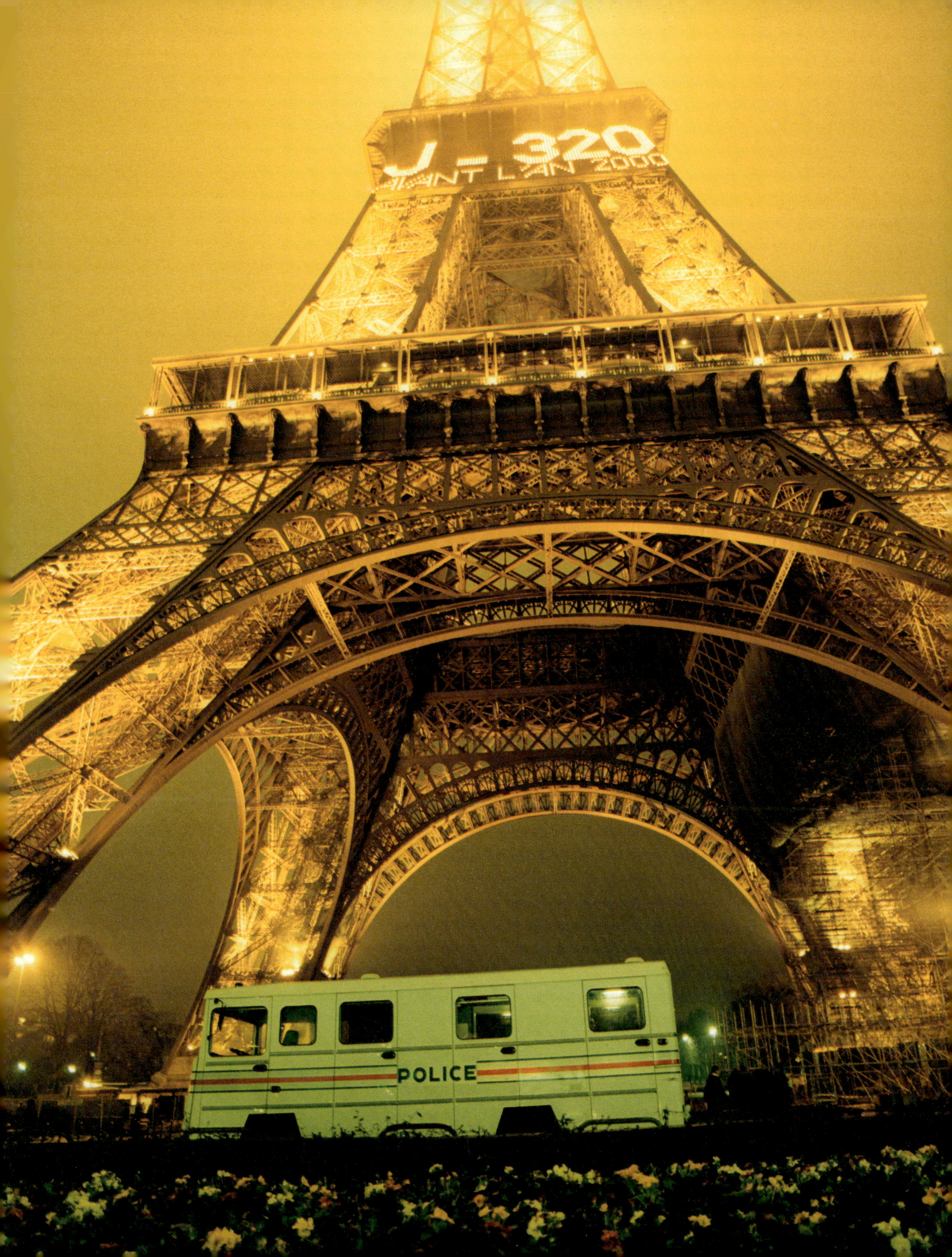
J - 320
POLICE

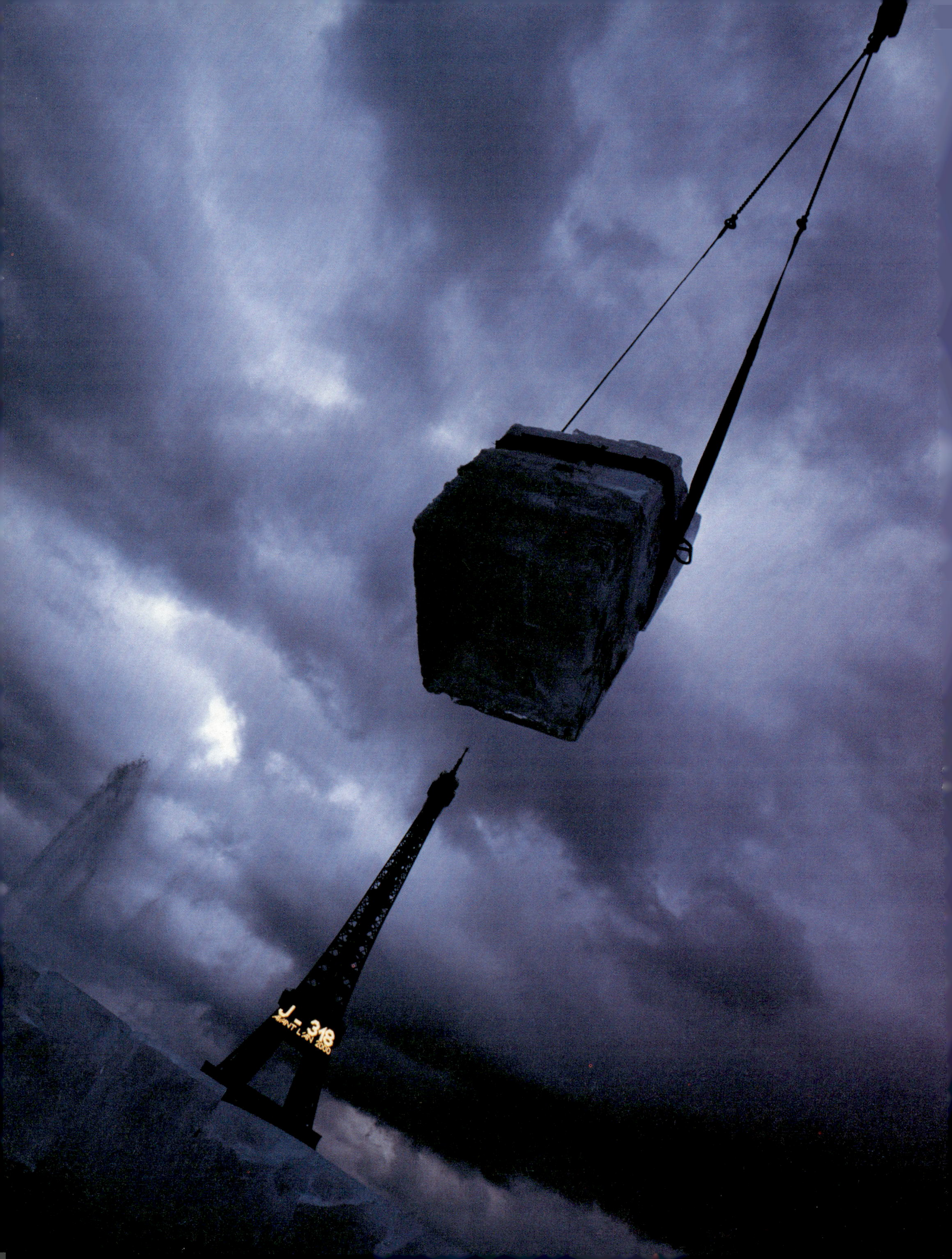
J - 318
L'AN 2000

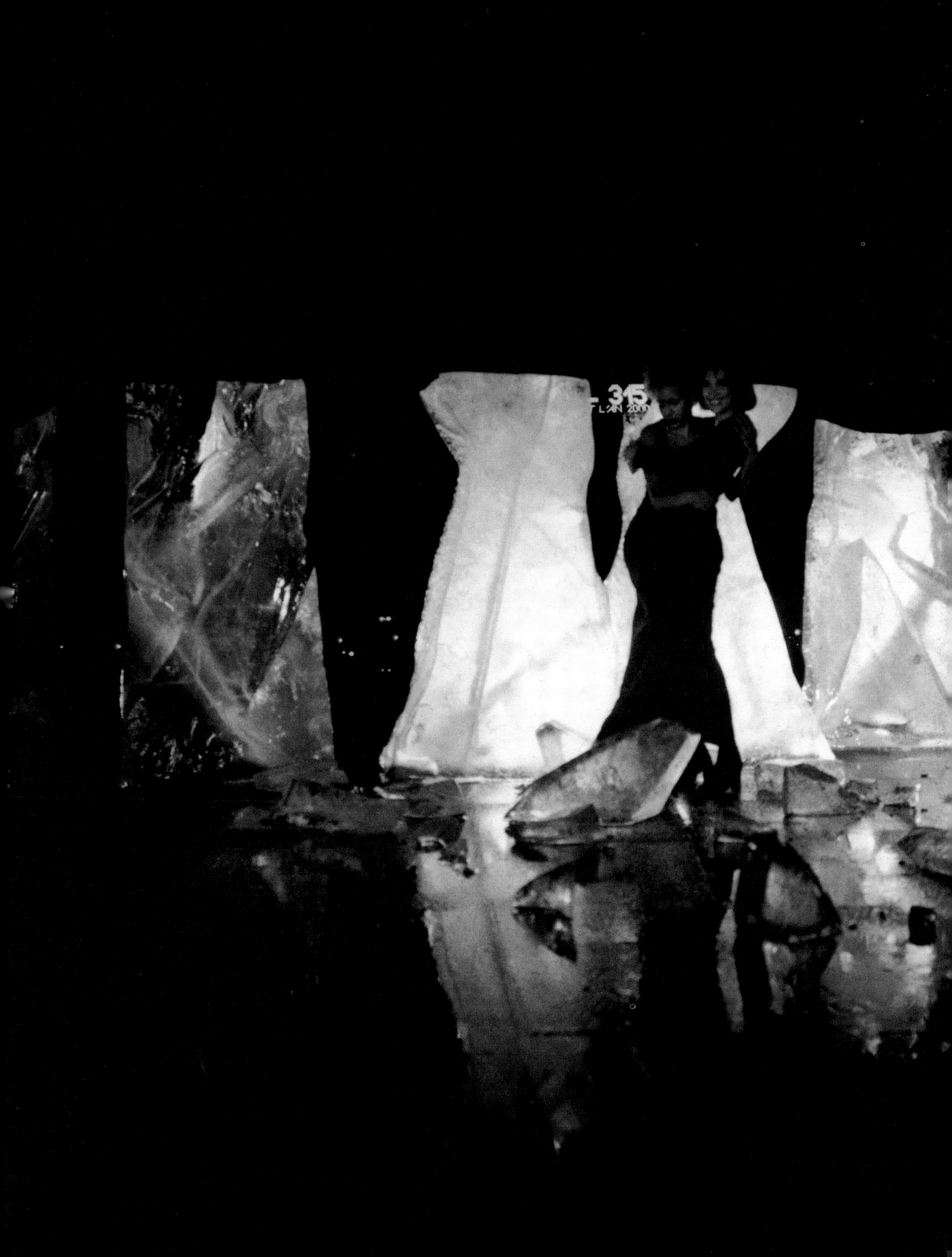
315
L'AN

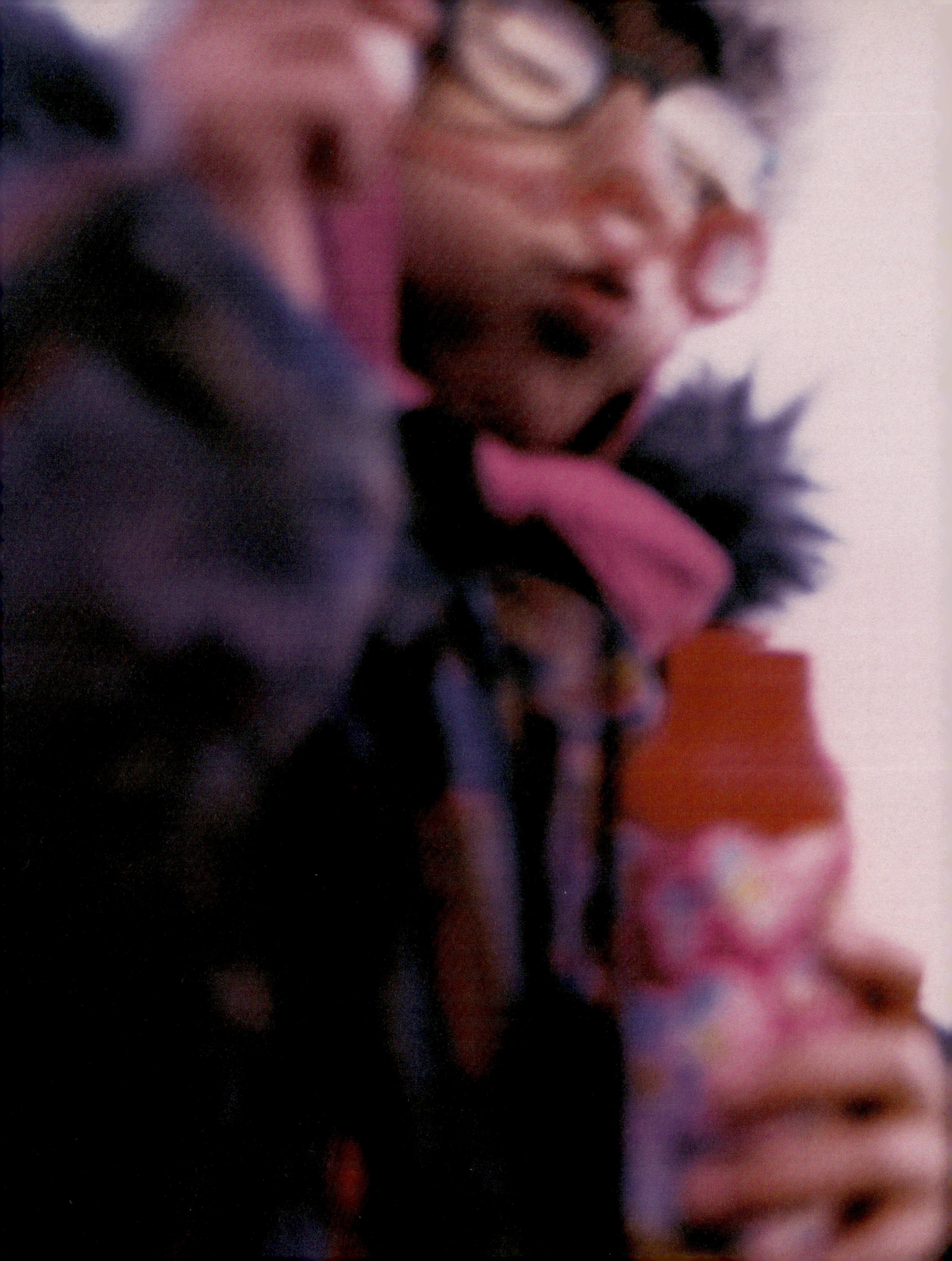

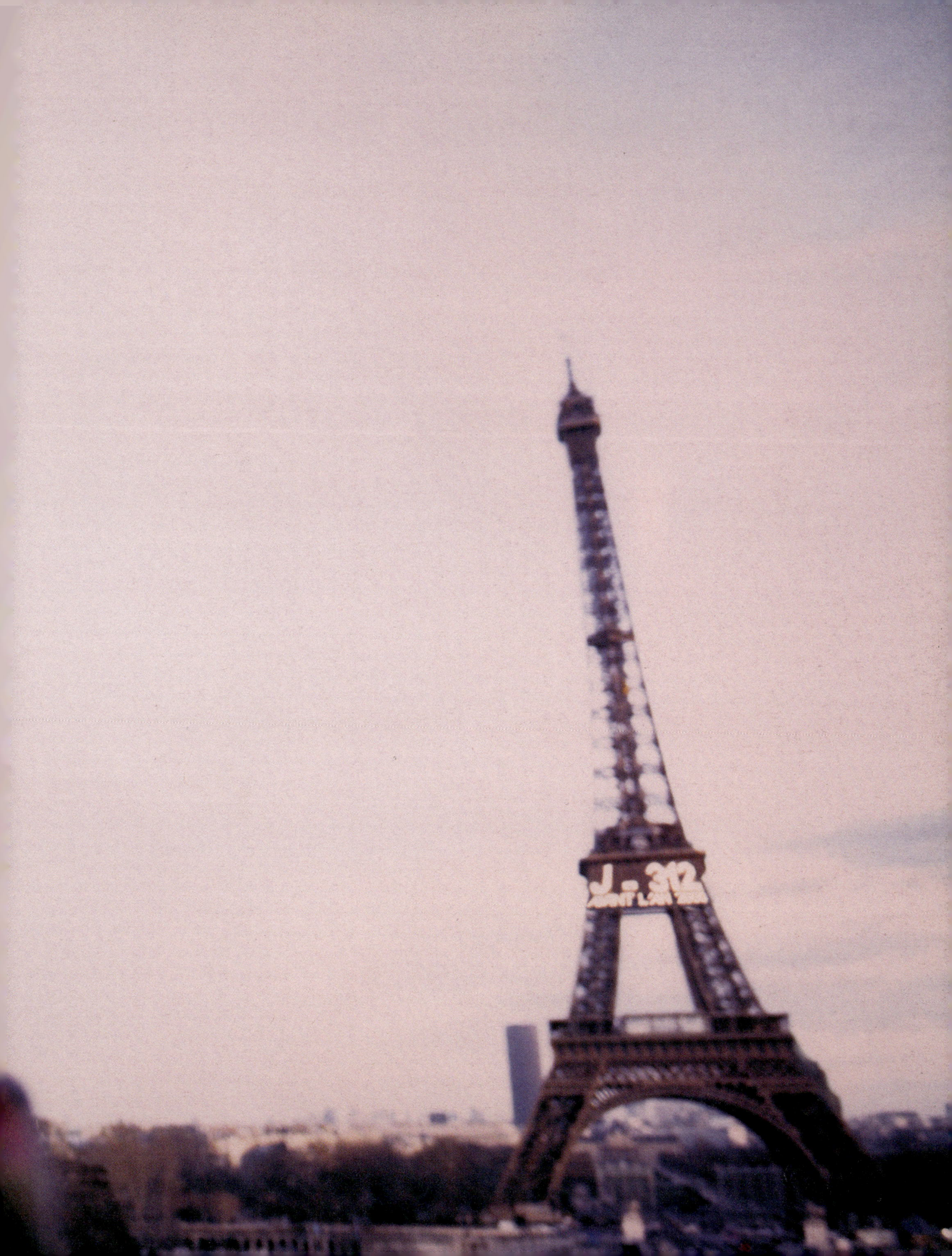
J - 312

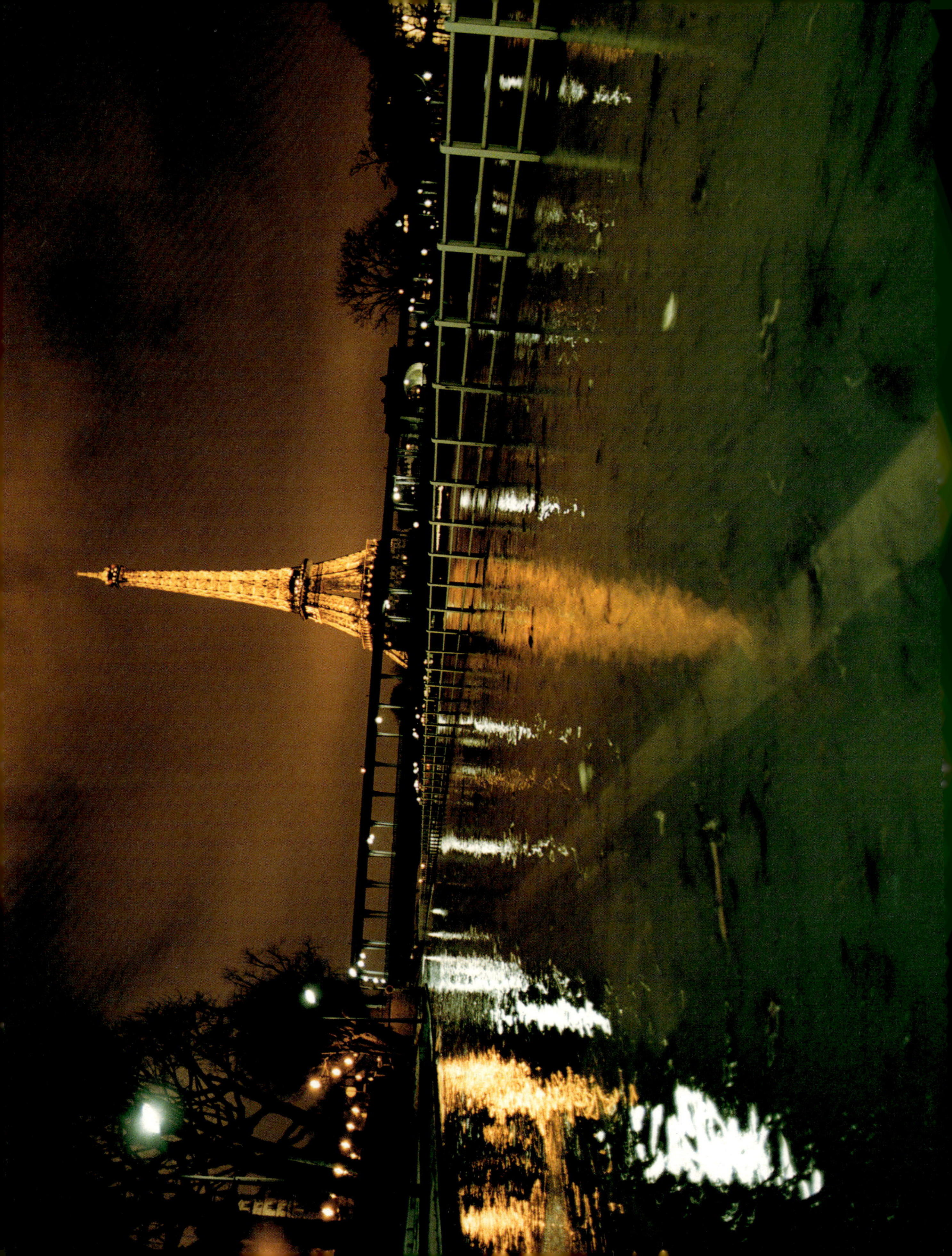

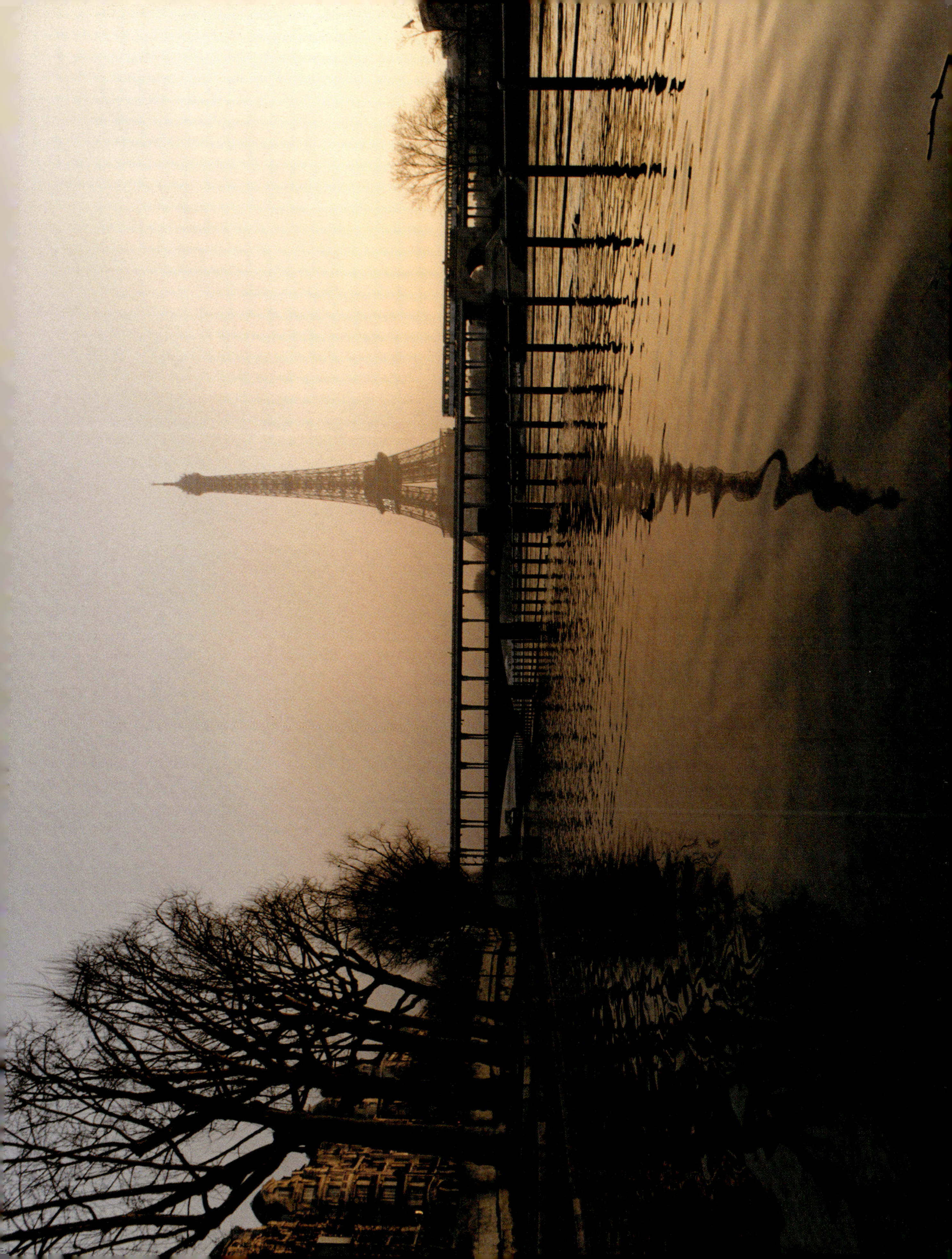

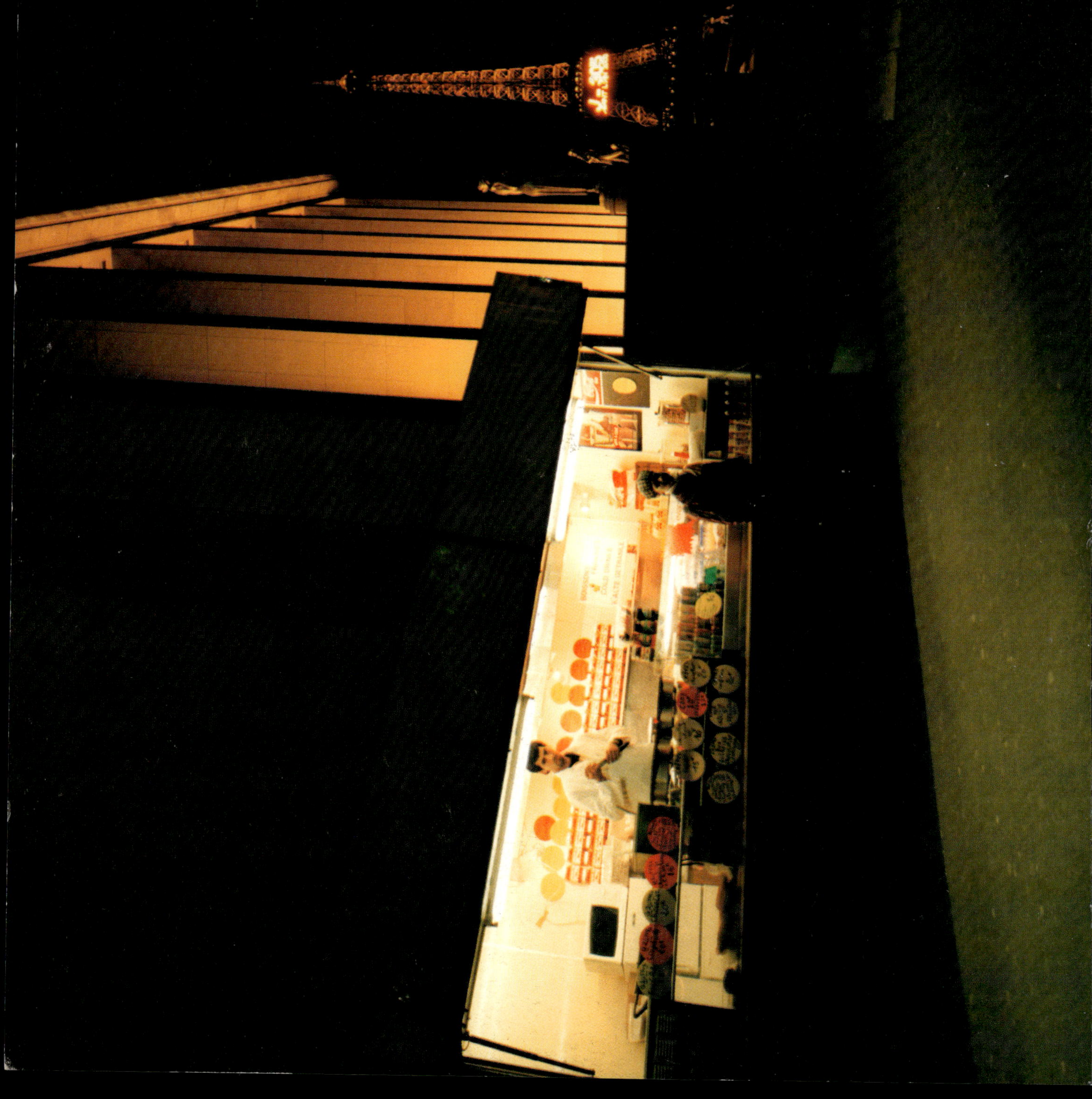

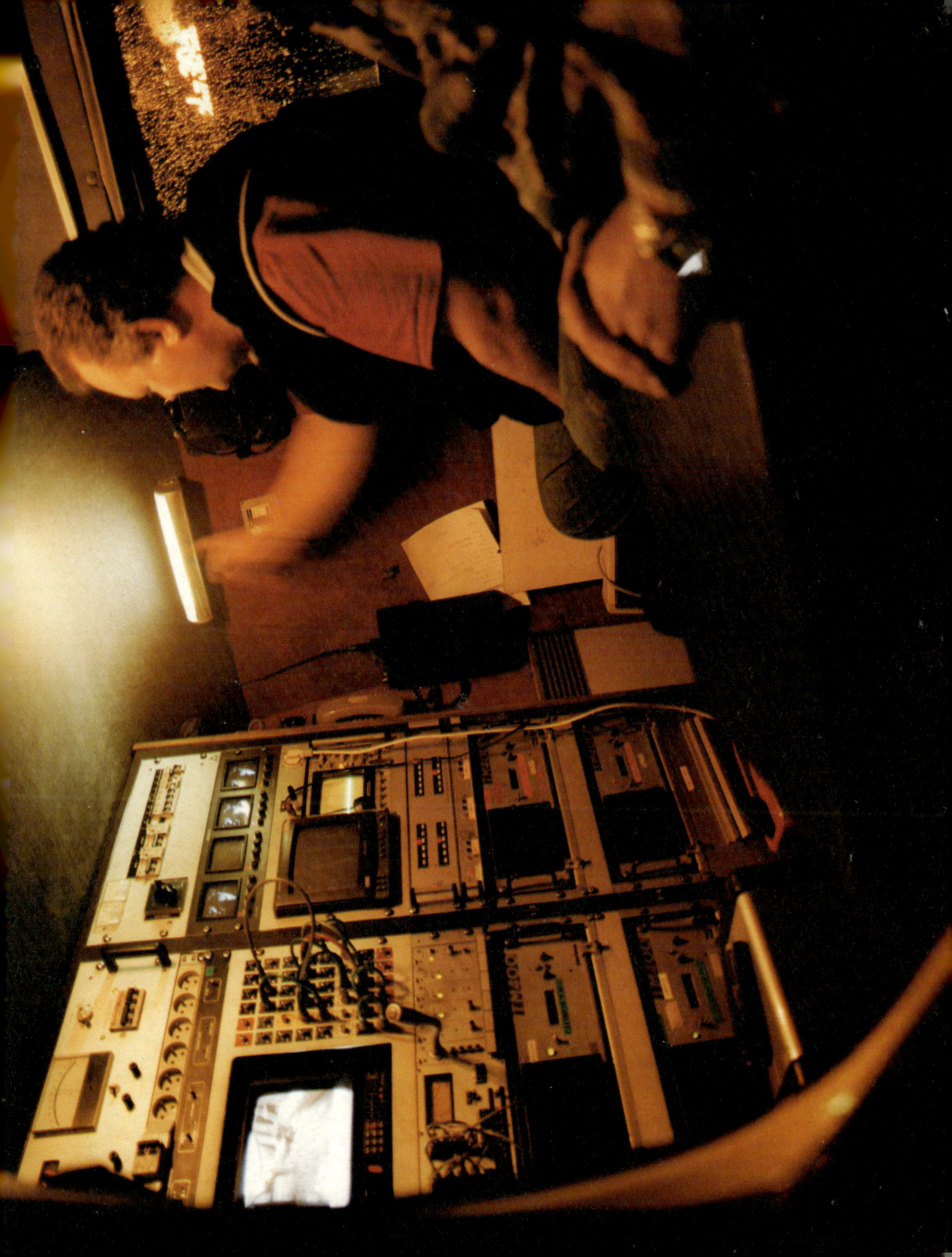

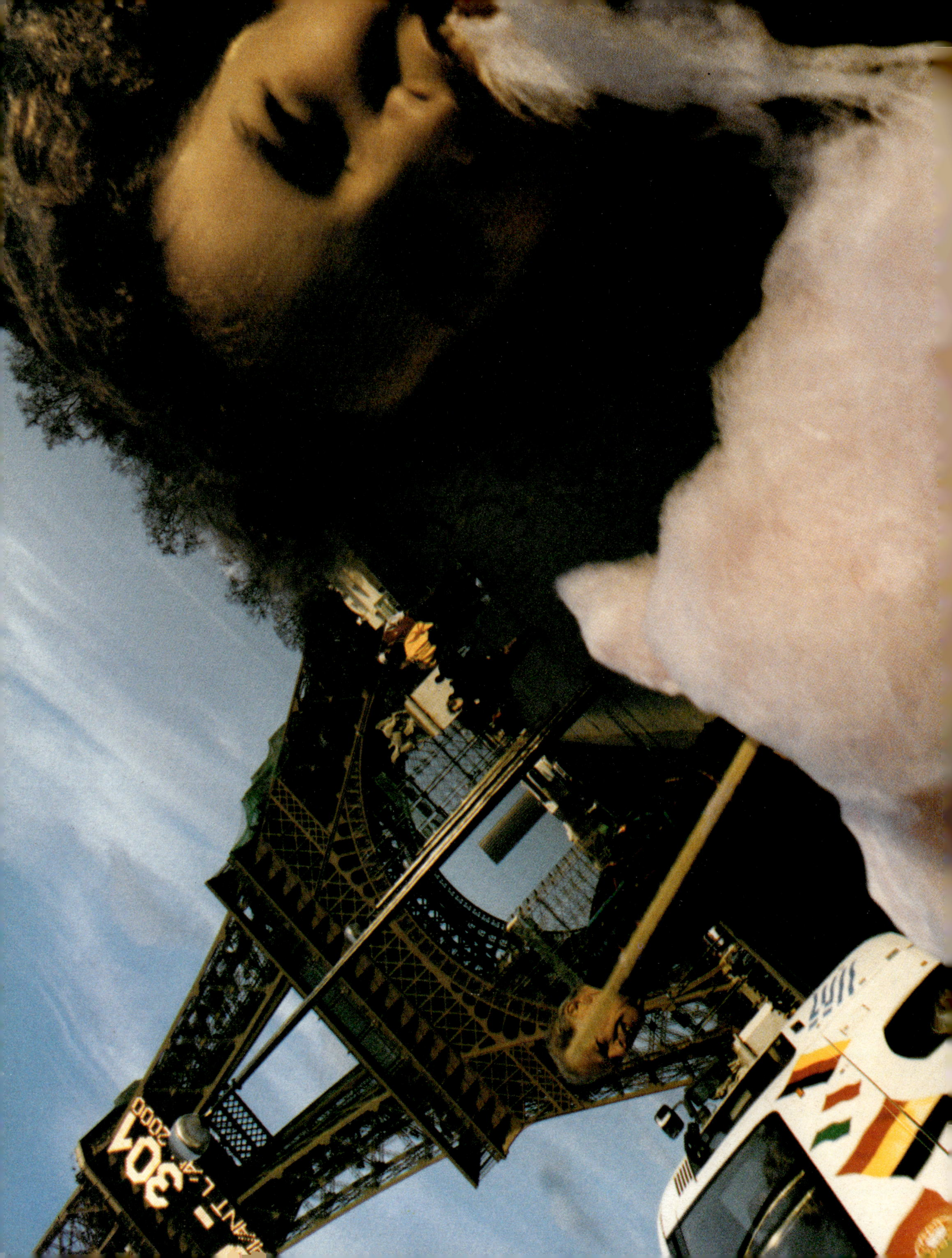

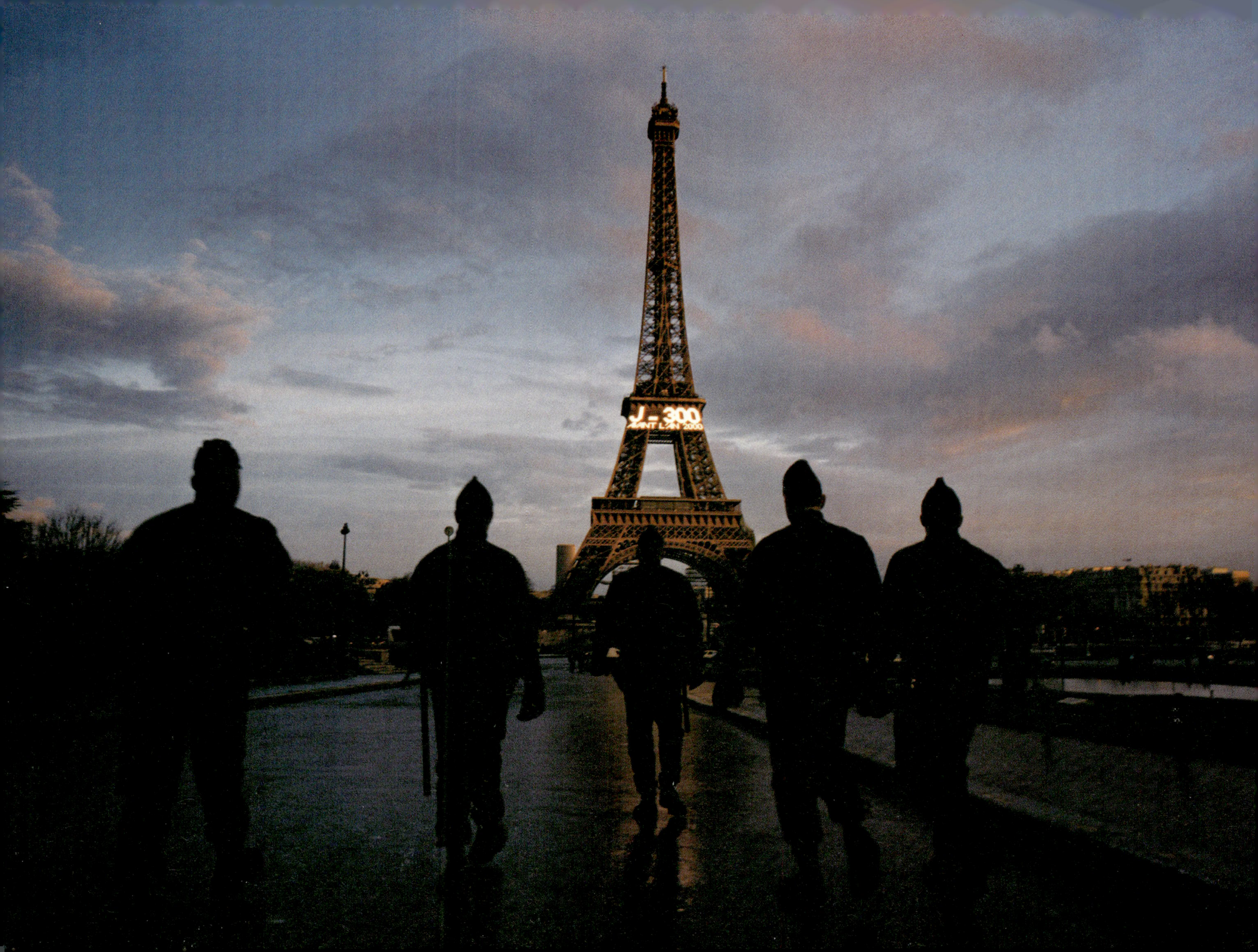
J - 300
AVANT L'AN 2000

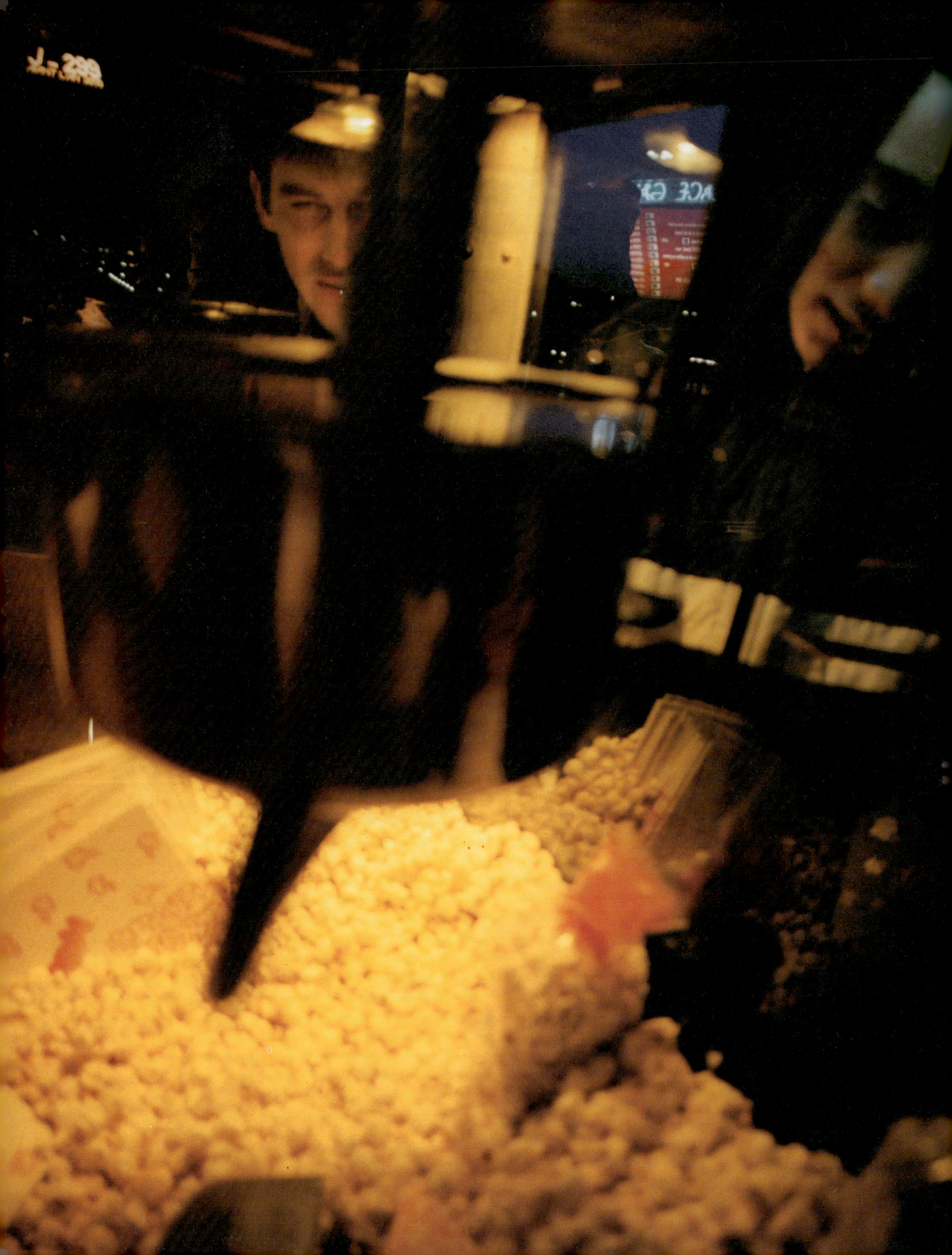

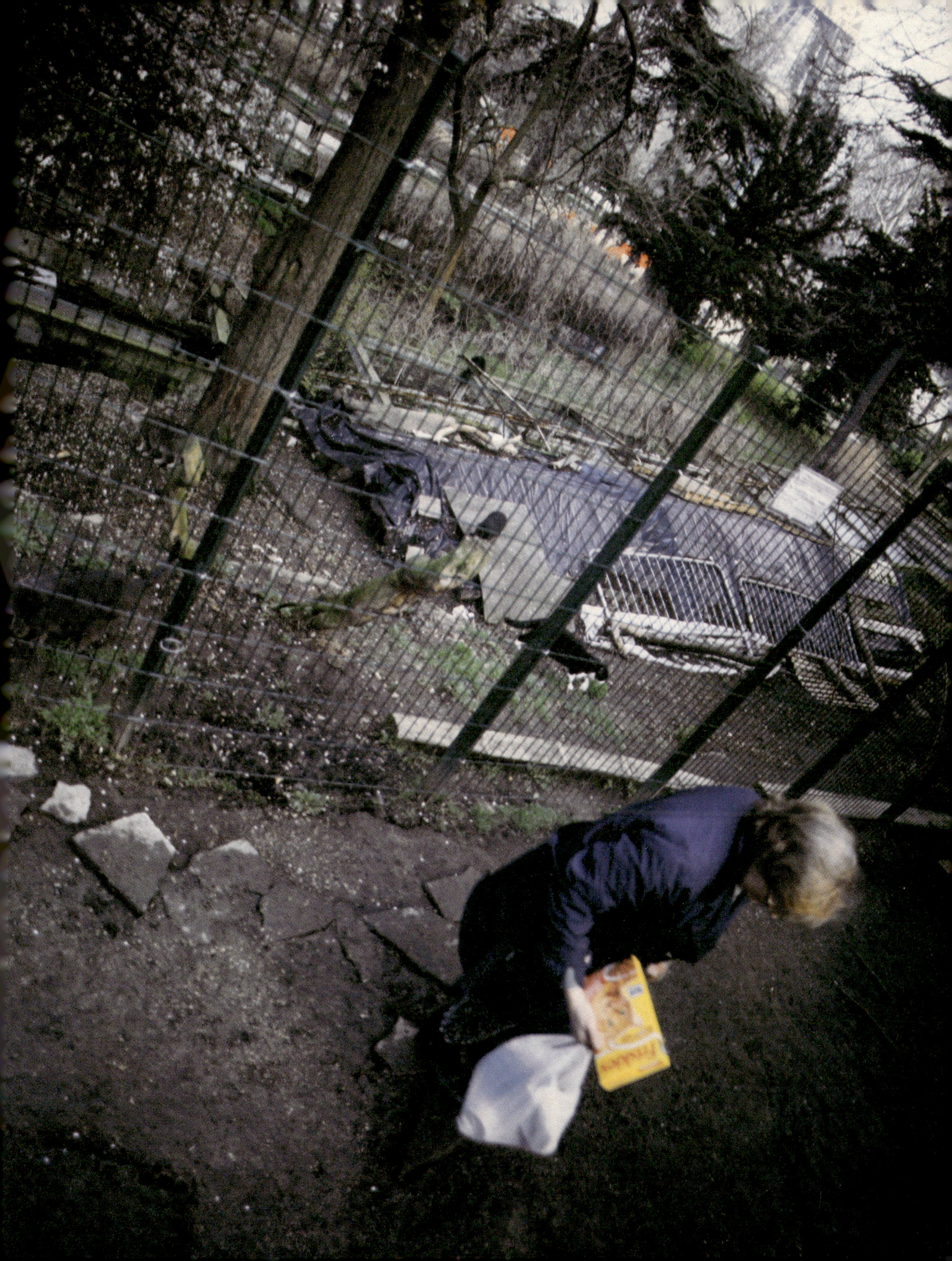

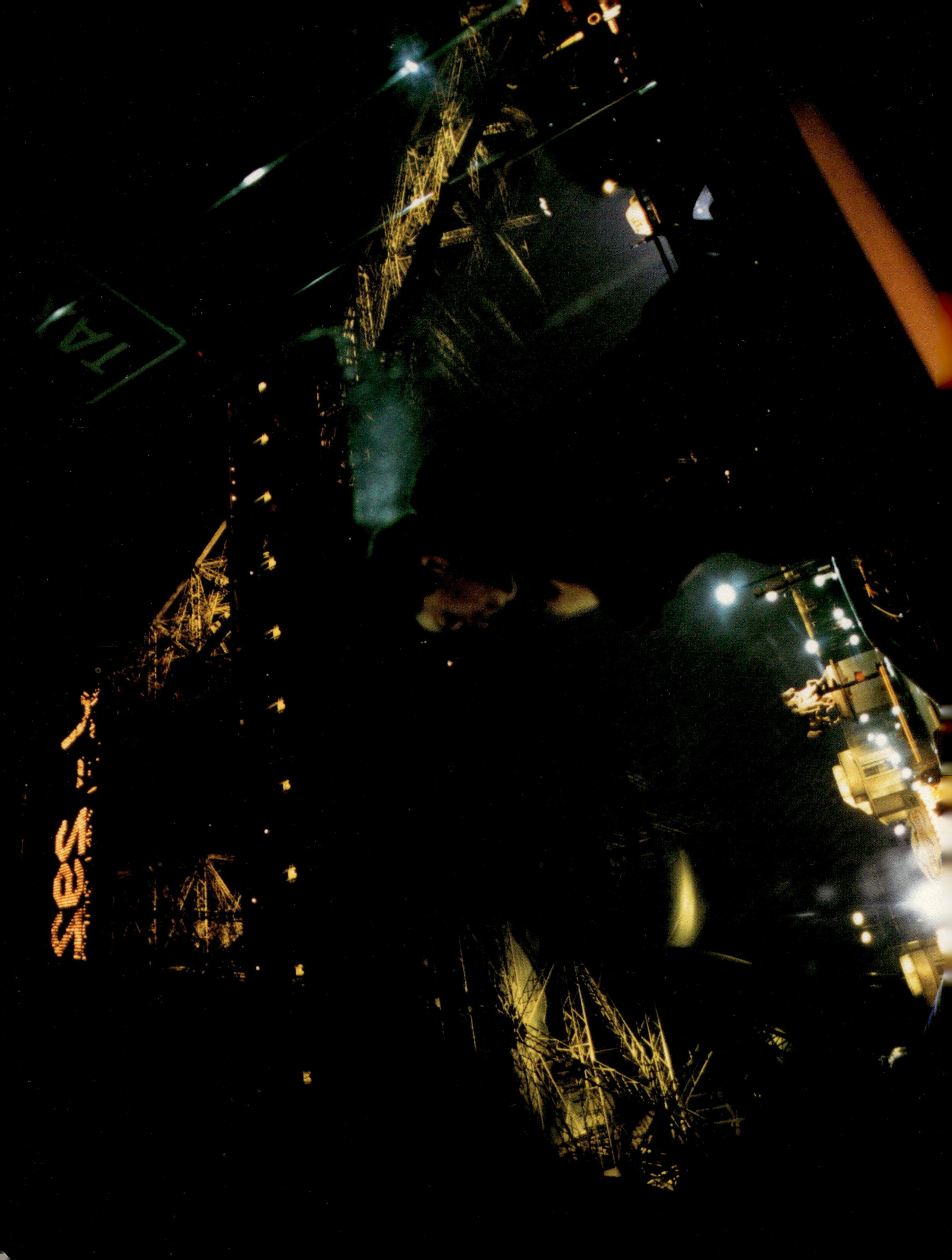

J-291
AVANT L'AN 2000

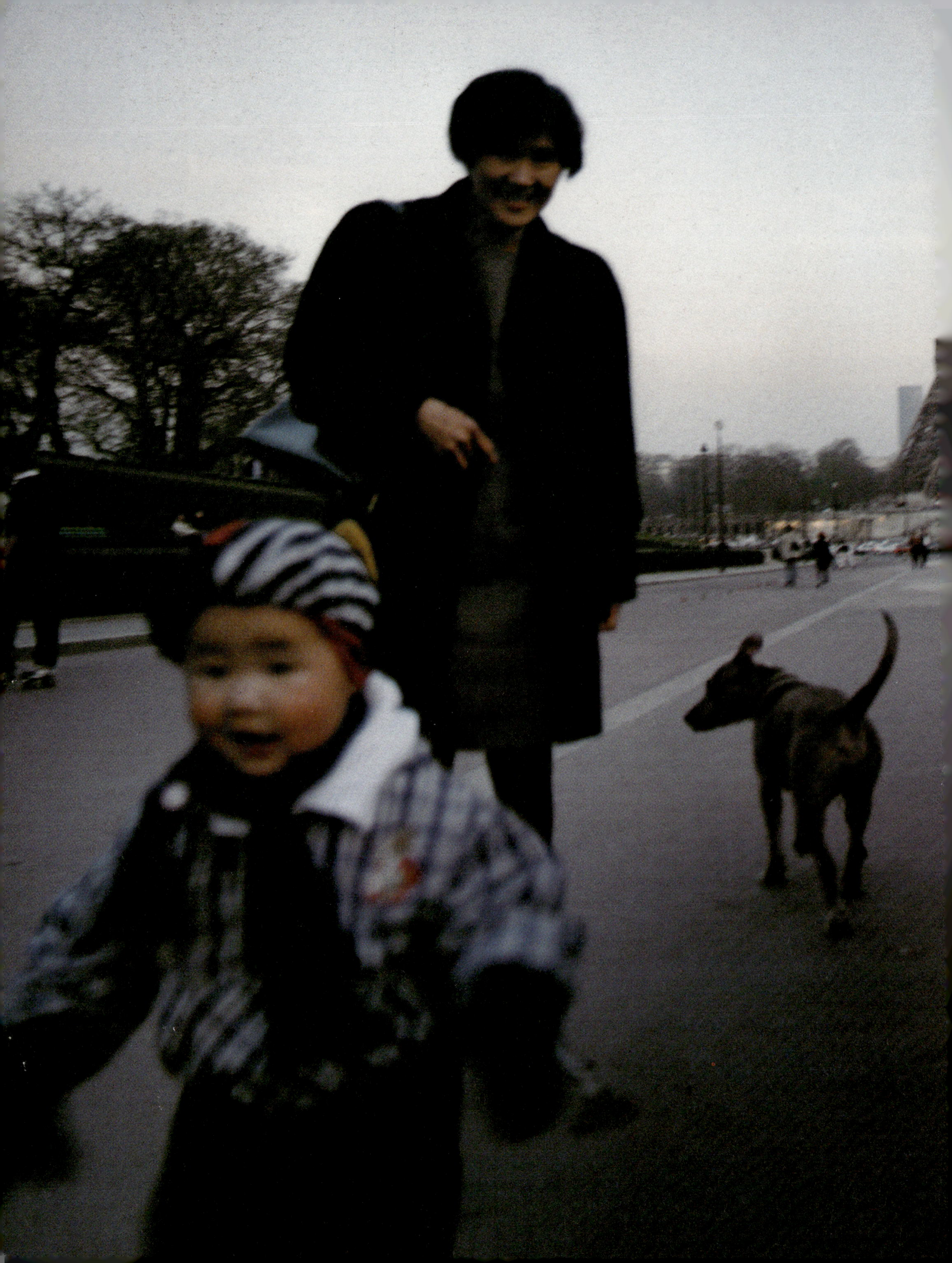

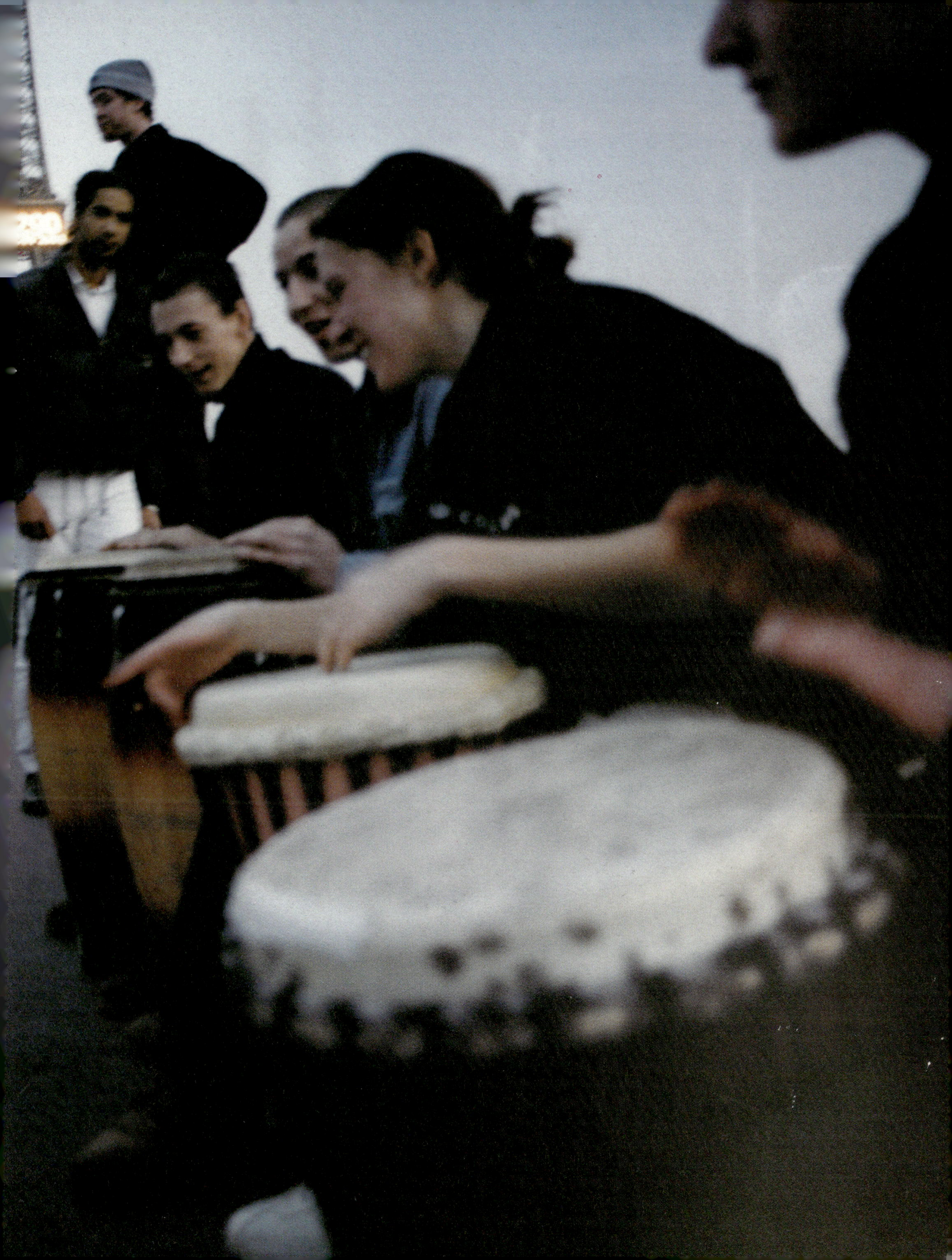

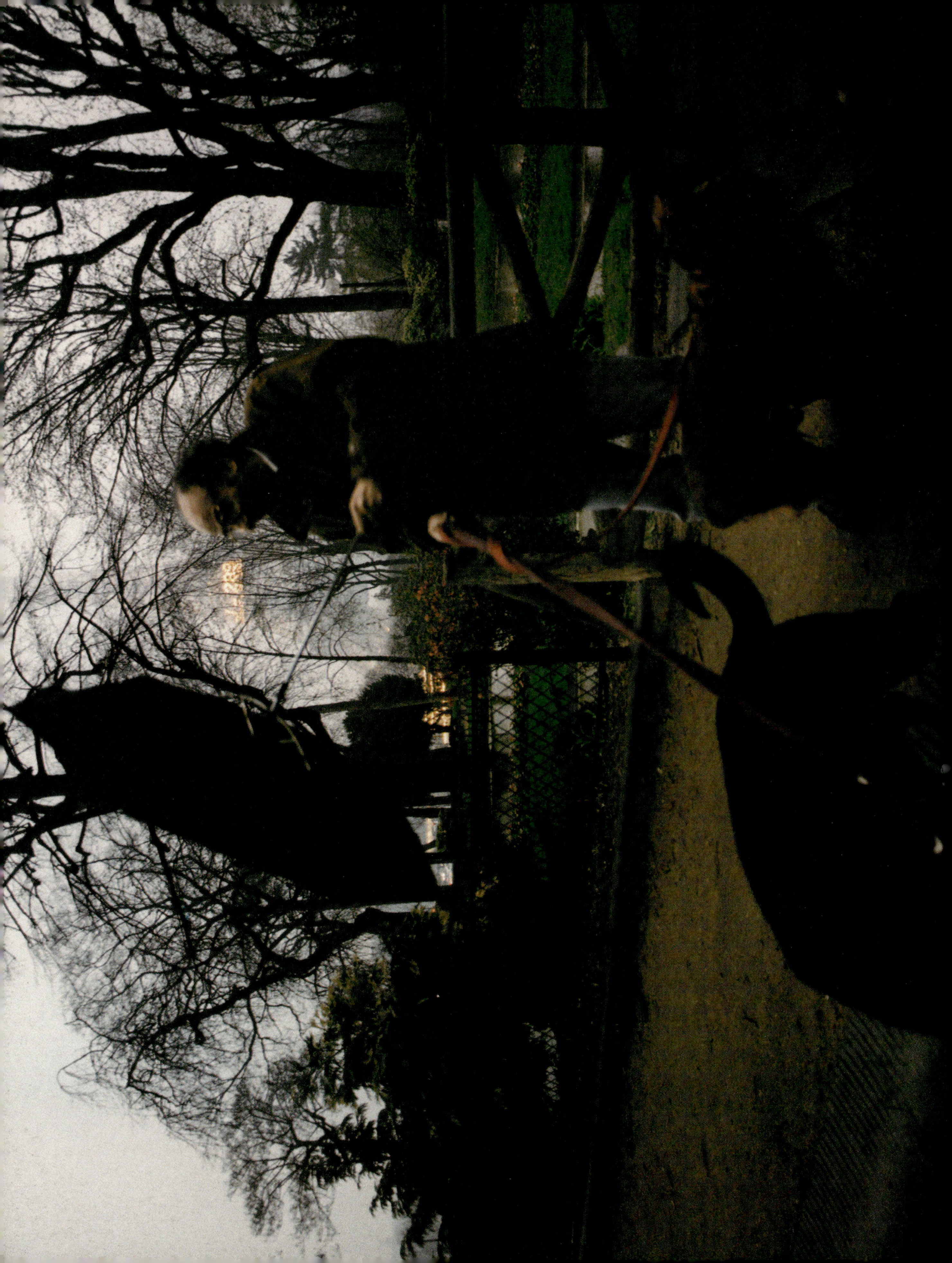

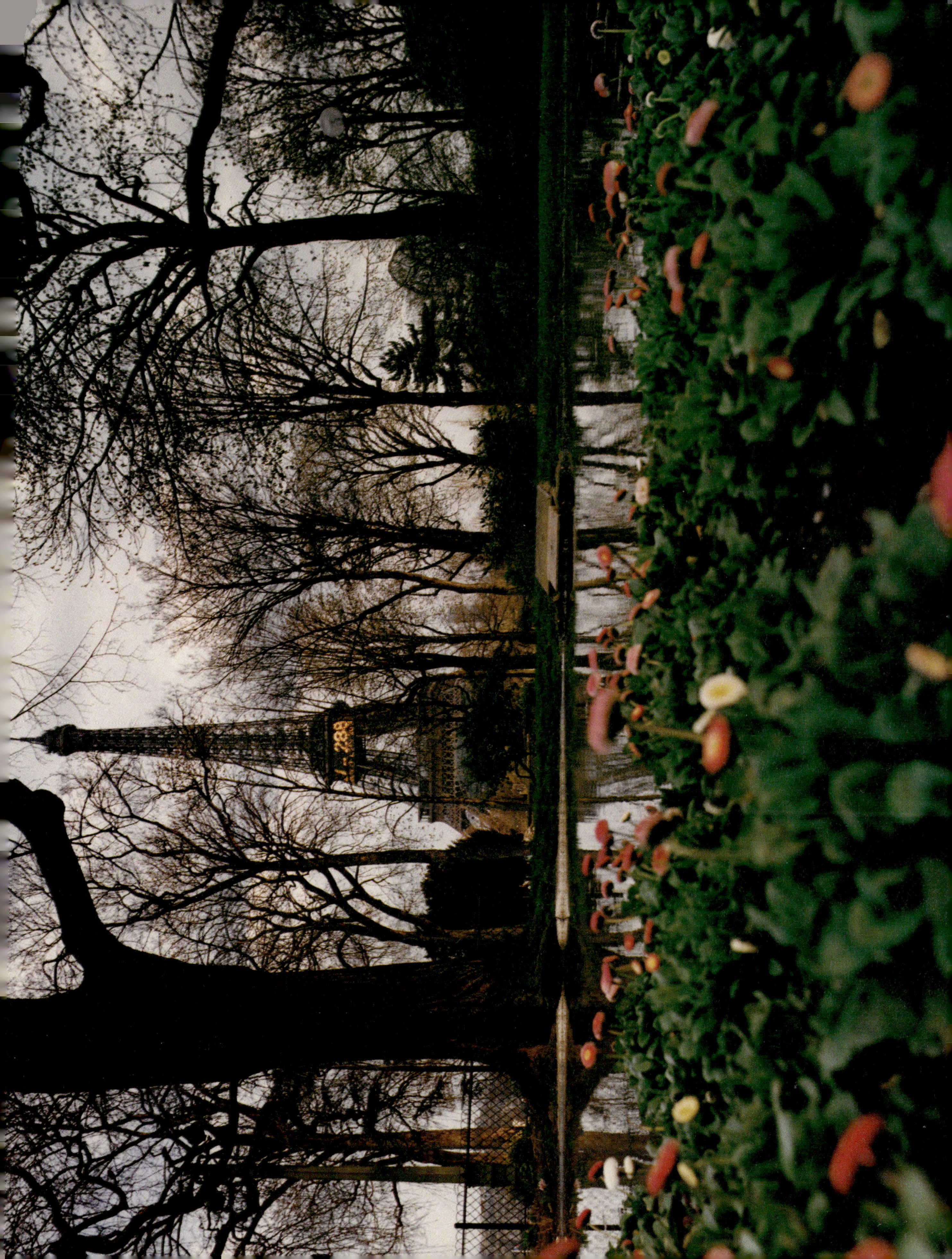

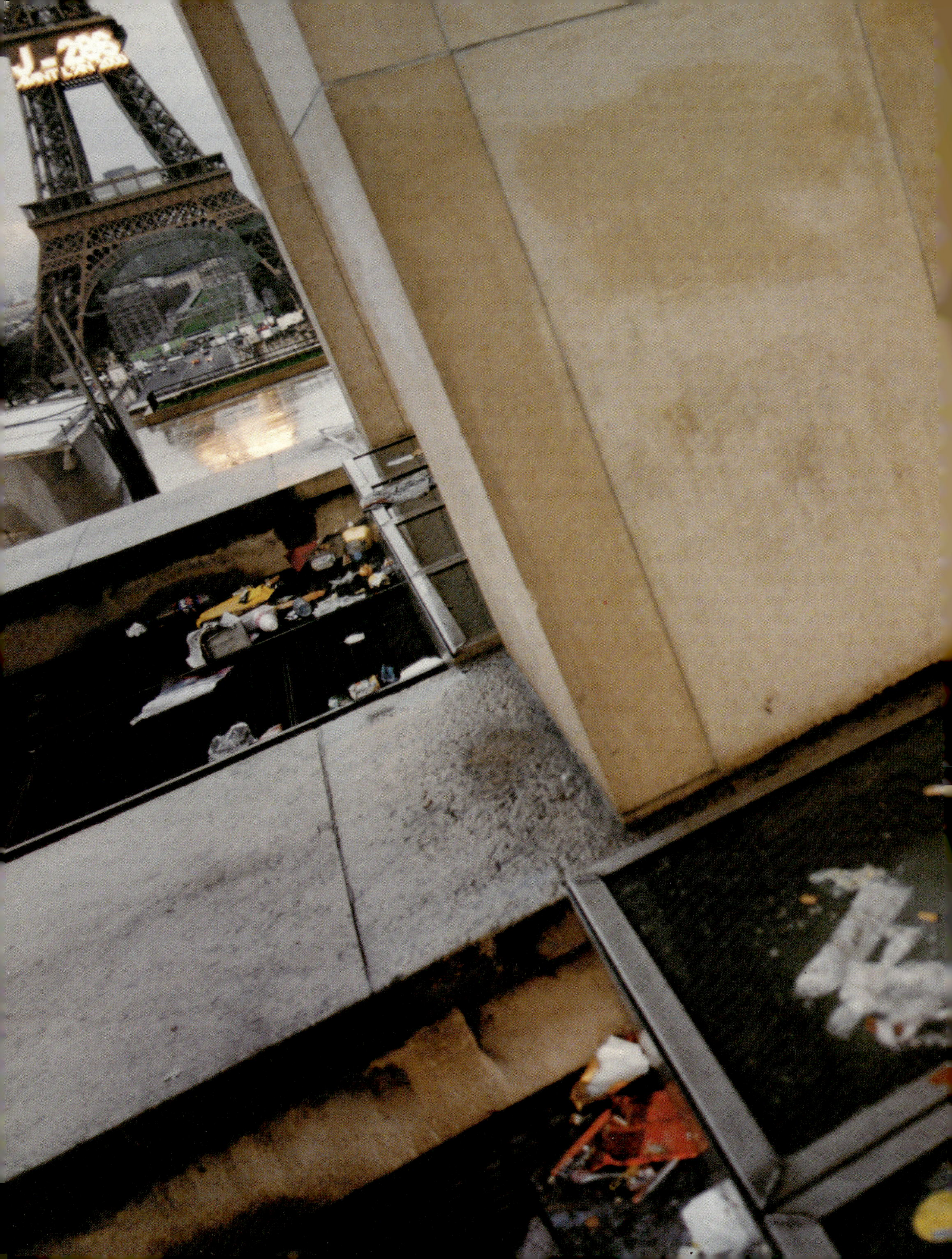

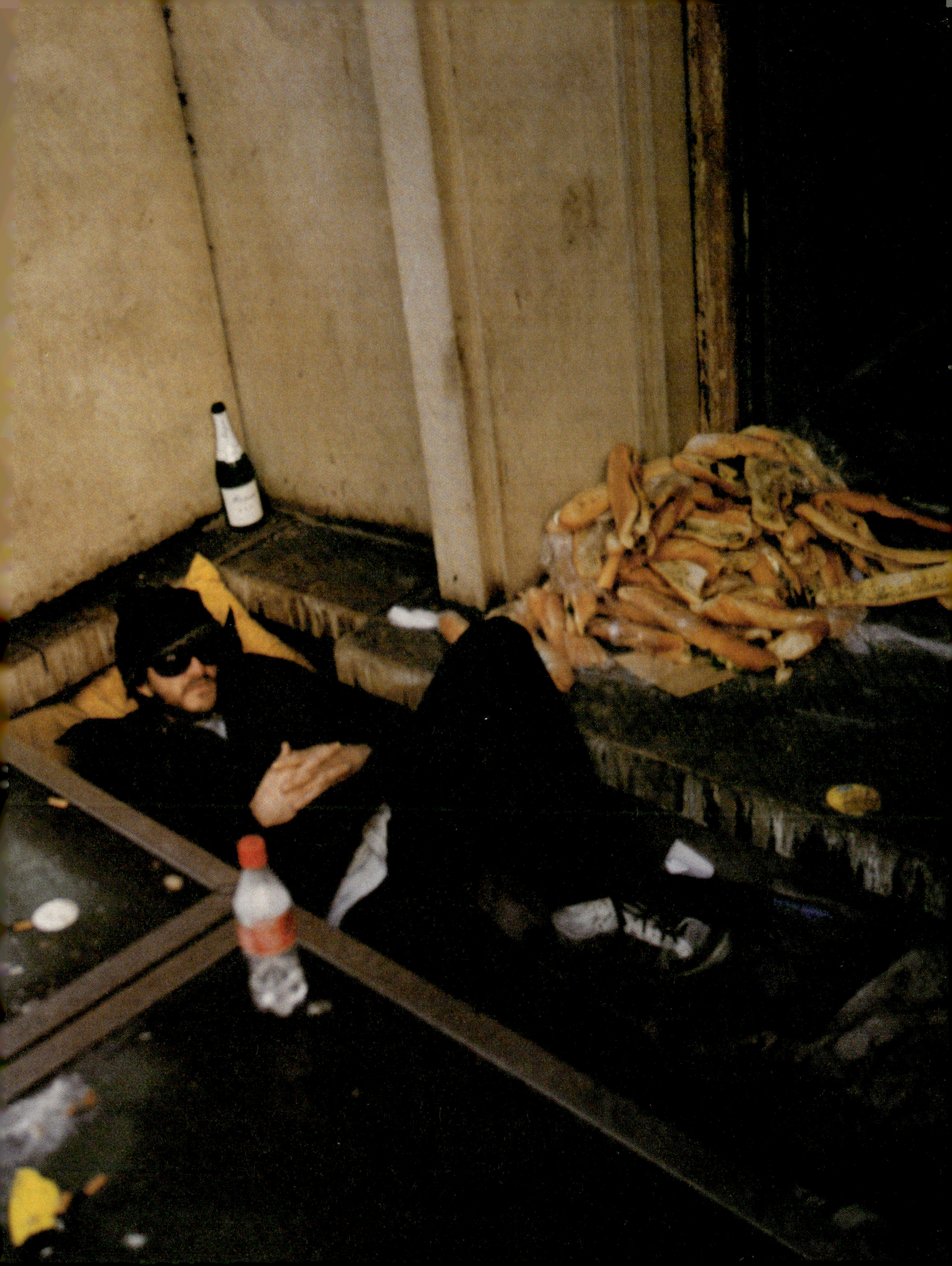

"Avec seulement 4 % de la fortune des 225 personnes les plus riches du monde, on pourrait satifaire les besoins essentiels en nourriture, en eau et en éducation de l'humanité entière", constate une statistique des Nations Unies. A la lumière de mon engagement humanitaire et personnel, je crains quant à moi que ce nouveau millénaire ne soit particulièrement douloureux pour notre planète si les populations les plus privilégiées ne comprennent pas qu'il est nécessaire et urgent de partager – mieux et d'avantage – avec les plus pauvres.

"With only 4% of the fortune of the 225 richest people on Earth we could satisfy the essential needs in food, water and education of the whole of humanity" is the finding of a statistic of the United Nations. In the light of my humanitarian and personal commitment, I am afraid for my part that this new millenium will be especially painful for our planet if the most privileged populations do not understand that it is necessary and urgent to share better and more with the poorest.

Dominique Lapierre
Ecrivain, fondateur de l'association Action pour les Enfants Lépreux de Calcutta
Writer, founder of the association Action for the Leper Children of Calcutta

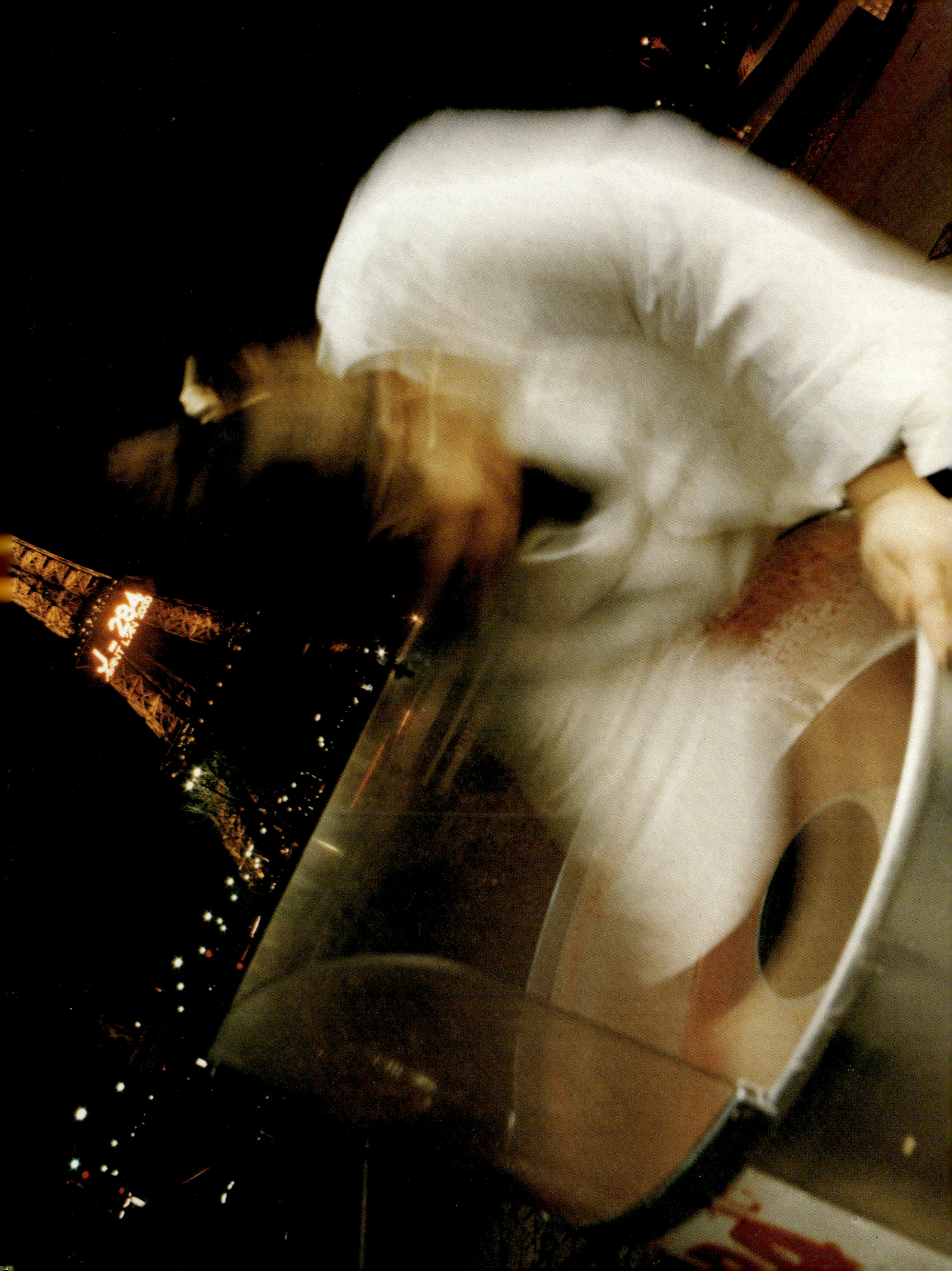
J-284

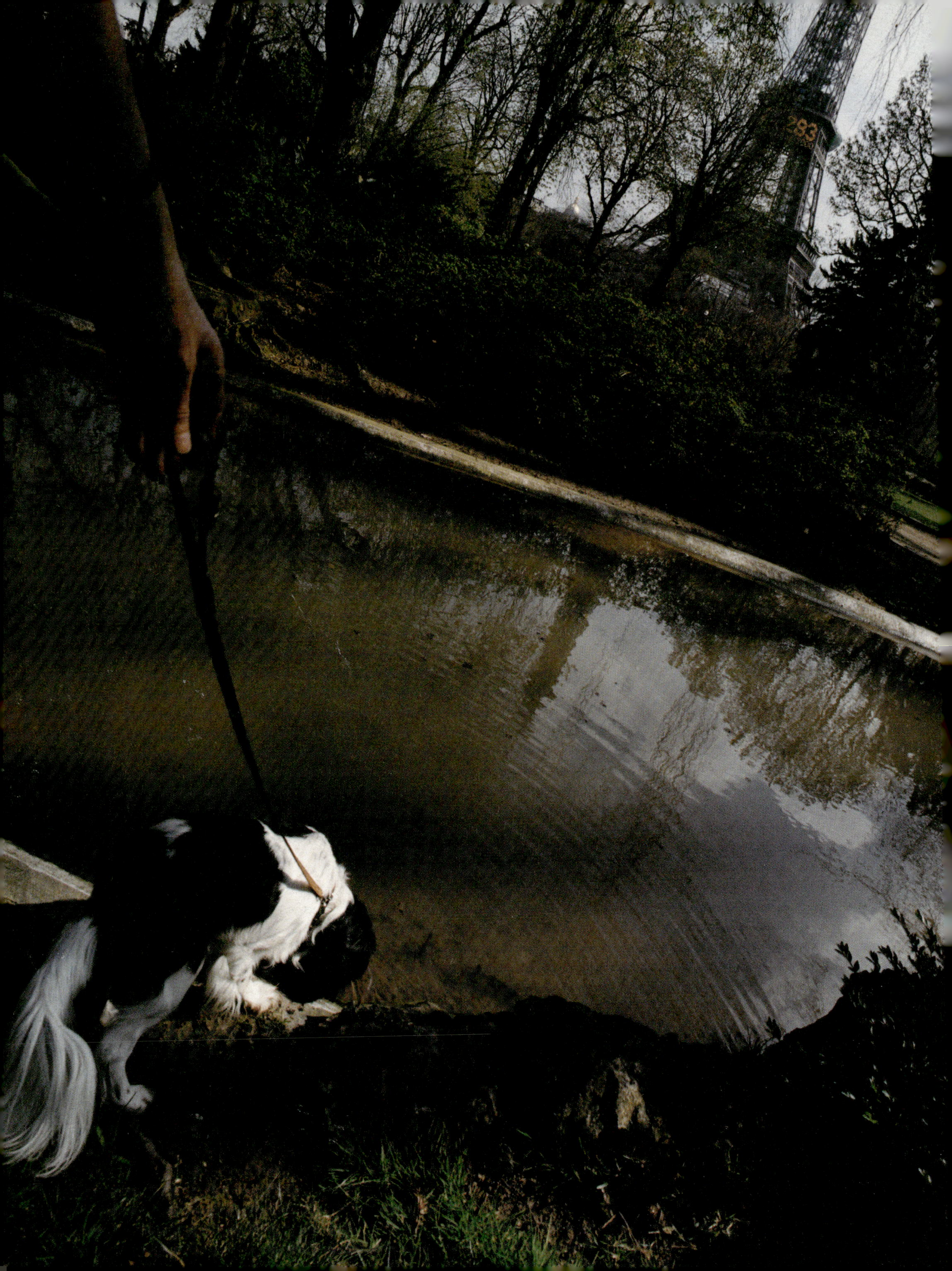

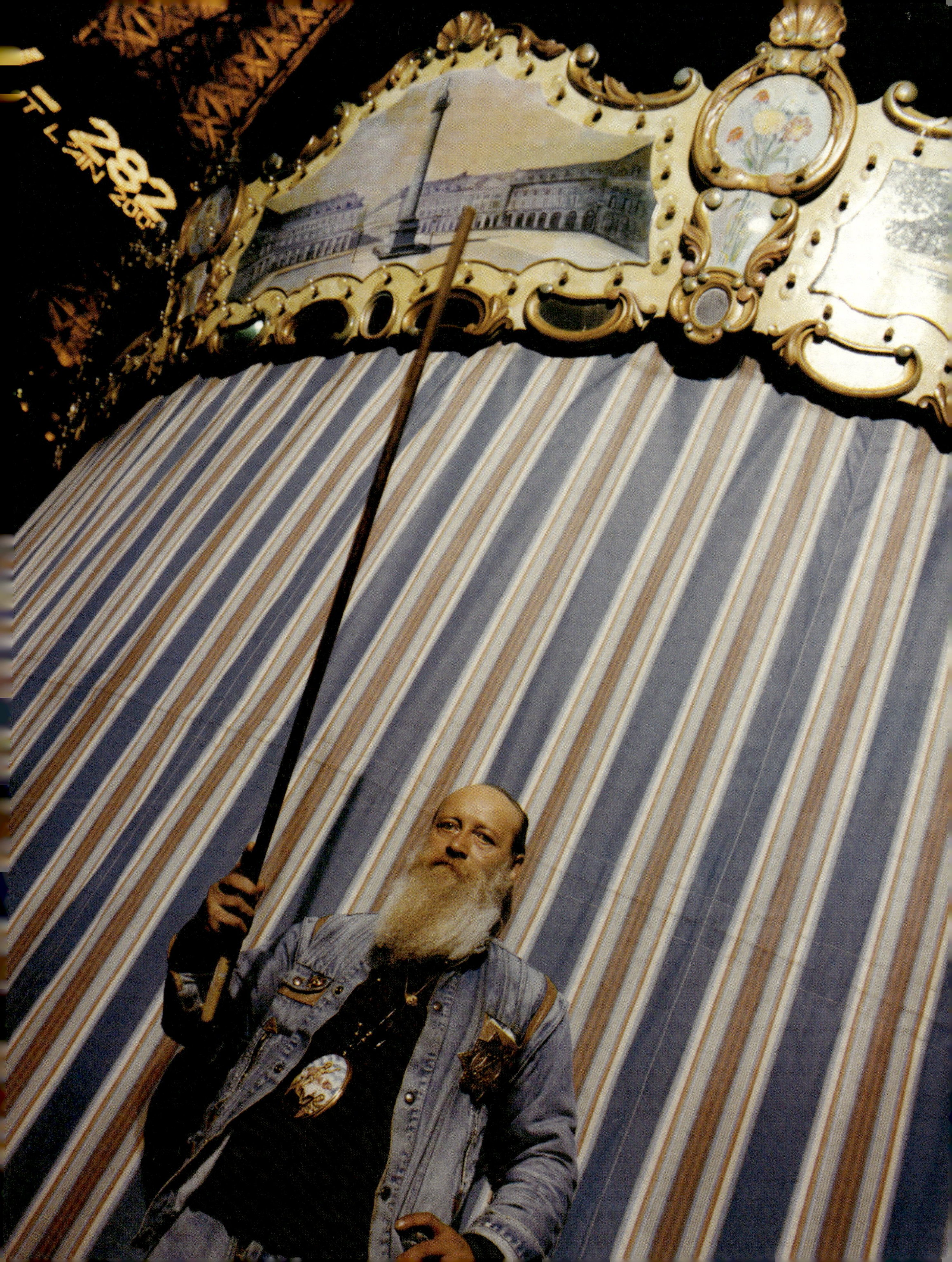

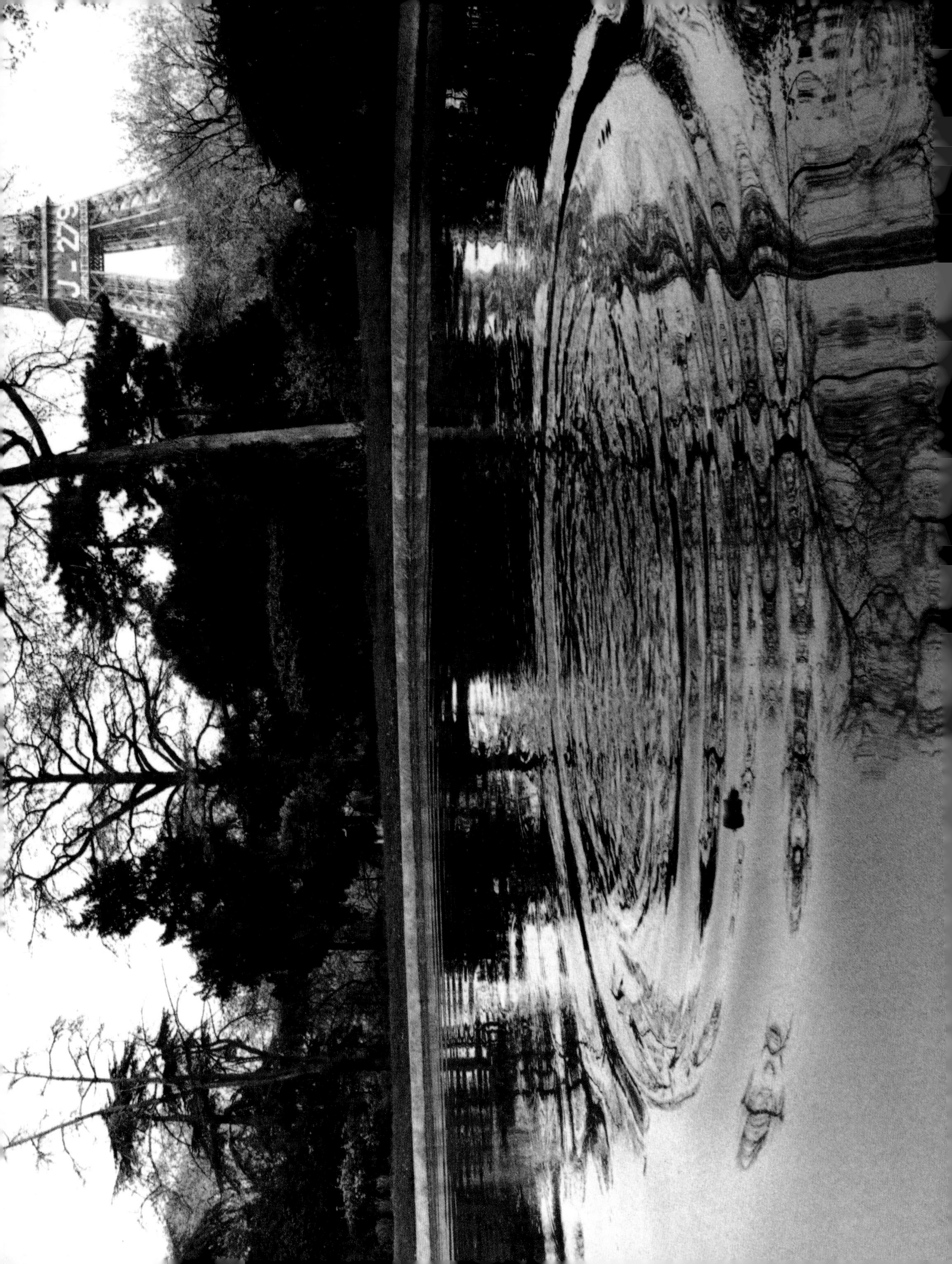

Le non vu est
Le prochain visible
Toute lumière
Devient Parole
J'appelle de mes vœux
Un humanisme stellaire

The unseen is
The next thing visible
Any light
Becomes a word
I hope for
A stellar humanism

Michel Cassé
Astrophysicien
Astrophysicist

L'oiseau passe sans trace dans l'espace ;
la lumière brille et rebondit sur son blanc plumage.
Puisse le rayonnement des sages immaculés
s'épancher sur les cœurs qui peinent et qui souffrent.

The bird flies with no trace in space;
the light glistens and bounces off its white feathers
May the immaculate wise men's radiance
flow over the painful and suffering hearts.

Tcheuky Sengué
Disciple peu doué des maîtres si aimants du Pays des Neiges
A so little gifted disciple of the Masters of the Snow Country

Alors que nos ancêtres étaient terrifiés par le passage à l'an 1000, nous sommes tous impatients cette fois-ci de traverser le miroir… l'obscurantisme a cédé la place à la ferveur.

Sans doute, la connaissance est-elle source de citoyenneté, comme le montrent, par exemple, la révolte et l'efficacité de la campagne internationale pour interdire les mines.

Déclanchée par sa propre victime, cette arme frappe principalement des civils en temps de paix, des bergers, des paysans et des villageois, qui ont en commun leur pauvreté, l'absence de soins, l'impossibilité de faire connaître leur calvaire au reste du monde et, plus encore, d'obtenir réparation de leurs droits bafoués.

Le siècle de la connaissance et de la communication se termine ainsi sur la volonté d'abolir une arme sournoise et particulièrement abjecte. Pour moi, c'est la preuve qu'un monde de communication peut servir l'ambition de paix : permettre de surmonter la peur de l'autre, le reconnaître et savoir prendre soin de lui.

Whereas our ancestors were terrified at the idea of crossing into the year 1000, we are now all impatient to pass through to the other side of the mirror. Superstition has given way to fervour.

Knowledge is undoubtedly the source of citizenship: the protest and the efficiency of the International Campaign against Landmines is an example of it. Triggered by its very victim, this weapon mainly hits civilians in peace time, shepherds, peasants and villagers who all suffer from poverty, the absence of medical aid, the impossibility of having the rest of the world see their martyrdom, and above all, the impossibility of obtaining compensation for their mocked rights.

The century of knowledge and communication is thus ending with the will to abolish a devious and particularly abject weapon. For me, this is the proof that a world of communication can serve the ambition of peace. It allows one to overcome the fear of others, recognise them and take care of them.

Dr Jean-Baptiste Richardier
Co-fondateur de Handicap international, co-Prix Nobel de la paix
Co-founder of Handicap International, co-Nobel prize winner

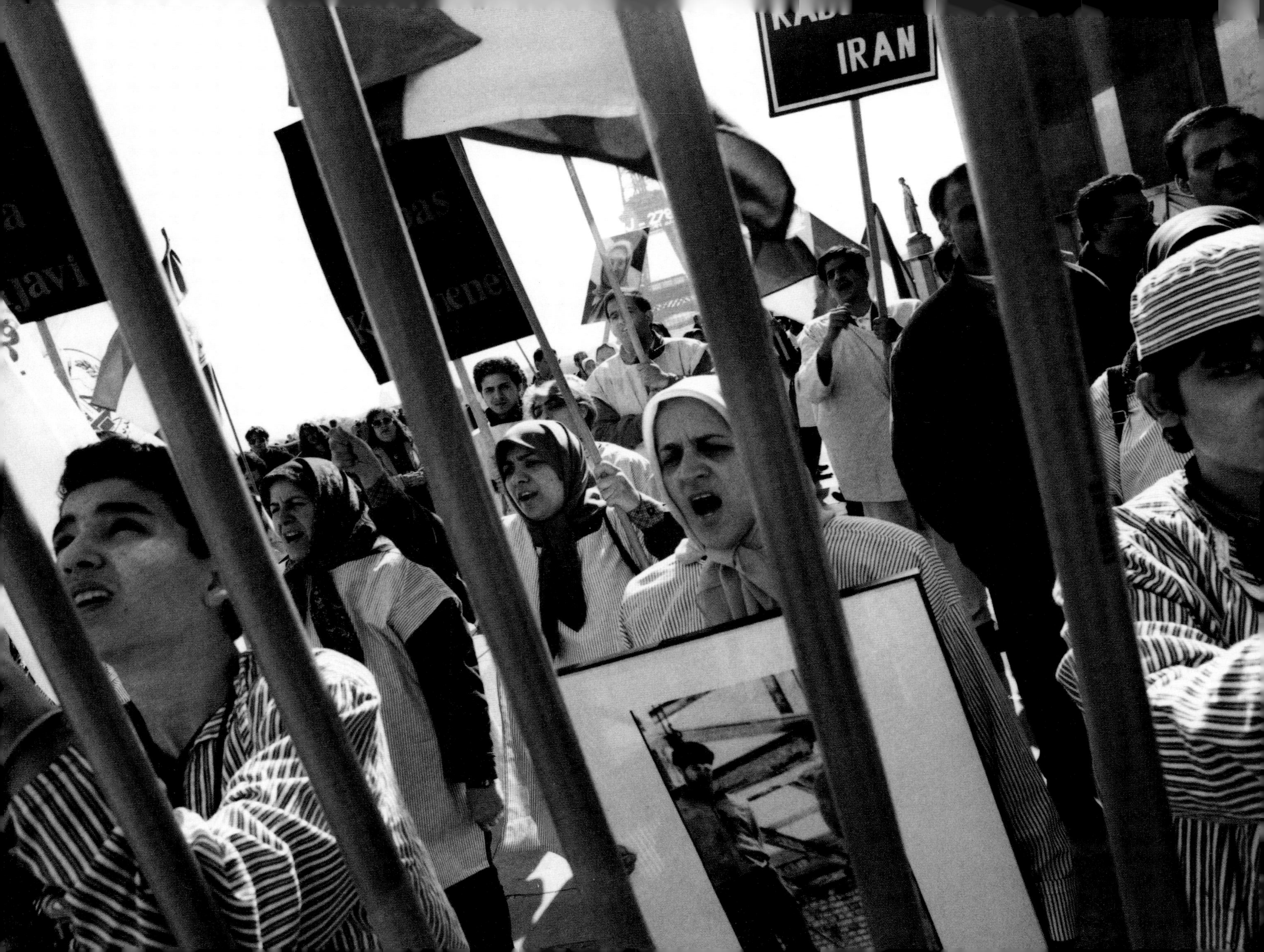
IRAN

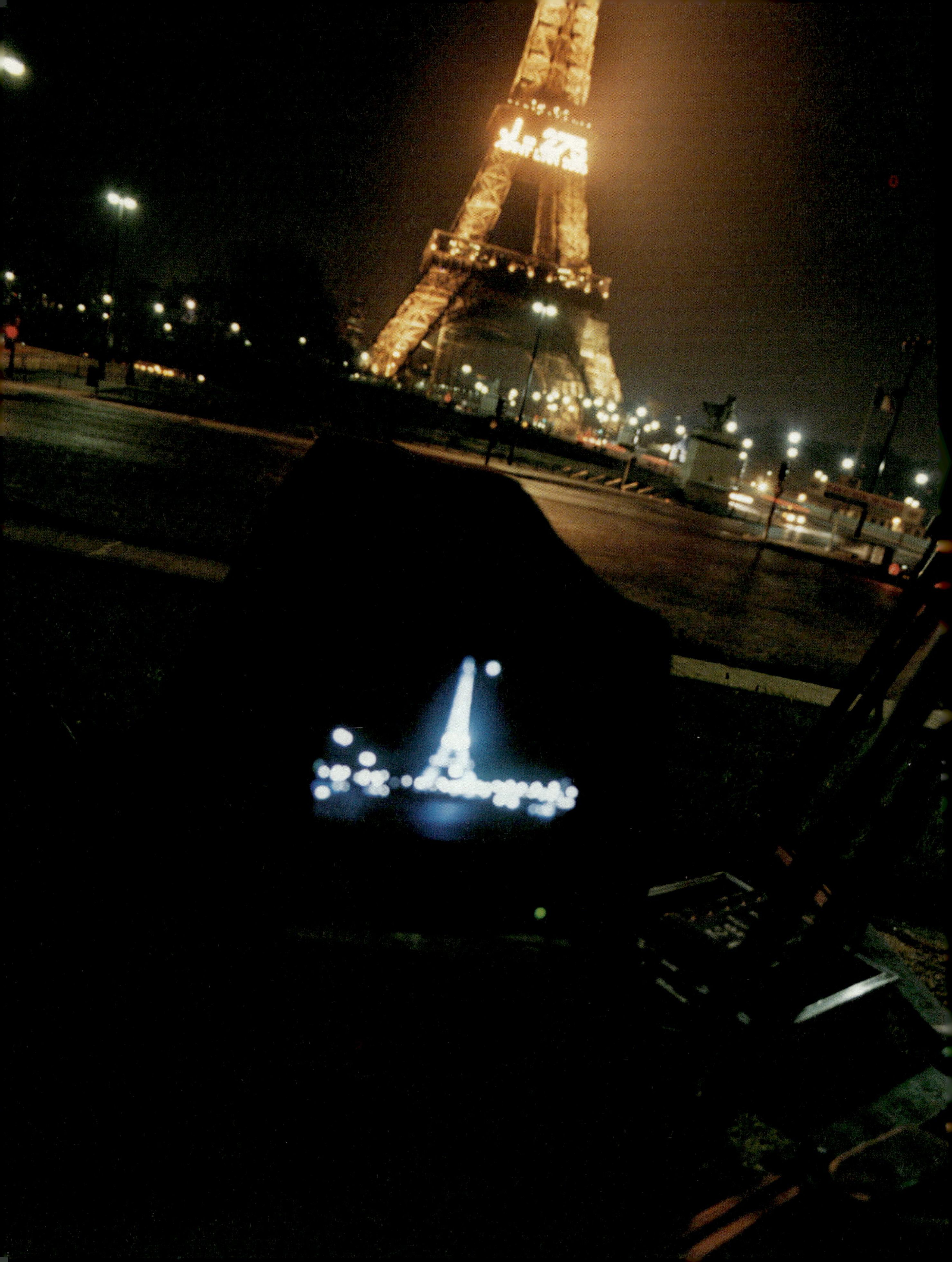

A toute vitesse, à trop de vitesse, je le redoute pour la Presse. Menacé, le temps de la réflexion avant la diffusion d'une information pour en mesurer son véritable sens, son véritable poids, au pire pour la vérifier, la recouper. Le savoir partagé par tous, pour tous, grâce au Net, comment ne pas le souhaiter et comment ne pas le craindre. Plus que jamais la dérive ne sera évitée que par la responsabilité de l'Homme.
Utopie ? L'avenir nous guette et nous tisse sa toile… d'araignée.

At high speed, at too high a speed, this is what worries me for the press. The time of reflection needed before the diffusion of a piece of information to evaluate its true significance, its real weight, or in the worst cases to check it out and confirm it. Knowledge shared by all, for all thanks to the Net, how could we not wish it but also how could we not fear it. More than ever only Man's responsibility will keep things from going astray.
A Utopia? The future lies in wait for us, spinning its web.

Hervé Chabalier
Fondateur et P-DG de Capa
Founder and CEO of Capa

Une photo peut à elle seule incarner la synthèse insistante de l'immobilité de l'être et du flux du devenir : la permanence ordonnée et le continuum des mutations. L'instantanéité figée des chiffres renvoie au flux du Temps et au changement fortement ancré dans la persistance des choses et des individus. L'horloge digitale de l'an 2000, comme l'oracle de Delphes, fait signe : la multiplicité des transformations et les techno-sciences ont rendu le monde immatériel. Nous sommes des souffles et des singularités biologiques, par bonheur nous avons toujours été des souffles.

Only a photograph can embody the insistent synthesis of a being's immobility and the fixed order of a changing future and the continuum of changes.
The fixed immediacy of numbers takes us back to the flow of Time and change, deeply rooted in the persistence of numbers and individuals. The digital clock of the year 2000, like the Delphic oracle, gives a sign: the multiplicity of Transformations and the Techno-sciences have made the world immaterial. We are all a breath of Life and biological singularities. Happily enough, we have always been such.

Richard Pinhas
Auteur
Author

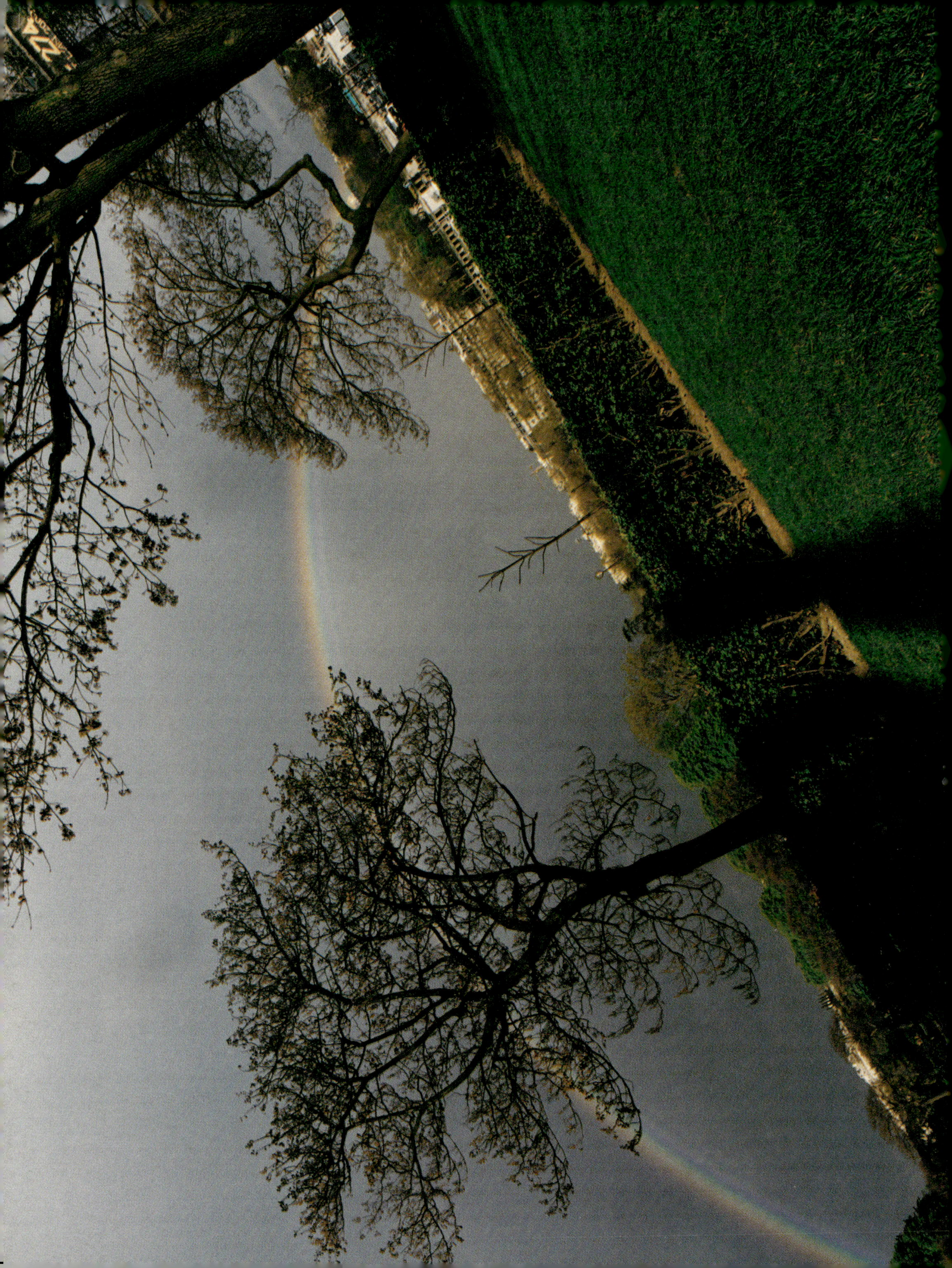

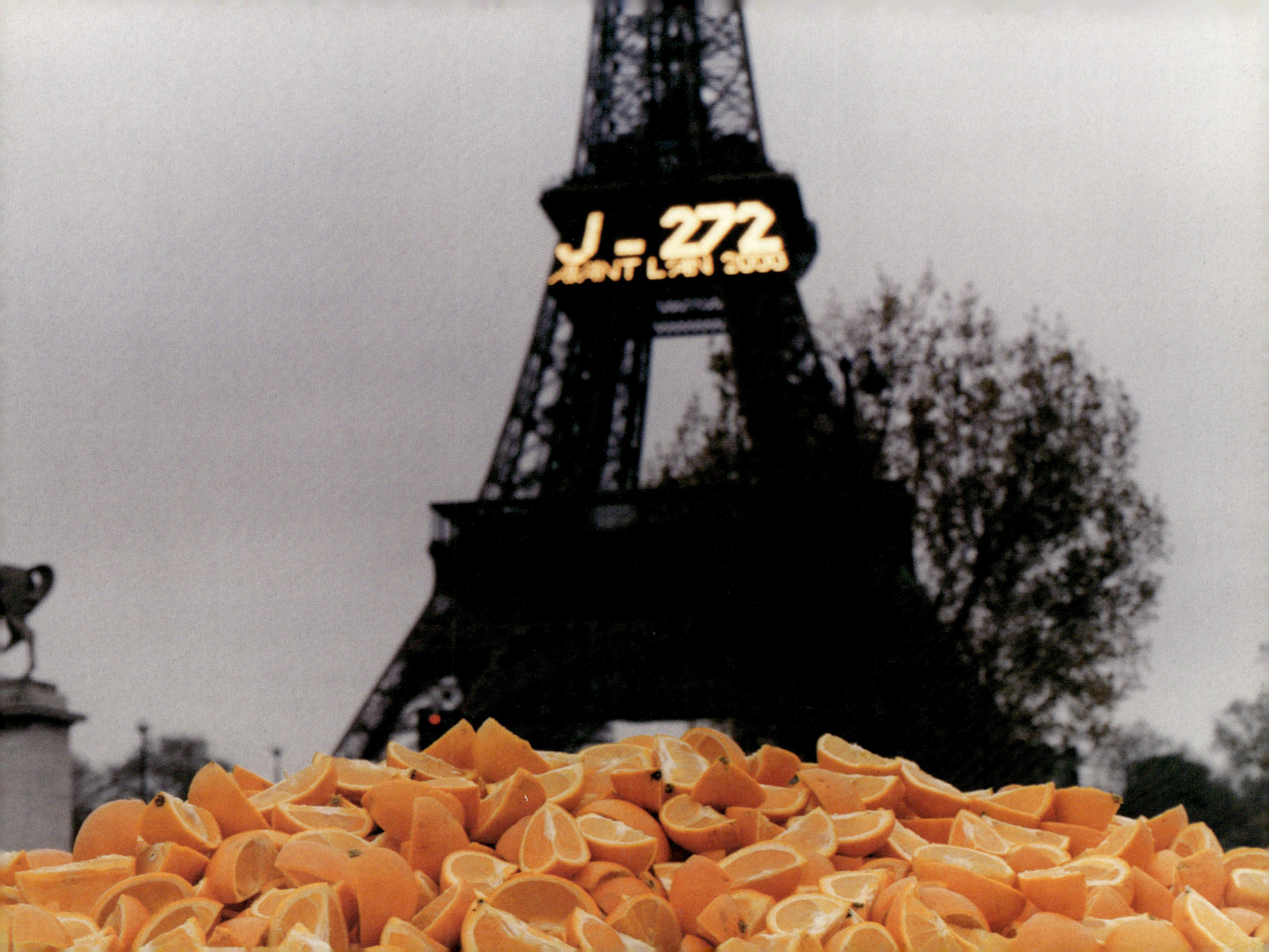
J - 272
AVANT L'AN 2000

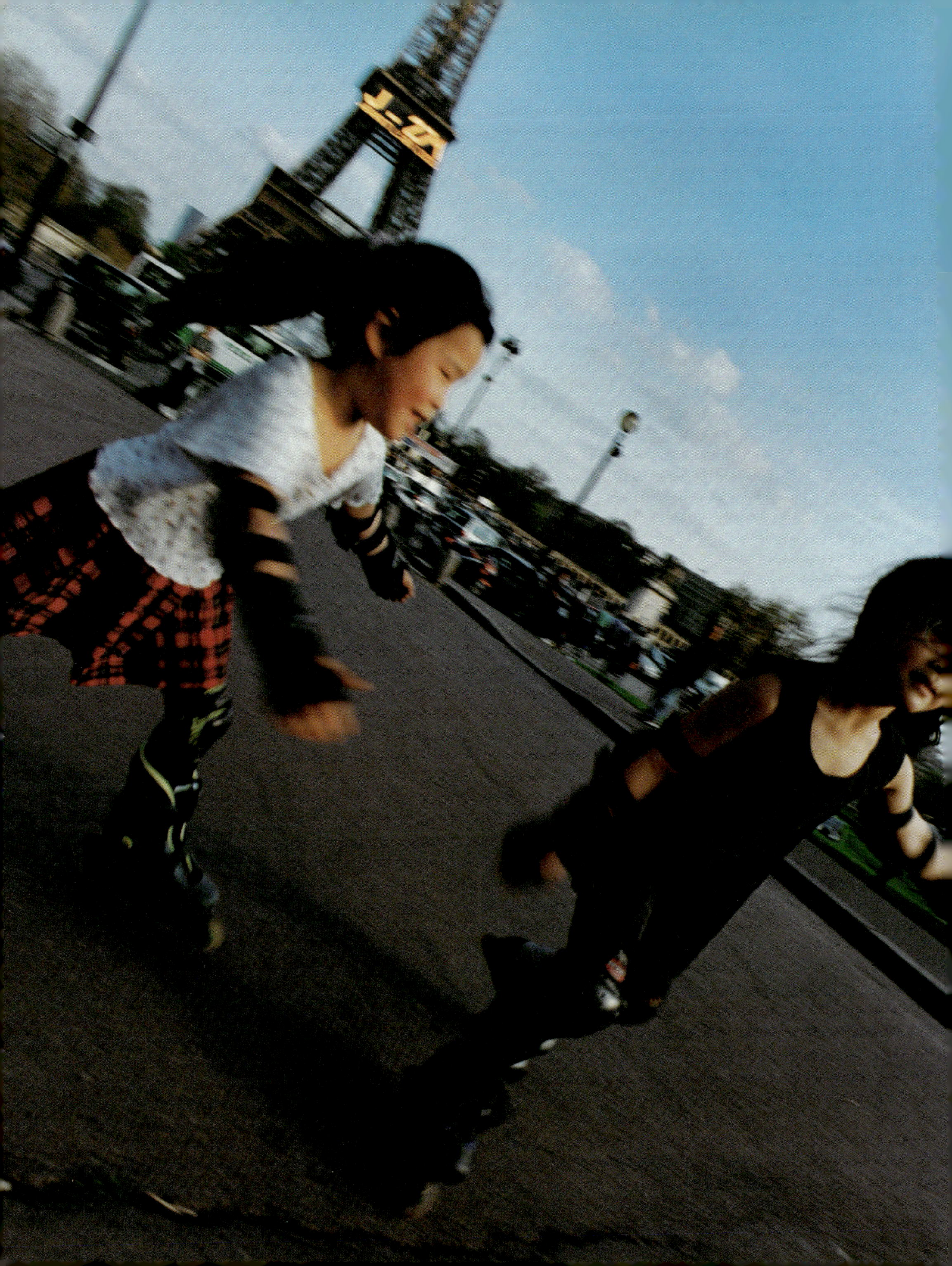

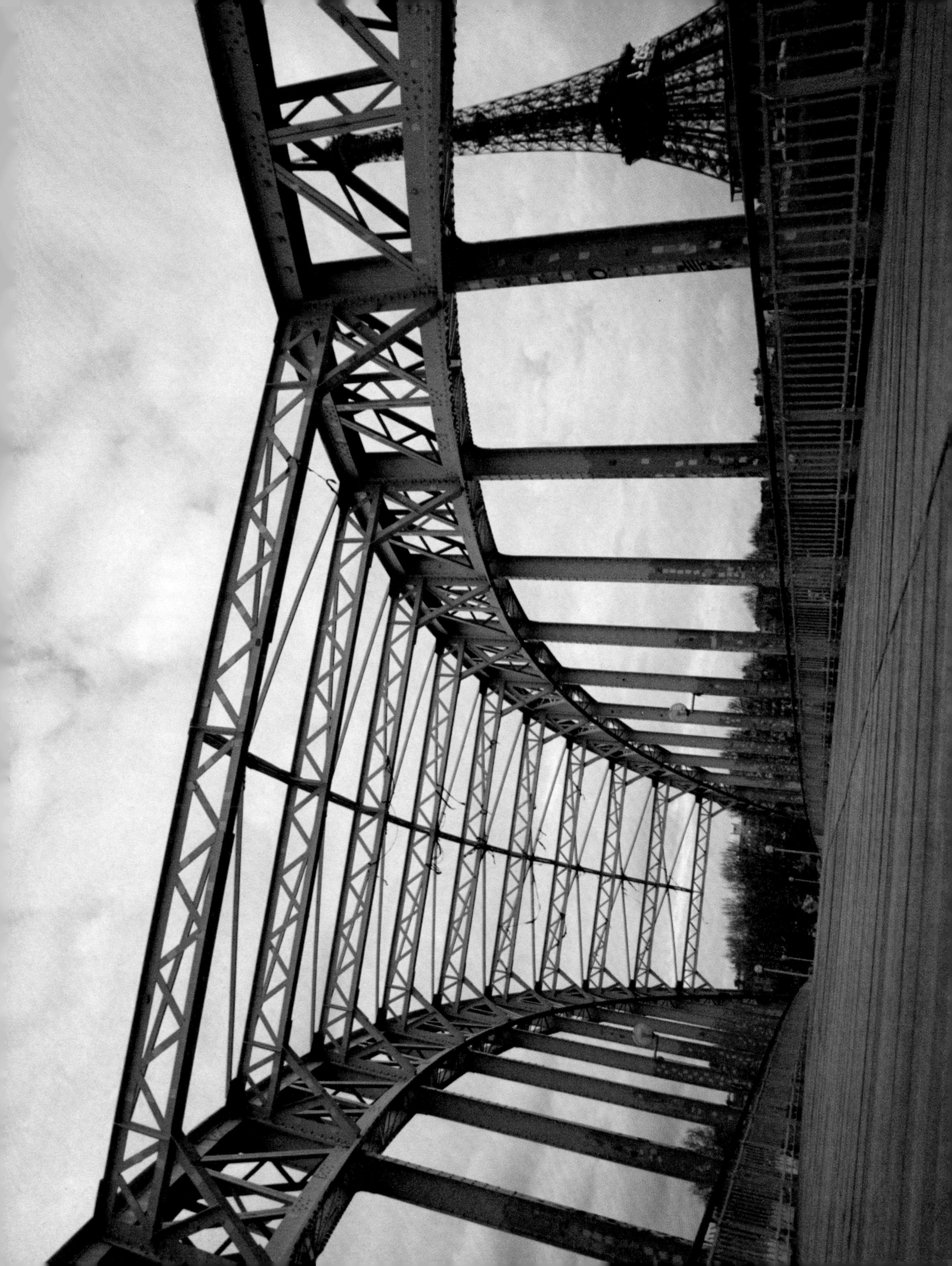

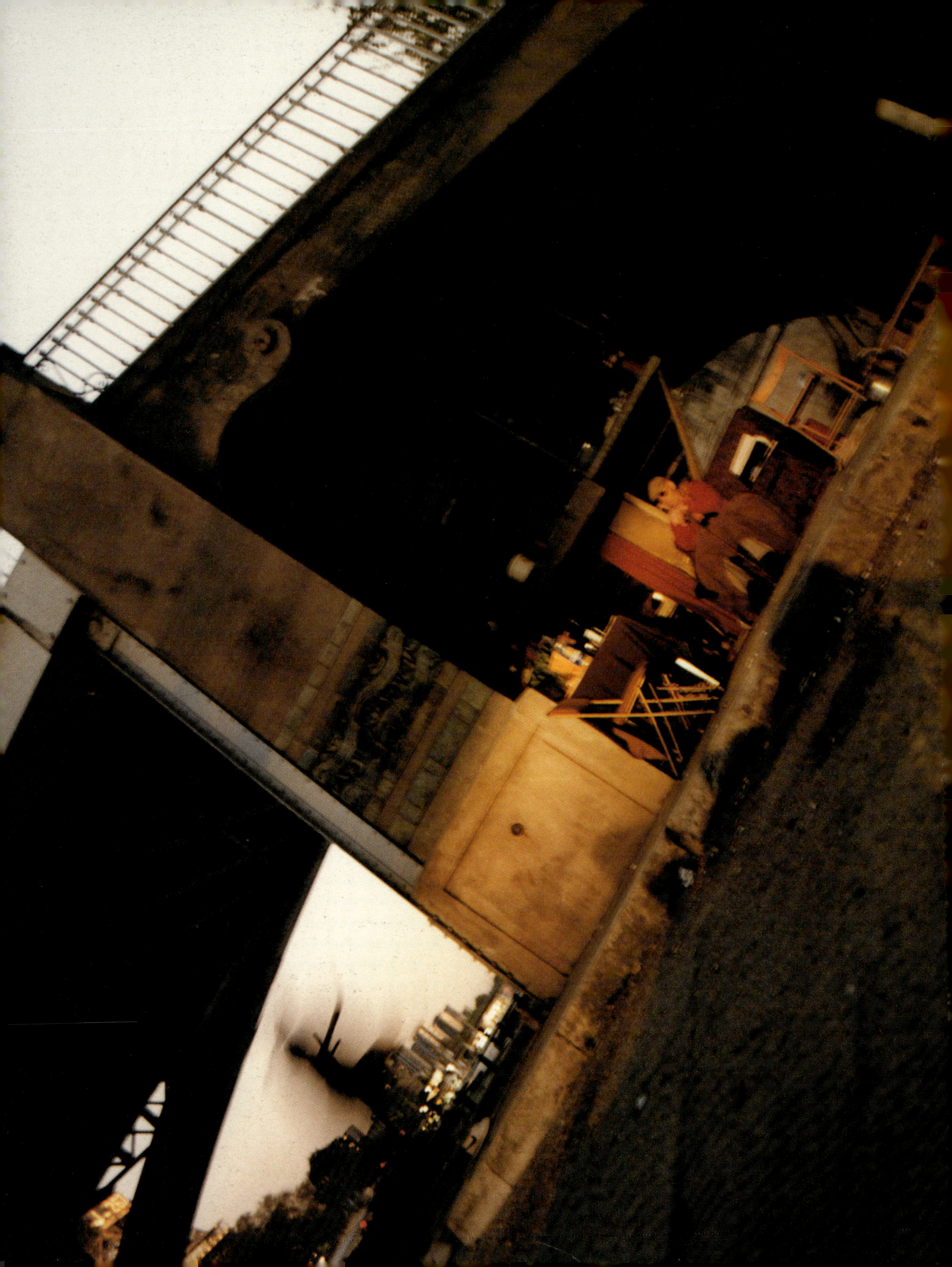

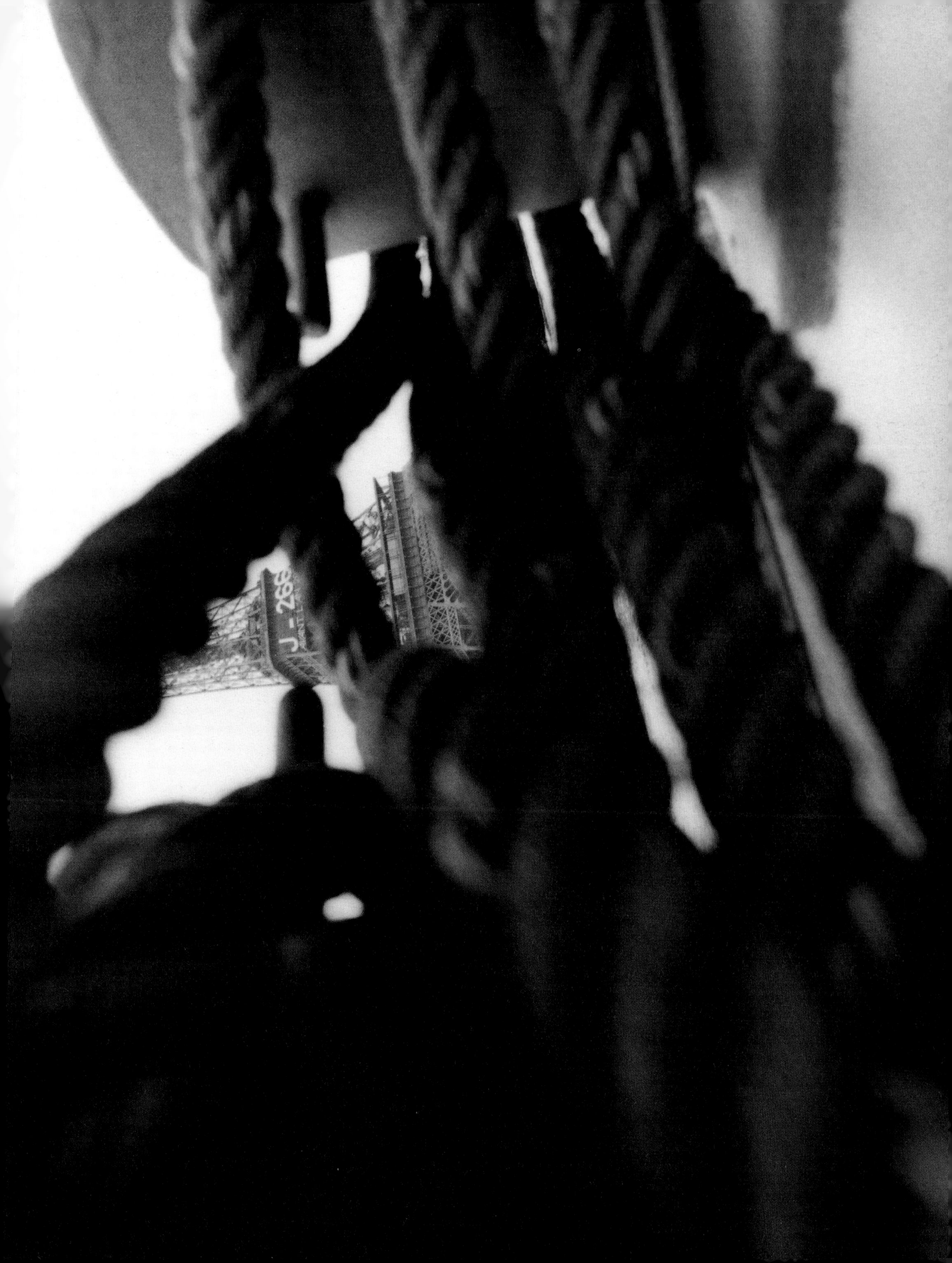

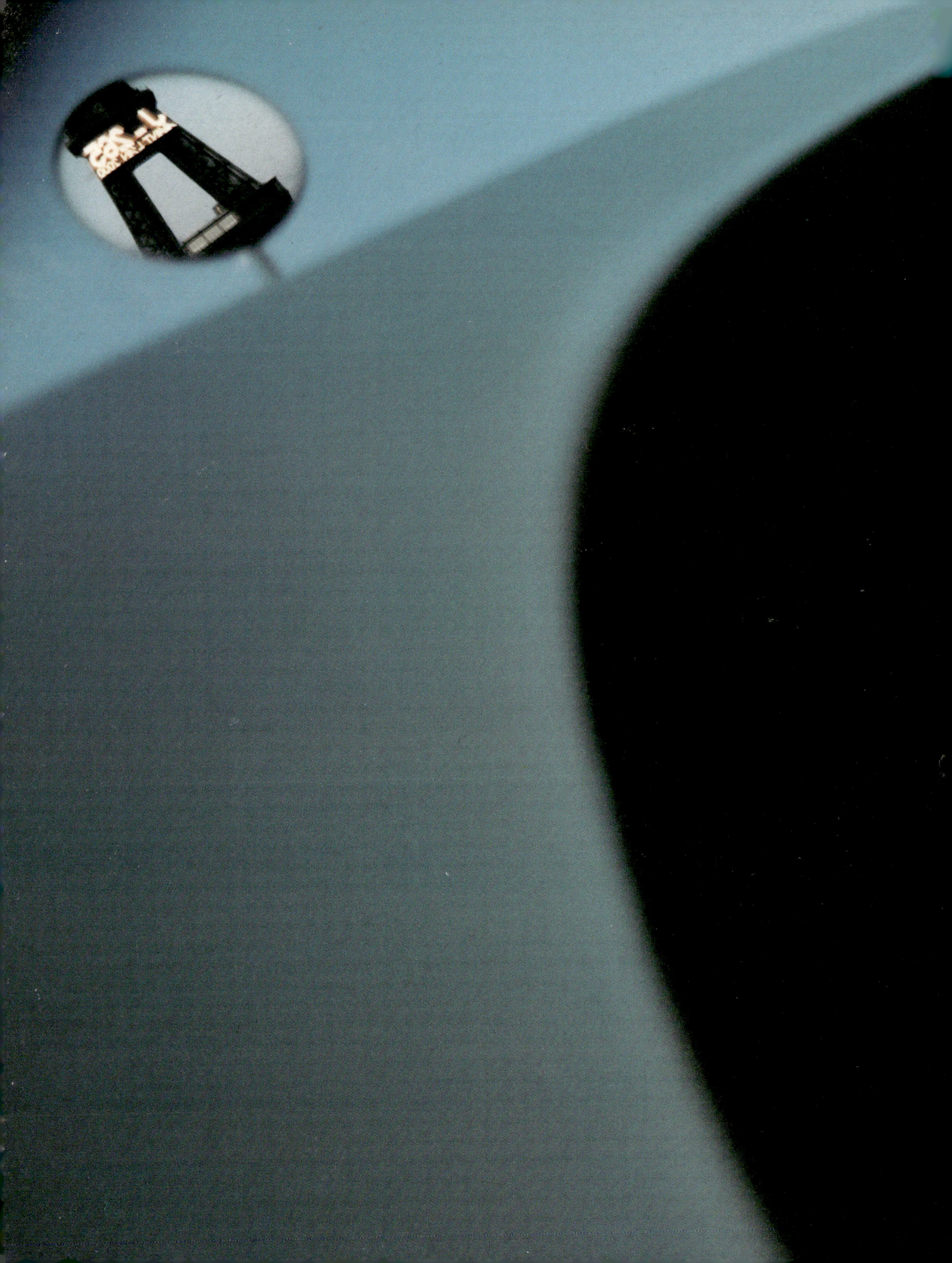

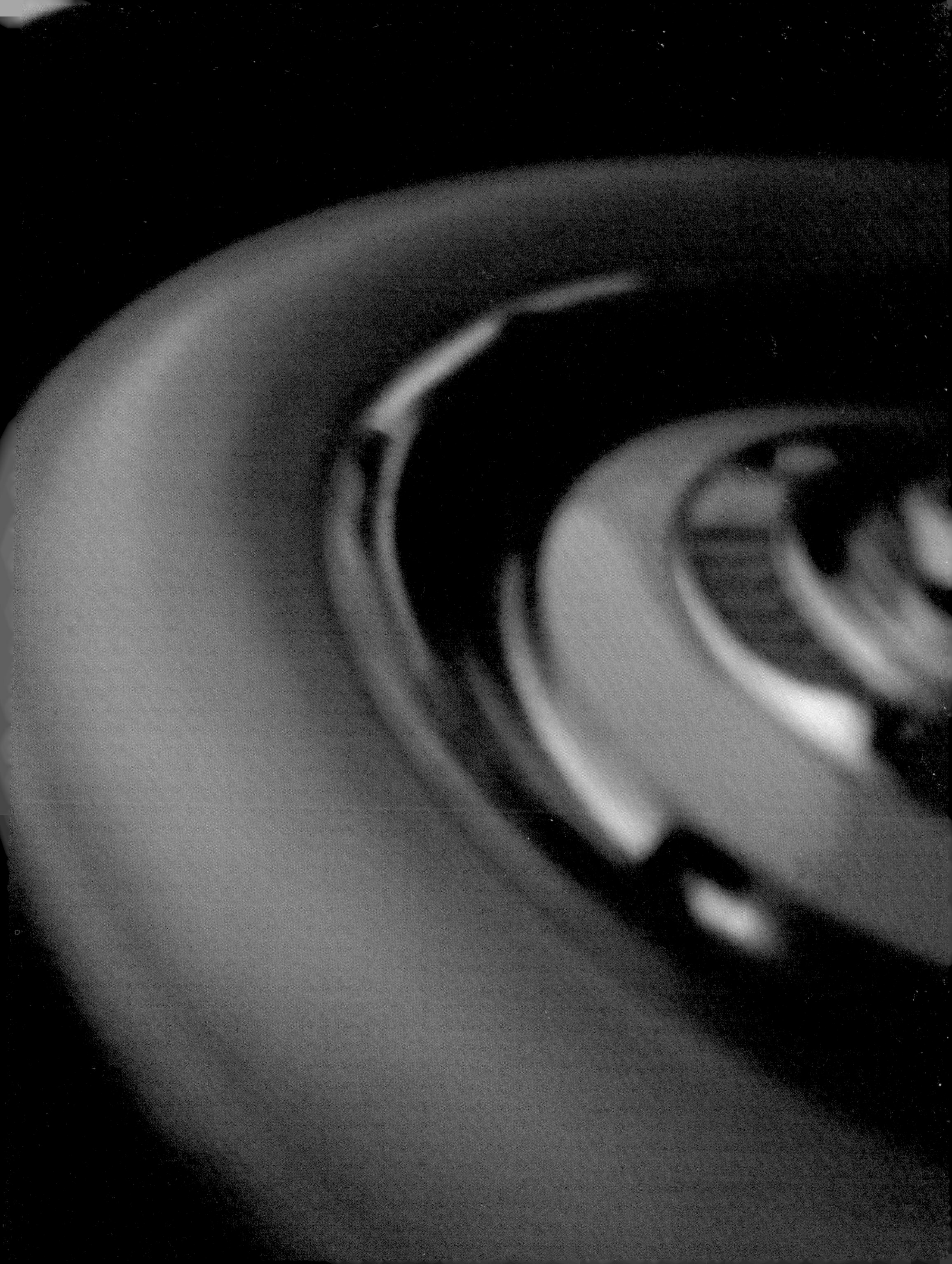

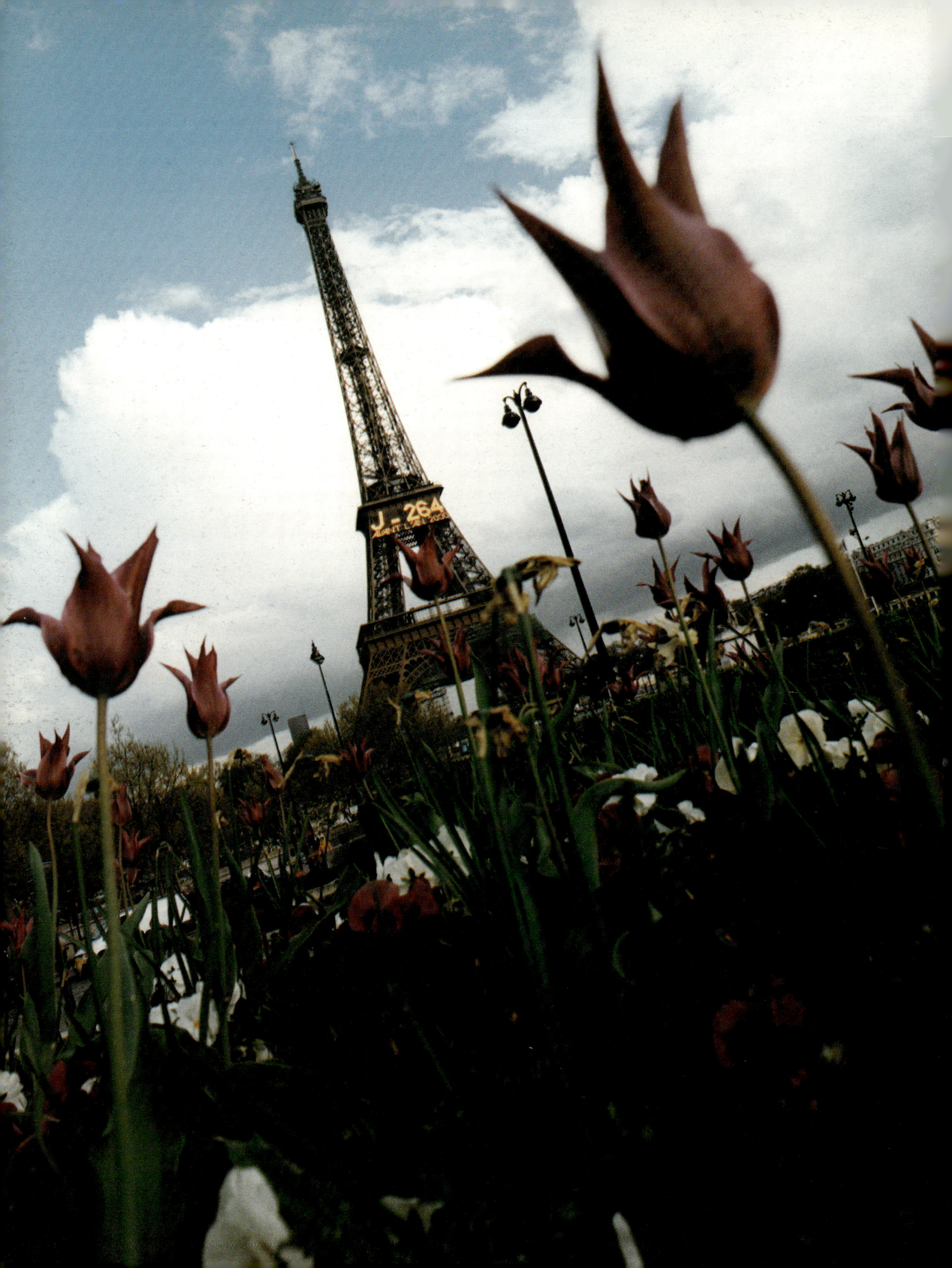
J - 264

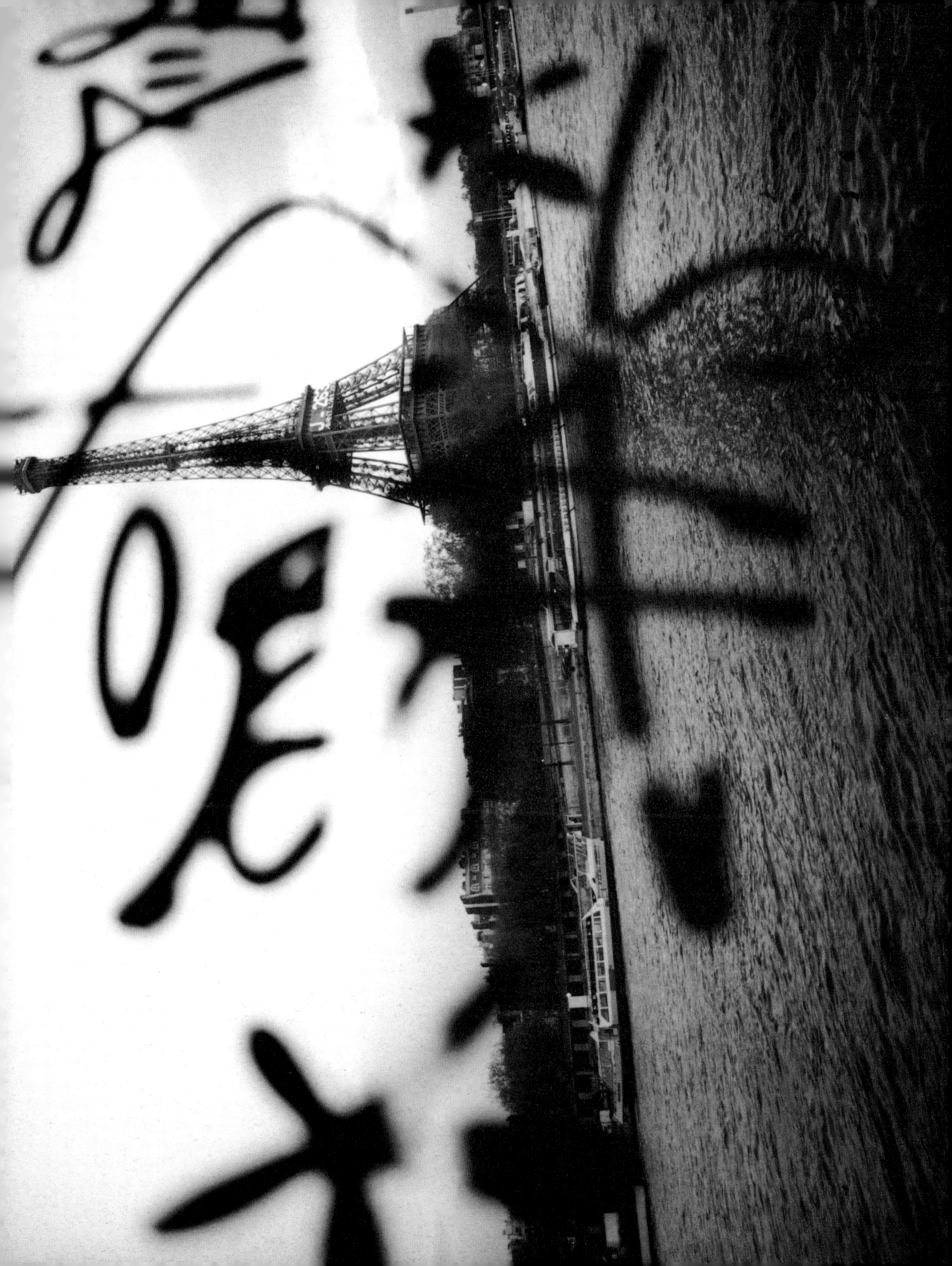

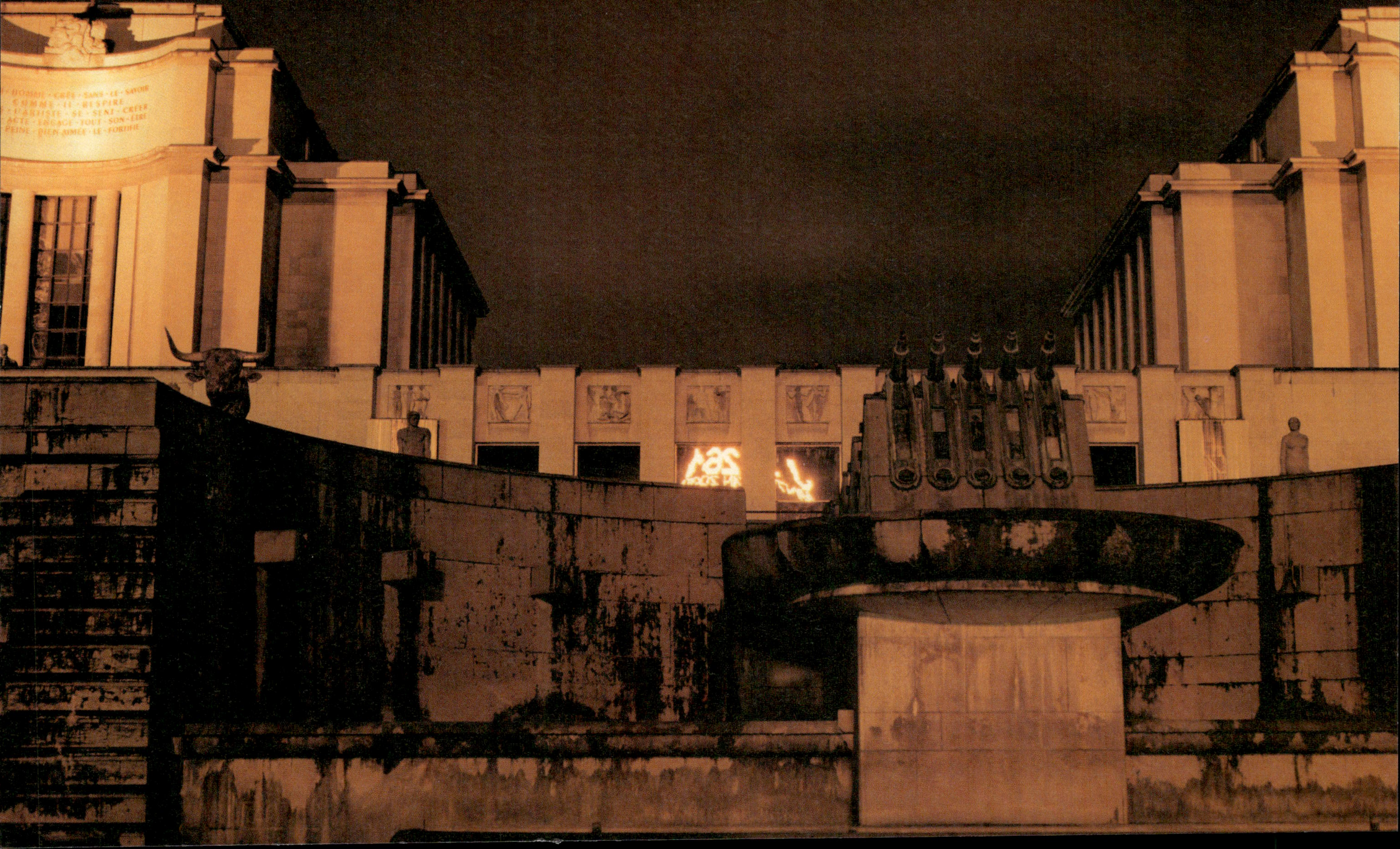

Commençant d'écrire mes Mémoires à l'heure où la Bosnie-Herzégovine reprend place à la une des gazettes, je songe à en intituler la première partie (culminant avec les abominations de la Shoah) : "Deux guerres mondiales et une Révolution manquée" et la seconde : "Trente glorieuses et après ?" Lorsque triomphent les ordinateurs et s'entrecroisent les si fragiles puissances financières, osera-t-on juger ce siècle où coexistent les miracles techniques et les pitoyables retours aux errements de la horde primitive ? J'ai préféré clore mon siècle traversé sur l'évocation des roses de Bagatelle, à peine moins sophistiquées qu'au temps où je les découvrais, avec ma mère en grand chapeau de paille et robe longue serrée sur les chevilles, sous un grand ciel où les aéronefs croisaient les dirigeables Clément Bayard.

As I was starting to write my Memories, Bosnia-Herzegovina was on the front pages again, I thought I would entitle the first part (culminating with the Shoah abominations): "Two world wars and a failed Revolution" and the second one: "Thirty glorious years and after?" At the time when computers are triumphant and fragile financial powers interconnect with each other, will we dare to judge this century in which technical miracles and a pitiful return to the errors of the primitive horde co-exist? I chose to finish my completed Century with the evocation of the Bagatelle roses, a bit less sophisticated than the ones I discovered with my mother who was wearing a big straw hat and a long dress, tight at the ankles, under a sky where we would see both the first airships and Clément Bayard's dirigibles.

Maurice de Gandillac

Quand il n'y a plus rien à dire d'un futur, il y a tout à imaginer.
Quand l'oubli des âmes se fait sentir, que reste-t-il ?
L'exclusion, l'exclusion… non : l'affranchi, ce mot désordre de toutes les vérités.
Mais aliéner qui pourra n'est plus une solution, fatiguée est la loi des mauvaises histoires.
L'indépendance de l'être est hors-la-loi quoi que la loi en pense, c'est la règle pour ne point mourir.
Disparaître sans sa canne et se désintégrer fièribon à la blancheur du soleil
est le dernier type d'être qui ne peut subvenir à ses sommeils.
De l'an 2000 à l'an 10000.
De l'an 10000 à l'an 0.
Faudra-t-il se mutiler bien davantage ?
…Ne plus mourir, ne plus vieillir…
Alors en désespoir de trop de causes, je vous mets en joue,
Humanité, sur mon œil unique avec une larme de précision.
Le feu des adieux ne m'est point nécessaire, qu'en feriez-vous ?
La terre brûle de trop vous voir.
La terre brûle de trop vous voir.
Humains… dehors.

When there is nothing left to say about a future, we have everything to imagine.
When the oblivion of the soul is felt, what is left?
Exclusion, exclusion…No, freedom: this word puts everything at odds.
But being alienated is not an excuse any more, the law is tired of bad stories.
The indepedence of a being is beyond the law, whatever the law might think of it,
and is the only way not to die.
Disappear without a walking stick, and disintegrate, proud in the whiteness of the sun,
the last kind of being can't meet his own need for sleep.
From the year 2000 to the year 10000.
From the year 10000 to the year 0.
Will we have to maim ourselves even more?
….Not to die any more, not grow old any more….
Then desperately, I aim at you, Humankind, with my single eye full of a precision tear.
The fire of farewells is no good for me, what would you do with it?
The earth is burning from seing you too much.
The earth is burning from seing you too much.
Humans…get out

Le Hors Humain

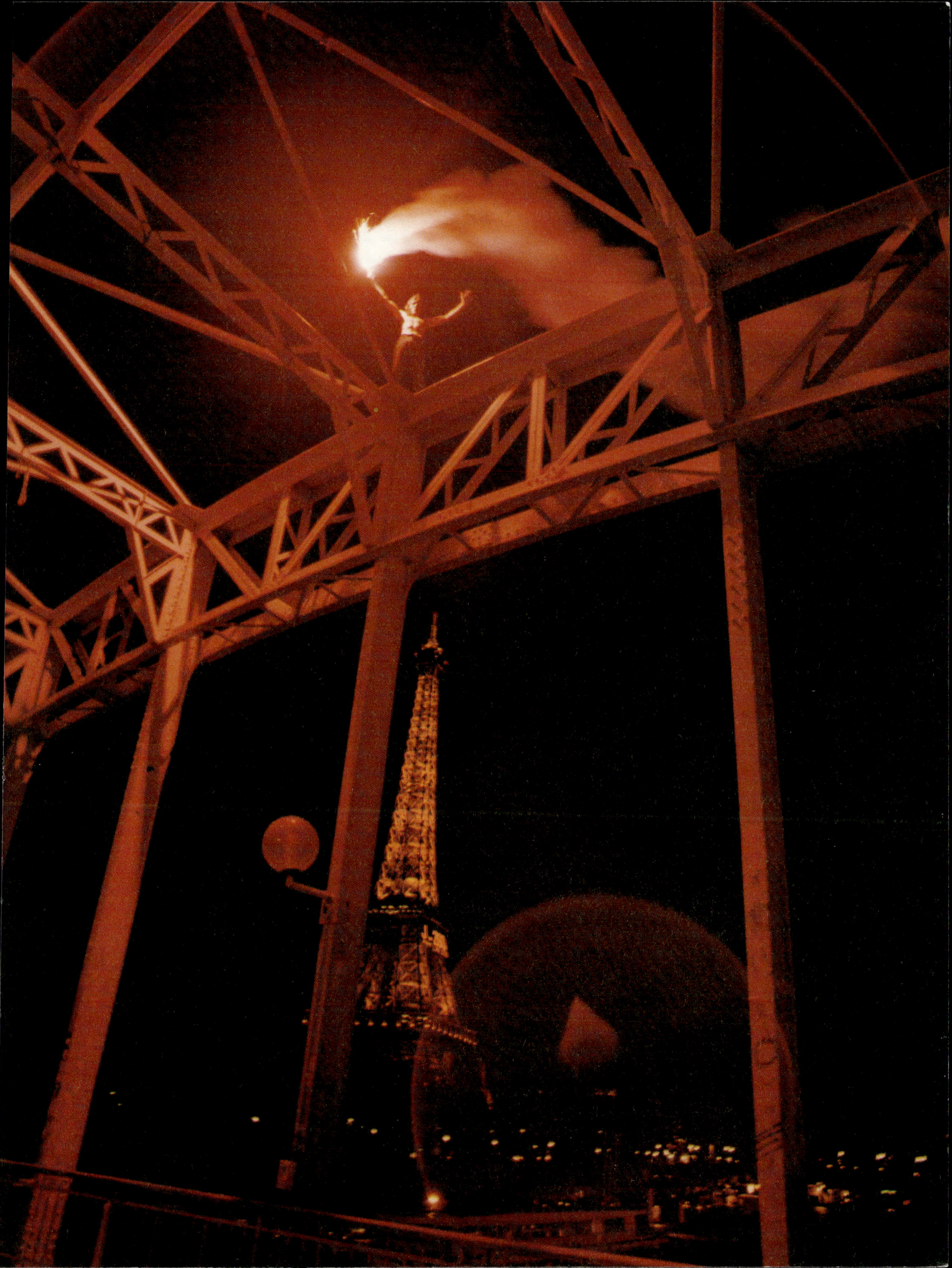

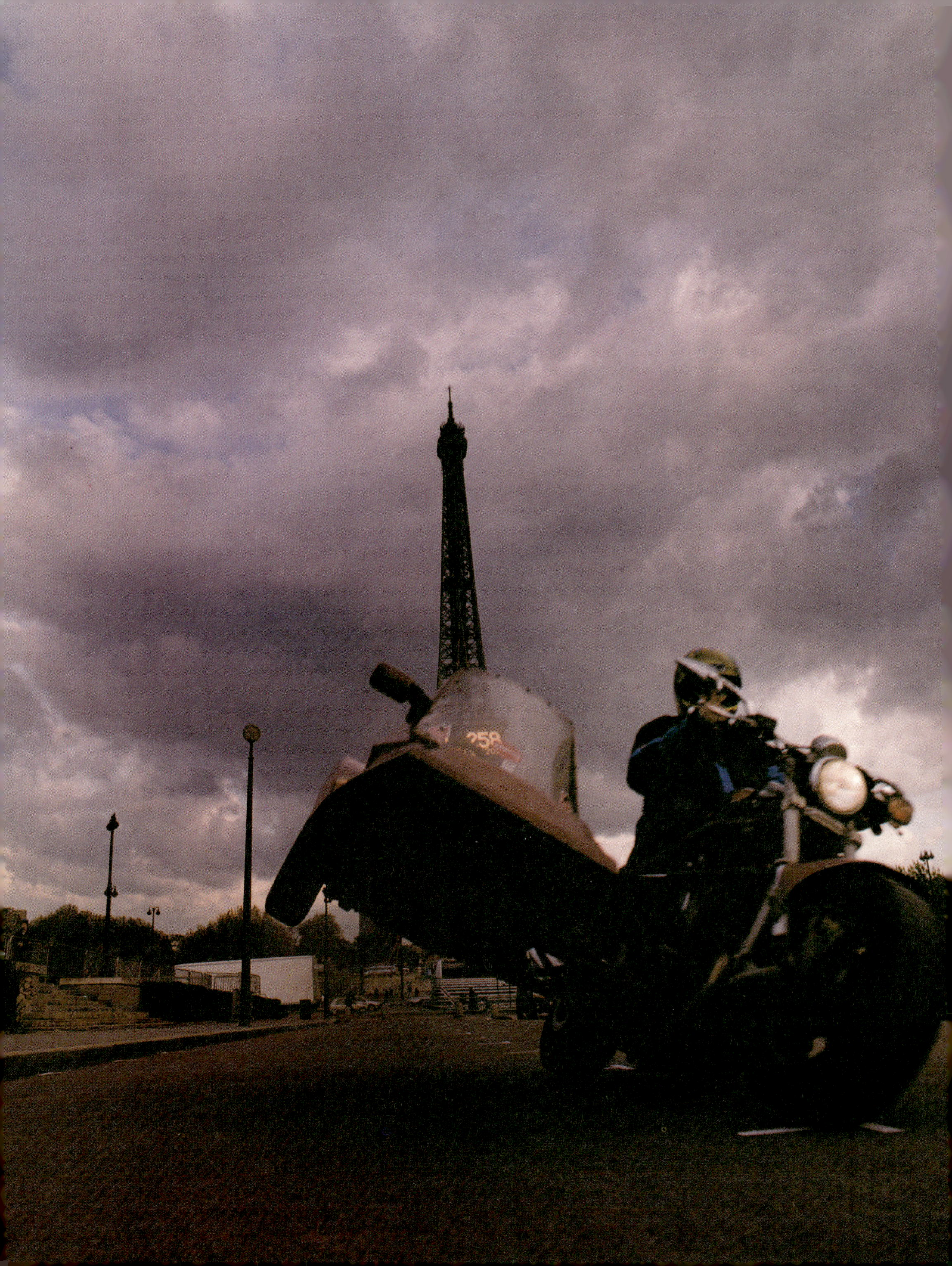
258

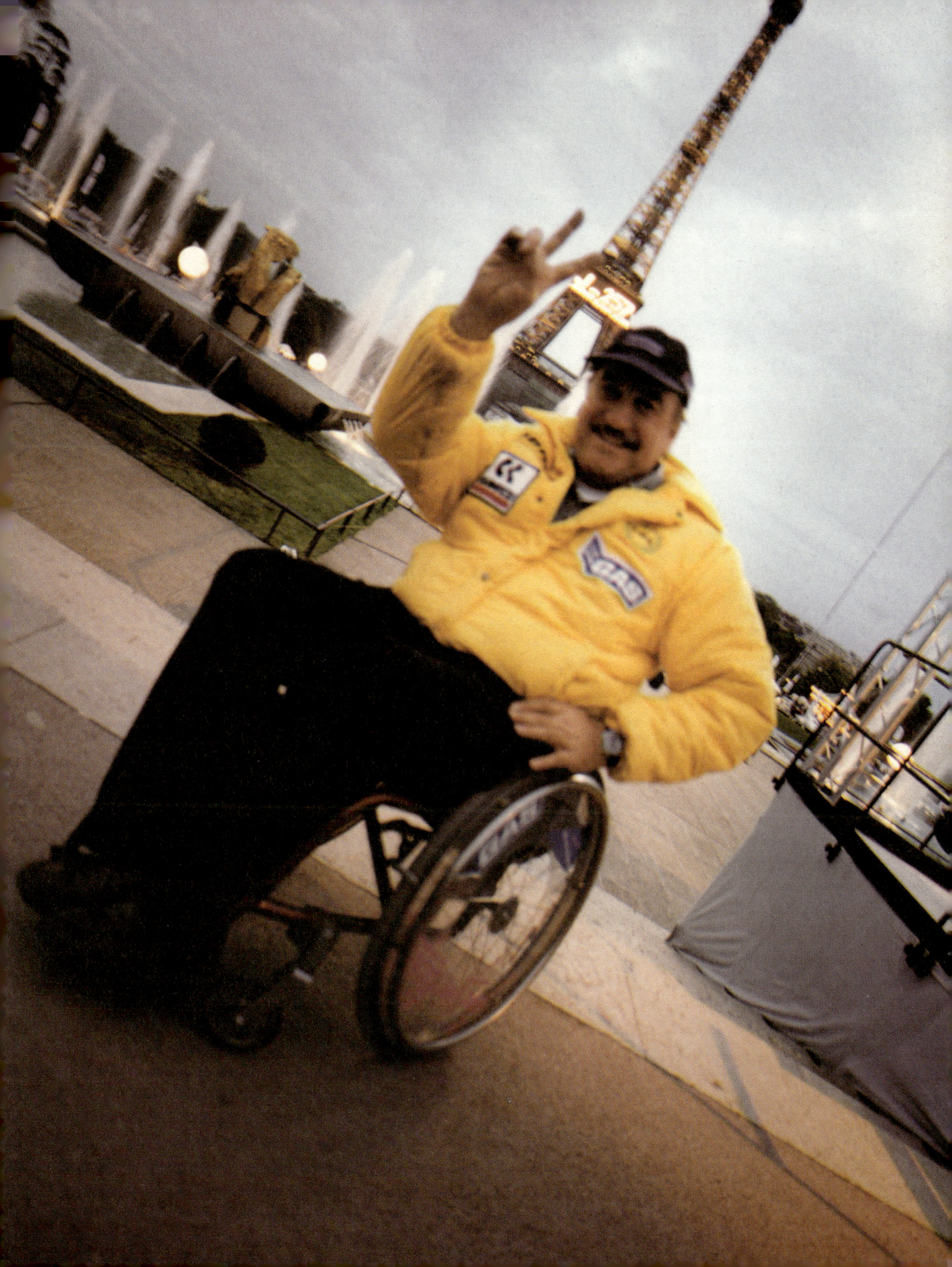
GAS

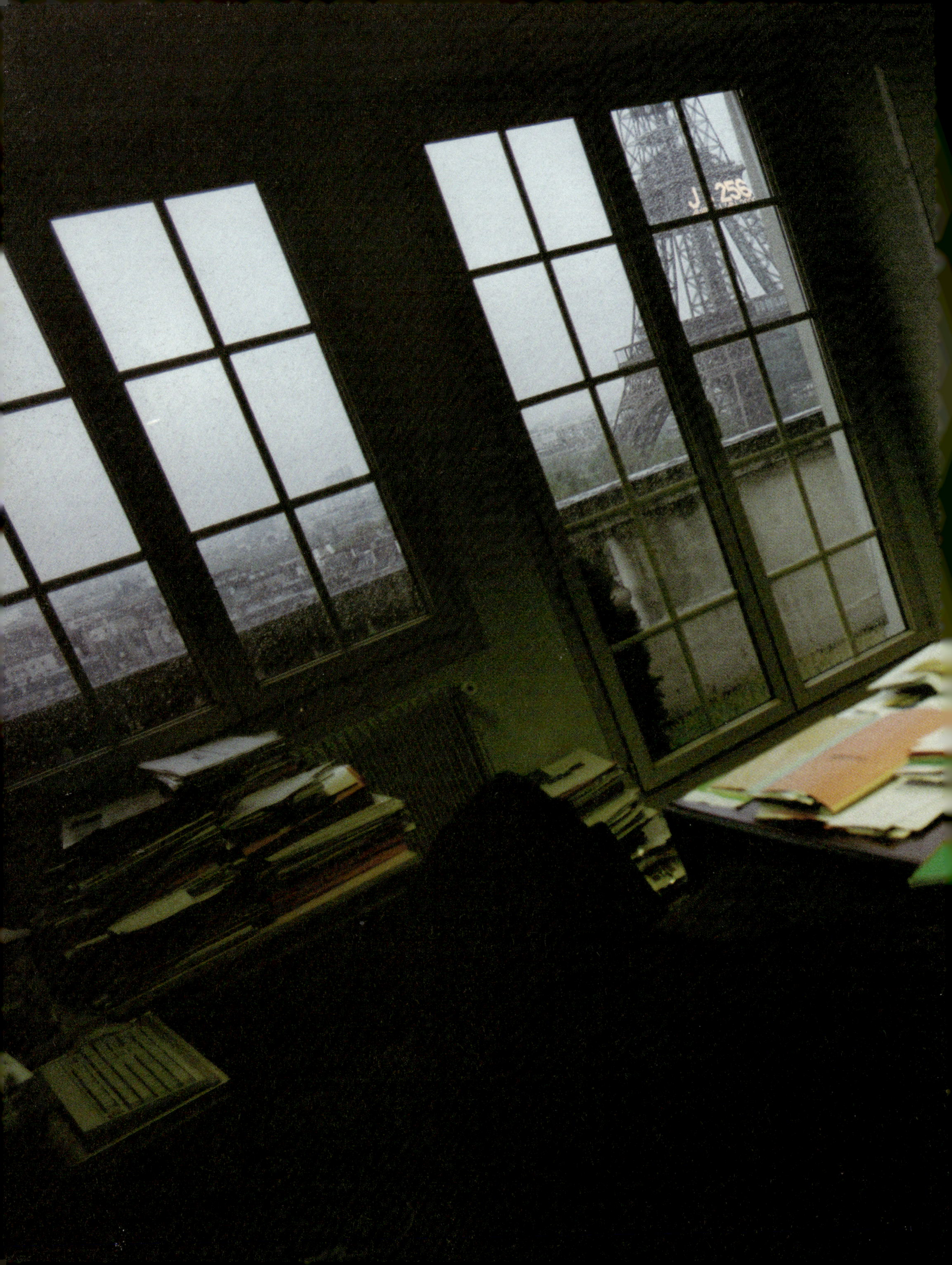
J 256

Afrique PROJETS
La Lettre d'information

→ 6 pages pour tout savoir

- Des nouveaux projets de développement et de leurs financements (BM, BAD, FED et BEI, SFI, AFD, BAD...)
- Des changements importants intervenant dans des projets en cours
- Des privatisations et opérations Proparco et SFI
- Des résultats et tendances de l'aide-projet
- Des contacts utiles en France et à l'étranger

→ Abonnez-vous à *Afrique* Projets

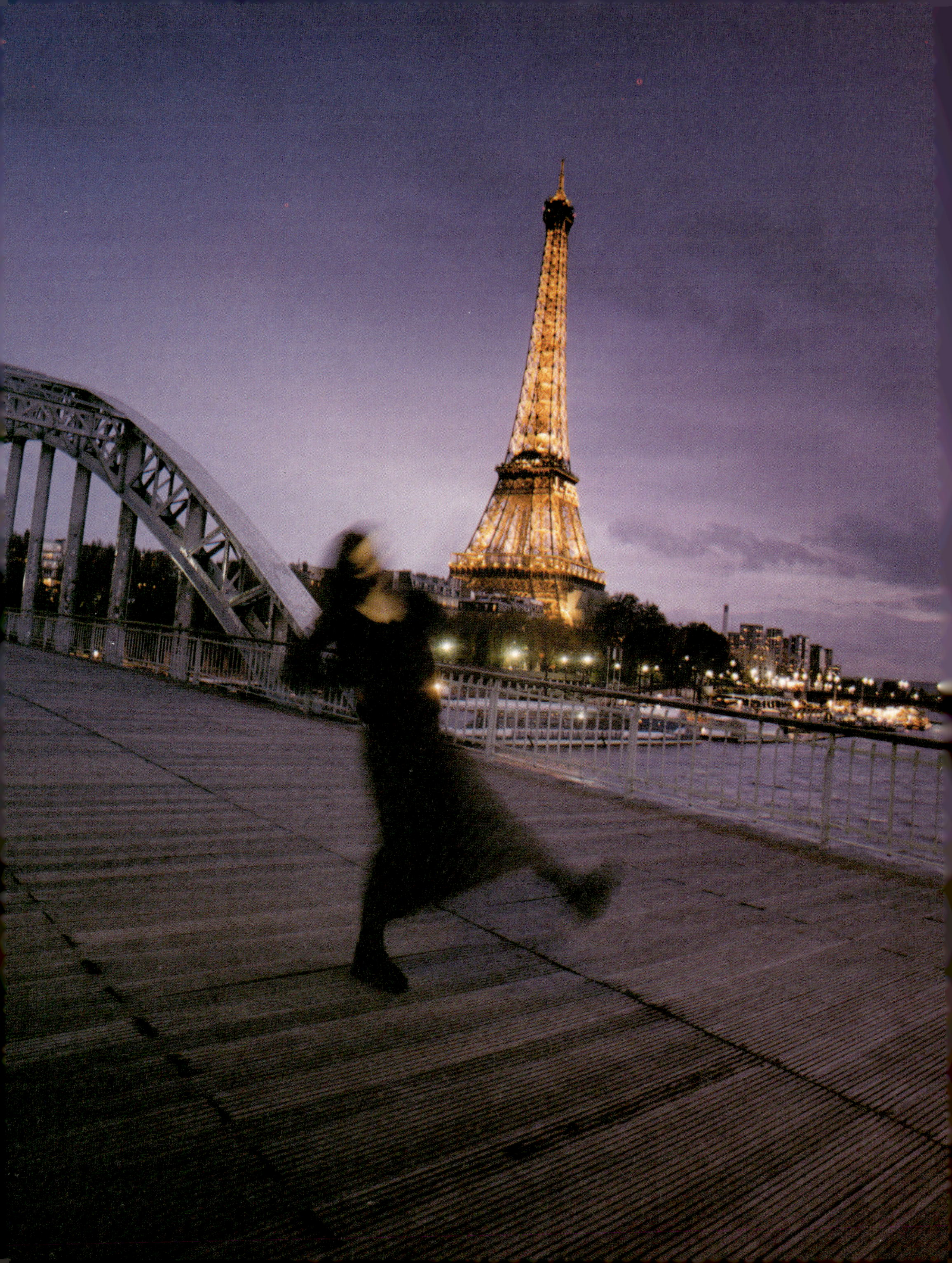

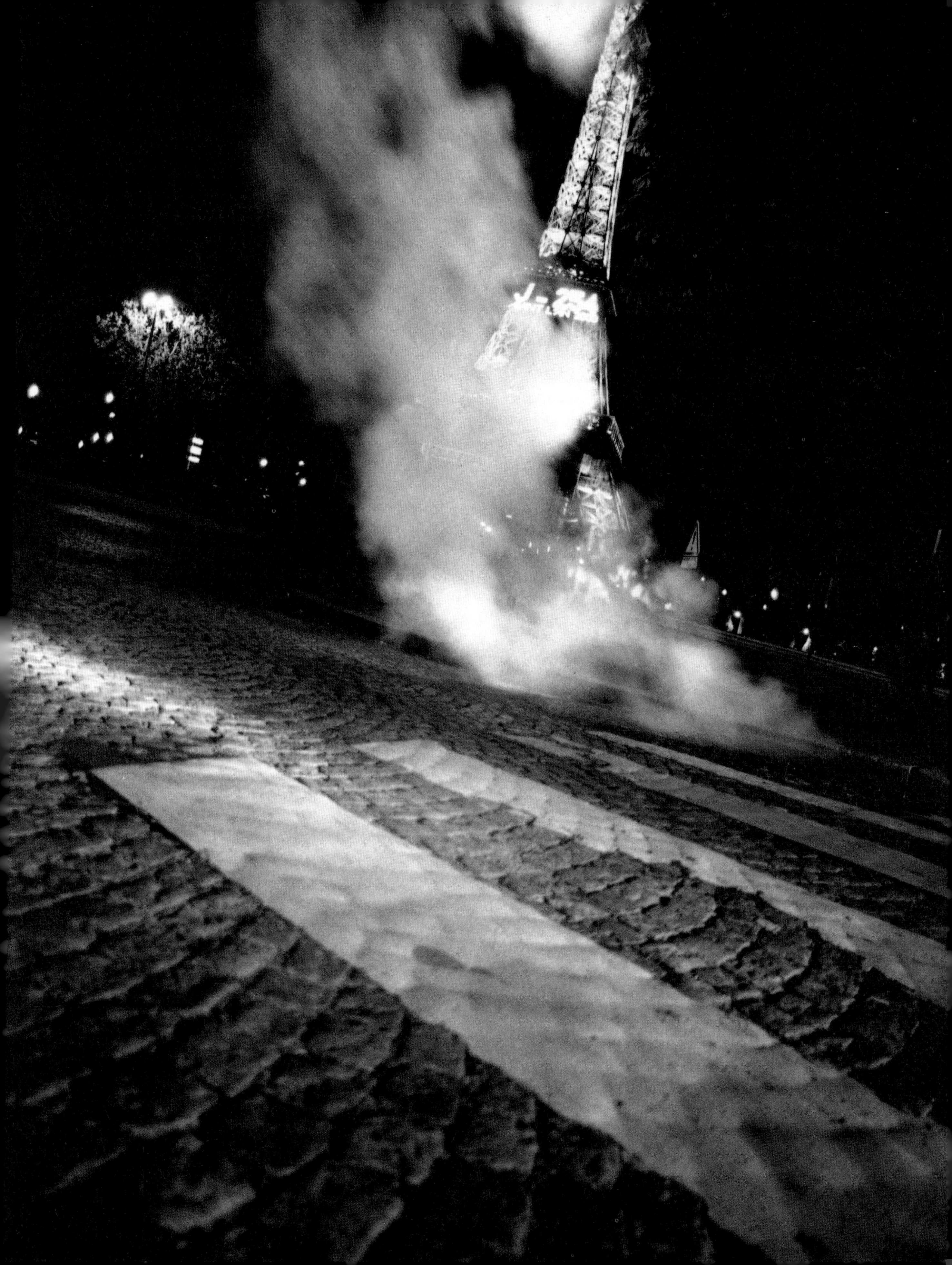

LIBEREZ
LE PANCHEN LAMA

Né au Tibet, je viens d'un pays où écrire de la musique ou chanter dans sa propre langue reste interdit et rime encore avec emprisonnement. Je viens d'un pays où le rythme de vie était très différent. Pour moi, la magie de ce dernier siècle est la vitesse à laquelle on peut aller à la rencontre des autres cultures, des autres rythmes, la vitesse à laquelle je peux diffuser ma musique et mes chants simultanément, partout dans le monde. Et je veux croire que c'est avec ces moyens-là que l'on finira peut-être par abattre définitivement tous les murs des prisons, des goulags, des laogaïs.

Au XIXe siècle, Ludwig van Beethoven a écrit : "La musique est la médiatrice entre le cœur et l'âme." Pour le troisième millénaire, mon souhait est de voir les musiques du passé, du présent et du futur devenir médiatrices entre nos cœurs, la planète Terre, et tous les autres univers. Et je forme le vœu que toutes les musiques du monde s'unissent pour faire vibrer, au plus profond de chaque être humain, le véritable sens des mots Amour et Liberté à l'égard de tous les autres êtres vivants.

I was born in Tibet, I come from a country where writing music or singing in your own language remains forbidden, and still rhymes with imprisonment. I come from a country where the rhythm of life was very different. To my mind, the magic of this last century is the speed at which one can get in touch with other cultures, of other rhythms, the speed at which I can spread my music and my songs simultaneously everywhere in the world. And I want to believe that this is with these means that we might eventually bring down all the prison walls, the gulags, the laogaïs.

In the 19th century, Ludwig van Bethoven wrote that: "Music is the mediator between the heart and the soul." For the third millenium, my wish is to see the music of the past, the present and the future become the mediator between our hearts, the Earth, and all the other universes. And I wish that all the music of the world may unite to make the real sense of the words Love and Liberty to all the other living beings vibrate deep within the soul of each human being.

Tenzin Gönpo
Directeur artistique de l'atelier culturel tibétain européen
Artistic Director of the European Tibetan Cultural Workshop

C'est dans combien de temps, déjà ?
Bientôt, très vite, tu sais, après les vacances, l'anniversaire de Tatie Ginou, Noël, les fêtes quoi, eh puis ça y est… Ça va venir vite, maintenant.
Et il va se passer quoi ?
En une fraction de seconde, on basculera dans autre chose. Ça va changer, ce sera… un autre siècle.
Changer de siècle, c'est plus grave que changer de chaussettes ?
C'est quand même l'an 2000, c'est pas rien.
Avant, ça paraissait important, on pouvait même se demander si on y arriverait mais maintenant qu'on a le nez dessus, ce n'est plus pareil.
Tu te souviens, les rédactions "Imaginez l'an 2000", ça paraît bidon aujourd'hui.
En général, il fallait s'appliquer, soucoupes volantes, vie sur la lune, nourriture en tube, téléportation… Aujourd'hui, on a quoi ? Un téléphone portable. Bon, s'il se passe quelque chose, je t'appelle, promis.
Je vais quand même changer de chaussettes, c'est plus sûr, on ne sait jamais ce qui peut se passer.

When is it by the way?
Soon, very quickly, you know, right after the holidays, aunty Ginou's birthday, Christmas, the celebrations, and then that is it…It'll come soon, now.
And what's going to happen?
In a fraction of a second, we will topple over into something else. It will change, it will be…another century.
Is changing centuries more important than changing one's socks?
It's the year 2000, it isn't nothing.
We used to think it looked important, we even wondered if we would get to it, but now that we are getting close to it, it is not the same anymore.
Do you remember, the school essays, "Imagine the year 2000", today it looks stupid.
In general, we had to work hard: flying saucers, life on the moon, space rations, teleportation…And today, what do we have? A mobile phone. Well, if something happens, I'll call you, I promise.
I'll change my socks though, that's safer, one never knows what may happen.

Guillaume Le Touze
Romancier pour la jeunesse, écrit pour le théâtre
Novelist, writer for young people and playwright

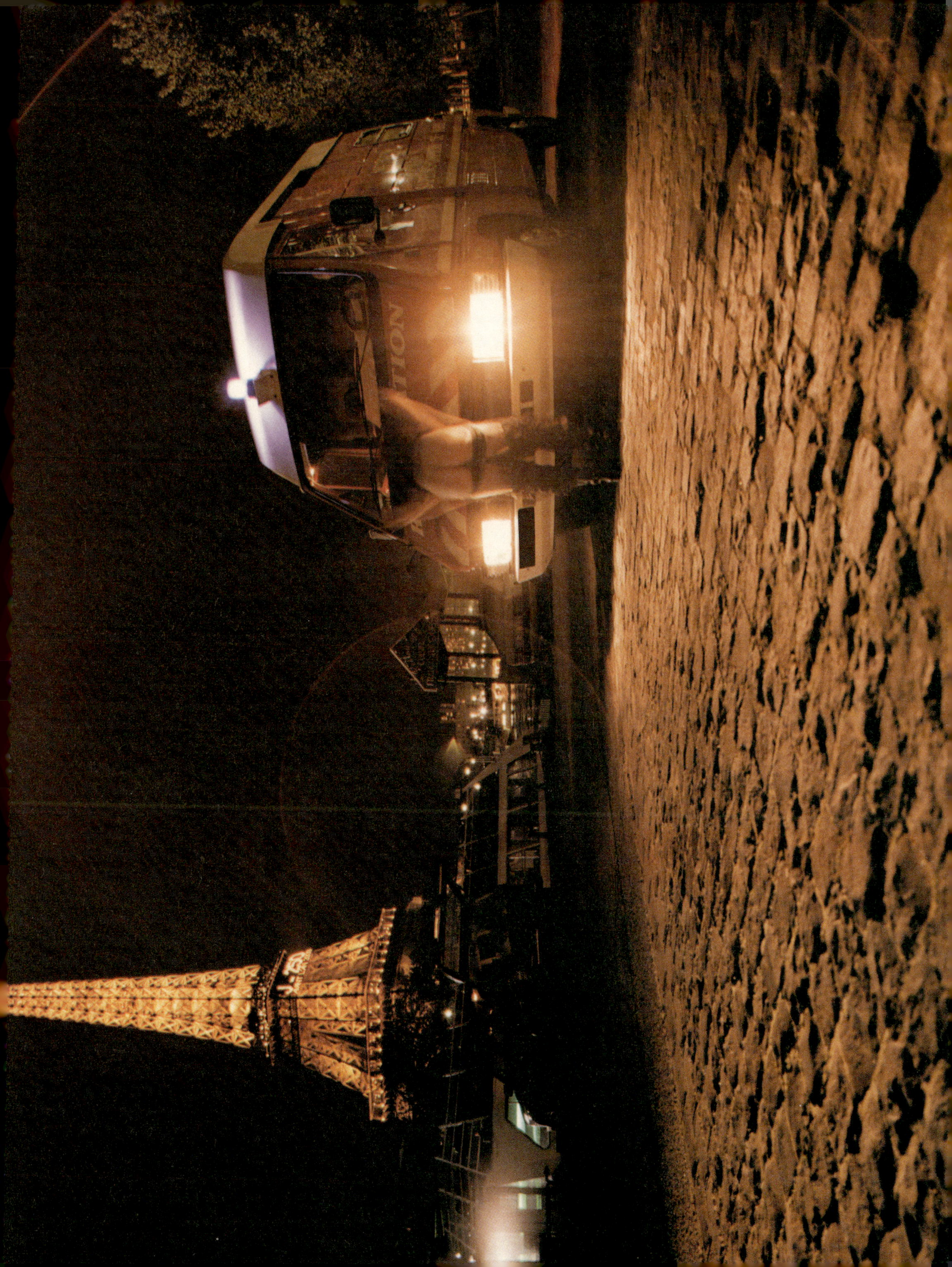

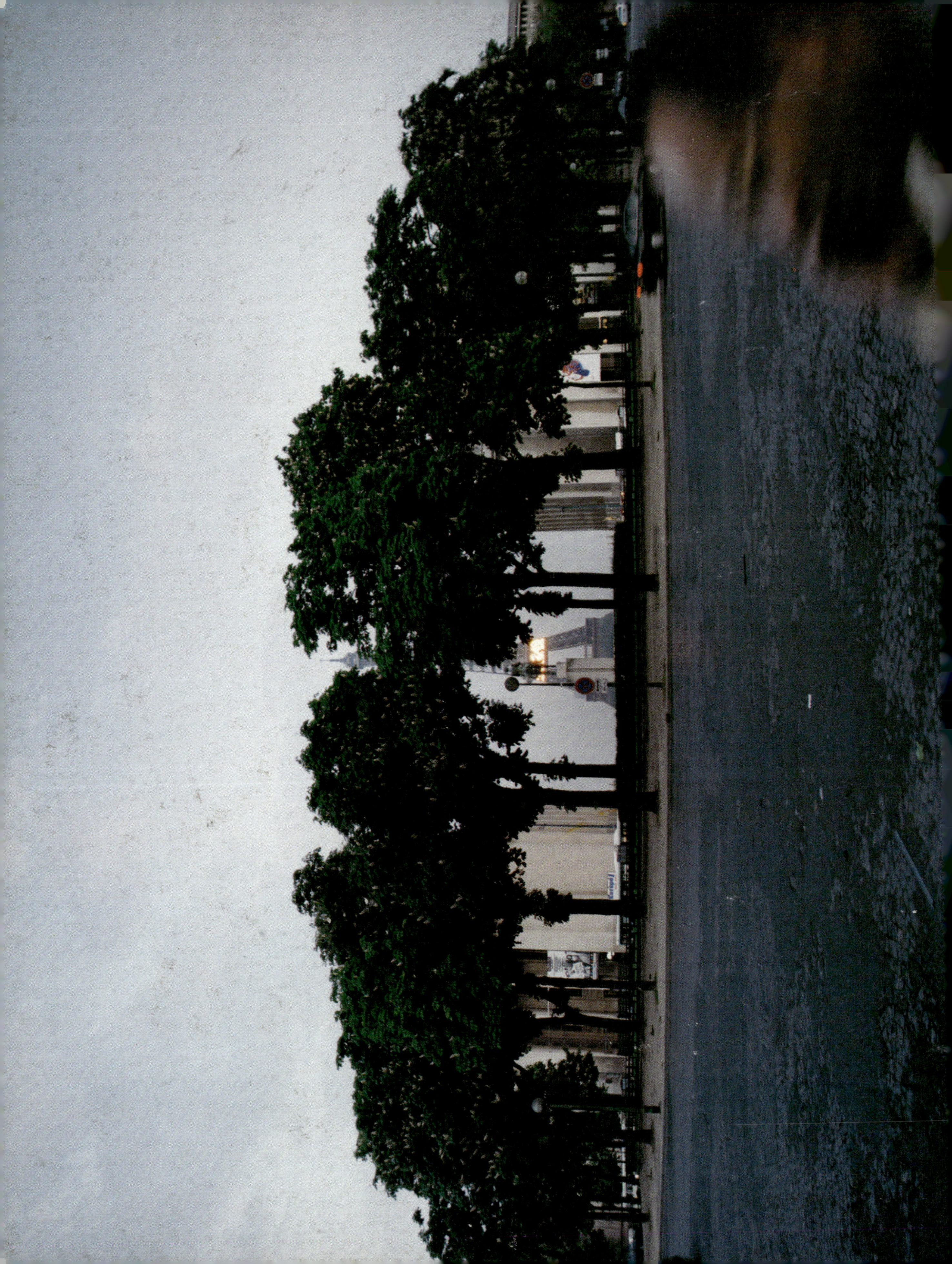

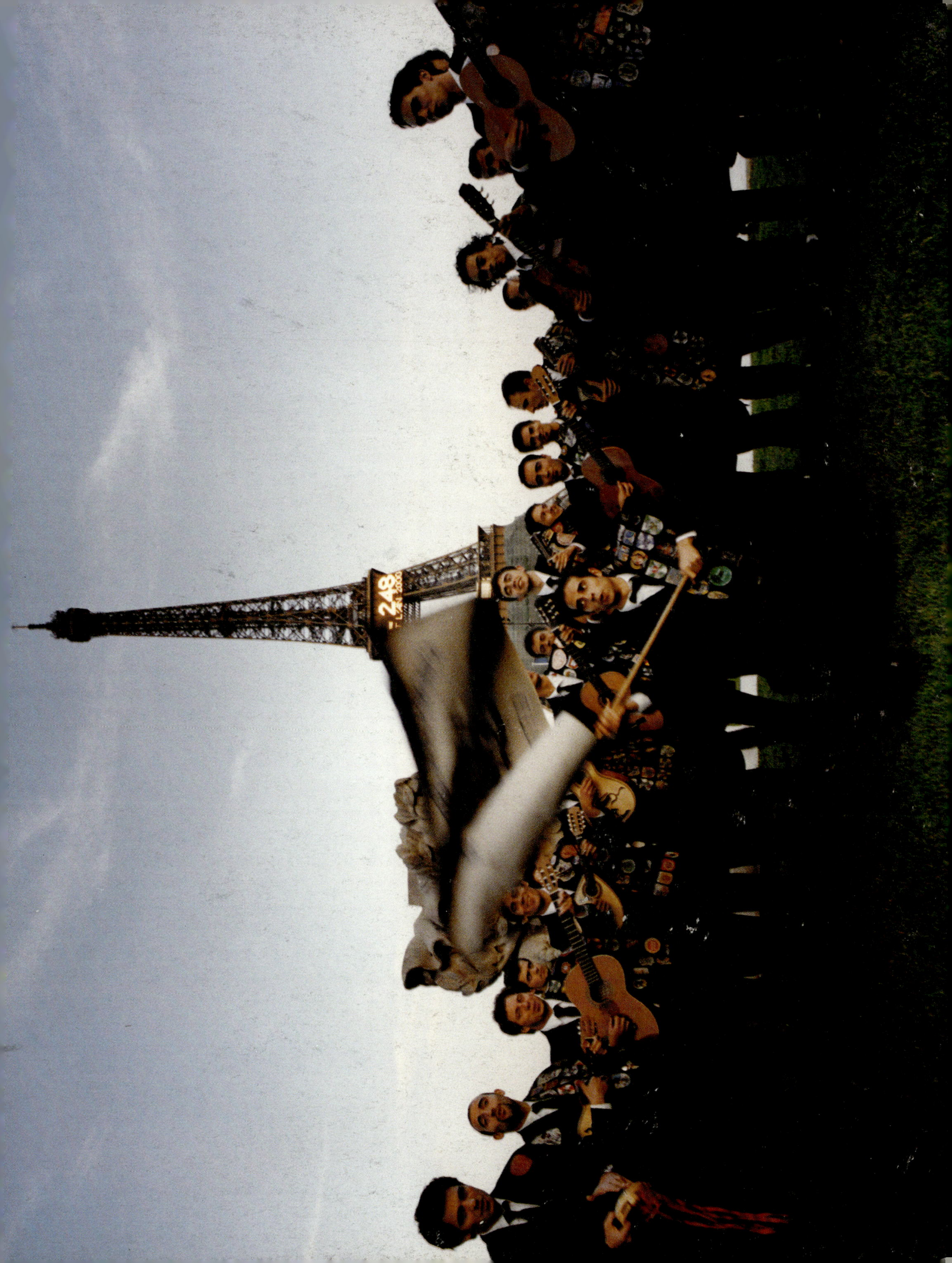

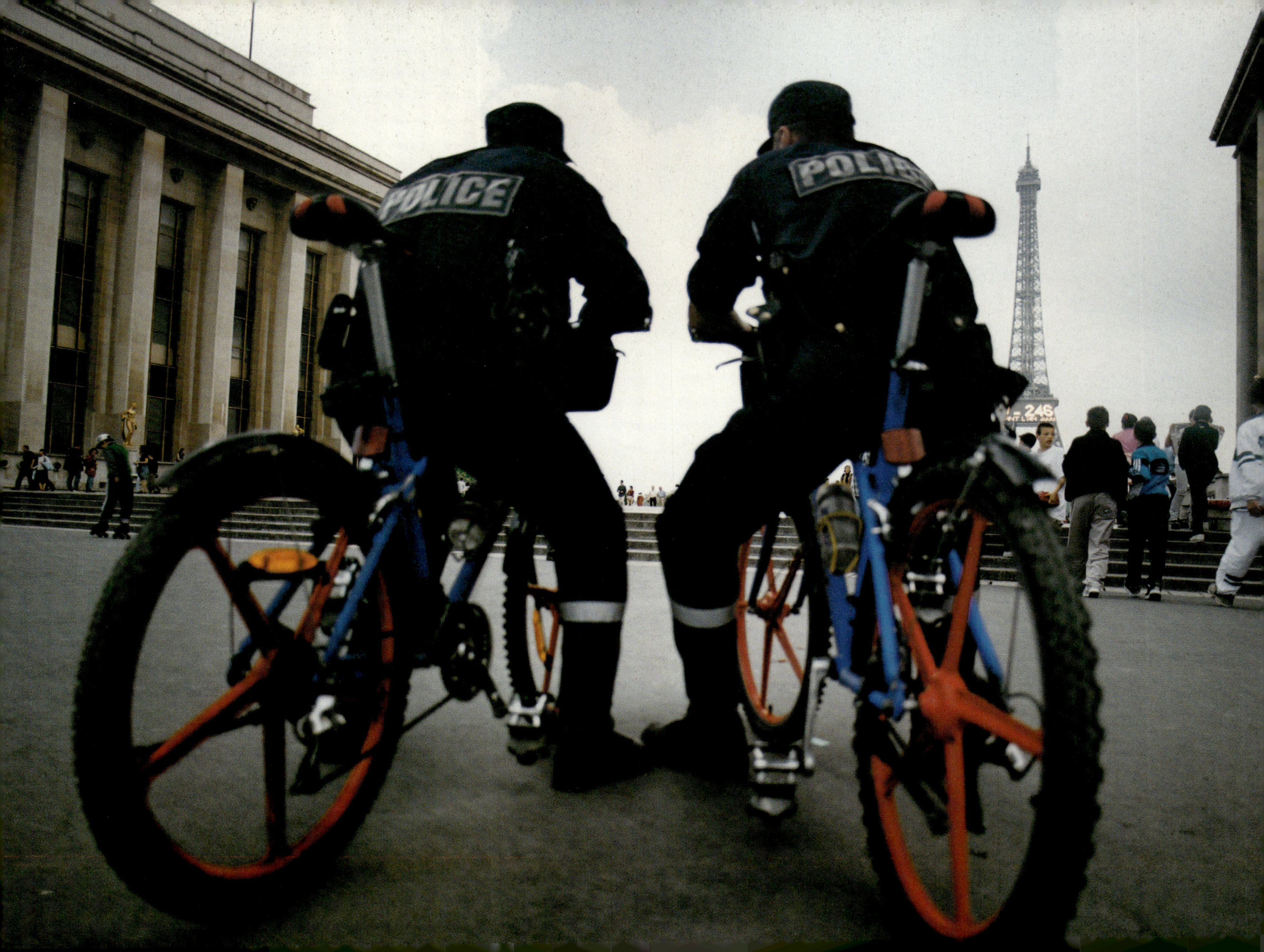
POLICE

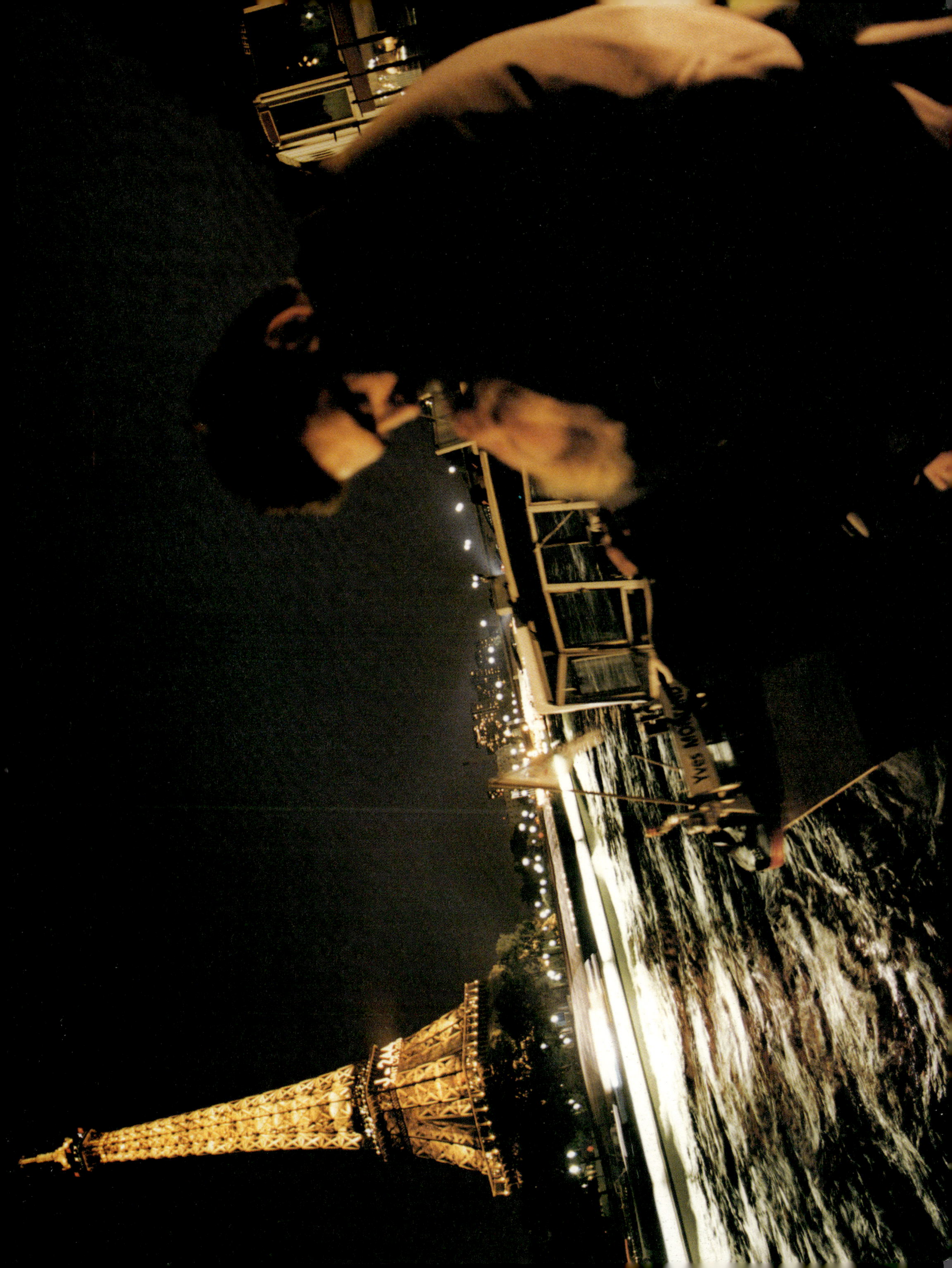

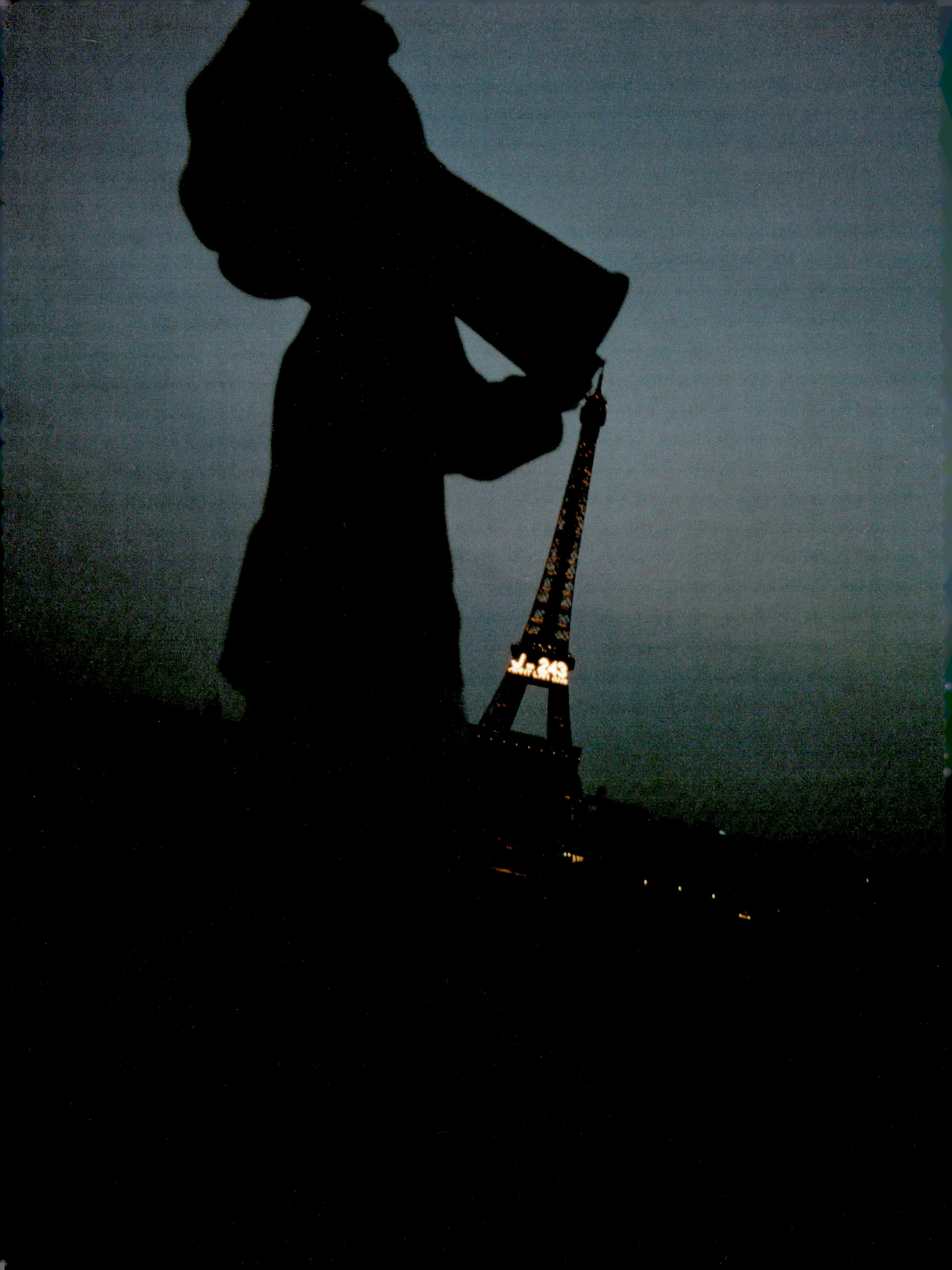
243

Frère Terrien vivant sur la planète bleue / Splendide et pathétique dans l'infini mystère / Tu es poussière d'étoiles, né des eaux et du feu / Tu es vaisseau spatial fait de sang et de chair / Quelle idée te fais-tu du second millénaire ? / Attends-tu de la science de vivre plus heureux ? / Prends garde à ne plus voir que les progrès binaires / En oubliant l'Esprit, en oubliant le mieux ! / Allons-nous traverser une frontière du temps / Où rien de notre vie ne sera comme avant ? / Où nos maîtres à penser ne seront que savants ? / Et la valeur humaine à l'aune de l'argent ? / Frère Terrien vivant sur la planète bleue, / Tout ce qui vient du cœur, de l'âme est salutaire / Prends garde d'oublier ces vérités premières ! / C'est à ces conditions que tu seras heureux. / Amour, art et beauté, tendresse et volupté / "Douce et belle nature" et sa fécondité / Musique et mélodies sources d'éternité, / Tant de raisons d'aimer, d'étreindre et d'exister ! / Pardonne-moi, lecteur, ces vers de rimaillons / Doctement énoncés en refrain moraliste ! / C'est que 2000 est là, poussant le portillon. / Et je veux l'accueillir en vibrant humaniste.

Brother from earth, on the blue planet living / Splendid and pathetic in the mystery neverending / You are stardust, from waters and fire you were born / You are the spaceship, made of flesh and blood / About the second millenium, what is your idea? / Do you rely on science to get happier? / Be careful not to see only binary progress / Forgetting the Spirit, forgetting the best! / Are we going to cross a border in time / Where nothing will remain of our previous life? / Where our mentors will be nothing but scientists / And money the only measure to human worth? / Brother from earth, on the blue planet living / Everything coming from the heart and soul is wholesome / Be careful not to forget these basic truths! / Under these conditions you will be happy. / Love, Art and beauty, tenderness and voluptuousness / "Sweet and beautiful nature", and her fruitfulness / Music and melodies spring of eternity / So many reasons to love, to embrace and to live! / Forgive me, reader, for this cheap doggerel / Learnedly enounced in a moralist refrain / But the year 2000 is here, pushing at the gate / And I want to welcome it as a vibrant humanist.

Claude Pinoteau
Réalisateur
Movie director

Quand Henry Kissinger, après avoir persuadé le président Nixon de renouer les liens entre les Etats-Unis et la Chine, rencontra pour la première fois Mao Tsé-Toung, il lui posa cette question : "Que pensez-vous de la Révolution française ?" Le leader chinois lui répondit : "Il est vraiment trop tôt pour répondre."
Au téméraire qui oserait, malgré tout, chercher quel sens prend, aux temps modernes, le tumultueux fleuve humain, une vision s'offre pourtant… L'espoir d'appliquer à tous les humains le projet formidablement ambitieux de la liberté individuelle a été tour à tour :
– codifié, sinon inventé, avec génie, dans la lumière du XVIIIe siècle ;
– trempé, par déni, dans le métal prométhéen du XIXe ;
– universellement proclamé, célébré… et bafoué, dans le spectacle fou du XXe.
Le XXIe siècle, parce qu'il sera forcé de résoudre l'antagonisme entre la nature et la technique (ou alors, bye, bye biosphère !) – et donc de muscler, dans le ventre de chacun, les solides tripes de la responsabilité individuelle – a des chances de voir le programme principal de la Révolution française – la Déclaration universelle des droits de l'humain – commencer à s'appliquer, à tous les étages, sous toutes les latitudes, dans tous les cœurs. Incroyable projet. Inconcevable planète.

When Henry Kissinger, after persuading President Nixon to resume contacts with China, met Mao Tzedoung for the first time, he asked him: "What do you think about the French Revolution?" The Chinese leader answered: "It's really too early to answer."
A vision is offered, however, to the reckless man, who would dare, in spite of everything, to look for the direction today's tumultuous human flood is taking, to grant to all human beings the forbiddingly ambitious project of individual liberty. This has been, successively:
– codified, or invented, with genius, in the illumination of the 18th century;
– hardened, with injustice, in the promethean metal of the 19th century;
– universally proclaimed, celebrated… and despised, in the crazy show of the 20th.
The 21st century, because it will have to solve the antagonism between Nature and Technology (or bye bye biosphere!) and then consequently to develop in everyone's belly, the solid muscles of responsibility – has got some chance of seeing the French Revolution's principal programme – The Universal Declaration of Human Rights – beginning to be applied, at every level, everywhere, in every heart. Unbelievable project. Inconceivable planet.

Patrice van Eersel
Journaliste, écrivain
Journalist, writer

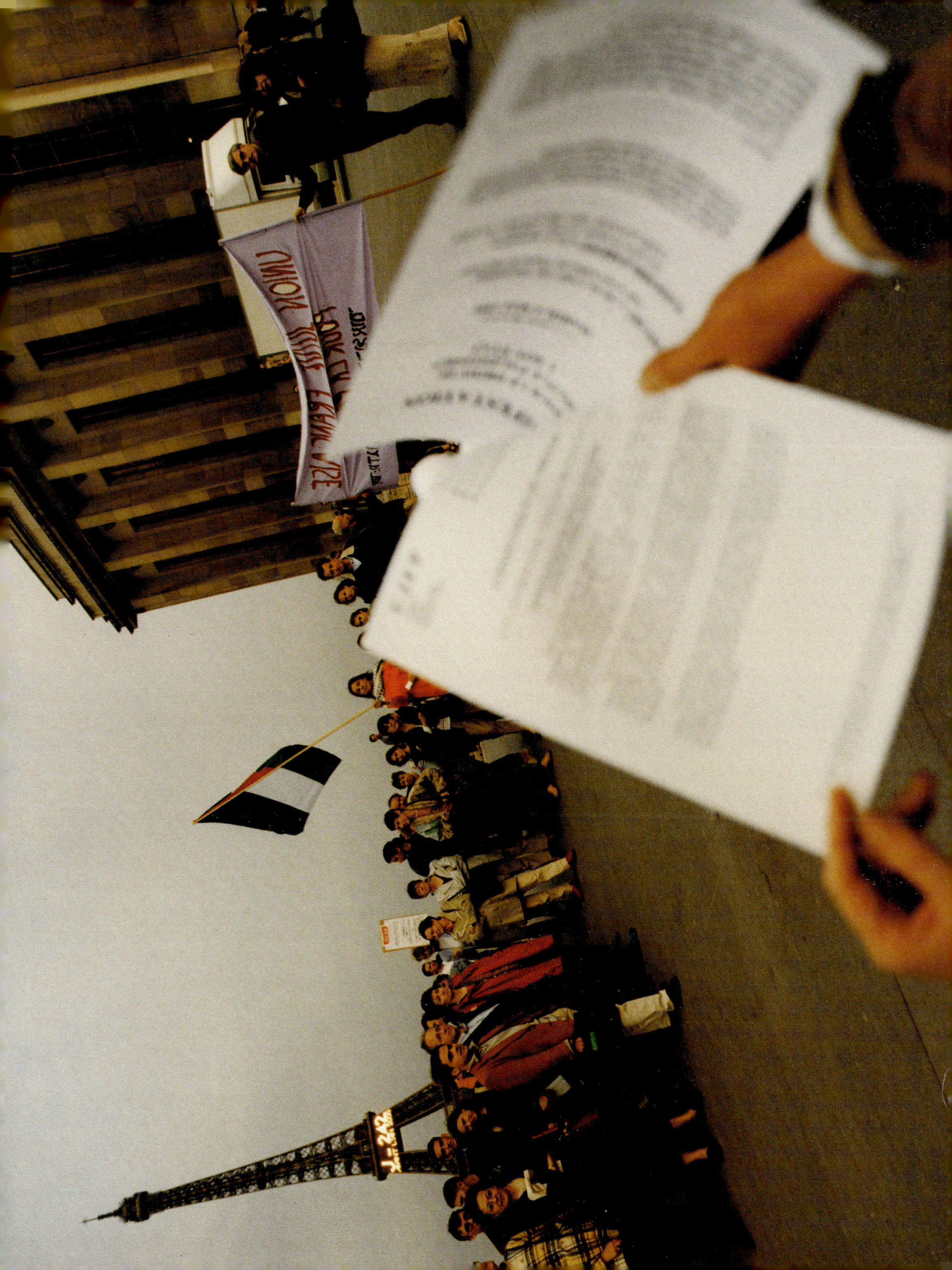

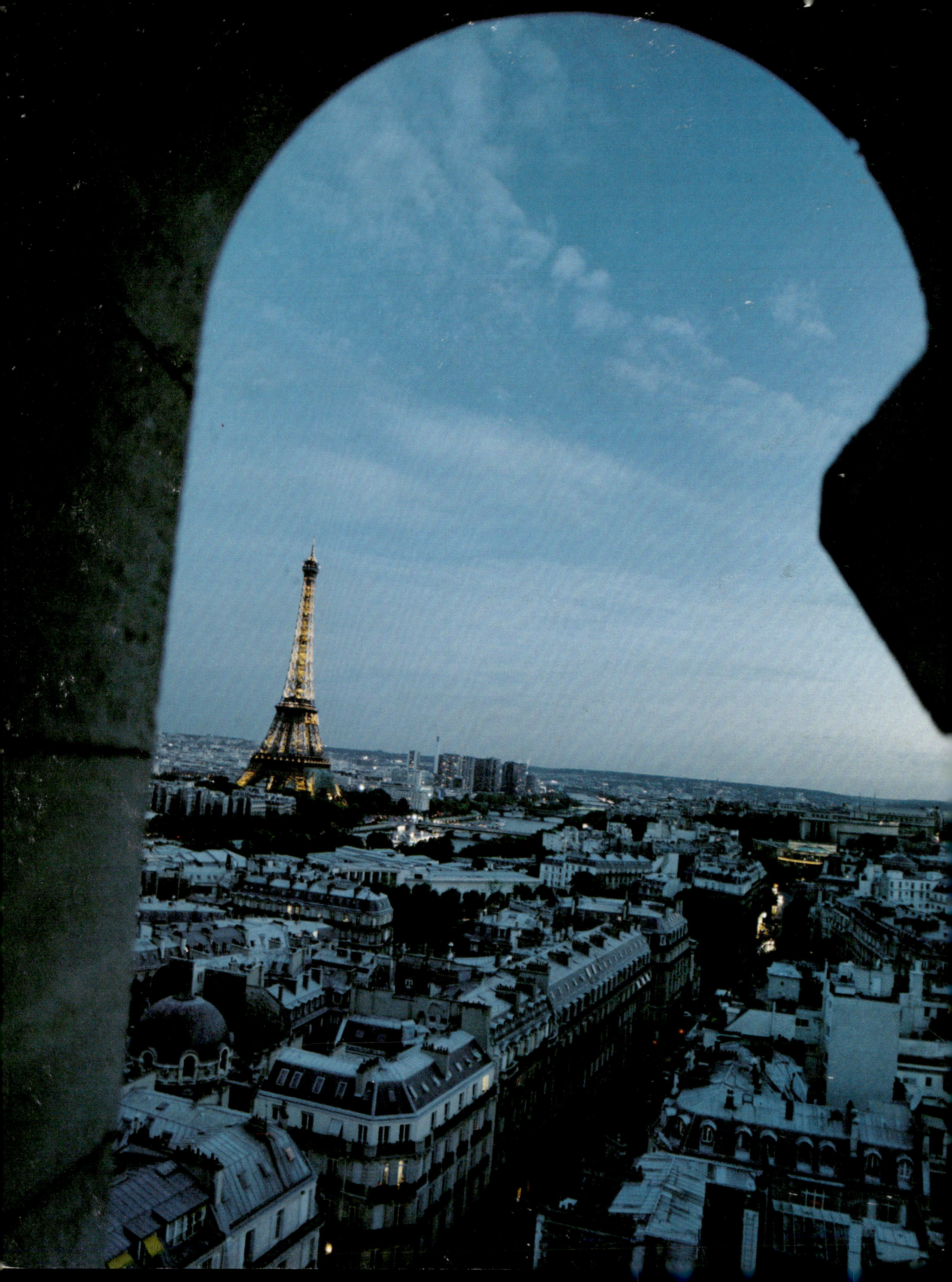

J-239

L'avant-jour de l'an deux mille, deux ânes
portant sur la tête, un abat-jour blanc cassé
mangeront du millet à Manille.
A minuit, un vigneron valaisan viendra,
un grain de raisin dans chaque main.
Il arrachera le millet de la gueule des deux ânes,
et le jettera, avec ses deux grains de raisin,
dans les fleuves du Nil, du Niger et de l'Ogooué,
pour féconder la Tour Eiffel presque ménopausée.
La vieille dame grise et fatiguée
pondra un œuf en couinant,
un globe de ferraille jaune millet
avec en son centre quatre pépins de raisin.
On criera Joyeuses Pâques !
Et on mangera l'œuf en omelette chilienne.

The day before the year two thousand, two asses
carrying on their head an off-white lampshade
will eat some millet in Manilla.
At midnight, à wine-grower of Valais will come,
a grape in each hand.
He will snatch the millet out of the asses mouths,
and will throw it, with the two grapes,
into the Nile, the Niger and Ogooué,
thus fertilising the almost post-menopausal Eiffel Tower.
The grey and tired old lady
will lay an egg, squealing,
a sphere of scrap-iron, yellow like millet
with four grape seeds in its centre.
We will cry "Happy Easter"!
And we will eat the egg in a chilian omelette..

Bessora
Ecrivain d'origine africano-européenne
Afro-European writer

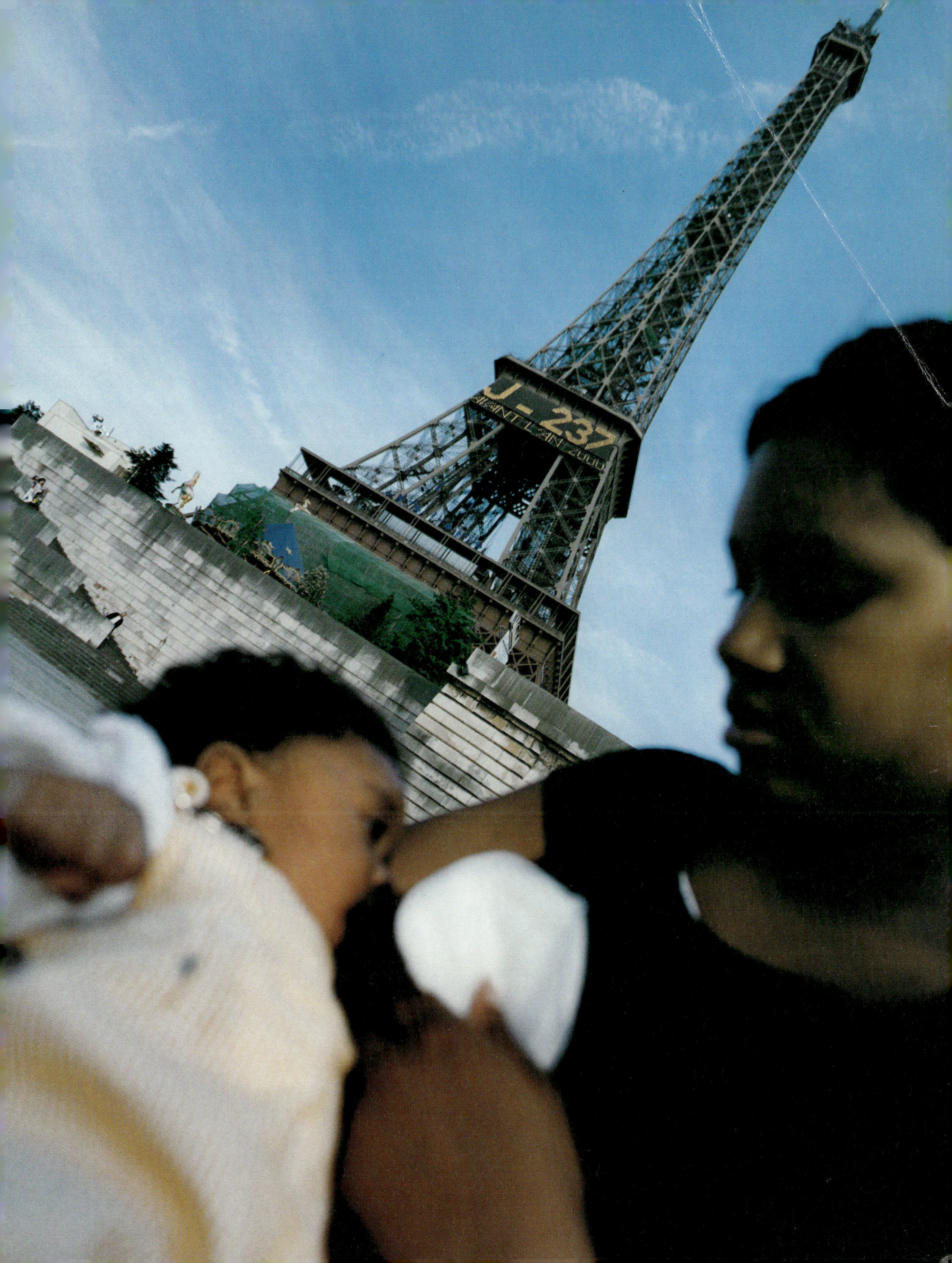
J - 237

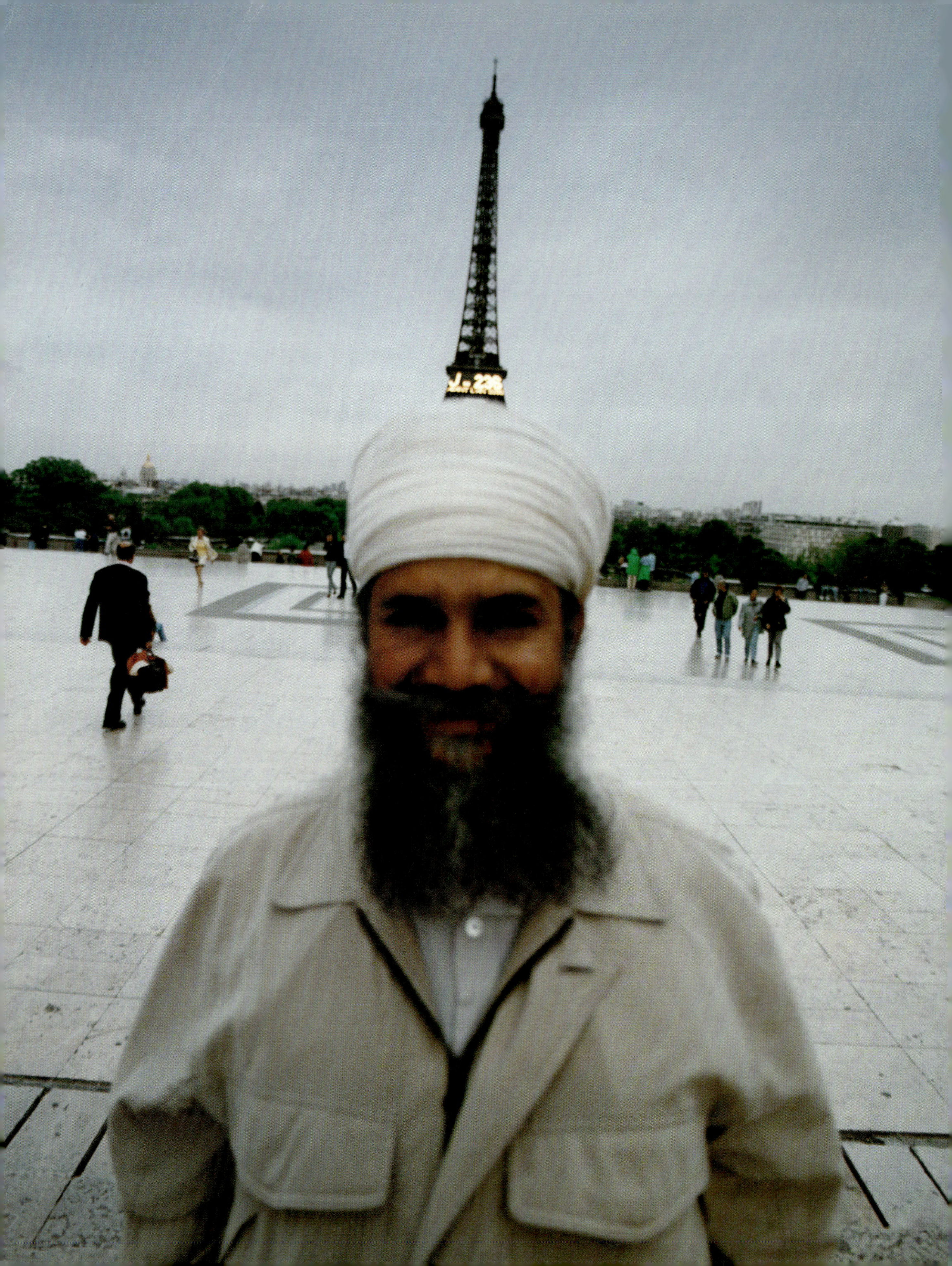

Je vois dans le passage au troisième millénaire un aspect positif et un aspect négatif. Les deux sont liés. Nous pouvons prévoir un réveil spirituel de qualité et un certain nombre de crises, de catastrophes écologiques, de défaillances techniques, de mouvements de violence. La difficulté de l'existence et le vide moral provoquent à la fois le désespoir et la néccéssité d'un changement radical de paradigme.

Dans le milieu spirituel, les mêmes forces contraires sont à l'œuvre. Il y a un immense mouvement d'ouverture. De plus en plus de gens s'intéressent à la religion, le prestige du Dalaï-Lama en est un signe. En même temps, on assiste à beaucoup de confusion. Du dialogue inter-religieux aux fantaisies du New-Age, en passant par les aberrations caricaturales de certaines sectes et les durcissements intégristes, tout est signe précurseur d'un grand changement dans les mentalités : la quête de sens est aujourd'hui cruciale et elle trouvera à s'exprimer de manière universelle. Le plus grand espoir réside dans les rencontres inter-traditions et le dialogue entre les différentes religions. Enfin, le renouveau viendra de la base et non pas des dirigeants. Les hauts dignitaires des grandes institutions, religion, université, partis politiques, ne feront que suivre un feu qui prendra un peu partout. Un changement se produira là où on ne l'attend pas. Ce sera une surprise, un événement imprévu des instances dirigeantes.

I see in the passage into the third millenium a positive aspect and a negative aspect. The two are linked. A spiritual awakening of high quality is foreseeable, as are a certain number of crises and of ecological catastrophes, of technical failures, of movement of violence. The difficulty of existence and moral emptiness simultaneously cause despair and the necessity for a radical change of paradigm.

The same contrary forces are at work in the spiritual world. There is an immense movement of opening up. More and more people are interested by religion, and the prestige of the Dalaï-Lama is a sign. But at the same time, we are witnessing a lot of confusion. From inter-religious dialogue to the extravagances of the New Age movement, from the grotesque aberrations of certain sects to fundamentalist radicalization, all these factors are a forewarning of a great change in mentalities: the quest for meaning is now crucial and will find a way of expressing itself universally. The greatest hope lies in the coming together of traditions and the dialogue between all the different religions. Finally the renewal will come from the grass roots and not from the leaders. The high dignitaries of the great institutions, religions, universities, and political parties will only follow the fire which will arise from everywhere. A change will occur where no one expects it. It will be a surprise, an event unforeseen by the leading authorities.

Arnaud Desjardins
Ecrivain, fondateur de l'ashram d'Hauteville
Writer, founder of the ashram of Hauteville

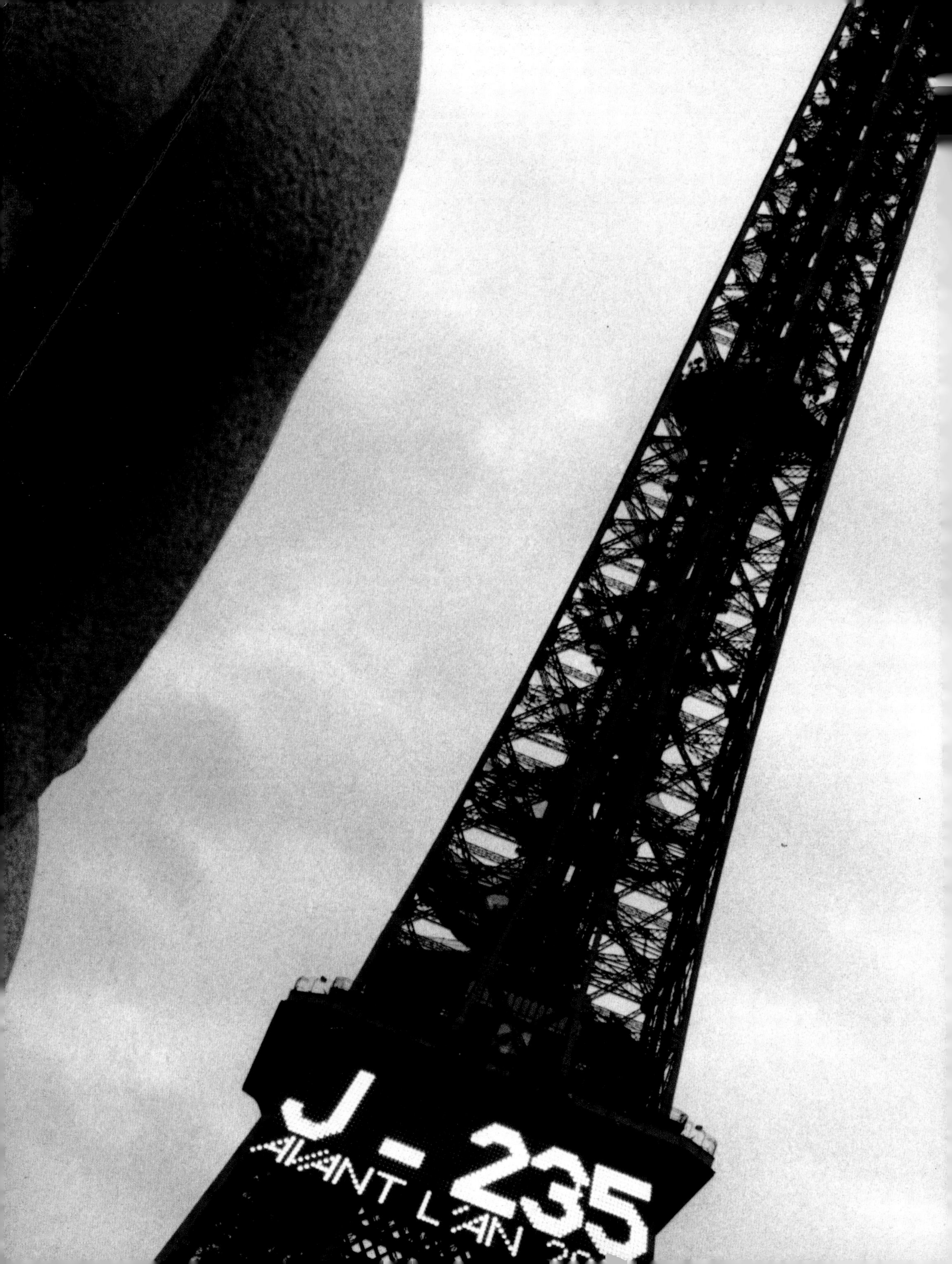
J - 235
AVANT L'AN

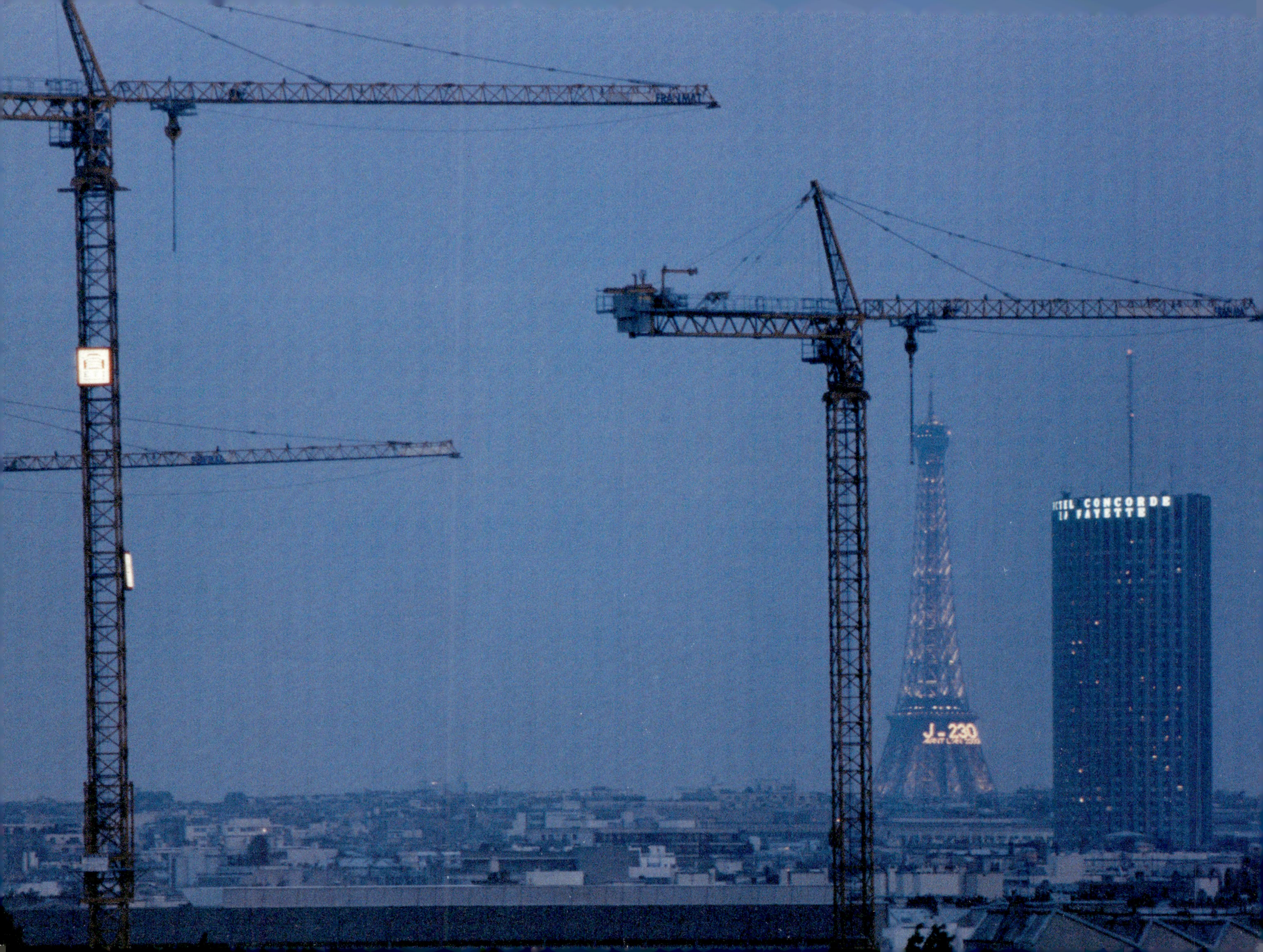
CONCORDE
LA FAYETTE
J-230

Nous parlons par siècles et millénaires, incapables de vivre l'éternité de l'instant, impatients de dévaler des calendriers qui nous dévorent. Nous avons les yeux plus grands que nos visions. Nos prophéties sont pain béni pour les marchands qui changent de produits d'appel comme de chemise. L'avenir est plein de neige noire sur les écrans. "Cap au pire", disait Beckett. "Cap au vide", disait Milarepa. "Cap au fric", dit la rumeur du monde. Avons-nous encore le choix sur la destination ? Quant à moi, j'entends à toute force échapper à ce temps.

We use the words century and millennium to talk about time, unable to experience the eternity of an instant, impatient to rush headlong through calendars which devour us. Our eyes are bigger than our visions. Our prophecies are godsends for the merchants who change brands of goods as they change shirts. The future is full of black snow on the screens. "Set course for the worst", Beckett used to say. "Set course for the void", Milarepa used to say, "Set course for dosh", says the world rumour. Can we still choose the destination? For my part, I intend to escape this time with all my strength.

André Velter
Poète, directeur de collection chez Gallimard, producteur à France Culture
Poet, Gallimard collection director, France-Culture radio Producer

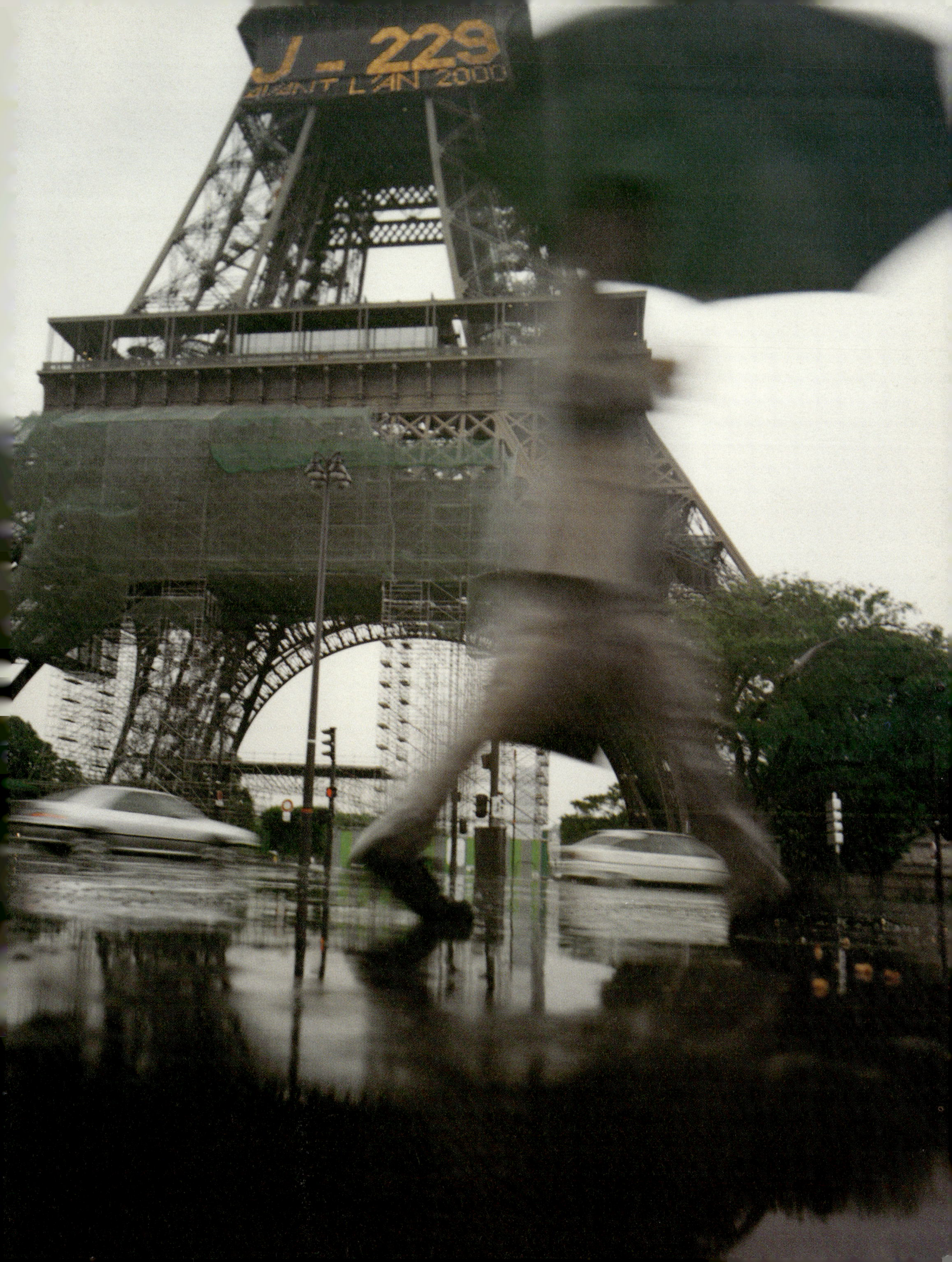
J - 229
AVANT L'AN 2000

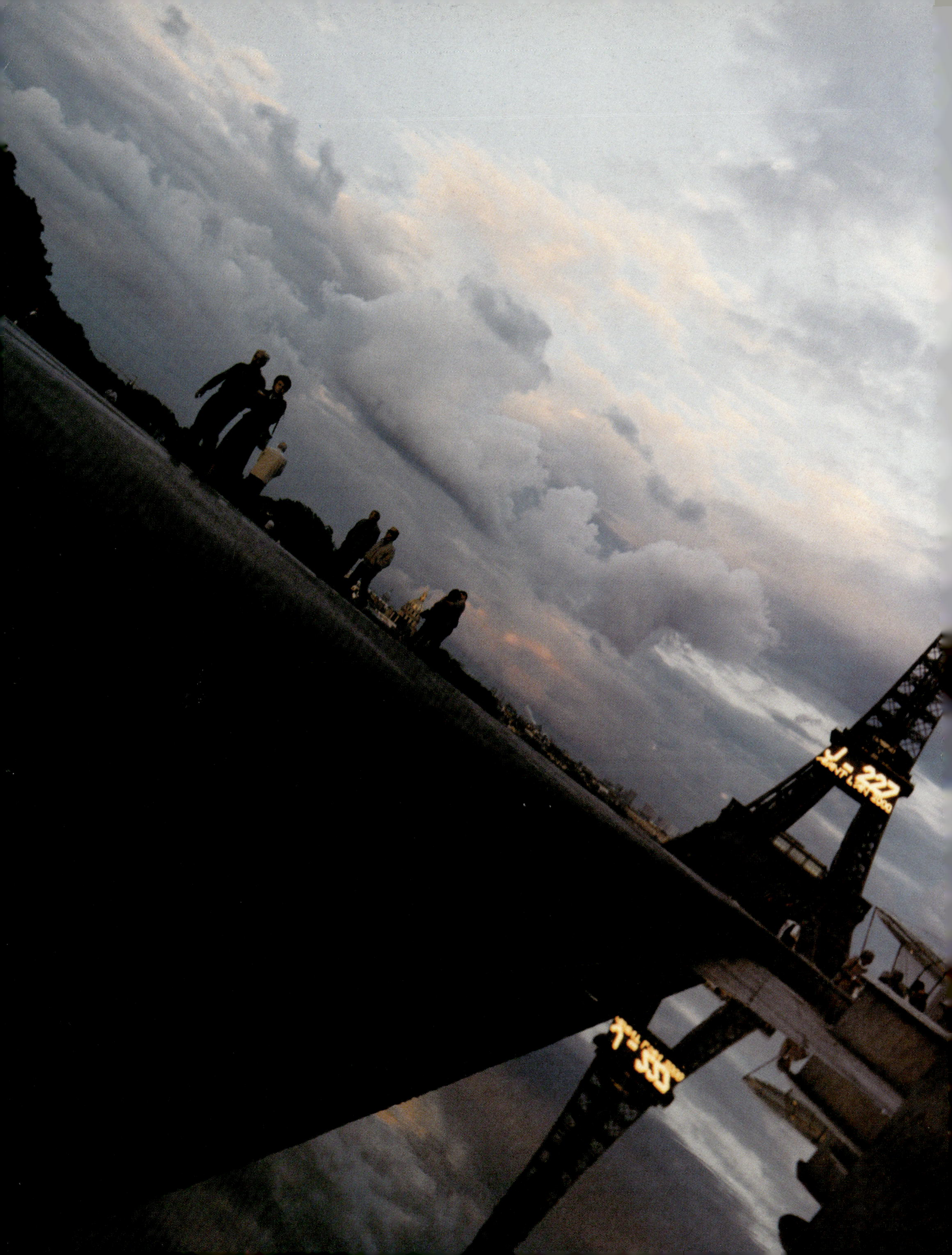
J-222

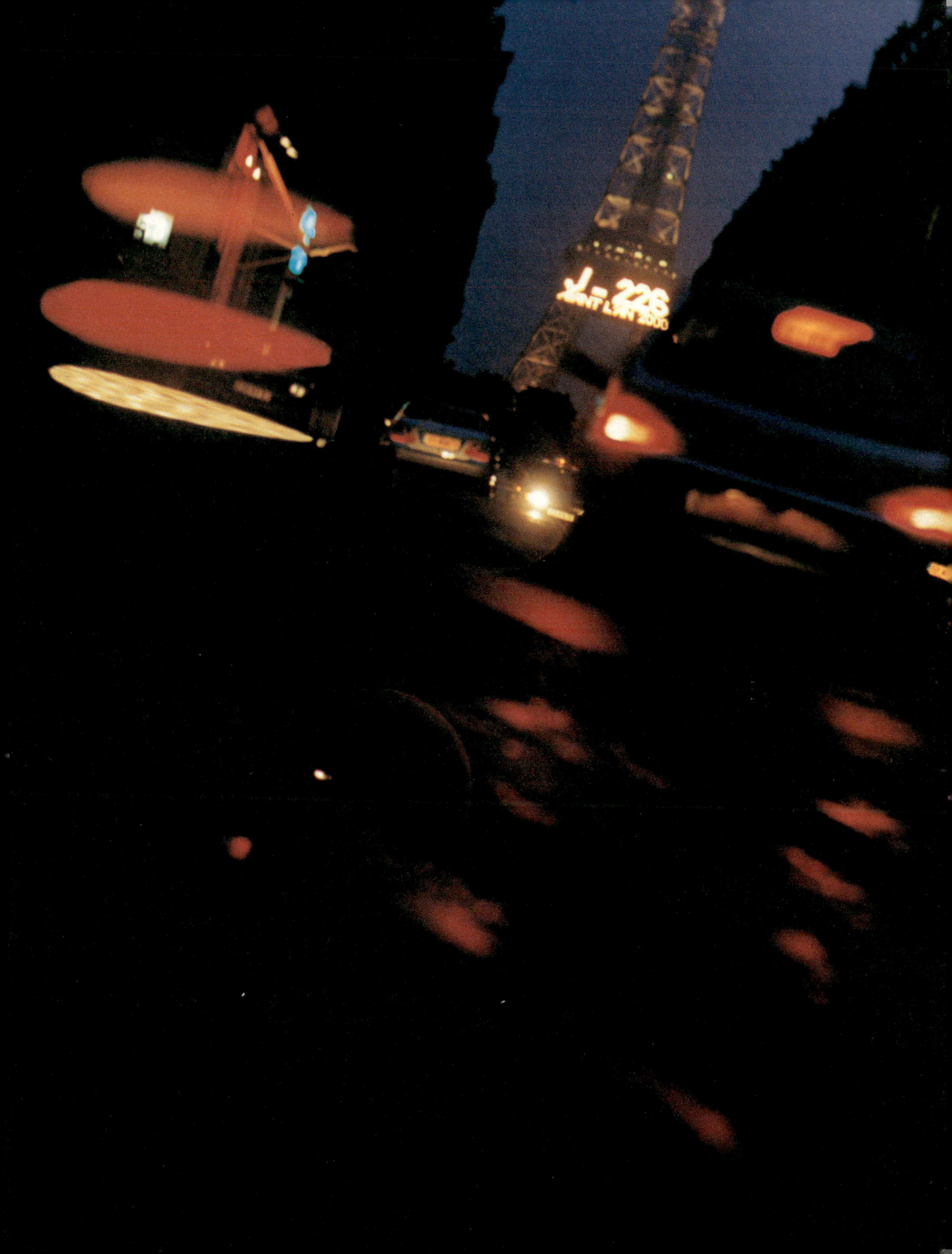
J - 226

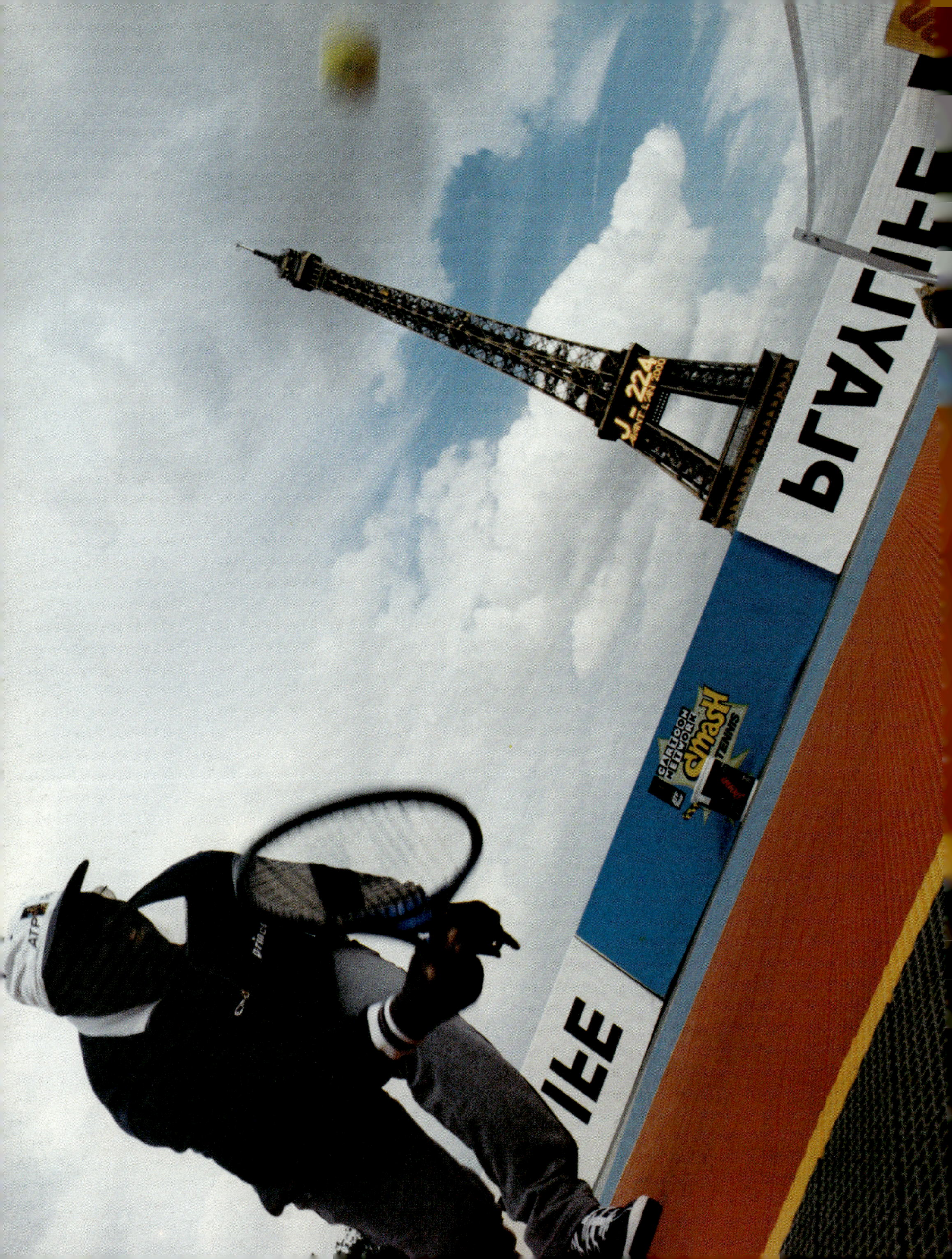
J - 224
CARTOON NETWORK
TENNIS

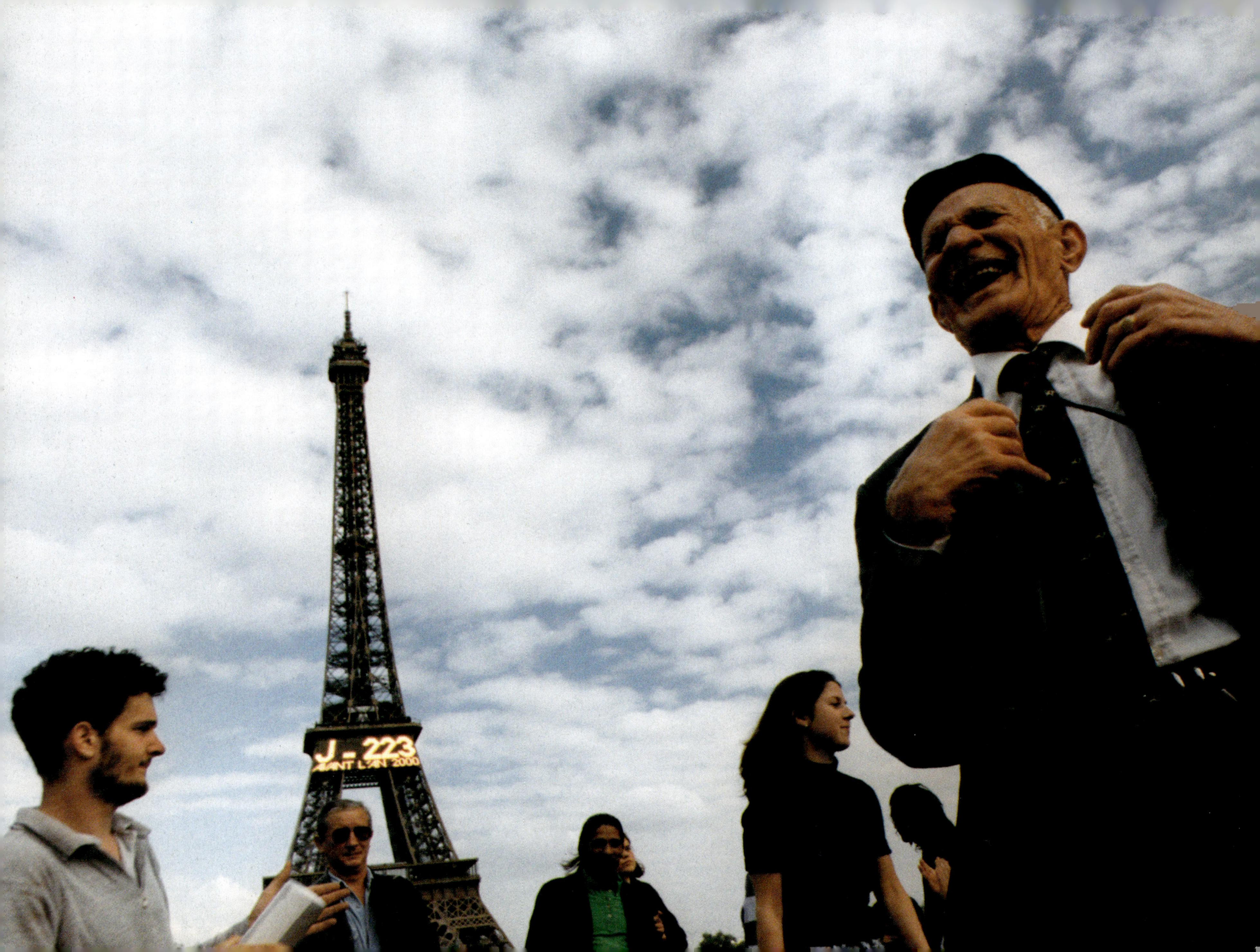
J - 223
AVANT L'AN 2000

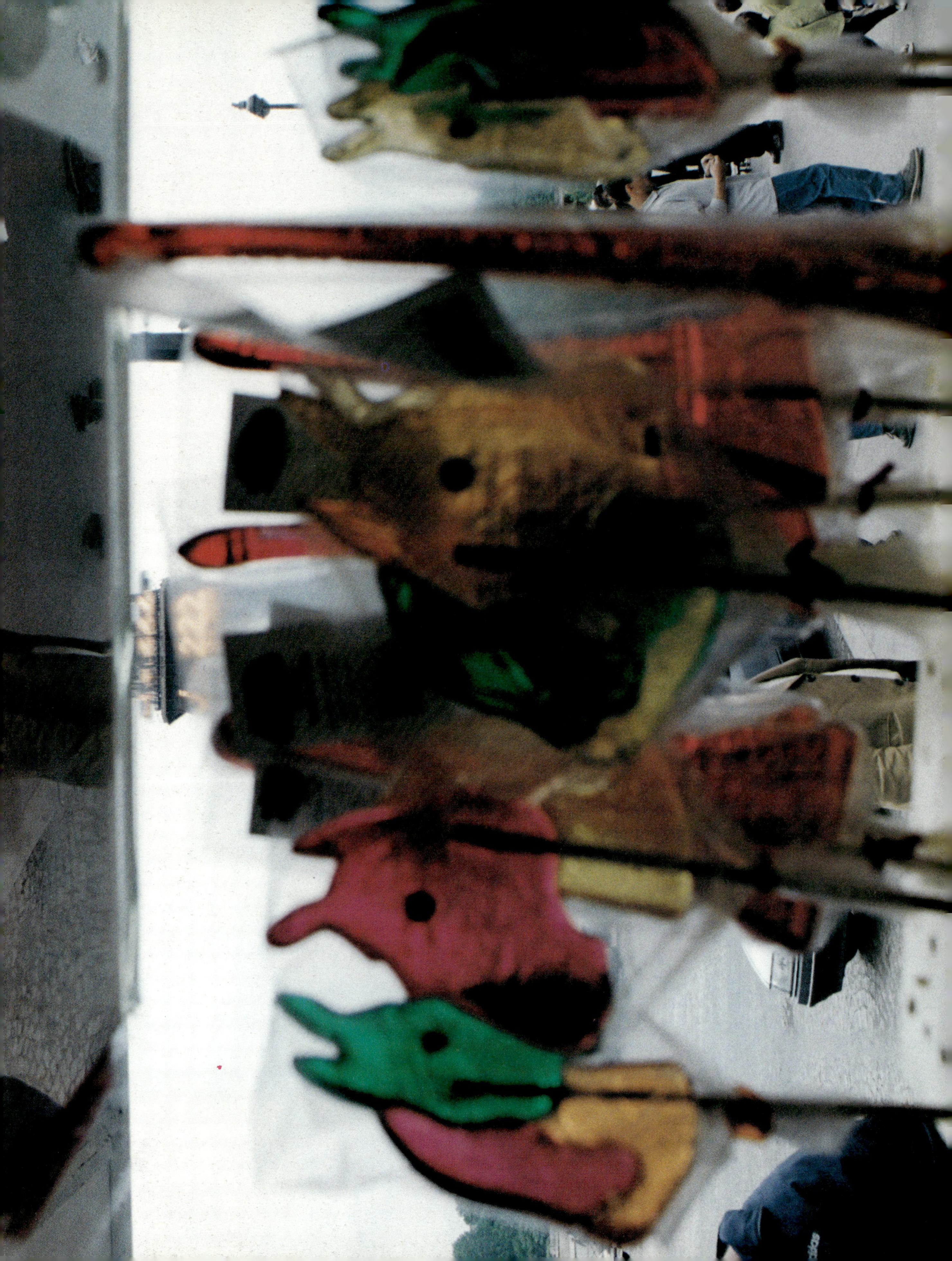

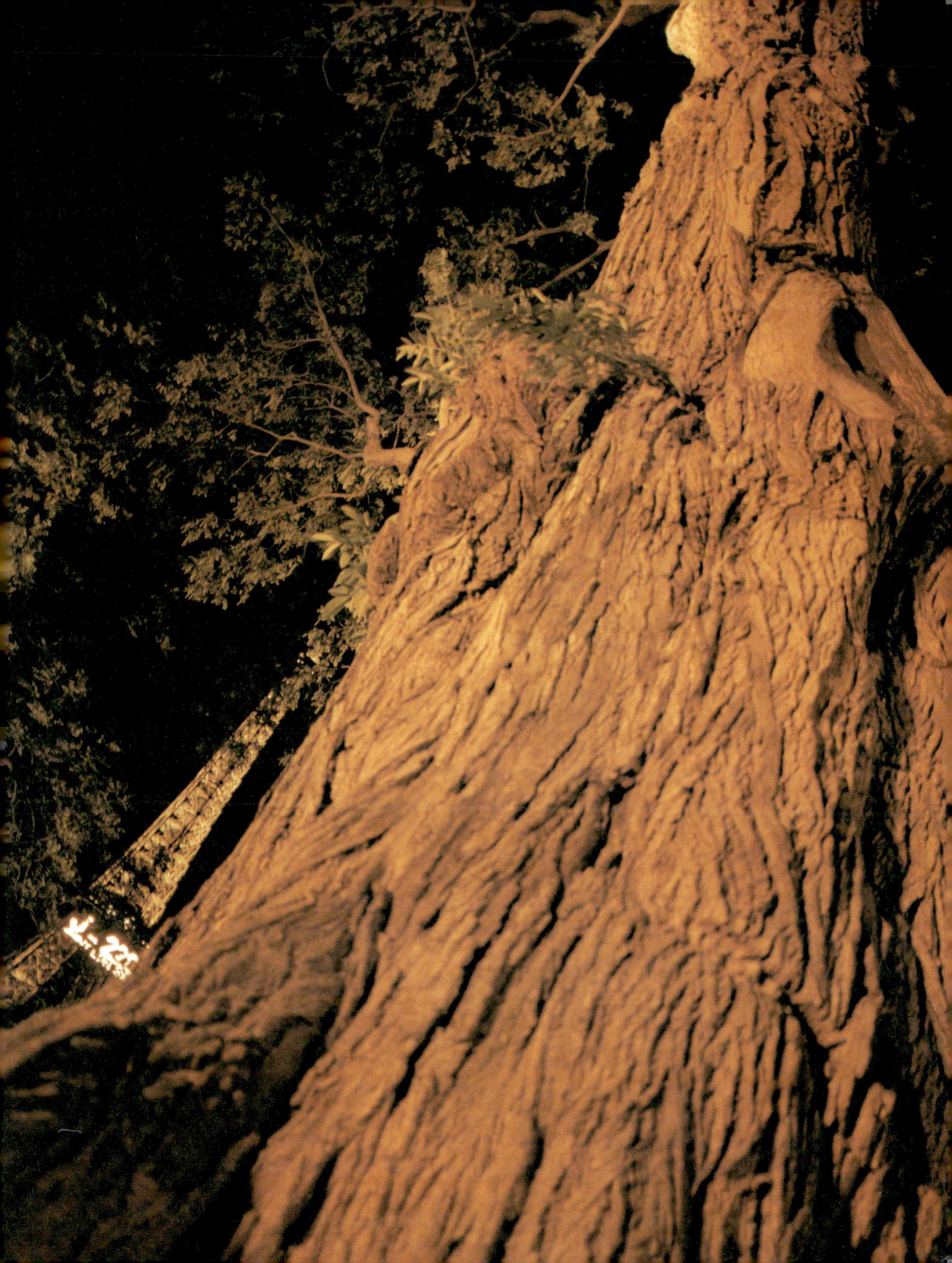

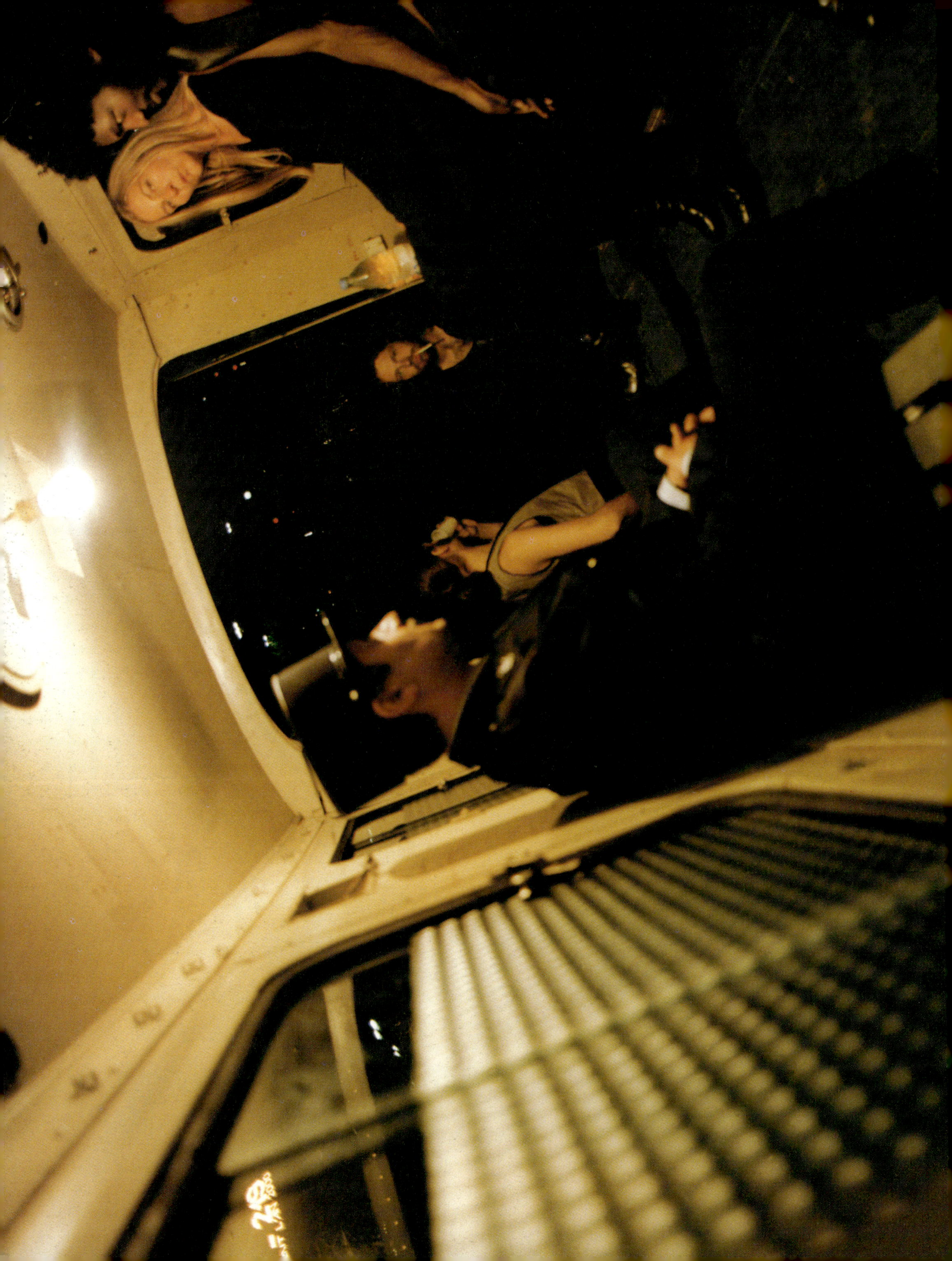

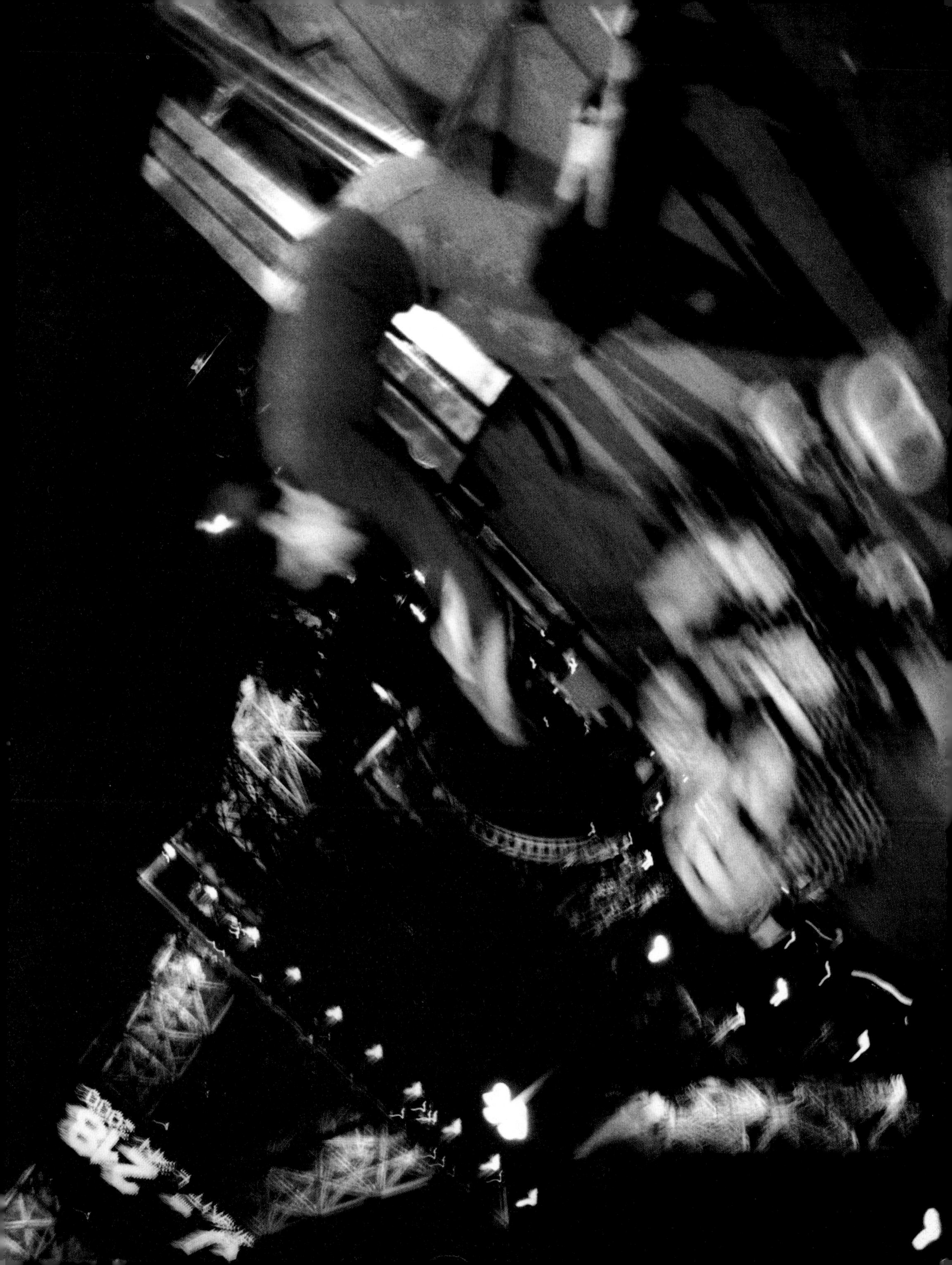

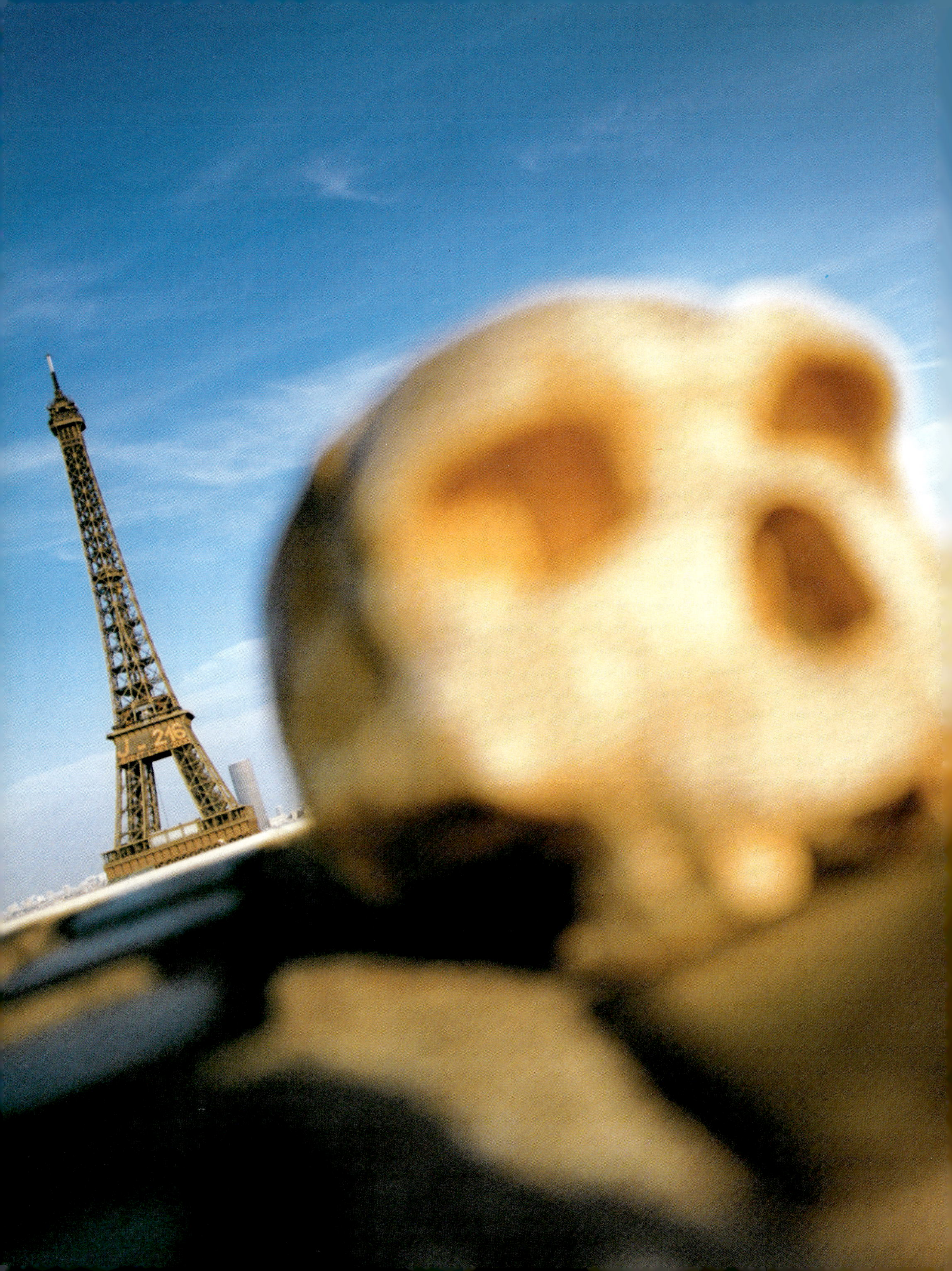
J - 216

Un photographe monte un jour sur le Trocadéro et voit un crâne célèbre amené là mystérieusement. Le crâne se met à lui parler. Le jeune homme croit rêver et demande au crâne ce qui l'a amené là : "La parole." lui répond le crâne. L'homme court avertir le bourgmestre de sa découverte et ce dernier accepte de le suivre, non sans le menacer de lui couper la tête si par hasard il s'est moqué de lui, tant son histoire est incroyable.
Arrivés devant le crâne, celui-ci reste muet malgré les supplications du bonhomme, et le maire lui coupe la tête qui roule tout près du crâne taciturne. Une fois seuls, le crâne s'adresse à ce qui reste du photographe :
– "Je te l'avais dit… la parole."

A photographer is walking up the Trocadero when he sees a famous skull which has been mysteriously brought there. The skull begins to speak to him. The young man thinks he is dreaming and asks the skull what has brought it there: "speech" the skull answers.
The man runs warn the burgomaster of his discovery and this one accepts to follow him, but not without having threatened him of cutting off his head if he ever is making fun of him, the story being so unbelievable.
Having arrived in front of the skull this one remains mute in spite of all the pleas of the chap and the mayor cuts the man's head off and it rolls right next to the taciturn skull. When they are finally alone the skull speaks to what is left of the photographer: "I told you…speech."

Patrice Levallois
Auteur du Jeu de Tao
Author of Tao Game

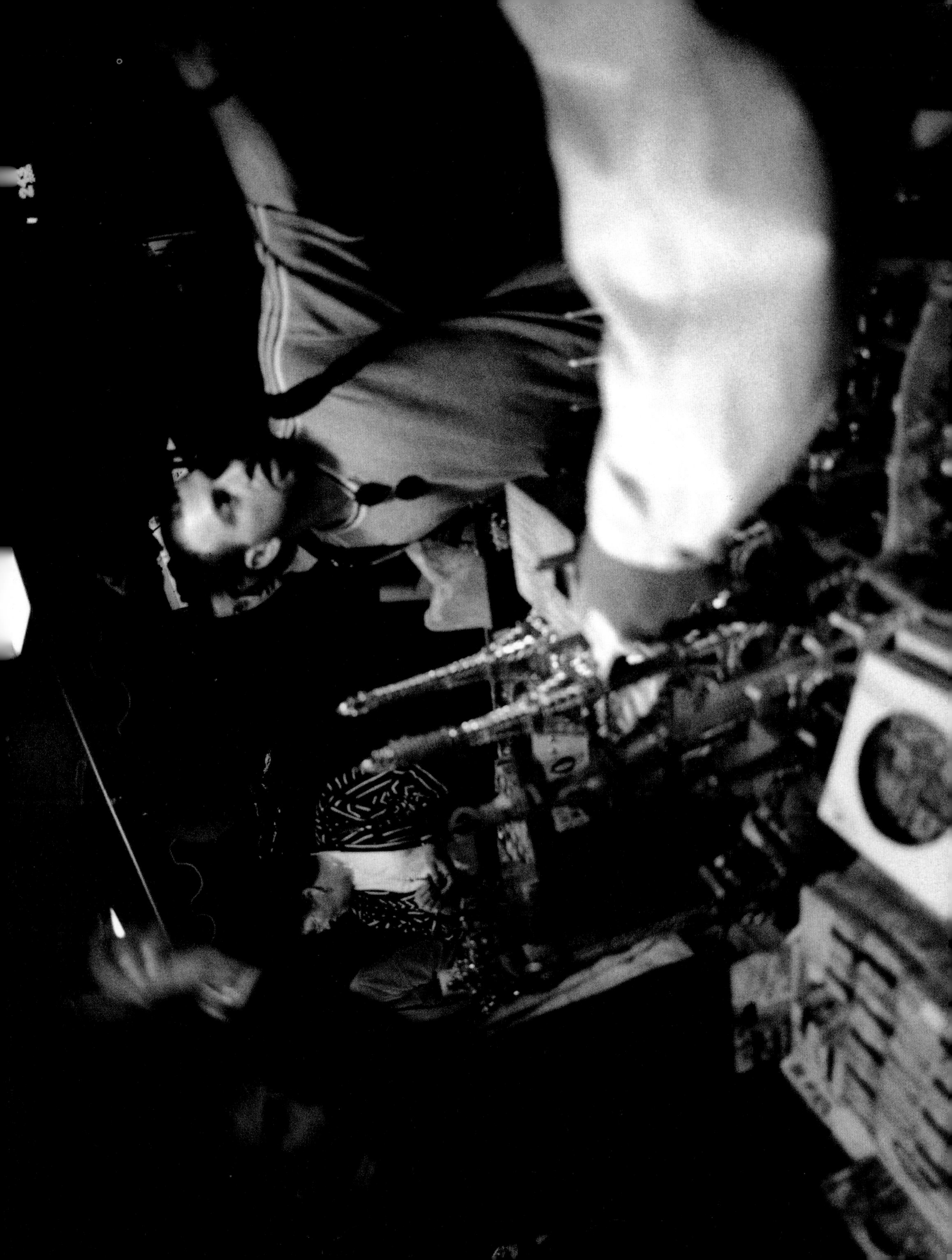

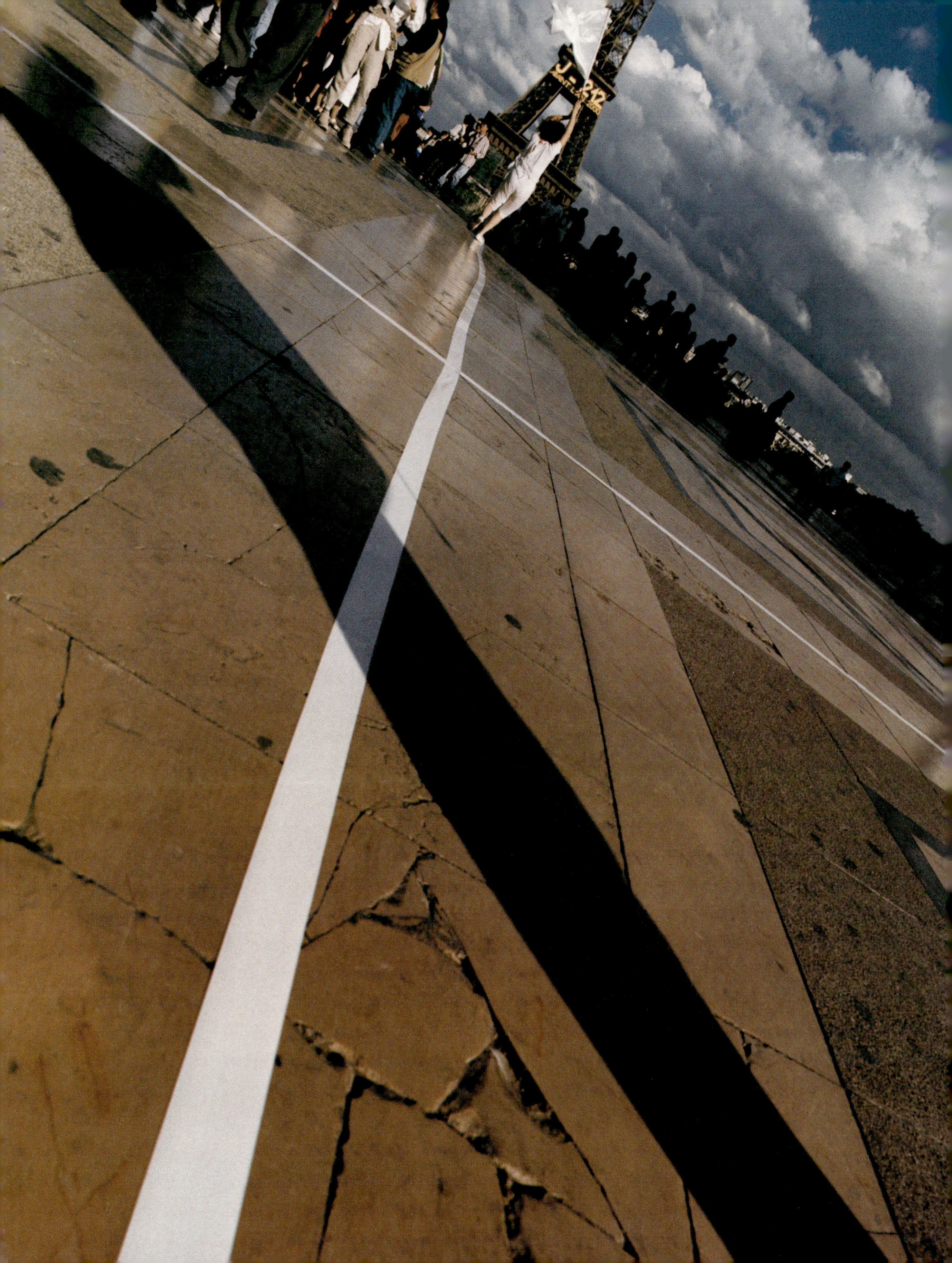
J-212

Le 4 juin 1989, les chars envahissaient la Place Tian Anmen et écrasaient dans le sang le Printemps de Pékin. La Porte de la Paix céleste se refermait sur l'espérance de liberté et de démocratie. Les jeunes étudiants, qui avaient osé défier un pouvoir archaïque et brutal, étaient exécutés, battus, emprisonnés, exhilés. Prélude à la libération des peuples d'Europe orientale, cet événement incroyable continua ensuite de faire tressaillir le régime chinois. Dix ans plus tard, la commémoration de ce massacre déclencha une vaste offensive diplomatique des autorités chinoises, afin d'empêcher toute cérémonie. Comme elle avait été parmi les premiers pays, en 1989, à accueillir les réfugiés et les dissidents chinois, la France organisa une manifestation émouvante sur le Parvis des Droits de l'Homme au Trocadéro. Vêtus de blanc, couleur traditionnelle du deuil en Chine, des danseurs évoluèrent autour d'une déesse de la démocratie recréée, face à la Tour Eiffel dressée comme un gigantesque fanal de la Liberté. Puis, ils s'allongèrent sur le sol, symbolisant les victimes de Tian Anmen. La pluie commença alors à tomber. Il a plu sur le Trocadéro comme il avait pleuré sur Tian Anmen.

On June 4th 1989, tanks overran the Tien Anmen square, crushing the Pekin Spring in a bloodbath. The Door of the Celestial Peace closed upon hope for liberty and democracy. The young students who had dared to challenge an archaic and brutal government were executed, beaten, imprisoned, exiled. In the following years, this unbelievable event, prelude to the liberation of the peoples of Eastern Europe, continued to make the Chinese regime shudder. Ten years later, the commemoration of this massacre triggered off a vast diplomatic offensive by the Chinese government aimed at preventing any ceremony from taking place. Since it had been one of the first countries to welcome Chinese refugees and dissidents, France organized a moving demonstration on the Square of The Rights of Human at the Trocadéro. Dancers dressed in white, the traditional mourning color in China, moved around a copy of the goddess of Democracy that had been built in front of the Eiffel Tower, which itself was standing as a gigantic beacon of Freedom. Then the dancers lied on the ground, symbolizing the victims of Tien Anmen. The rain started falling. It rained on the Trocadéro as if the sky was crying over Tien Anmen.

Jack Lang
Ancien ministre de la culture
Former Culture Minister of France

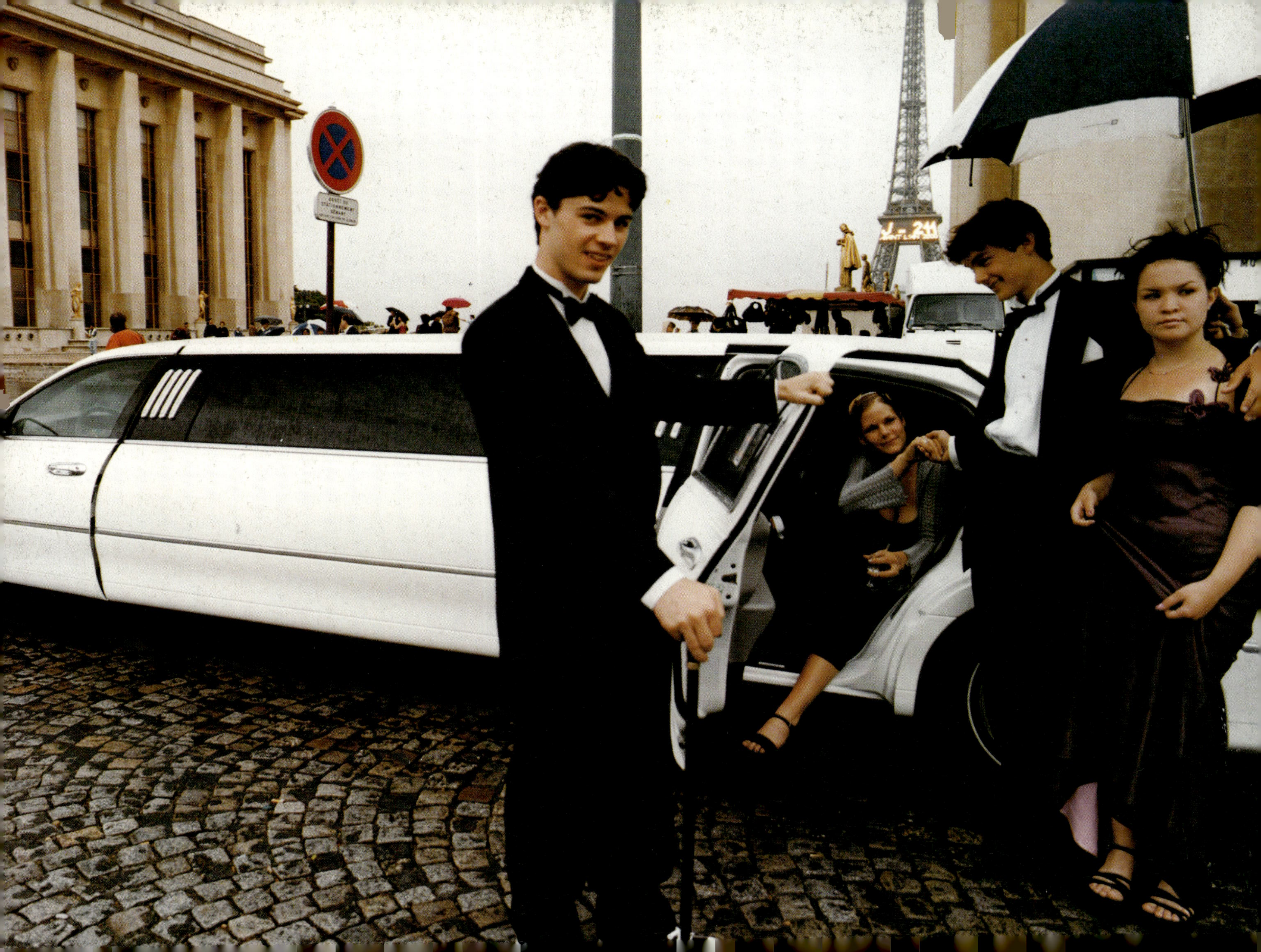

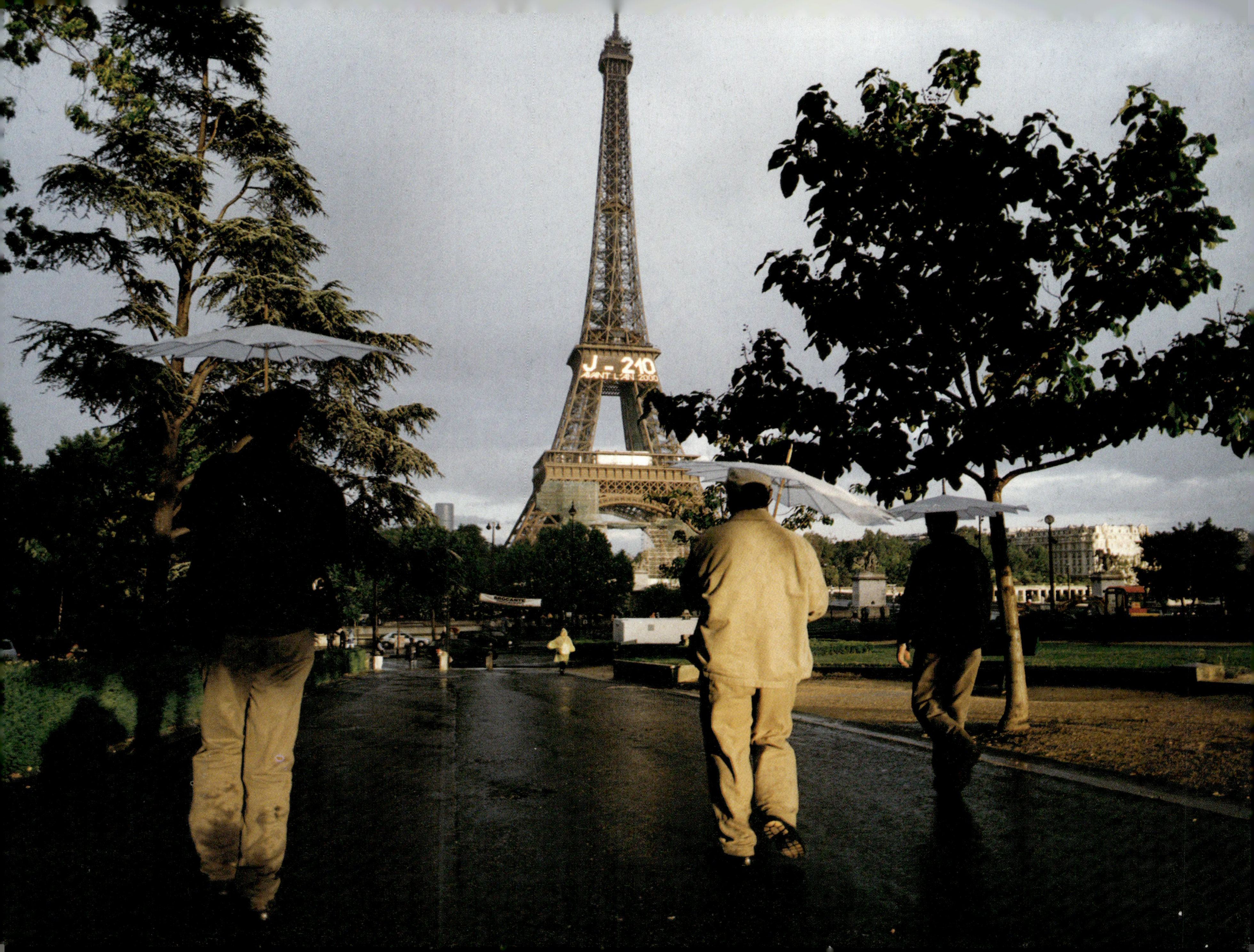
J - 210
AVANT L'AN 2000

J-209
AVANT L'AN 2000

Il y a le temps qui passe et le temps qu'il fait.
Le temps qu'il fait passionnait Gustave Eiffel, au point qu'il consacra la fin de sa vie à l'étude de la météorologie et de l'aérodynamisme.
Le temps qui passe ne le préoccupait pas, il avait su le retenir avec ses œuvres intemporelles comme la Tour Eiffel, qui servira de signal du passage au troisième millénaire.
Le temps ne passe pas non plus pour moi grâce à mon illustre aïeul : ne me demande-t-on pas fréquemment si je suis son fils, bien qu'il fût né en 1832 et mort vingt ans avant ma naissance !

There are changes brought by time and there are changes brought by the weather.
Weather was a passion for Gustave Eiffel, to the point that he devoted the end of his life to the study of meteorology and of aerodynamics.
He did not worry about the changes brought by time; he had been able to ward them off with his timeless works, such as the Eiffel tower which will serve as signal for the passage into the third millenium.
I am not affected either by the changes brought by time thanks to my illustrious grandfather: don't people often ask me if I am his son, although he was born in 1832 and that he died twenty years before my birth!

Sylvain Yeatman-Eiffel

"Le talent au quotidien est comme la solitude du coureur de fond, ou bien comme la grâce du danseur de tango. Mais pour danser le tango, il vaut mieux être deux."

"Keeping talent awake each and every day calls for the solitude of the long distance runner or the skill of a tango dancer. But then again, it takes two to tango."

Emanuel Ungaro

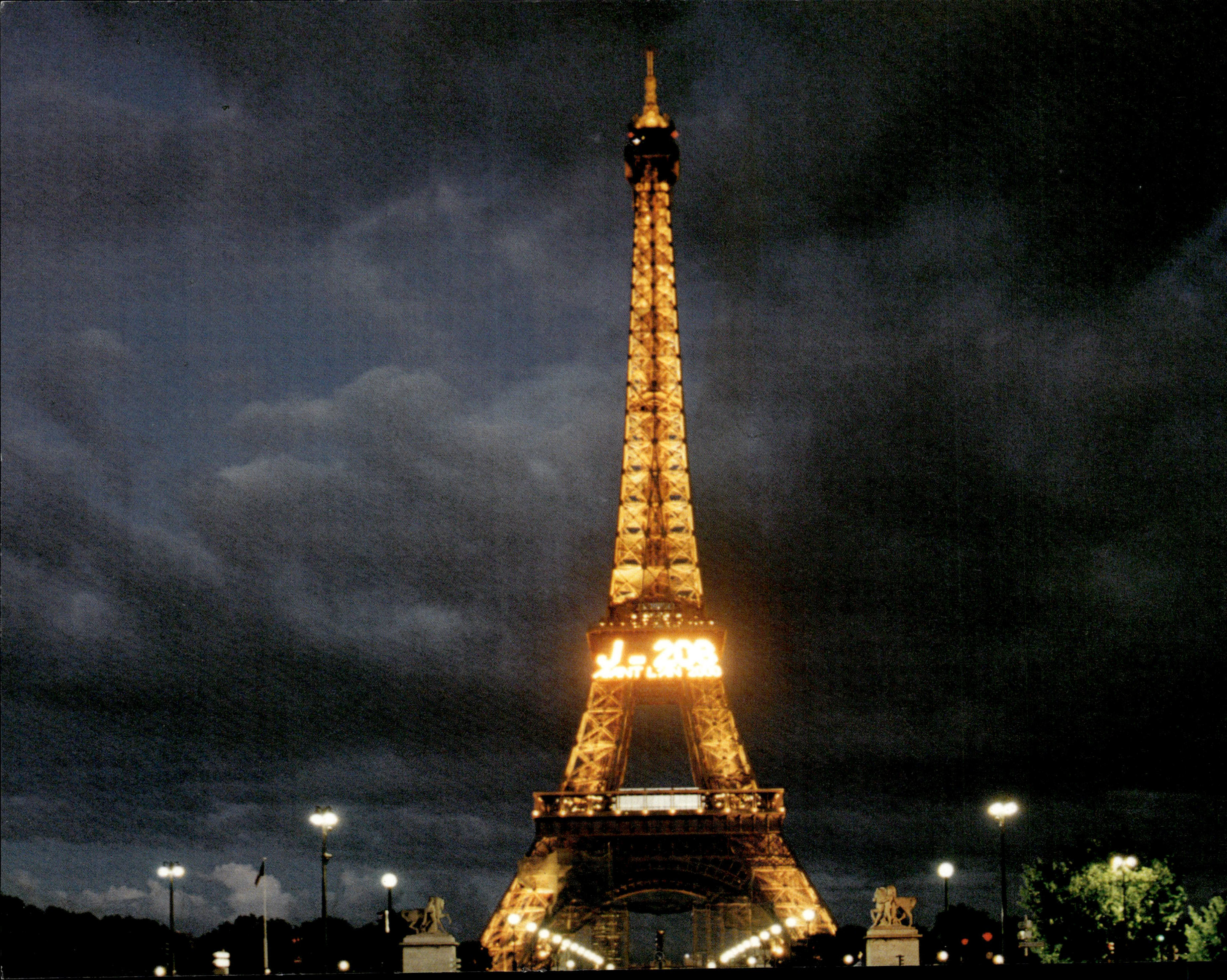
J - 208

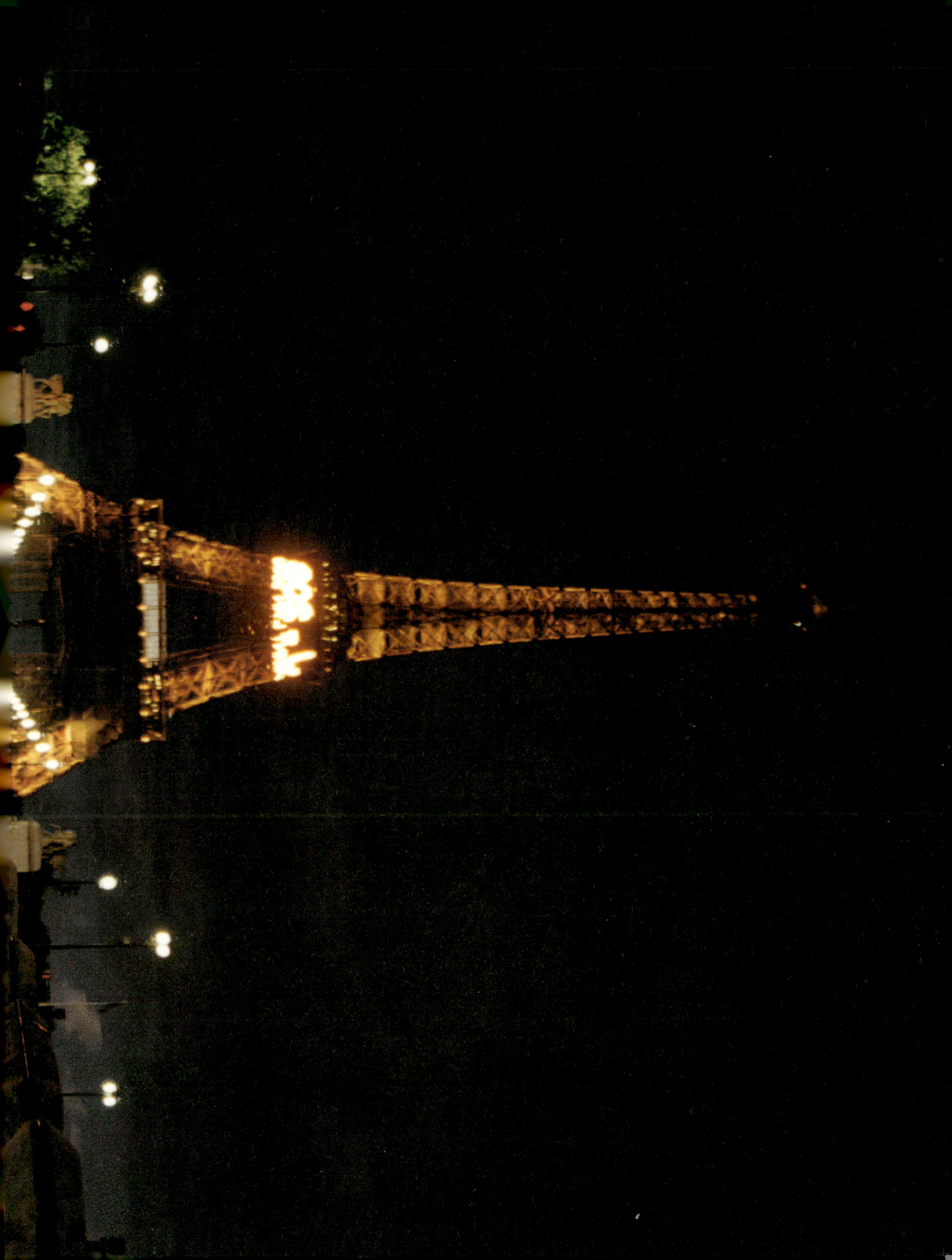

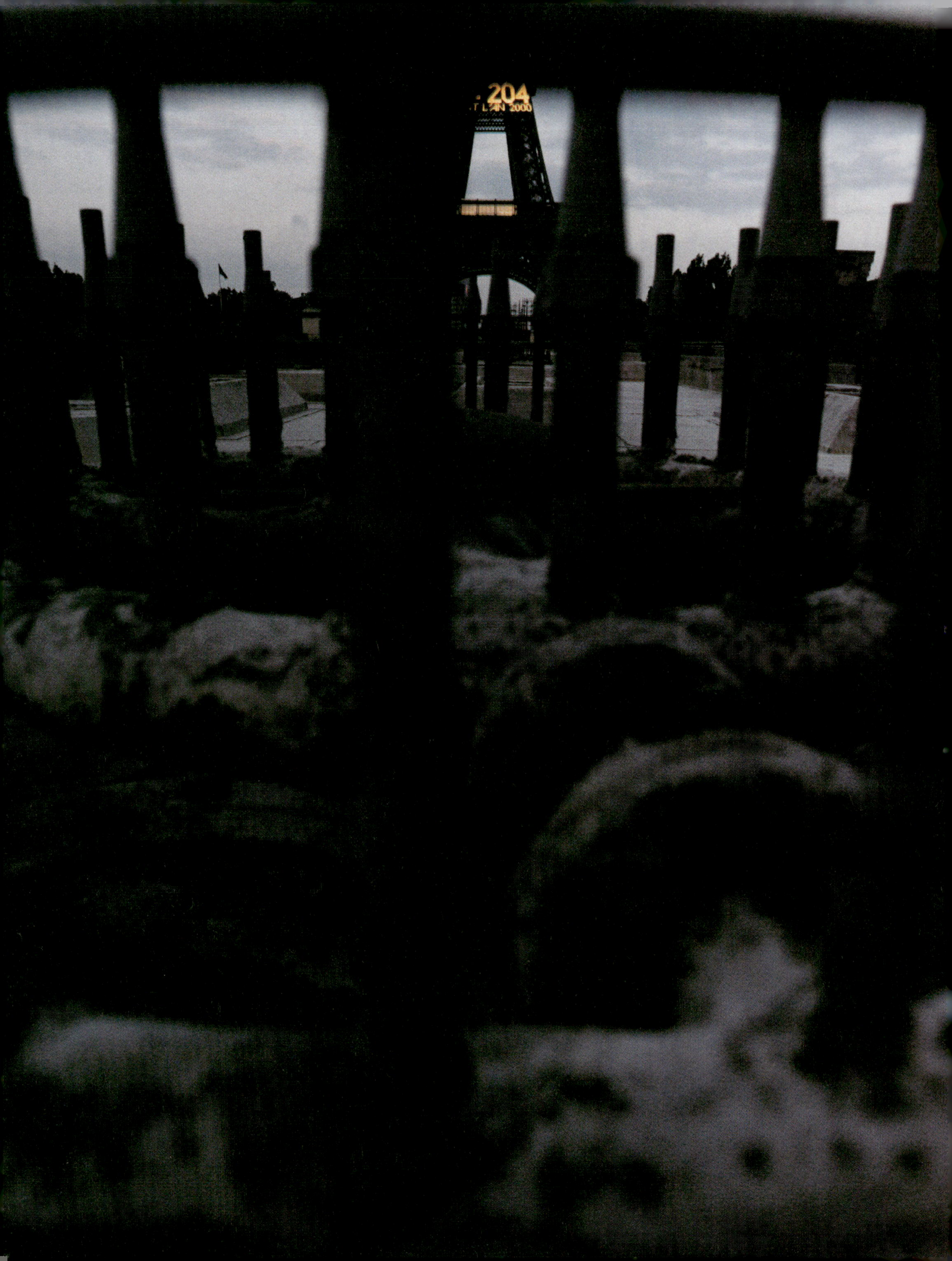
204
2000

Le dernier jour… La dernière heure… La dernière minute… La première minute… La première heure… Le premier jour… Le temps ne renonce jamais. Tout s'achève et tout recommence. Les enfants crient. Les fleurs sont noires. Babel s'écroule. La terre des hommes ne sera bientôt plus qu'un Paradis perdu. Le sang nous est compté.

The last day…. The last hour…. The last minute…. The first minute…. The first hour…. The first day…. Time never stops. Everything ends and everything starts again. The children are shouting. The flowers are black. Babel falls down. People's earth will soon be no more than a lost Paradise. Our blood is measured….

Robert Mallat
Journaliste, écrivain
Journalist, writer

Mon père ne verra pas l'an 2000.
Il nous a quittés ce matin.
39, ce chiffre qui t'a tant marqué.
L'étoile jaune très vite épinglée,
Puis ton évasion de France
Pour rejoindre les Forces françaises en action.
Combat permanent,
Ton destin était de devoir et d'actes utiles.
Le désespoir n'existe pas.
Adieu, papa !!
Bonjour l'an 2000 !

My father will not see the year 2000.
He left us this morning.
39, that number that marked you so much.
The yellow star swiftly pinned on,
Then your escape from France
To join the Free French Fighting Forces in action.
Permanent fight,
Your destiny was made of duty and of useful actions.
Despair does not exist.
Goodbye, Daddy!!
Hello, year 2000!

Alain Silverston

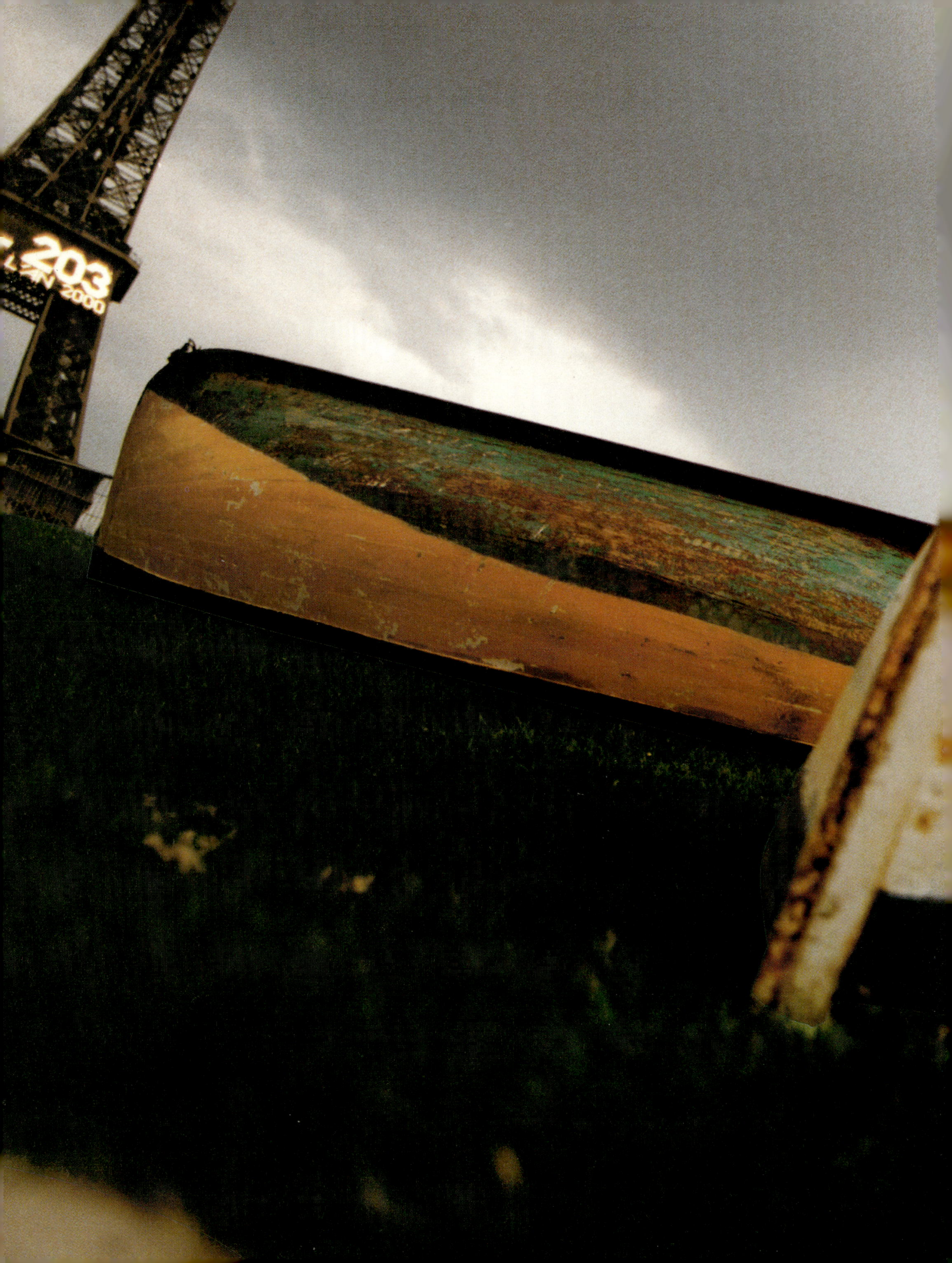
203
2000

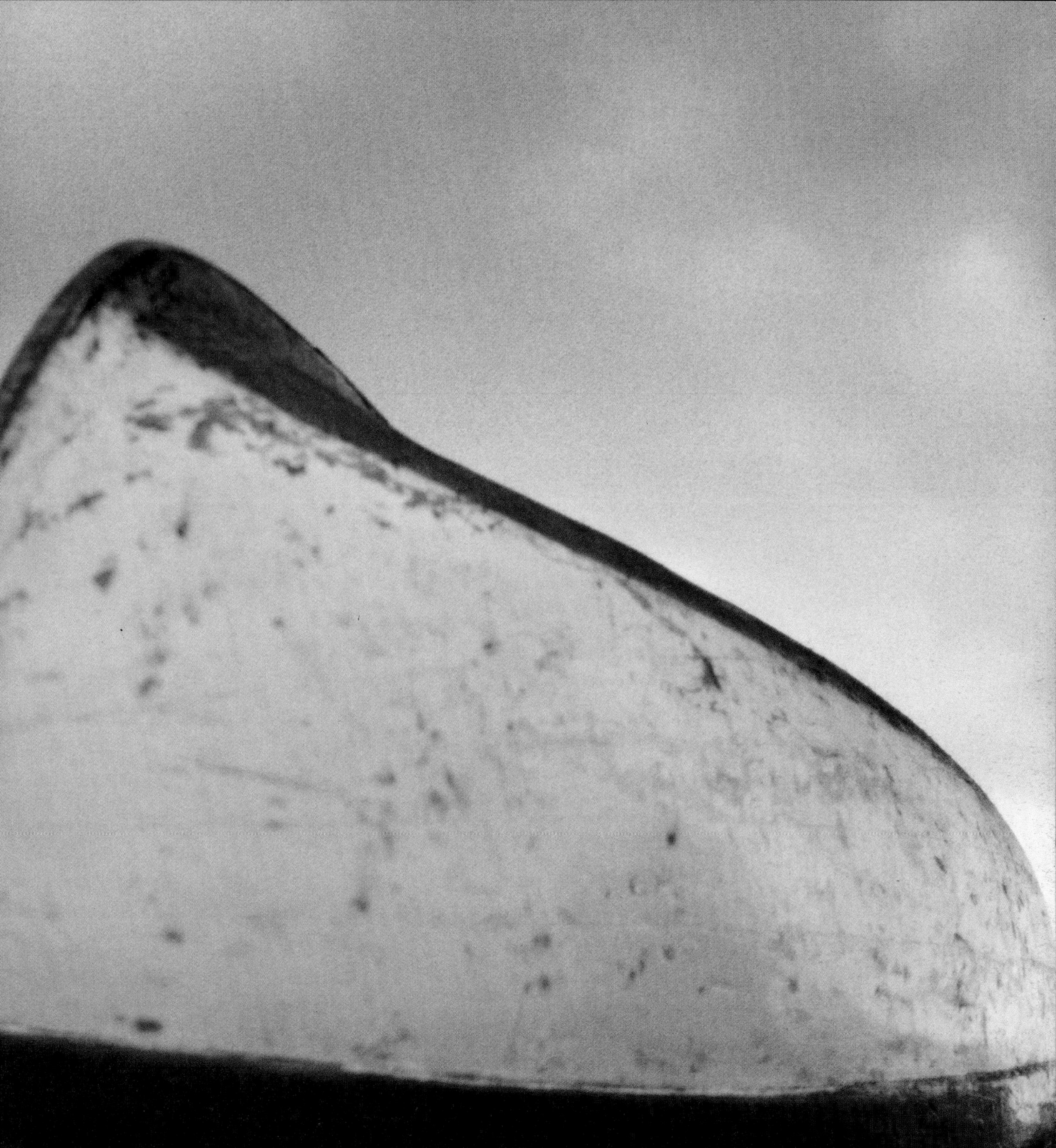

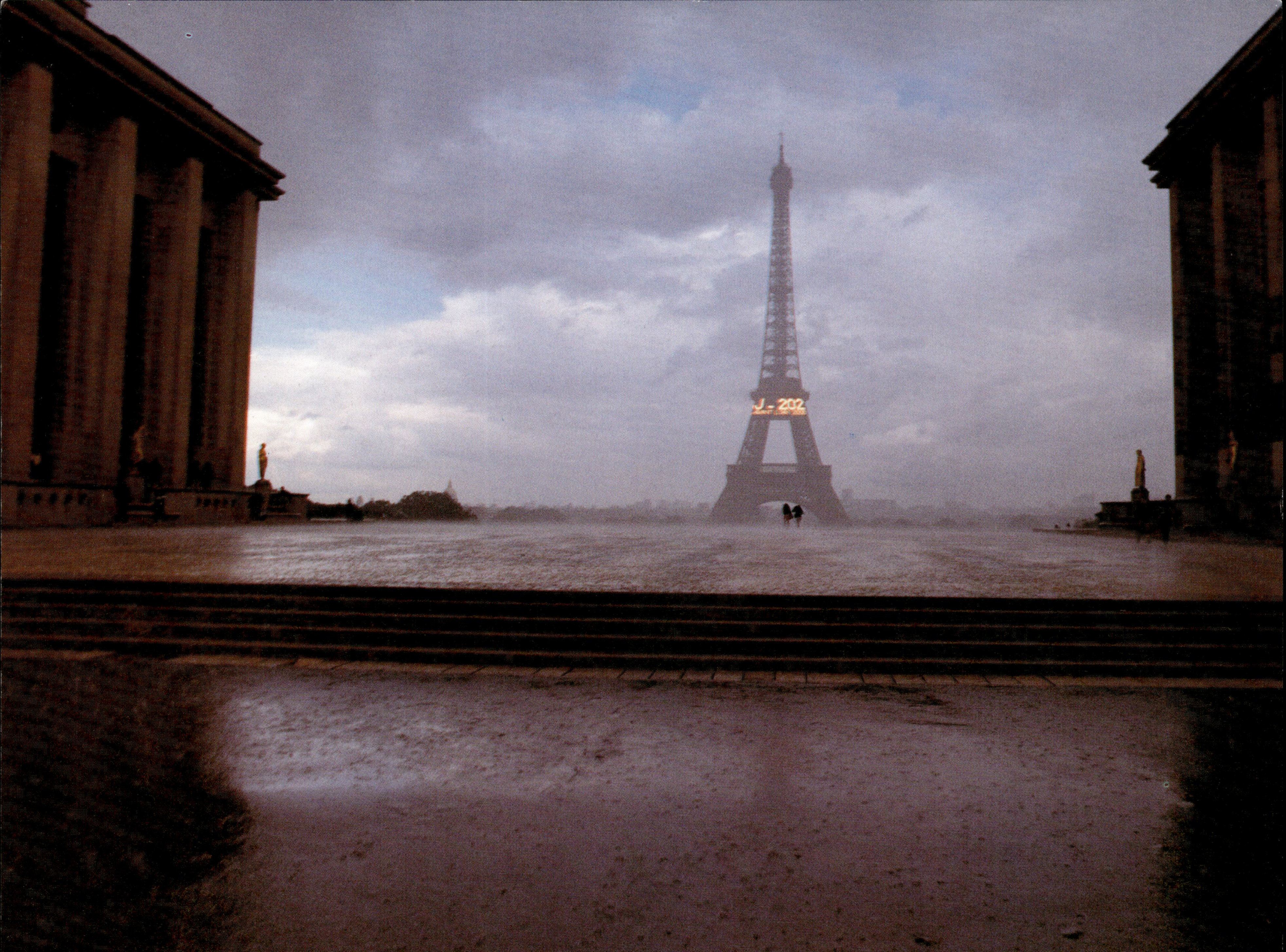
J - 202

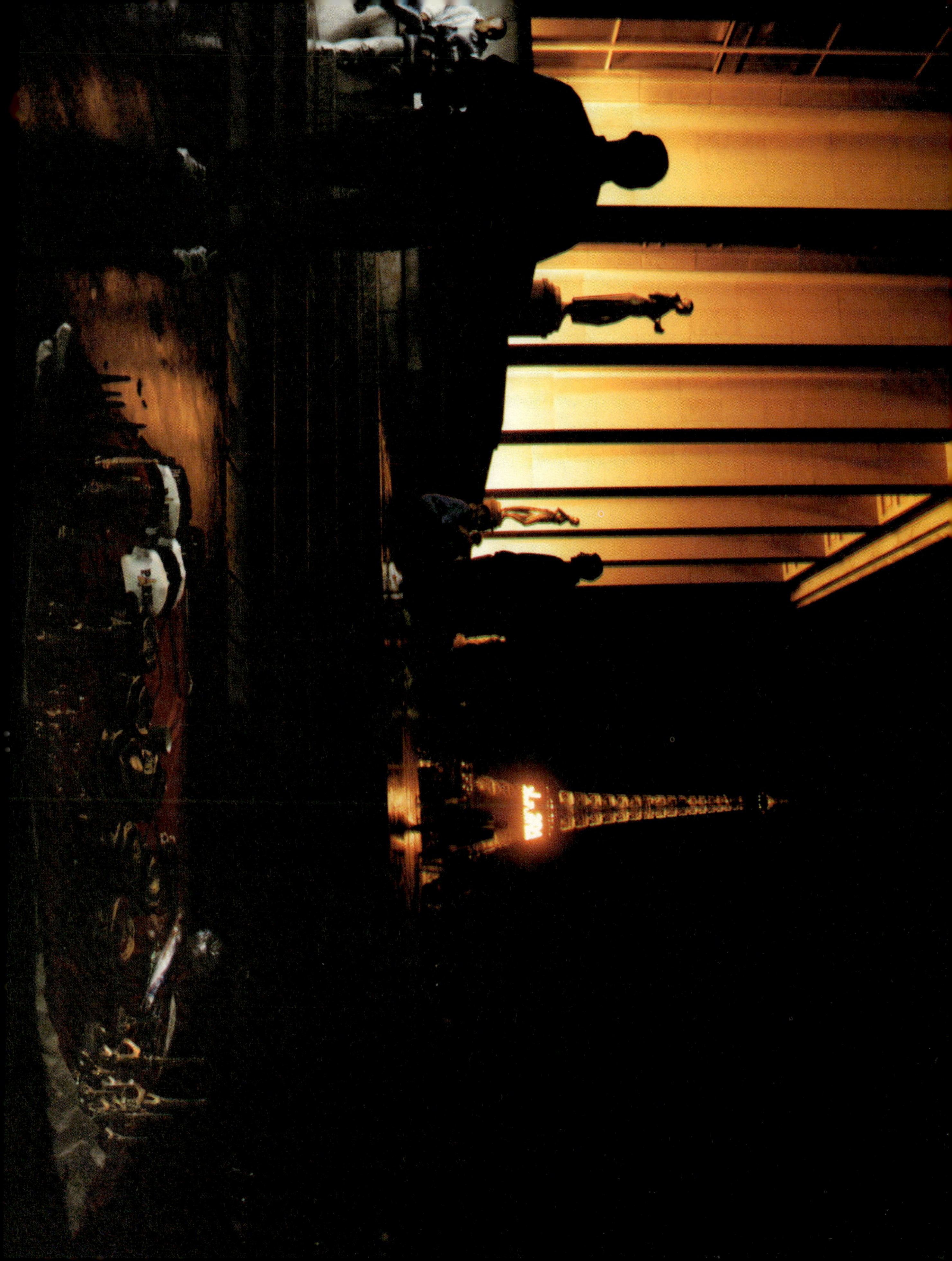

A l'aube du XXIIe siècle, la France survit sur un territoire réduit. Toutes ses îles ont accédé à l'indépendance et elle a accordé l'autonomie à quelques-unes de ses belles provinces. Son statut de petite nation ne lui pèse guère. N'a-t-elle pas l'essentiel : la prospérité ? En vérité, en 2099, la France nage dans le bonheur et se cherche un but. Une idée, une grande cause, quelque chose qui marquerait l'histoire du prochain siècle. Et il faut bien avouer qu'elle est en panne. (...) L'amour qui hanta le XXe siècle apparaît suranné. La religion et la folie de communiquer qui s'emparèrent du XXIe ne suscitent plus que sarcasmes ou baillements. (...) En 2099, la France se cherche un avenir et n'en trouve pas. Cependant, elle ne baisse pas les bras. A un an de l'échéance, dans l'urgence, elle a mis ses élites à contribution. Intellectuels et scientifiques ont été sommés de résoudre ce problème crucial. Heureusement, ces gens sont aux ordres... Réponse en 2100. (extraits du rapport du Comité des sages de Matra)

At the dawn of the 22nd century, France is surviving on a reduced territory. All her islands have become independent, and some of her beautiful provinces have been granted autonomy. Her status as a small nation isn't much of a worry for her. Does not she have what is essential: prosperity? In truth, in 2099, France is swimming in happiness and is looking for an objective. An idea, a great cause, something which could mark the History of the next century. And we must admit that she has broken down. (...) Love, which haunted the 20th century seems out of date. Religion and communication madness which gripped the 21st only induce sarcasm and yawns. (...) In 2099, France is looking for a future and can't find one. However she doesn't give up. A year before the deadline, due to the urgency of the situation, France asked her elite for help. Intellectuals and scientists were called to solve this crucial problem. Fortunately, these people obey orders...The answer will be given in 2100. (extract from the report of the Matra Wise Men committee)

Michèle Cristofari
Ecrivain
Writer

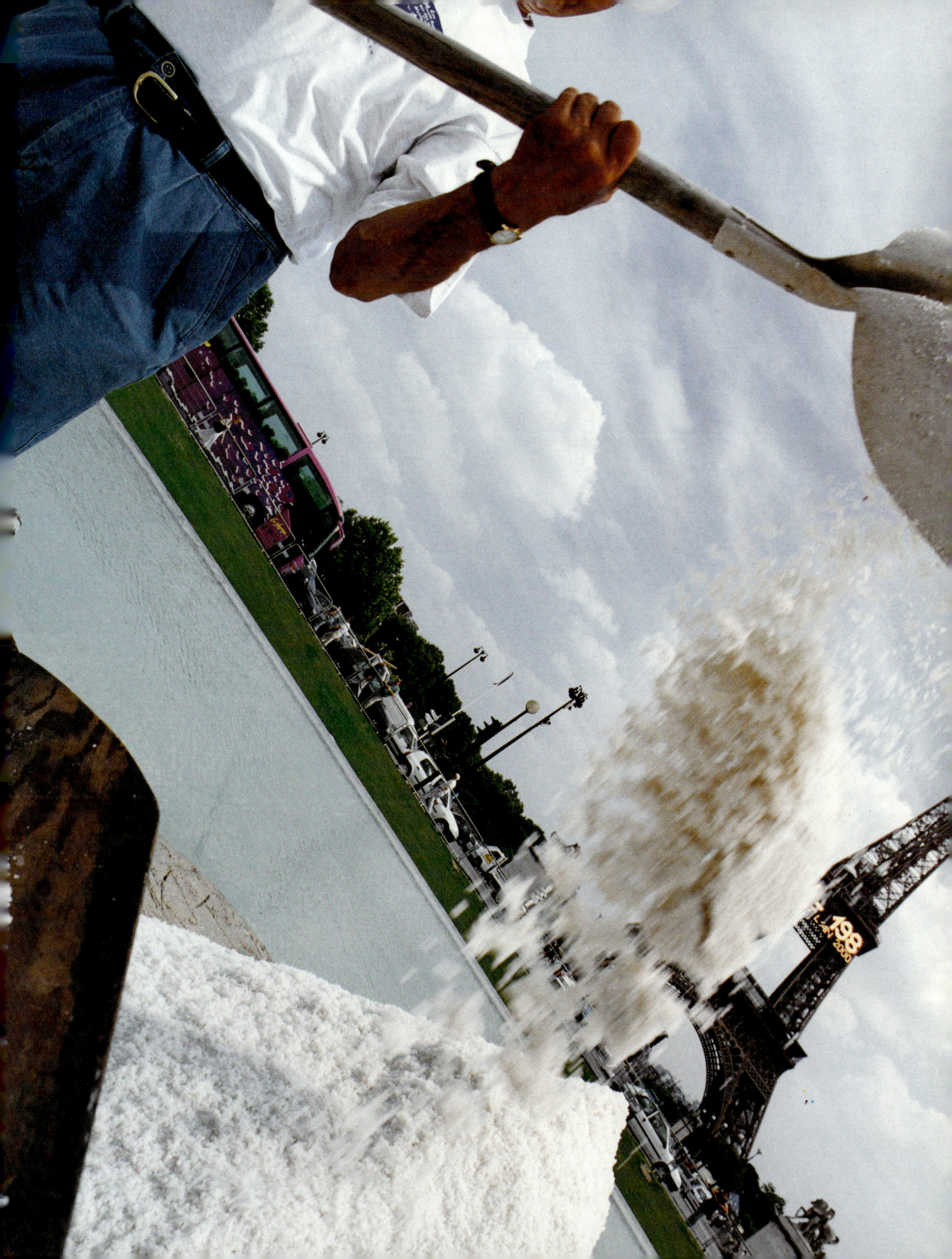

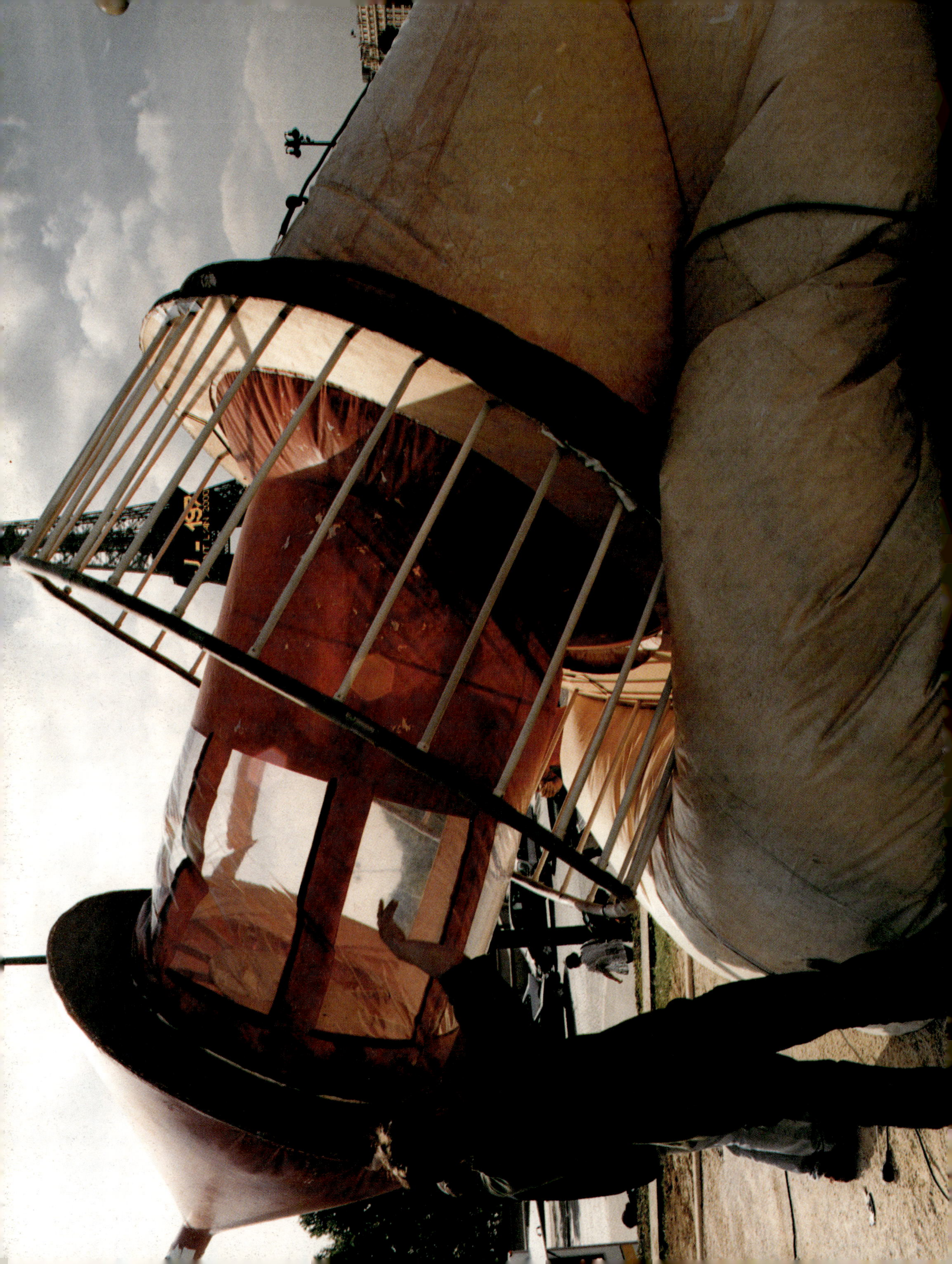

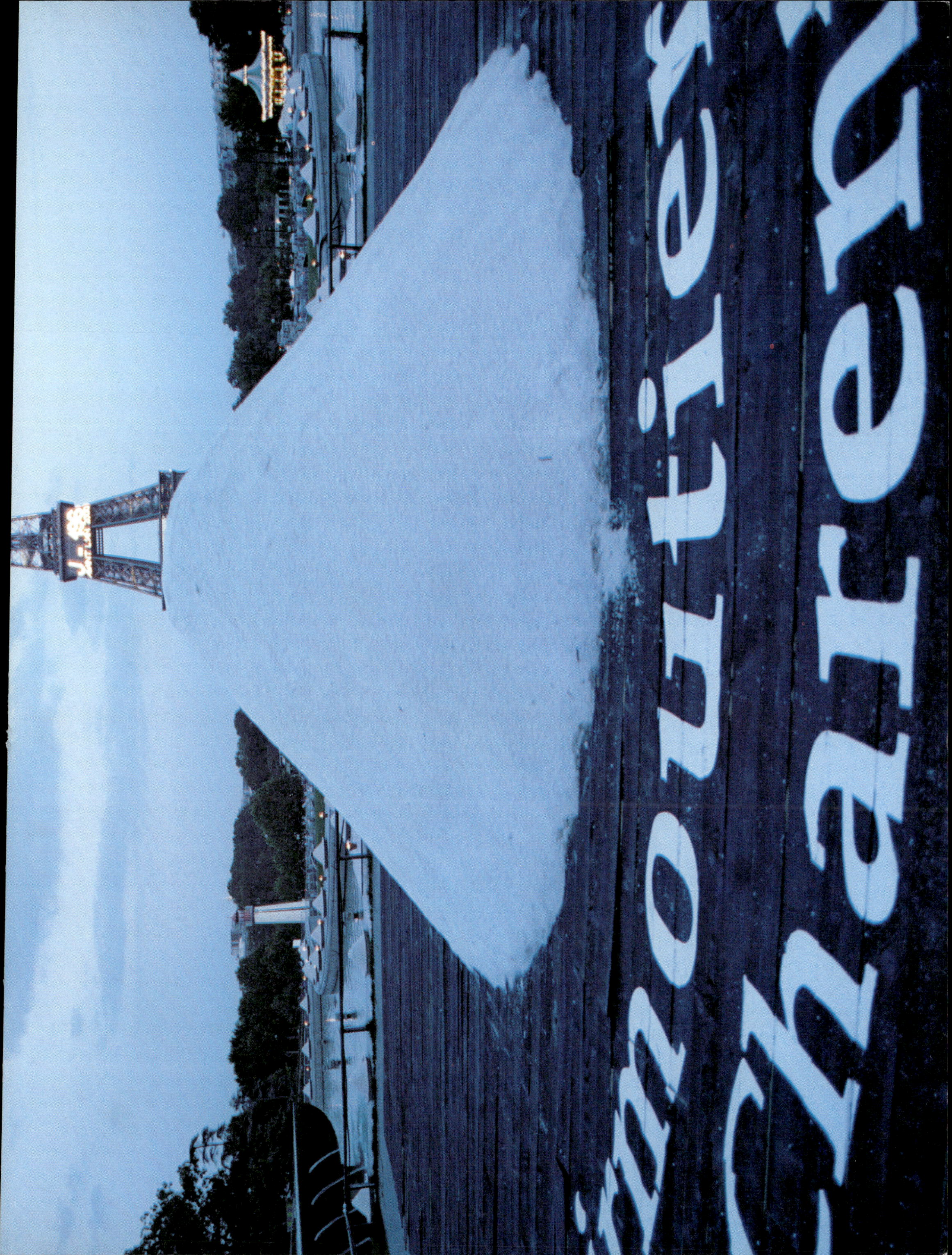

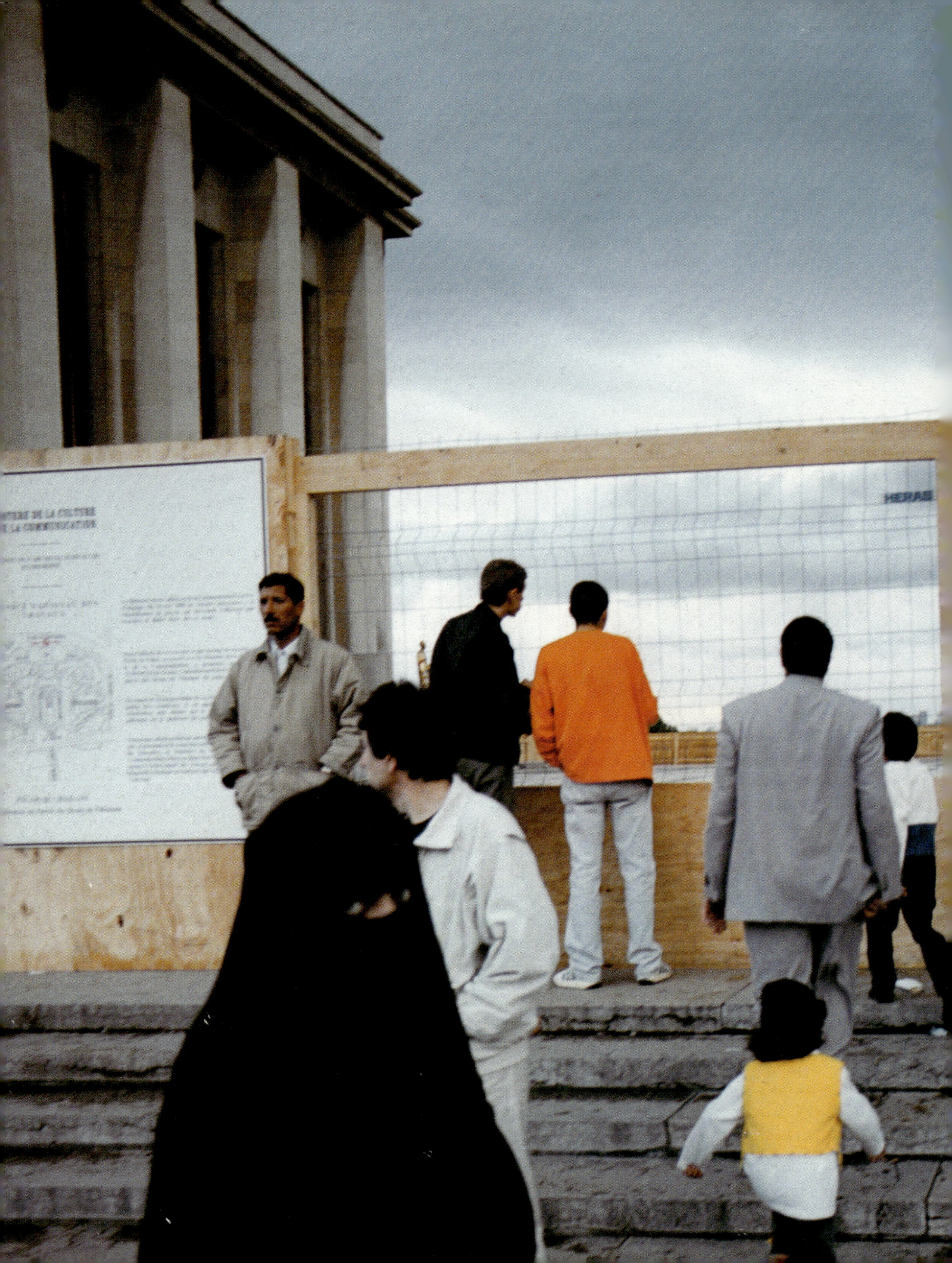
HERAS

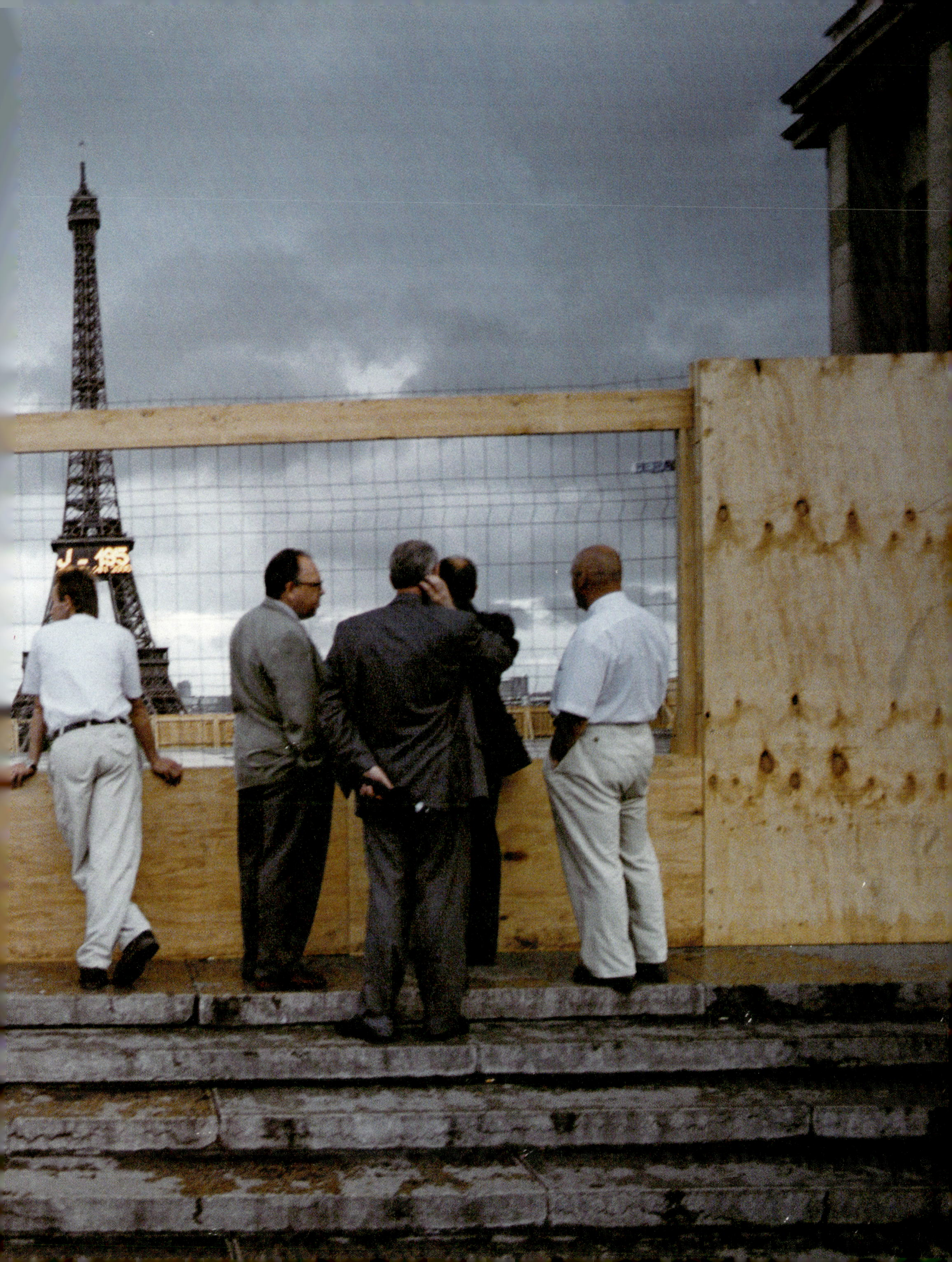
J - 195

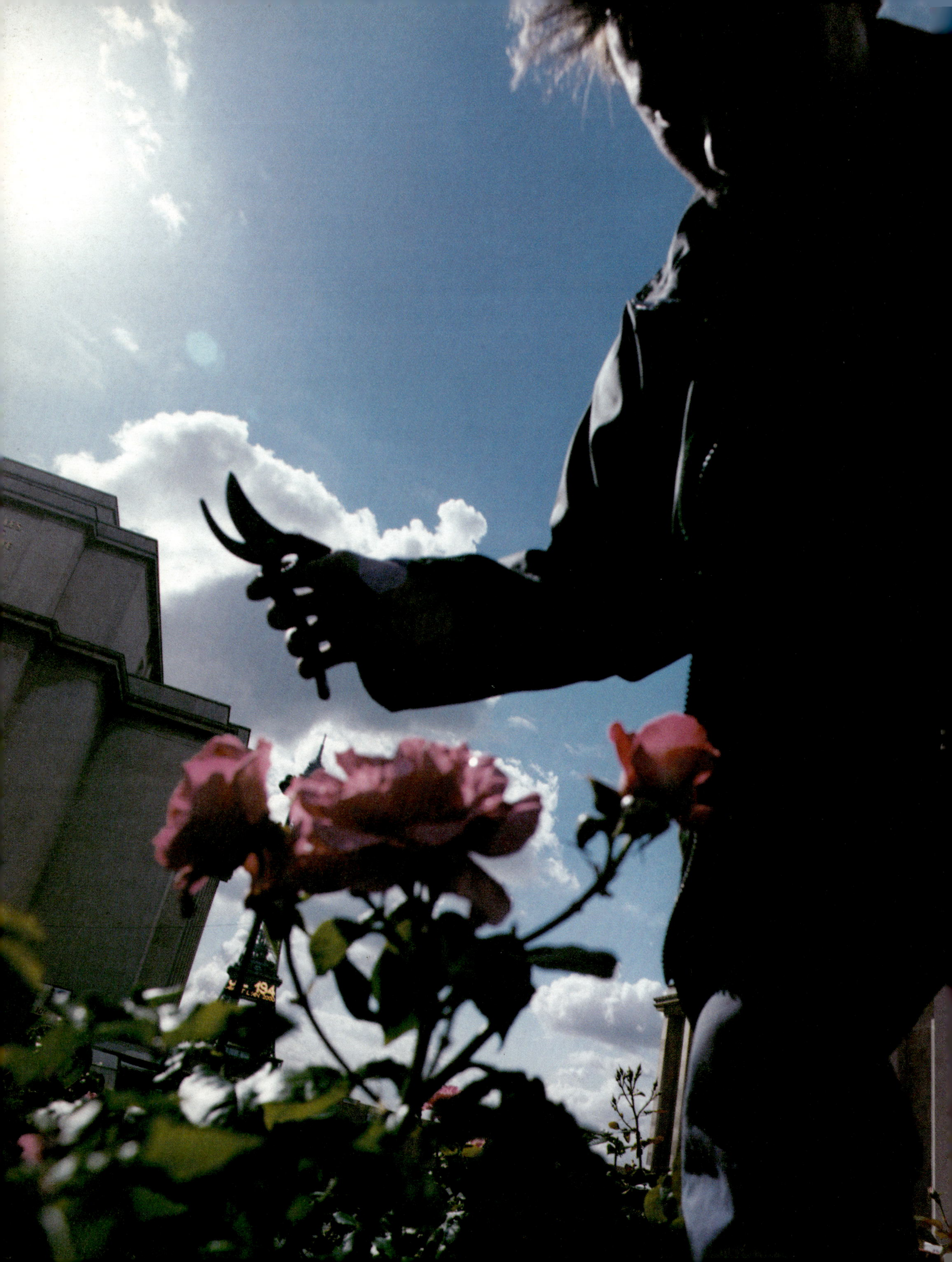

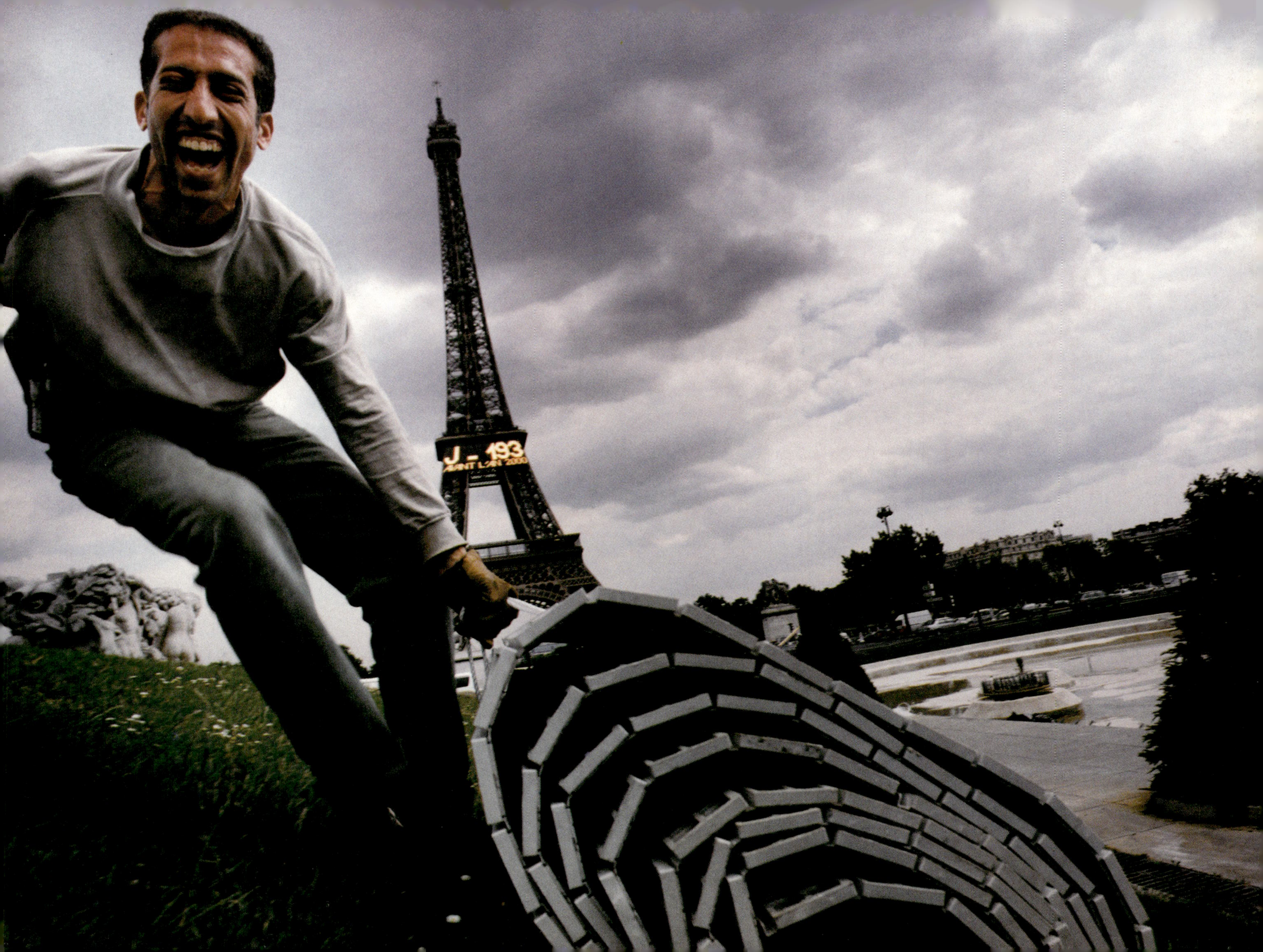
J - 193
AVANT L'AN 2000

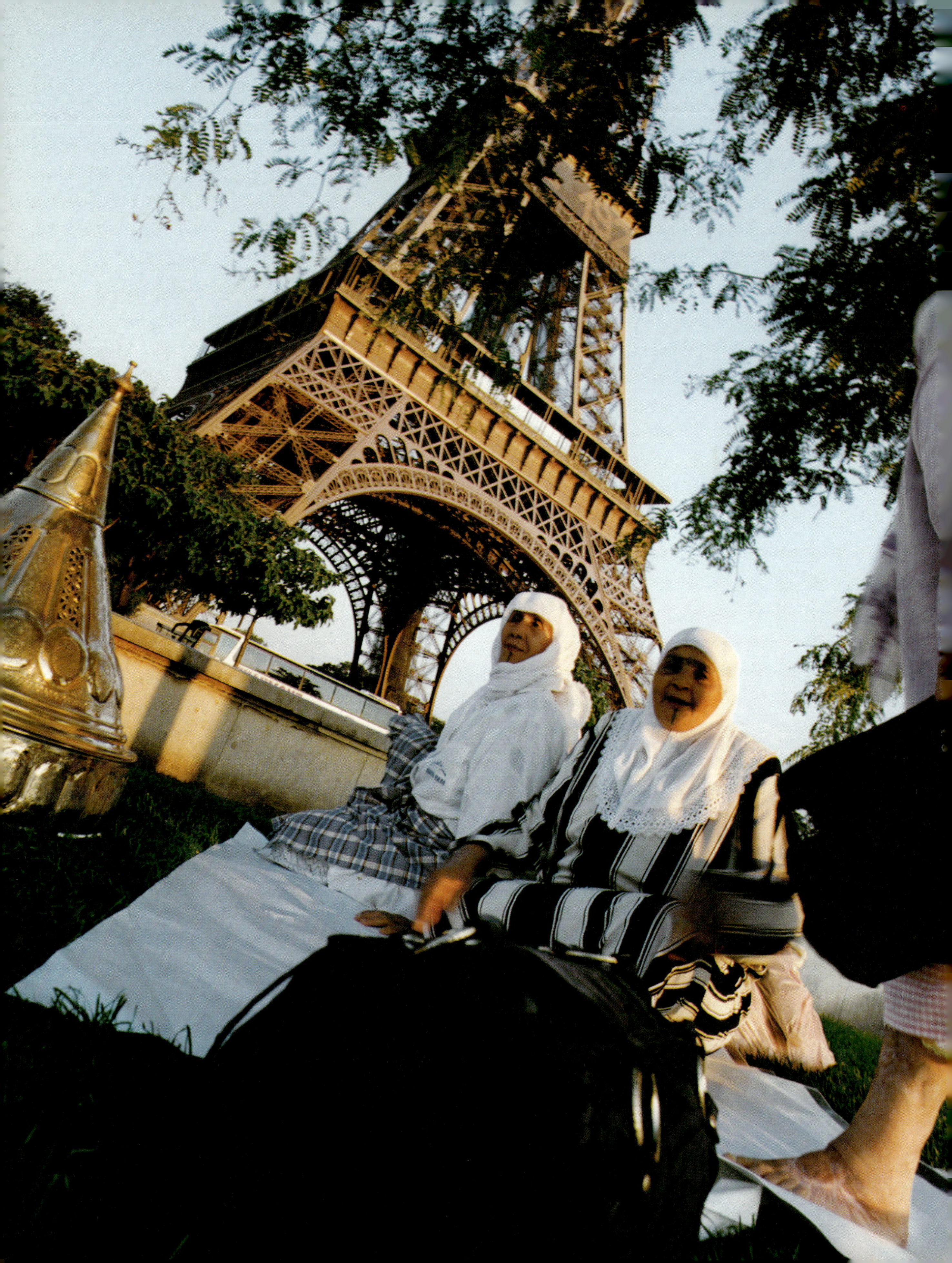

ATTENDEZ
LE SIGNAL
POUR TRAVERSER

APPEL
ENREGISTRE

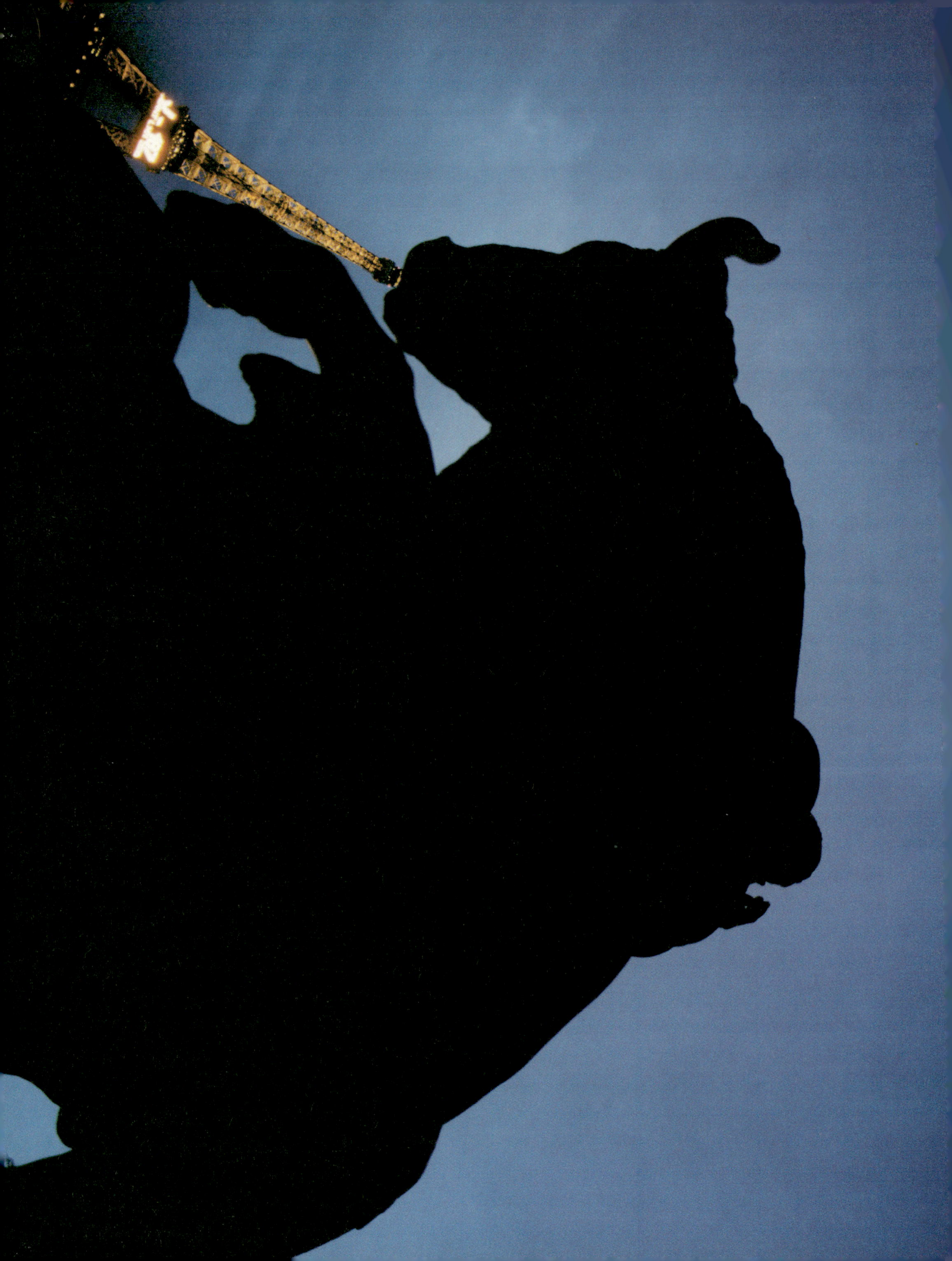

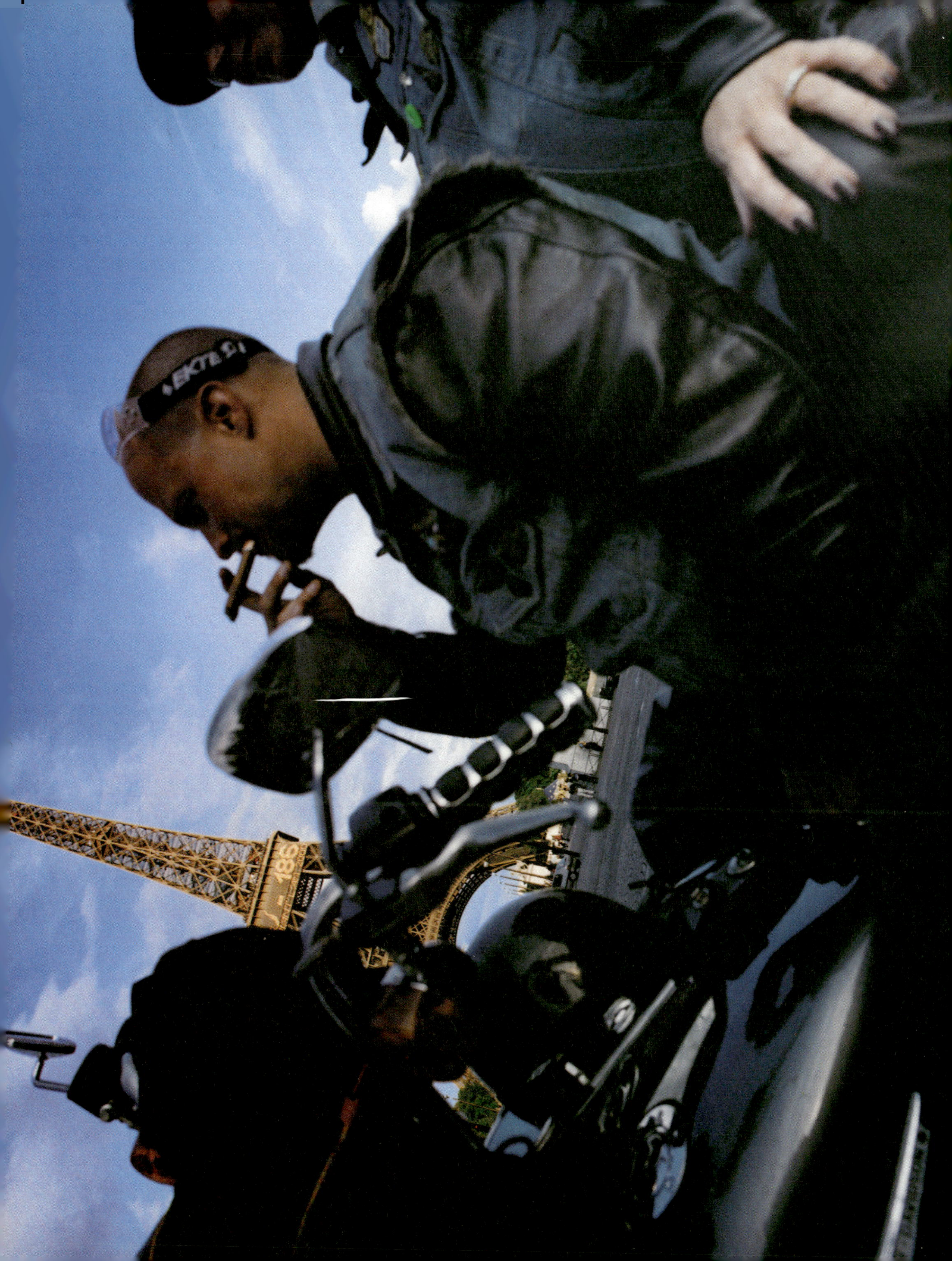

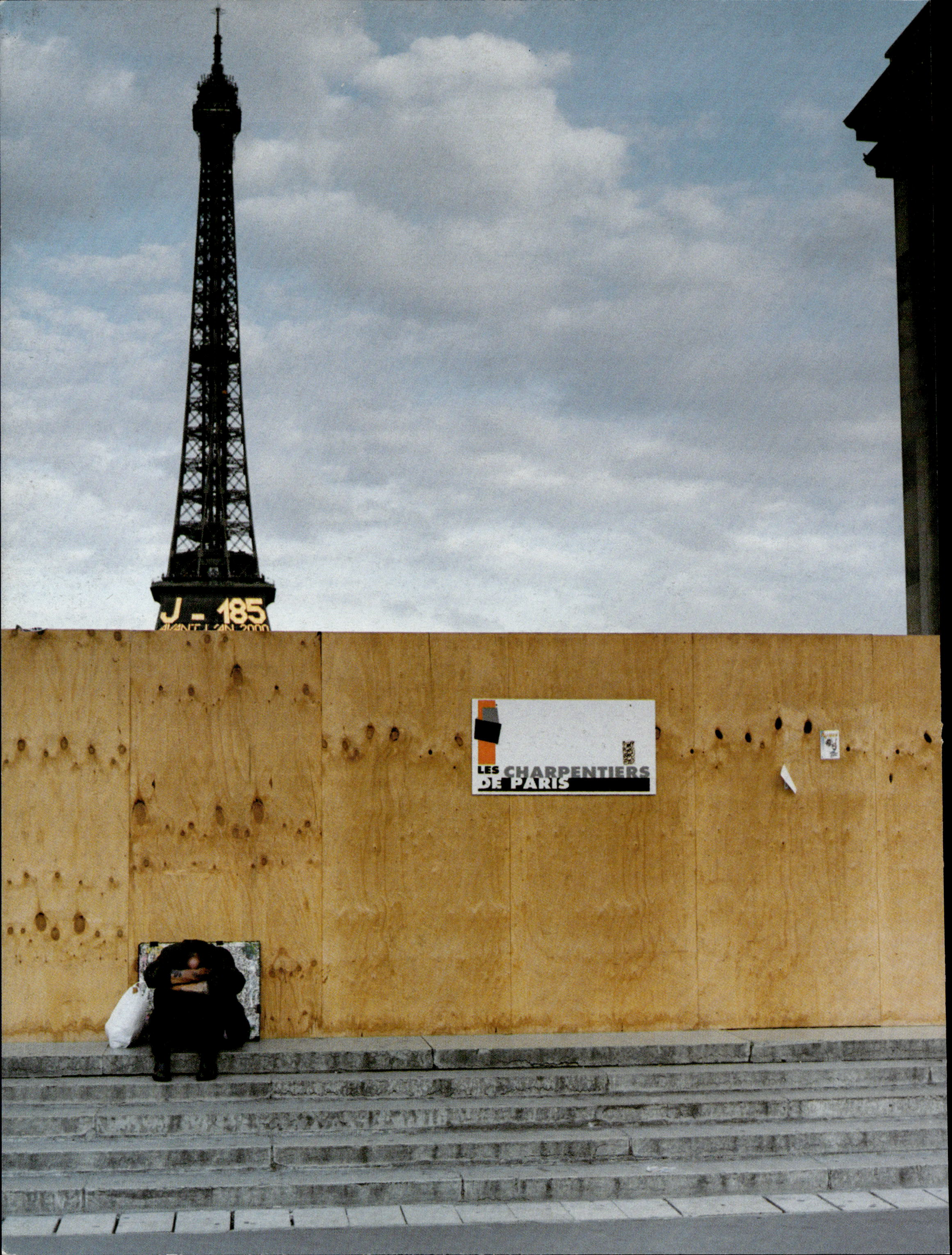
J - 185
LES CHARPENTIERS
DE PARIS

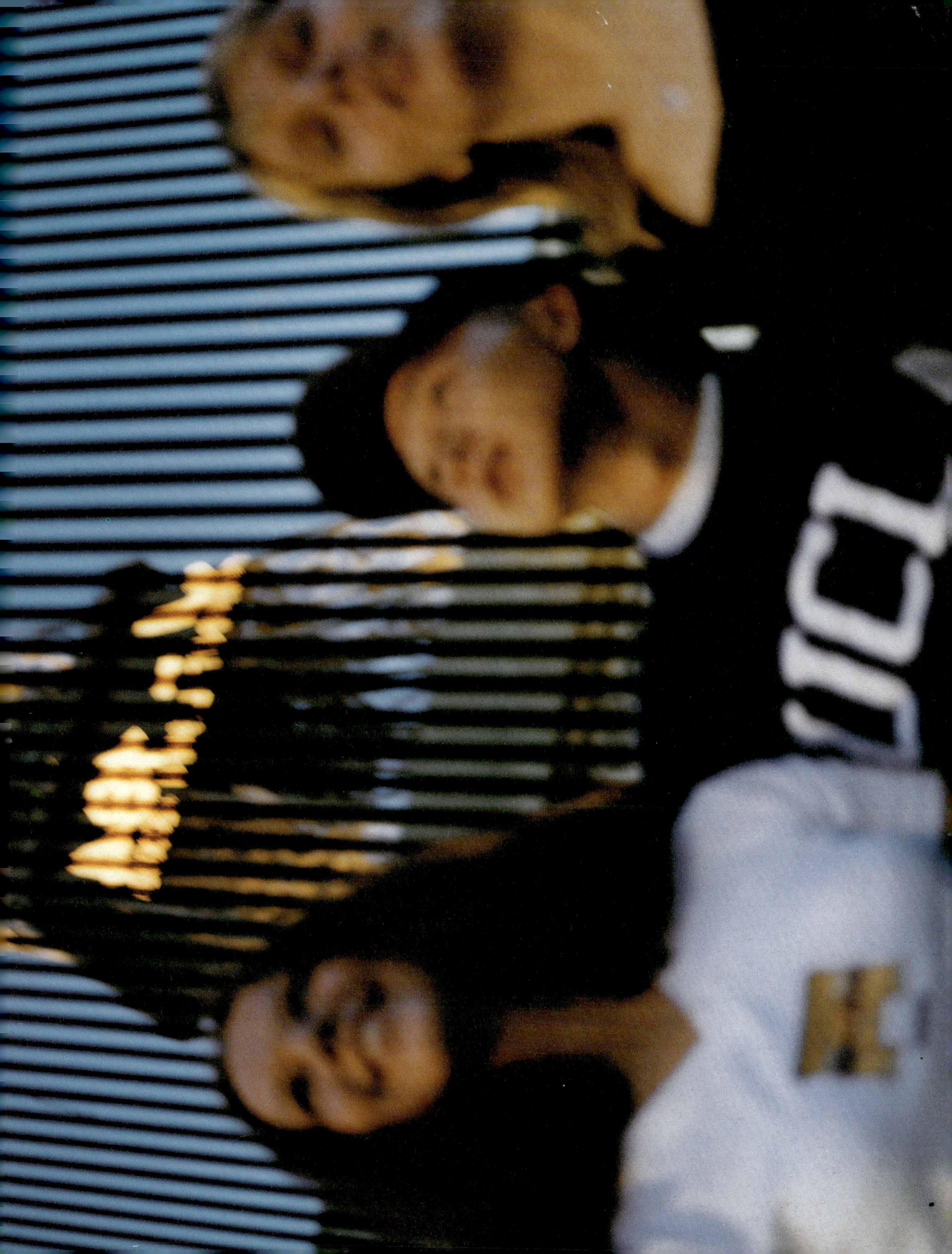

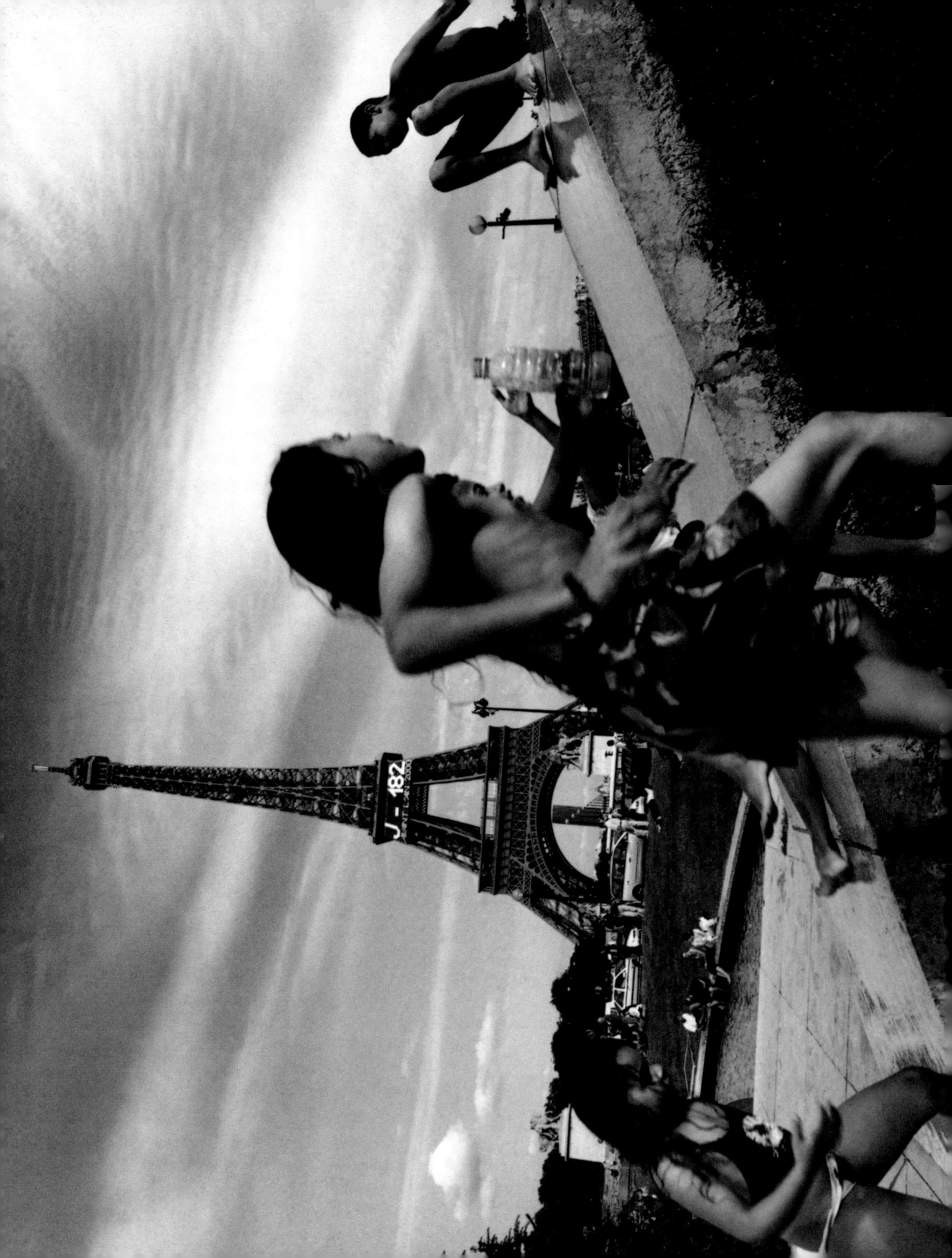
J - 182

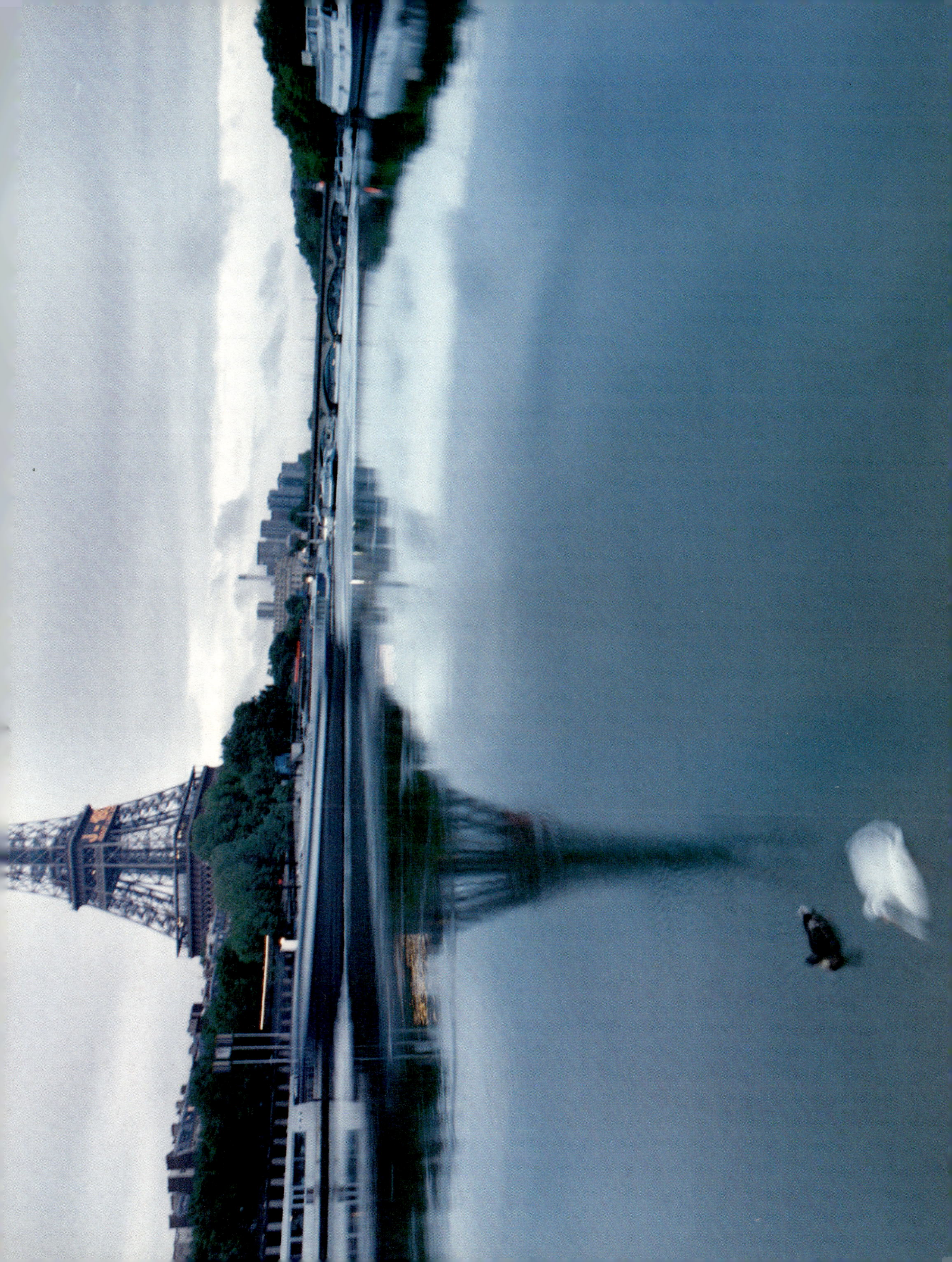

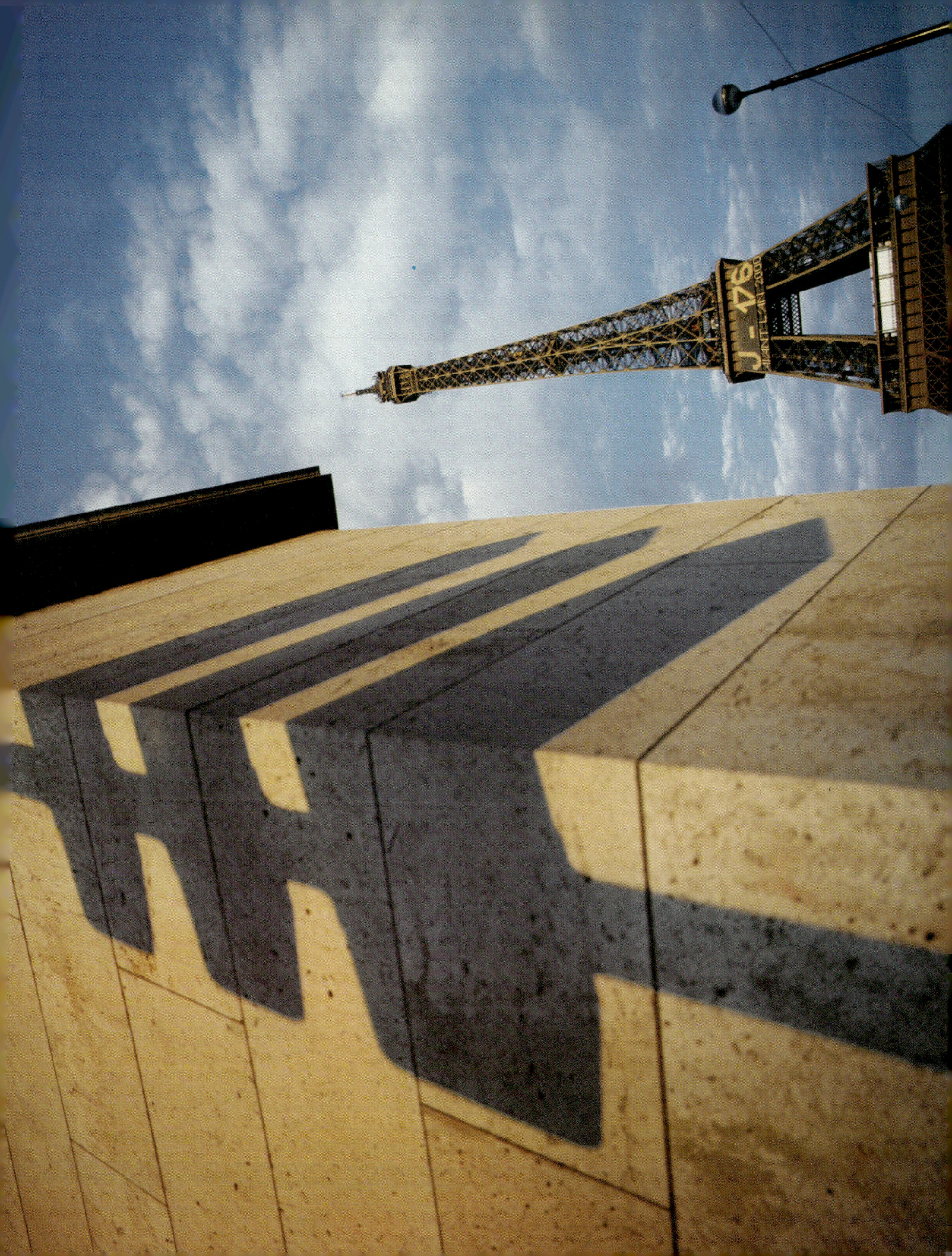
J - 176

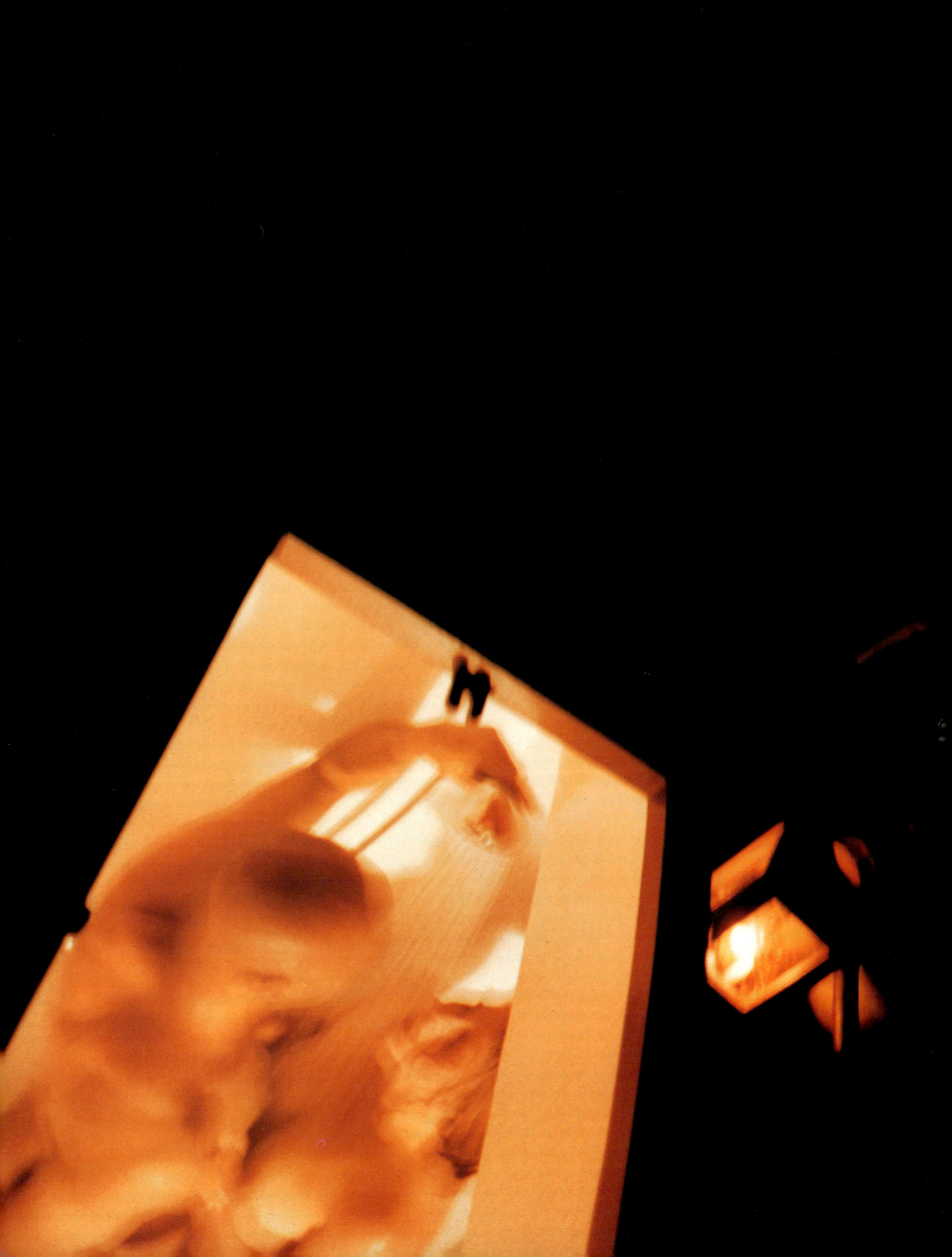

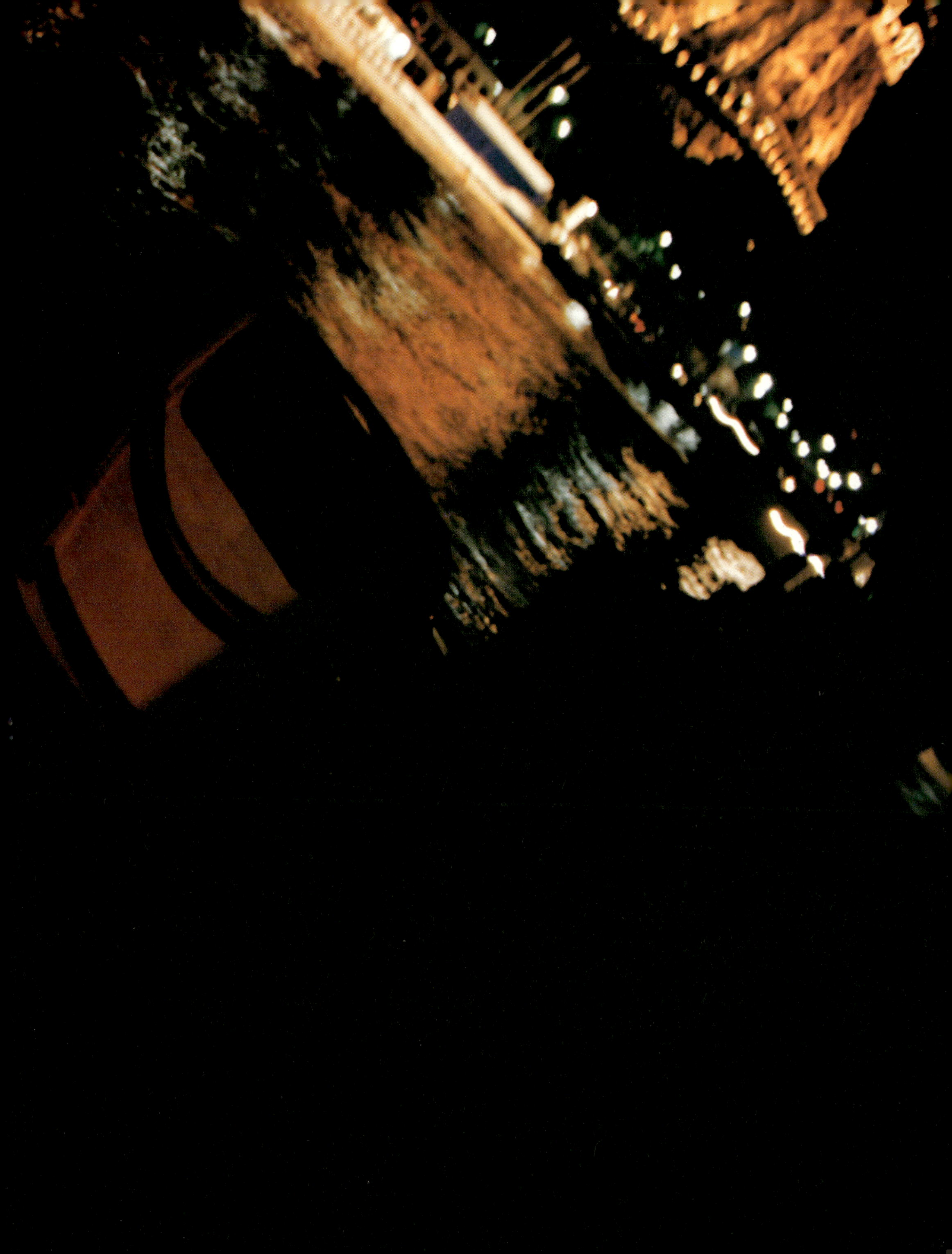

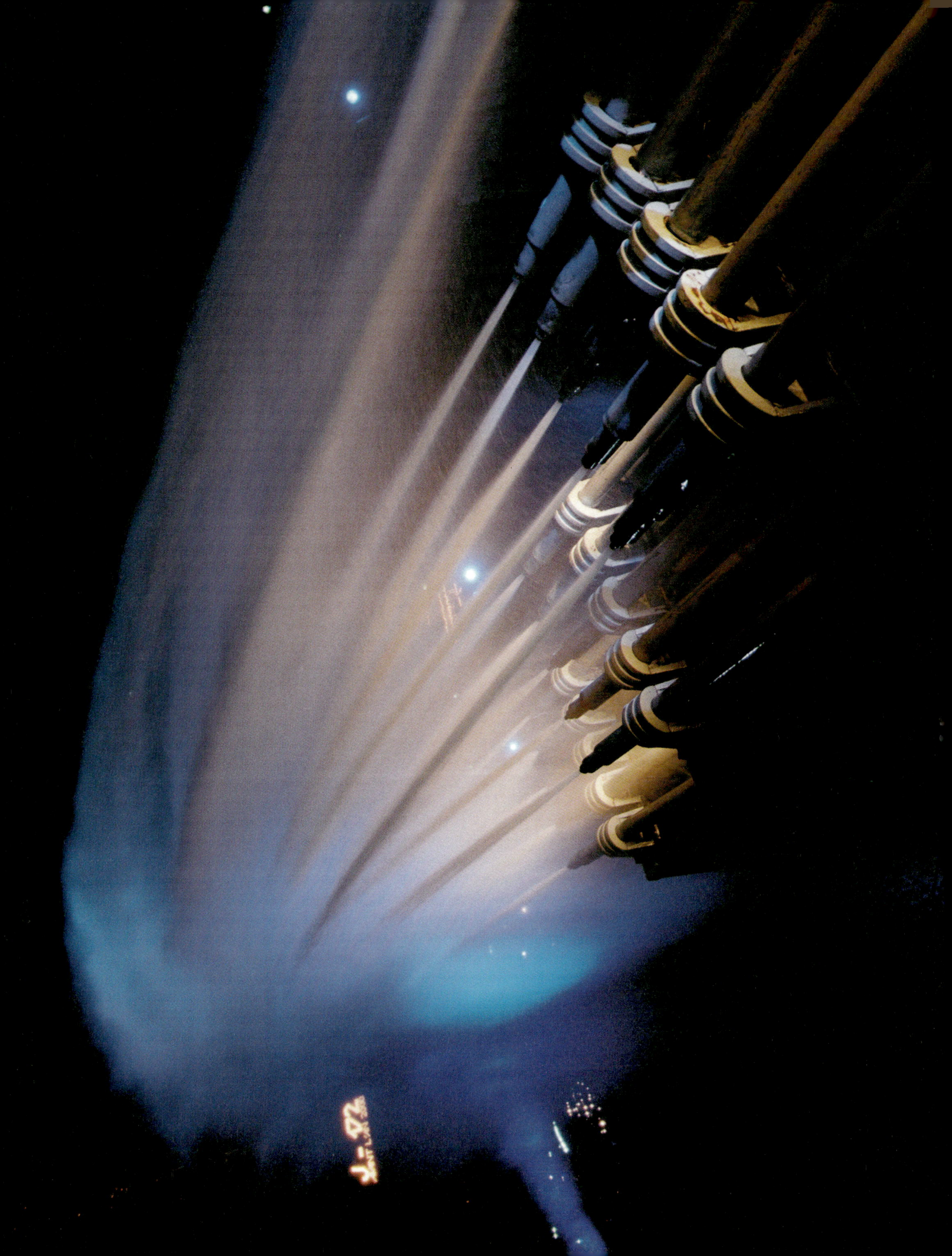

Le siècle va s'endormir. S'enfoncer dans les profondeurs de la mémoire. Il emporte avec lui les puissances mystérieuses de l'amour. Siècle de "la" pilule, la contraceptive, la seule, la vraie. Amour libre, déculpabilisé, amour-amour. Soudain, clin d'œil pervers de Dieu, amour-sida, amour protégé, craintif, amour sans amour. Du cœur sans corps à corps. Et le prochain millénaire s'annonce avec, en cadeau, le vaccin anti-sida. Toute résistance est impossible. Le présage est dans la nature même des choses. L'amour retrouvera alors la paix du plaisir.

The century is going to go to sleep. To sink into the depths of memory, taking with it the mysterious powers of Love. Century of "the" pill, the contraceptive, the one and only true pill. Free love, Love freed from guilt, love-Love. All of a sudden, a perverse eye-wink from God, Aids-Love, protected love, timorous love, loveless-Love. Sex without the encounter of the bodies. And the next millenium heralds itself with a gift attached to it, the anti-aids vaccine. All resistance is impossible. The presage is within the nature of things. Love will then regain the peace of pleasure.

Maryse Wolinski
Ecrivain
Writer

2000 ? Les zéros s'alignent implacablement : les profits des uns, la mort des autres ! Nous ferons mieux au prochain millénaire ! Plus de profits ou... plus de morts ? Chut ! ! ! Le spectacle va commencer : An 2000 ! Feux d'artifices ! Eclipse totale de la condition humaine... Espoir : être ébloui par ce que nous ne voulons pas voir et transformer le monde avec nos yeux crevés.

2000? The zeros implacably fall into line: profit for some, death for others! We will do better in the next millennium! More profit or... more dead people? Ssh!!! The show is about to start: year 2000! Fireworks! Total eclipse of the human condition... Hope: to be dazzled by what we don't want to see and transform the world with our blinded eyes.

Franck Joucla
Auteur
Author

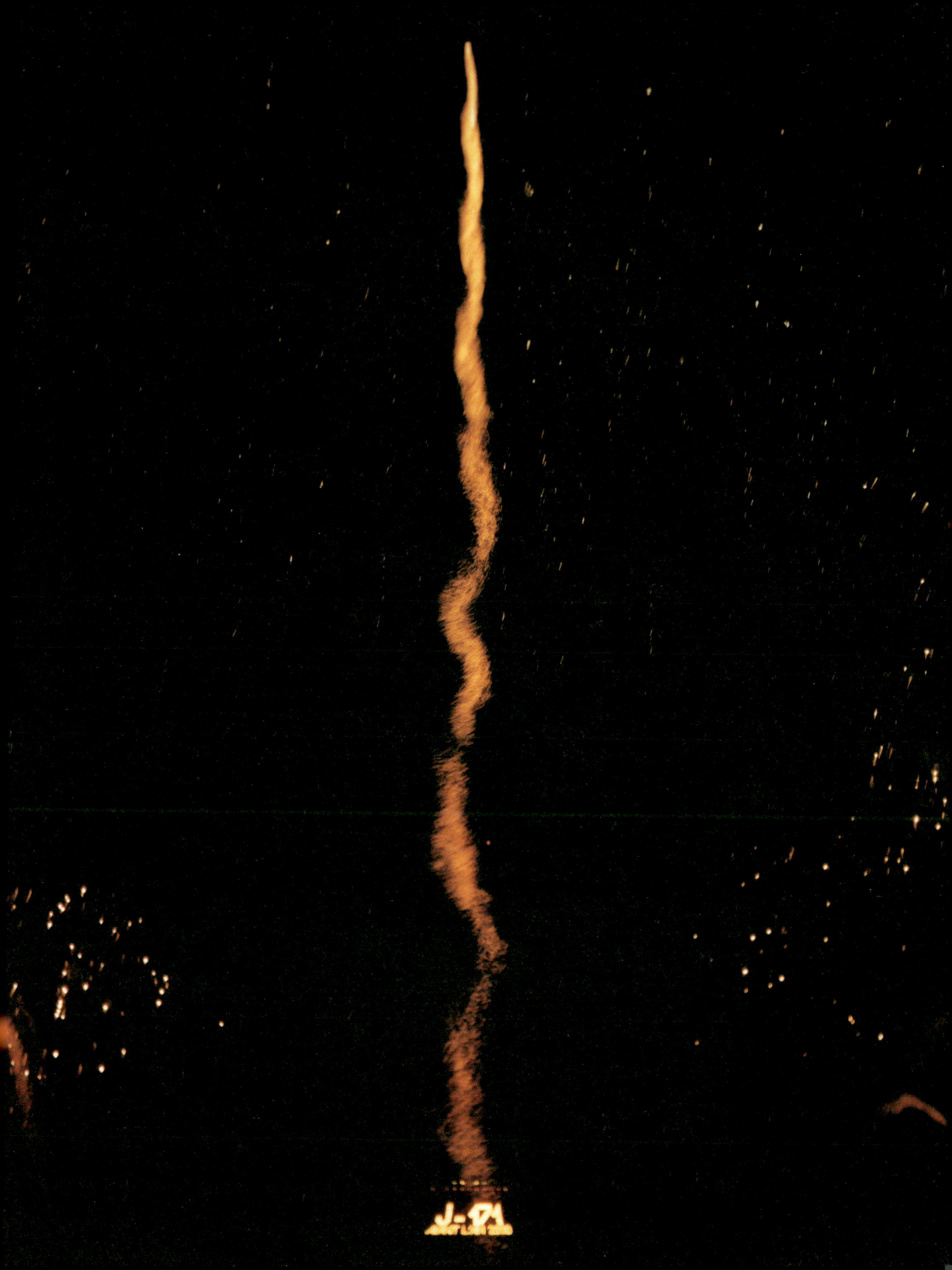

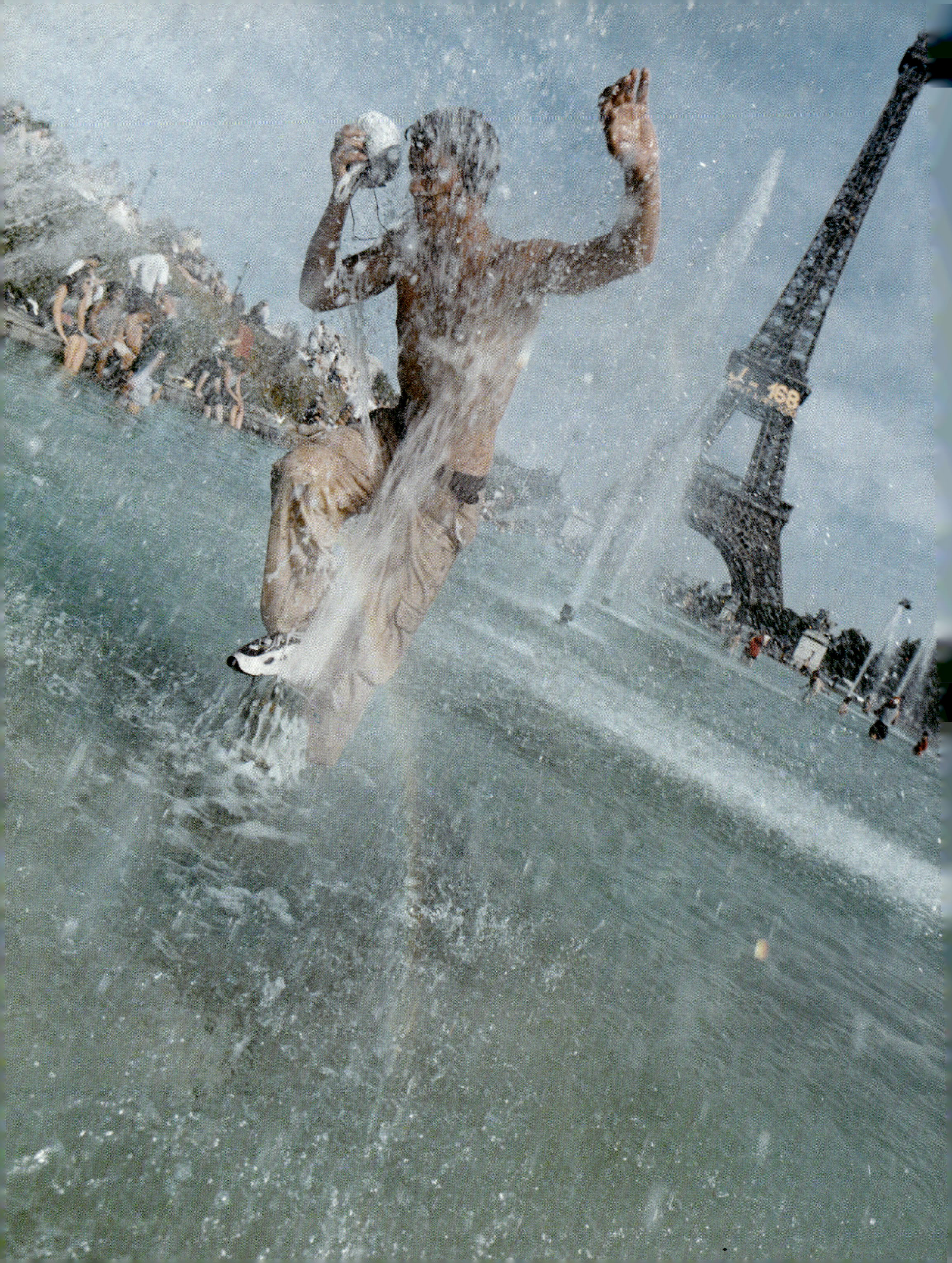
J-168

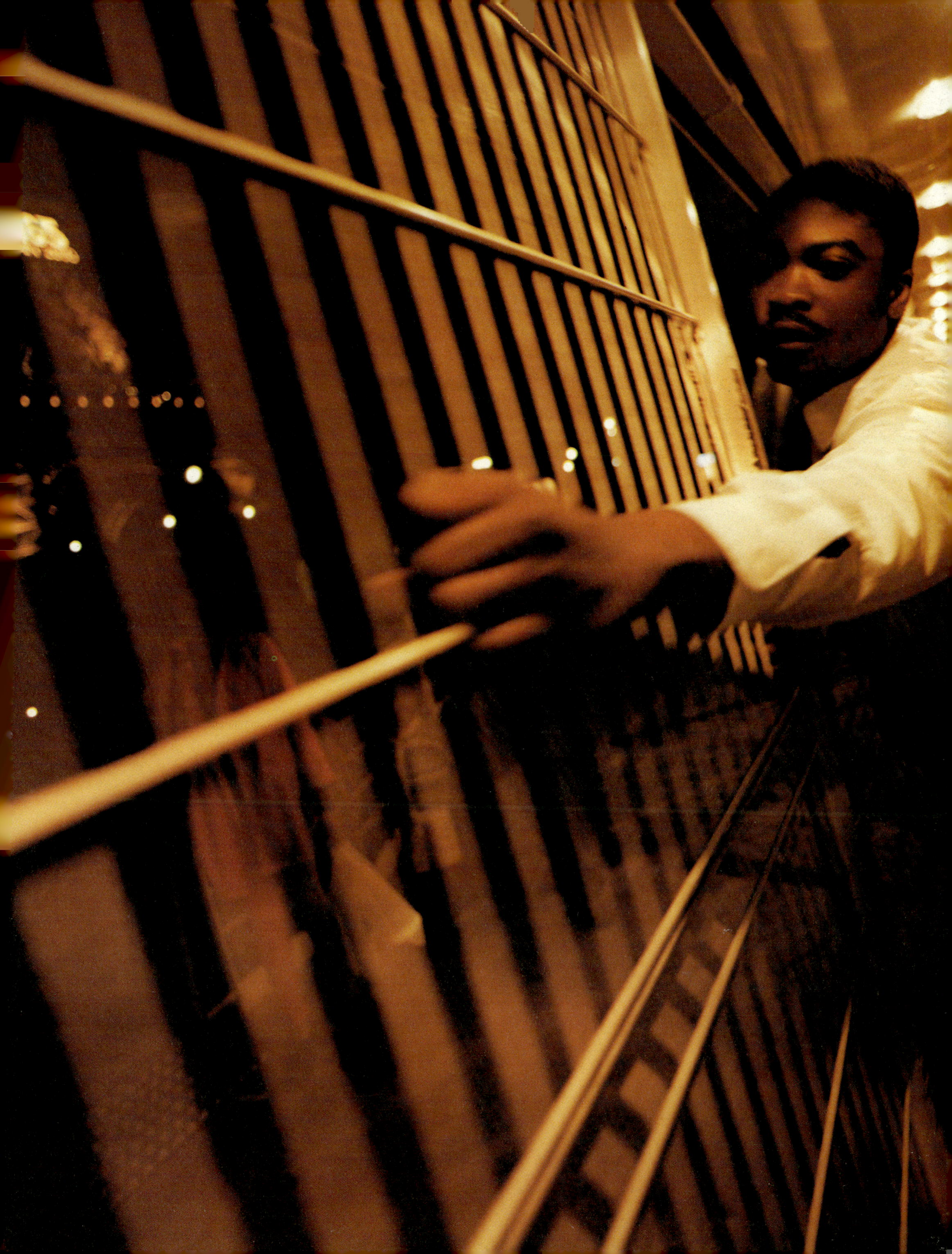

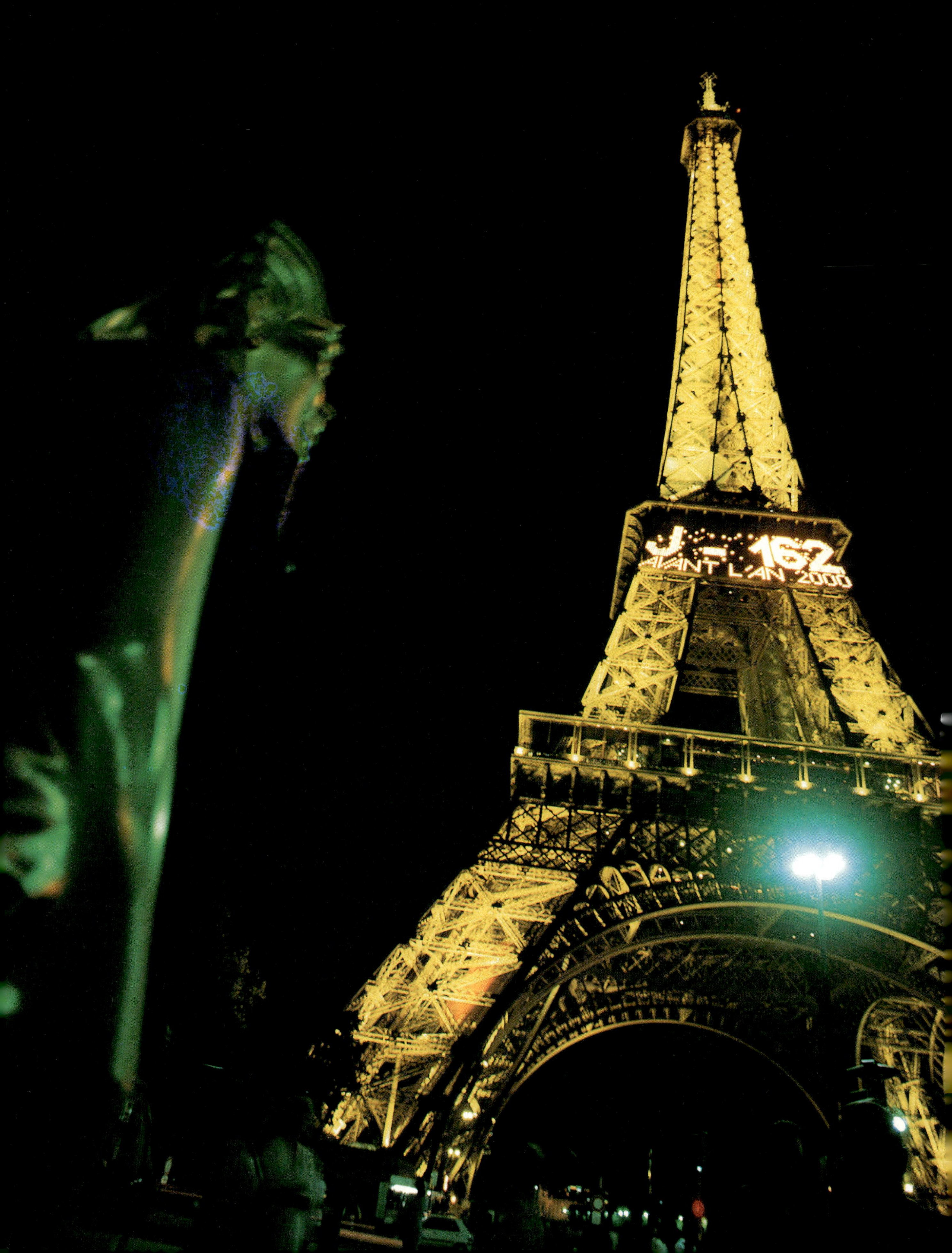
J-162
AVANT L'AN 2000

Source de bénédiction sois-tu Seigneur, jour après jour.
C'est peut-être ce verset qui définit le mieux la capacité réelle de projection dans le temps de l'homme : un jour.
Même si nous avons des agendas qui débordent à plus de six mois, si nous rêvons des prochaines vacances dans dix mois et si nous préparons le mariage de la petite dernière dans deux ans, notre véritable espérance reste d'un jour.
Et c'est pour ces 24 heures que nous remercions D.
D'ailleurs, toute espérance supplémentaire ne peut-être que de l'orgueil humain face à la volonté de l'Eternel, même si nous nous laissons tous prendre au jeu.
Mais en un jour, nous pouvons changer le monde. Ou tout au moins, le nôtre.
En un jour, la lumière a été créée : en un jour, nous pouvons créer du bonheur autour de nous.
En un jour, les Hébreux sont sortis d'Egypte : en un jour, nous pouvons être les acteurs de la Liberté.
En un jour, le Temple de Jérusalem est tombé : en un jour, nous pouvons détruire ce que nos prédécesseurs ont bâti.
Un jour, et c'est toute l'Histoire de l'homme qui peut basculer vers le bien ou le mal.
Voyez, je place devant vous le bien et le mal. Et vous choisirez la vie.
Ce combat est permanent et il se trouve être tous les jours de ma responsabilité.
Et ce troisième millénaire qui s'ouvre devant nous, pour moderniste qu'il veuille être, n'est-il pas, après tout, un jour, et un jour ?...

Be the source of benediction, my Lord, day after day.
Maybe this verse is the best definition of man's real capacity of projection in time: one day.
Even if we have diaries overbooked for more than six months, if we dream of the next holidays in ten months and if we are preparing our youngest's wedding in two years, our real hope is still for one day. Just one day.
And it's for those 24 hours that we thank G.
Besides, all additional hope is only human pride faced with the will of the Eternal, even if we all play the game seriously.
But in one day, we can change the world. Or, at least, our world.
In one day, light was created; in one day, we can create happiness around us.
In one day, the Hebrews left Egypt; in one day, we can create Freedom.
In one day, the temple of Jerusalem fell, in one day we can destroy what our predecessors built.
One day, and all human history can topple over into good or evil.
See, I place in front of you good and evil. And you will choose life.
This fight is permanent, and is my responsibility day after day.
And this third millenium which is opening in front of us, however modern it wants to be, isn't it after all, one day, and one day, and one day?...

Joseph Sitruk
Grand Rabbin de France
Chief Rabbi of France

Les Arabes ont accouché d'un dieu autrement plus fort qu'Allah, un dieu que le monde entier honore et dont personne n'ose discuter les commandements : le dieu zéro.

Dès qu'apparaît à l'horizon une année se terminant par zéro, c'est parti pour la célébration tous azimuts. Chacun y va de son élégie obséquieuse à propos de la décennie écoulée. L'extase y trépigne au bras de la nostalgie dans une même liesse préfabriquée, une même commémoration trompeuse. Car tout le monde y croit : c'est le vide au milieu du zéro qui fait tourner la roue de la civilisation. Et chacun de se persuader qu'après ce zéro-là, plus rien ne sera jamais comme avant. Alors, à la télévision, à la radio, dans les livres et les journaux, on fait le bilan, l'air pénétré de l'importance du temps qui passe. C'est à celui qui trouvera le mot clé, la définition éblouissante... La religion du zéro, quelle aubaine pour les médias ! Mieux qu'un sondage. Mieux qu'une guerre. Mieux que la mort d'une princesse. Je pose zéro et je ne retiens rien.
Et voilà qu'arrive une année se terminant par trois zéros ! Vous vous rendez compte ? Trois zéros ! On n'en avait jamais vu autant. La dernière fois, la seule, il paraît que tout le pays était en transe, agenouillé dans les églises. Et dire que nous allons assister à ce miracle. Nous !
Inutile de vous faire un dessin : les festivités seront grandioses. A la trappe, le bicentenaire de la révolution. Oubliée, la coupe du monde de football. Cette fois-ci, surboum mondiale ! Rien que d'être en vie, à ce moment-là, suffira à nous transformer en personnages hors du commun. Et quelle légitimité pour tous ceux qui seront en place à l'instant fatidique : les rois, les présidents, les stars, les animateurs télé et leurs invités. Il faudra les voir monter sur l'estrade, le soir du réveillon, et regarder les trois zéros en face...

Il n'y aura qu'un absent dans cette communion sublime. Un seul, mais de taille. L'invité principal. Celui qu'on attendra tous. Le troisième millénaire. Vous ne me croyez pas ? Et pourtant, c'est la vérité. On ne cesse de nous mentir à son sujet. Tous ceux qui se croient déjà à tu et à toi avec lui nous promettent sa venue pour le 1er janvier 2000. Pas un pour en douter. Comme s'il était à leurs ordres. Comme s'il était leur esclave. Eh bien, je vous dis, moi, qu'il ne sera pas là. Le troisième millénaire, tout comme le XXIe siècle, se foutent pas mal de tous ces zéros. Ils ne veulent pas se commettre avec eux. Rien que pour les ridiculiser, ils ne se pointeront pas. Pas avant le 1er janvier 2001 ! Nos élites le sauraient si elles savaient compter. Elles sauraient que c'est en l'an 1 qu'a commencé notre ère et qu'il n'y a pas eu d'année 0 ! Elles sauraient donc que les années se terminant par deux zéros sont les dernières années de chaque siècle et non pas les premières. Elles en déduiraient par la même occasion que l'an 2000 sera la dernière année du deuxième millénaire et pas la première du troisième. Mais que voulez-vous, on nous ment sur le dieu zéro comme sur le reste. On nous mystifie, on nous dupe, on nous escroque. Et ça a assez duré ! On nous promet le troisième millénaire et il n'est pas au rendez-vous ? Révoltons-nous ! A bas les zéros ! Le 31 décembre 1999 sera le grand soir. Enfin ! Et le 1er janvier 2000, les premiers seront les derniers. Tout rentrera dans l'ordre.

Frédéric Taddéi
Journaliste

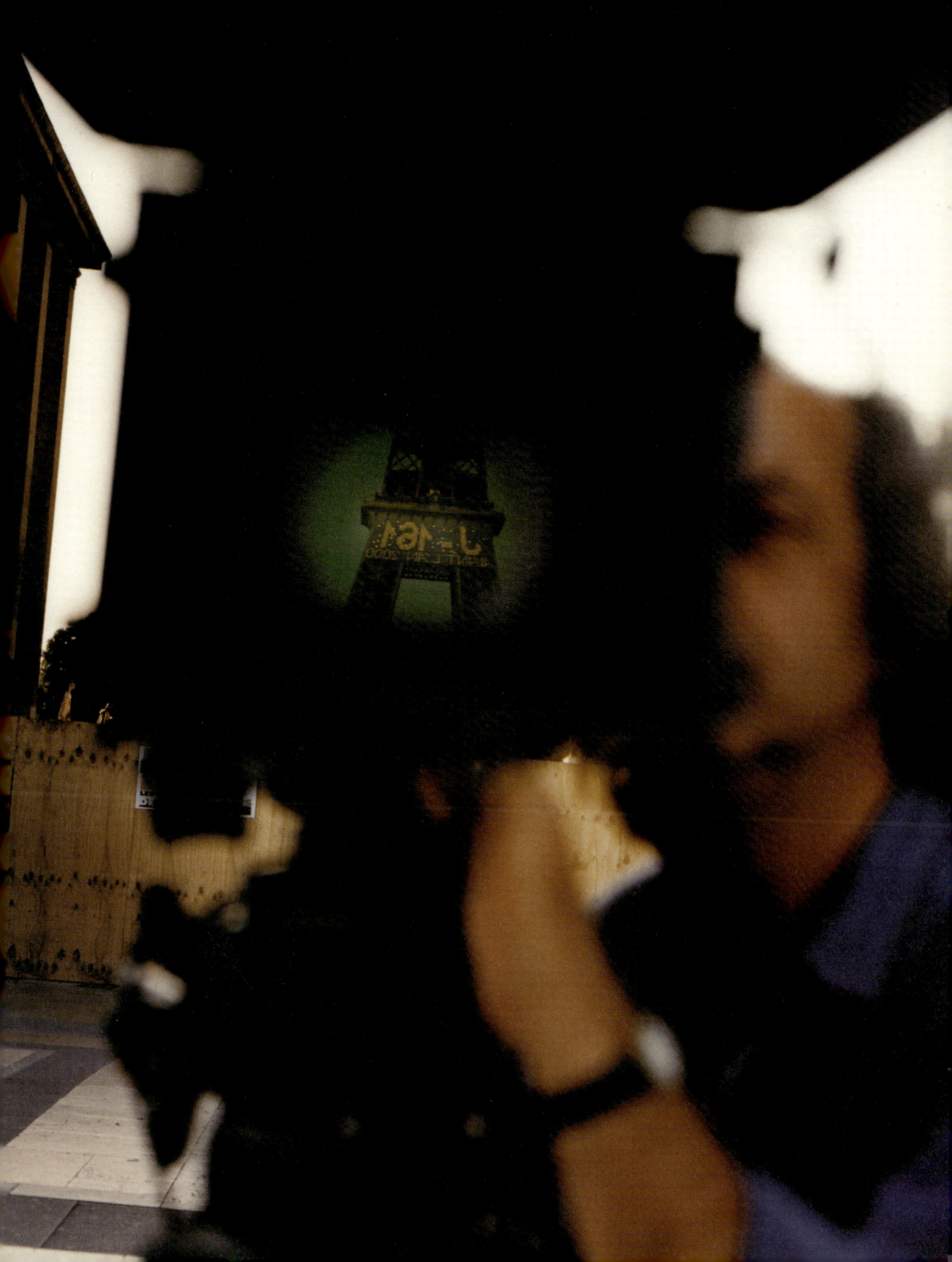

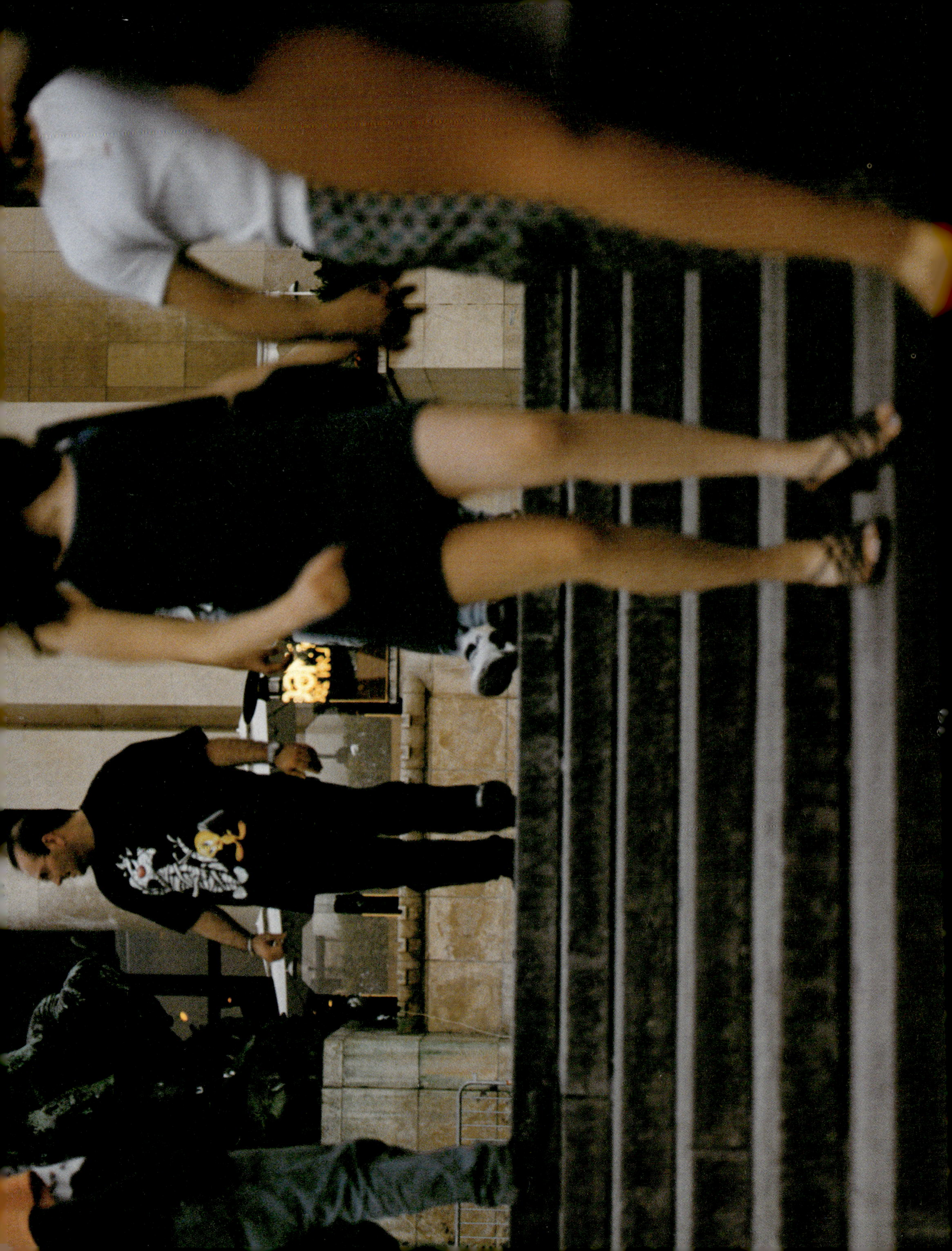

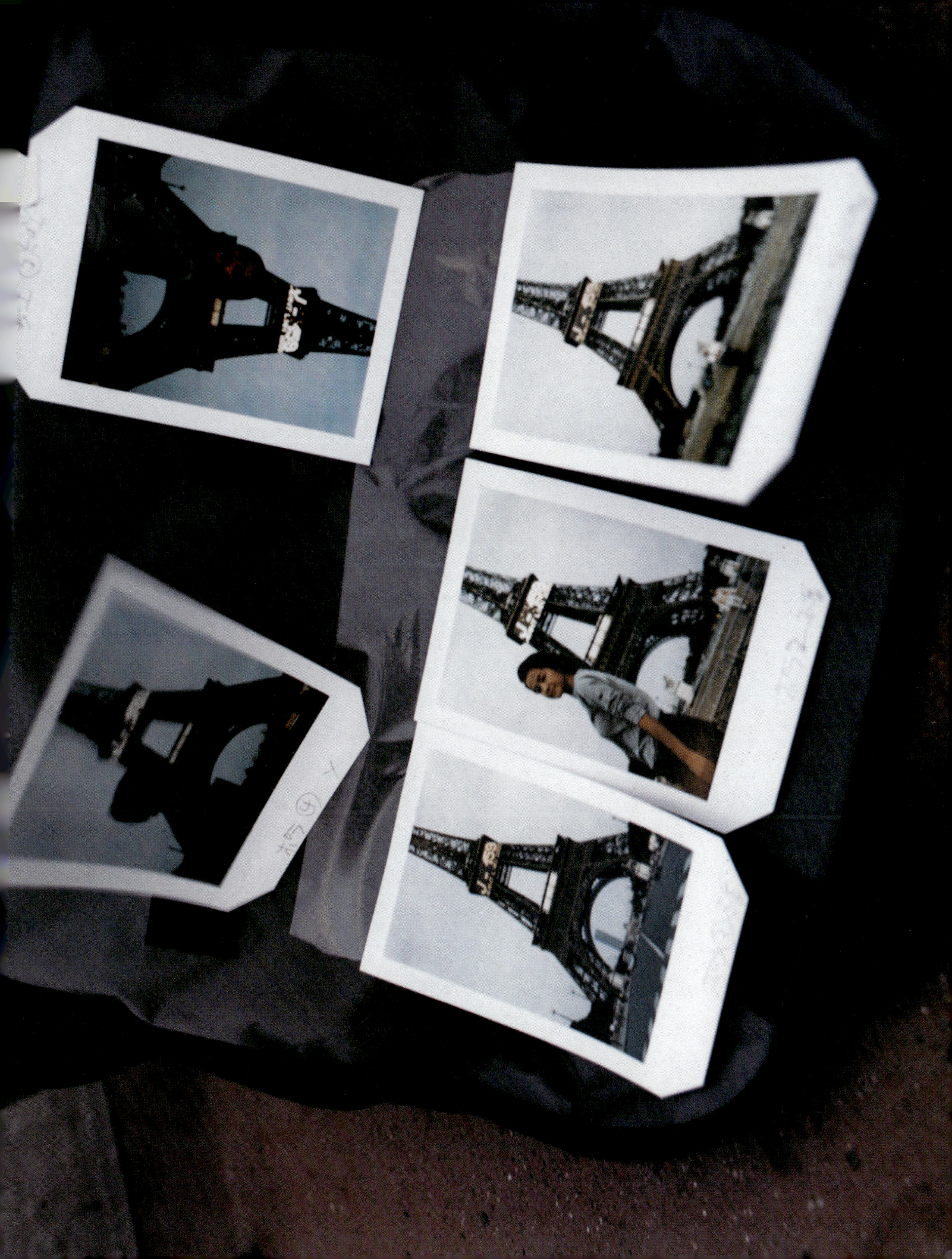

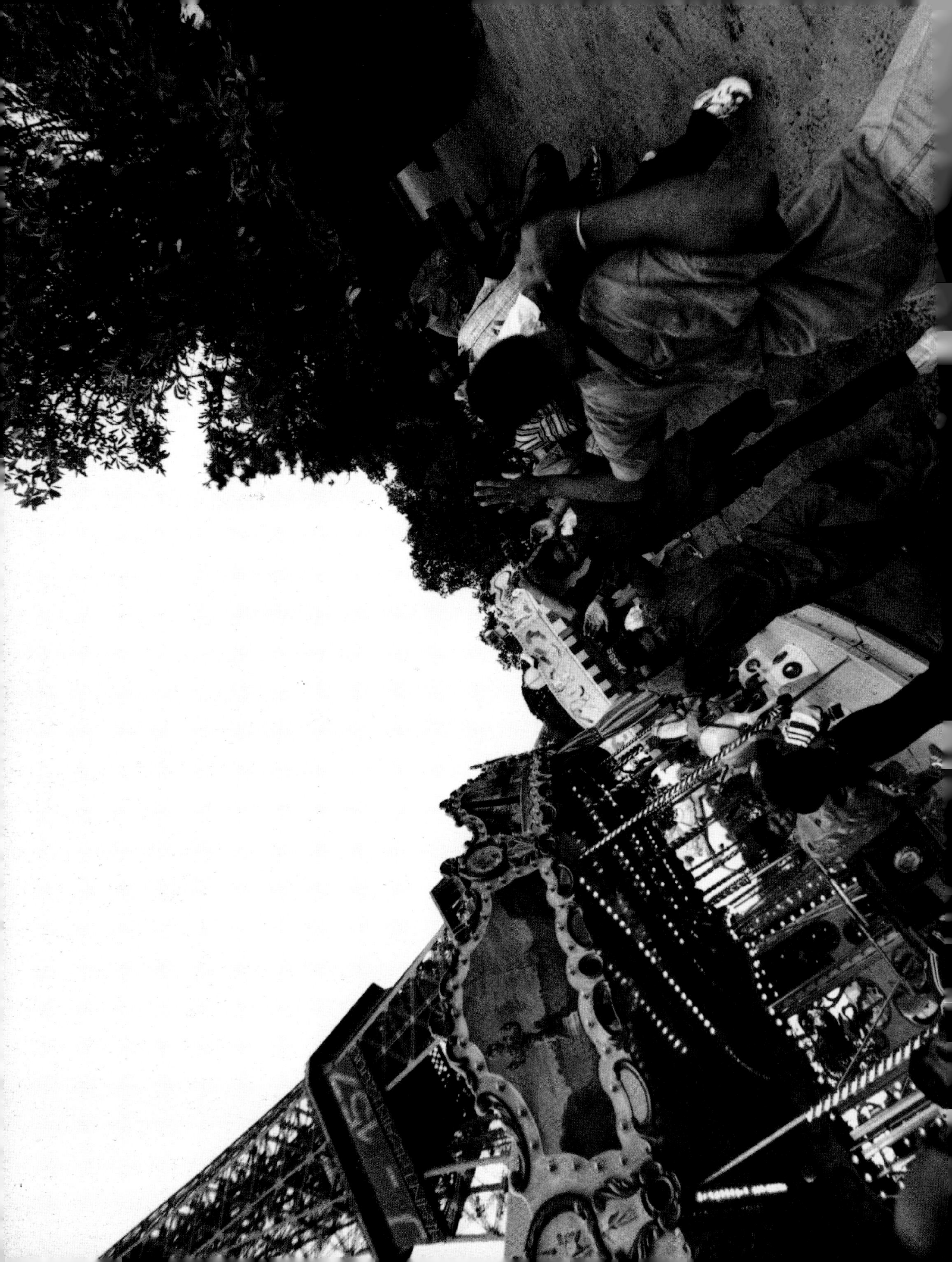

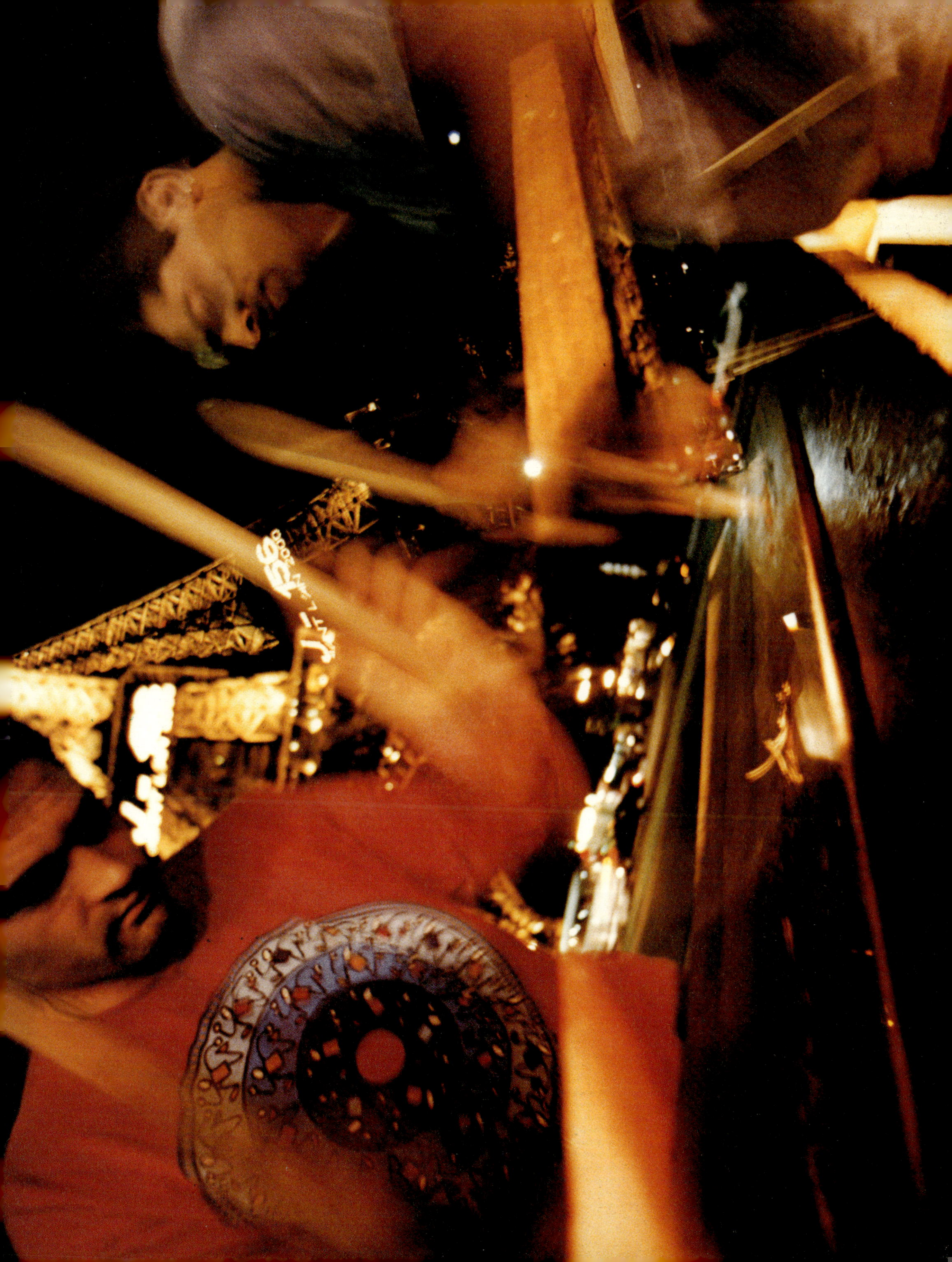

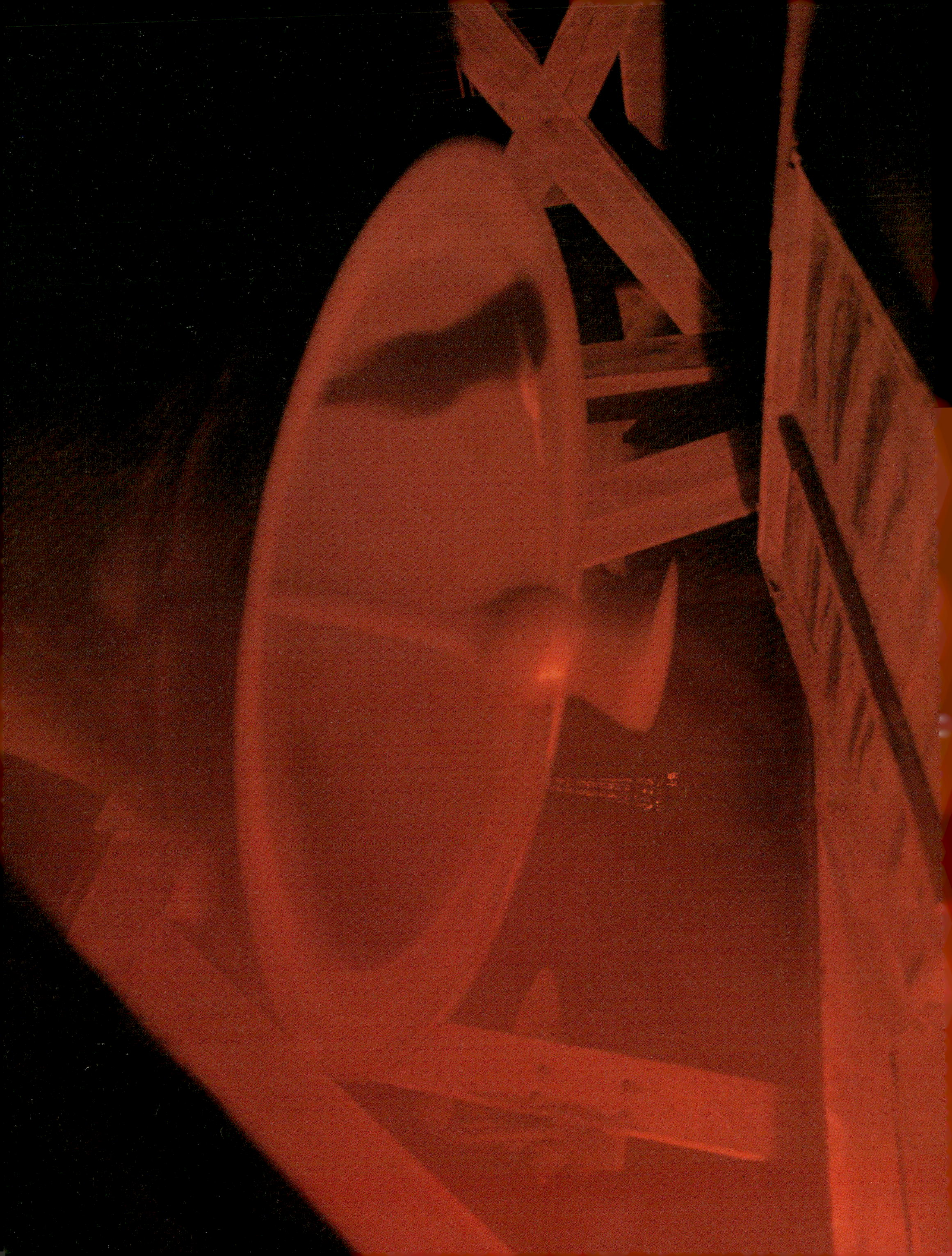

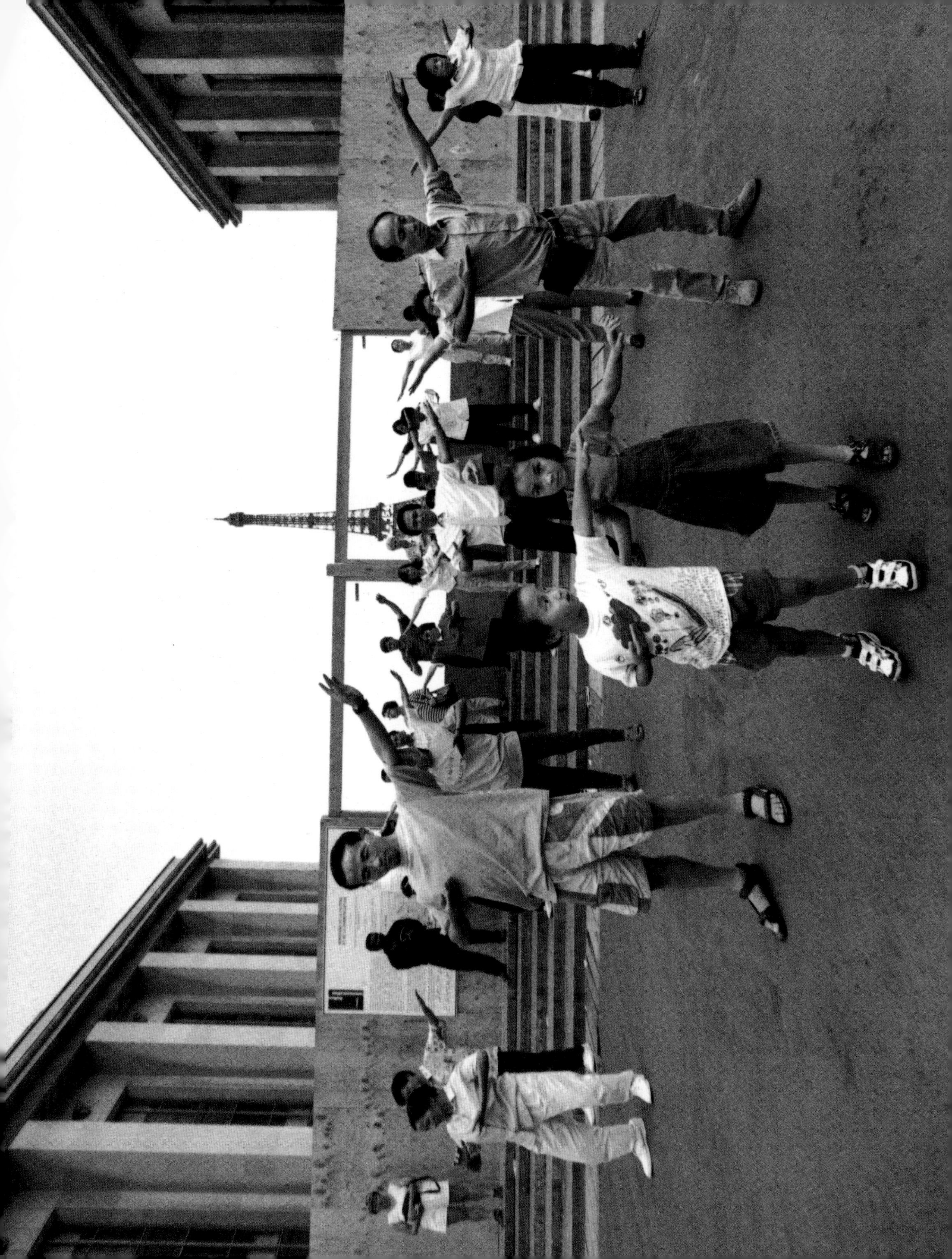

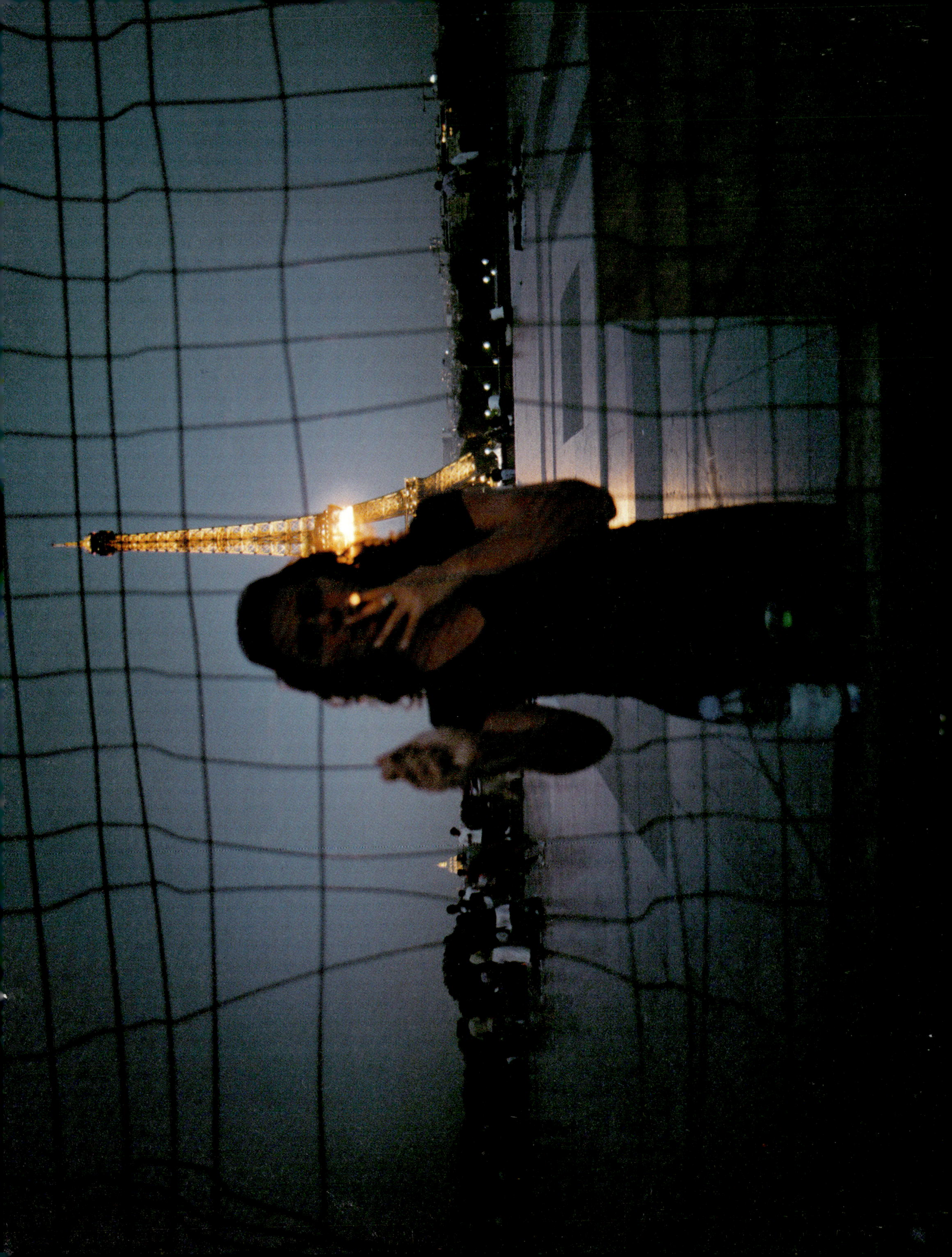

Depuis mille ans, depuis un siècle surtout, les femmes, du moins en Occident, ont beaucoup gagné en autonomie, liberté du corps et de l'esprit. Elles sont devenues des personnes. Pour autant, la domination masculine et ses effets pervers n'ont pas disparu. Les femmes sont les principales victimes de la pauvreté, de la violence et de la guerre qui déciment les pays en voie de développement.

Au seuil du troisième millénaire, comme naguère Martin Luther King, je fais un rêve : celui d'un monde où l'égalité des sexes enfin réalisée, dans le respect de la différence, permettra la rencontre de l'Autre ; celui d'un nouveau monde amoureux, riche de tous les possibles et de toutes les aventures.

In the last millenium and especially in the last century, women have gained a lot of autonomy, of freedom of the body and of the mind, that is at least in the Western world. They have become persons. This does not mean that male domination and its perverse effects have disappeared. Women are the main victims of poverty, violence and of the wars which ravage developing countries.

On the threshold of the third millenium, in the same way as Reverend Martin Luther King had, I have a dream : the dream of a world in which gender equality will at last have been achieved, a world in which respect for differences will make meeting the Other possible; a new world of love, full of all the different possiblities and adventures.

Michelle Perrot
Historienne.
Historian.

Il s'arrêta et posa sa couronne d'épines à terre.
Il passa sa main dans sa barbe, soigneusement taillée quelques semaines plus tôt.
Puis il leva les yeux au ciel et partit d'un rire énorme.
Une clameur faite de rires innombrables et dissonants lui répondit.
Il se remit à marcher en souriant.
Il croisa alors un enfant qui lui demanda : "C'est quoi un trou noir ?
C'est quoi le temps ?"

Peter Pan

He stopped, and put his crown of thorns on the ground.
He ran his hand through his beard, carefully trimmed a few weeks earlier.
Then he looked up at the sky and burst out laughing.
He was answered by a clamour of countless peals of dissonant laughter.
He resumed walking, a smile on his face.
Then he met a child who asked him: "What's a black hole, what's time?"

Peter Pan

Jacques Smerlak
Producteur de Films
Film producer

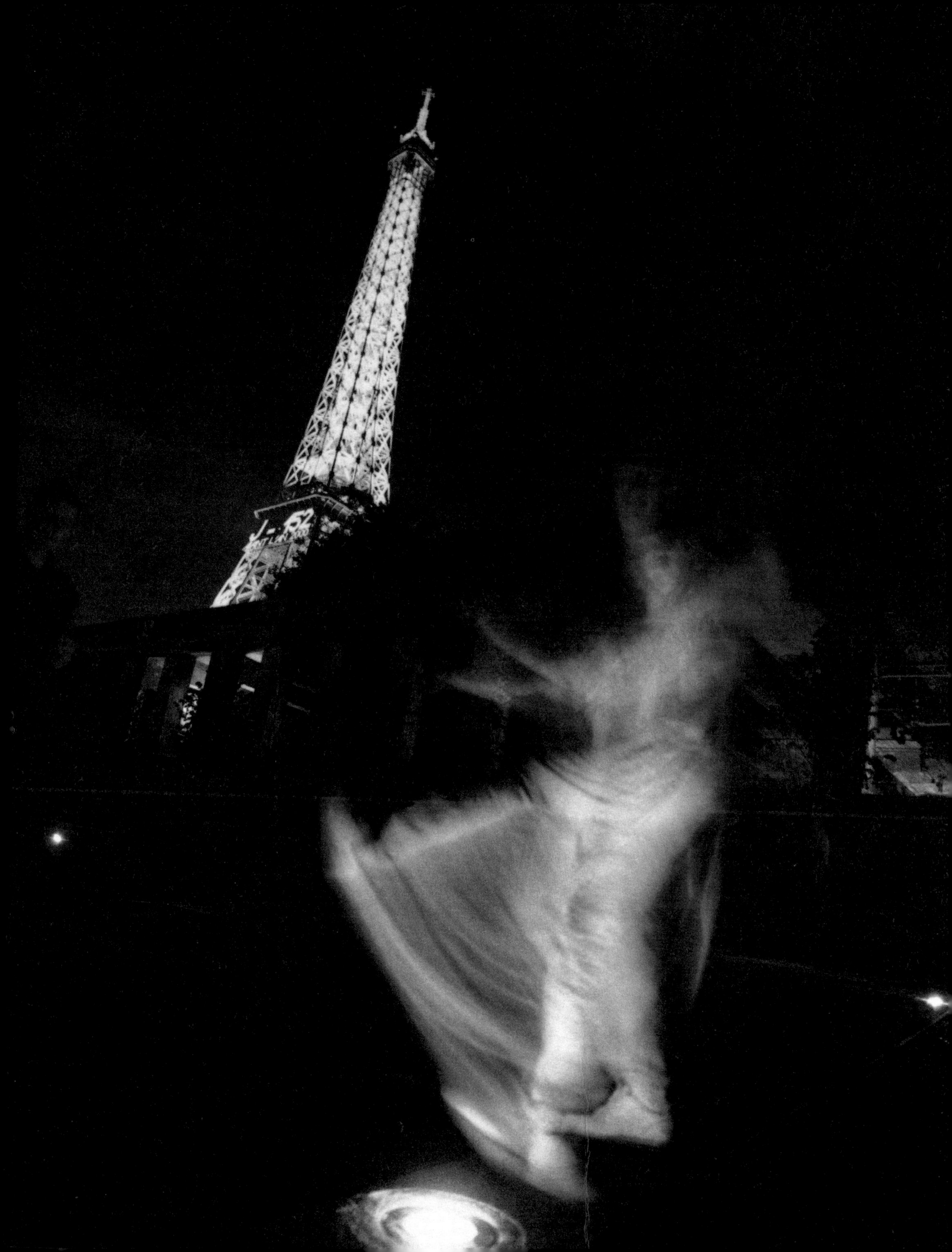

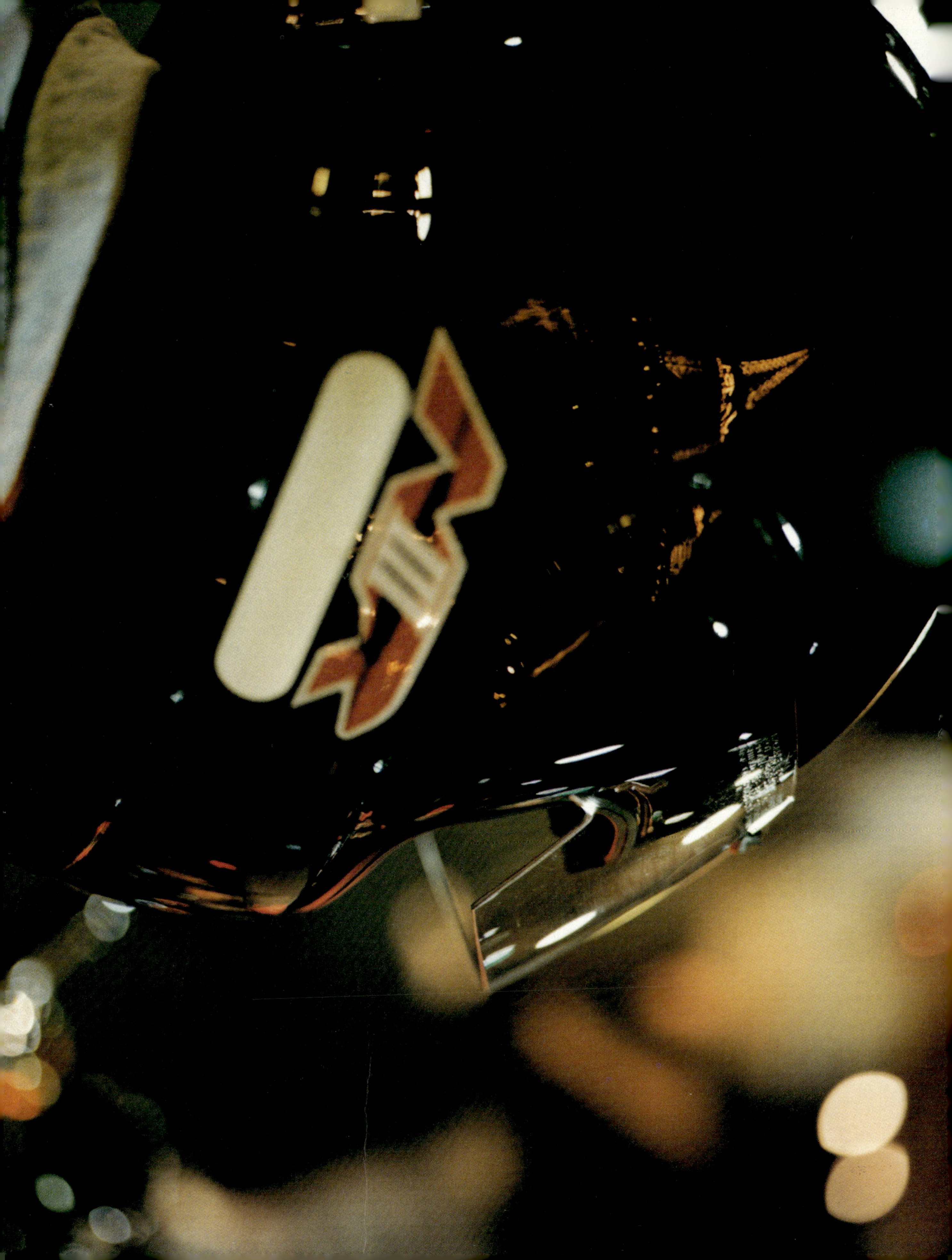

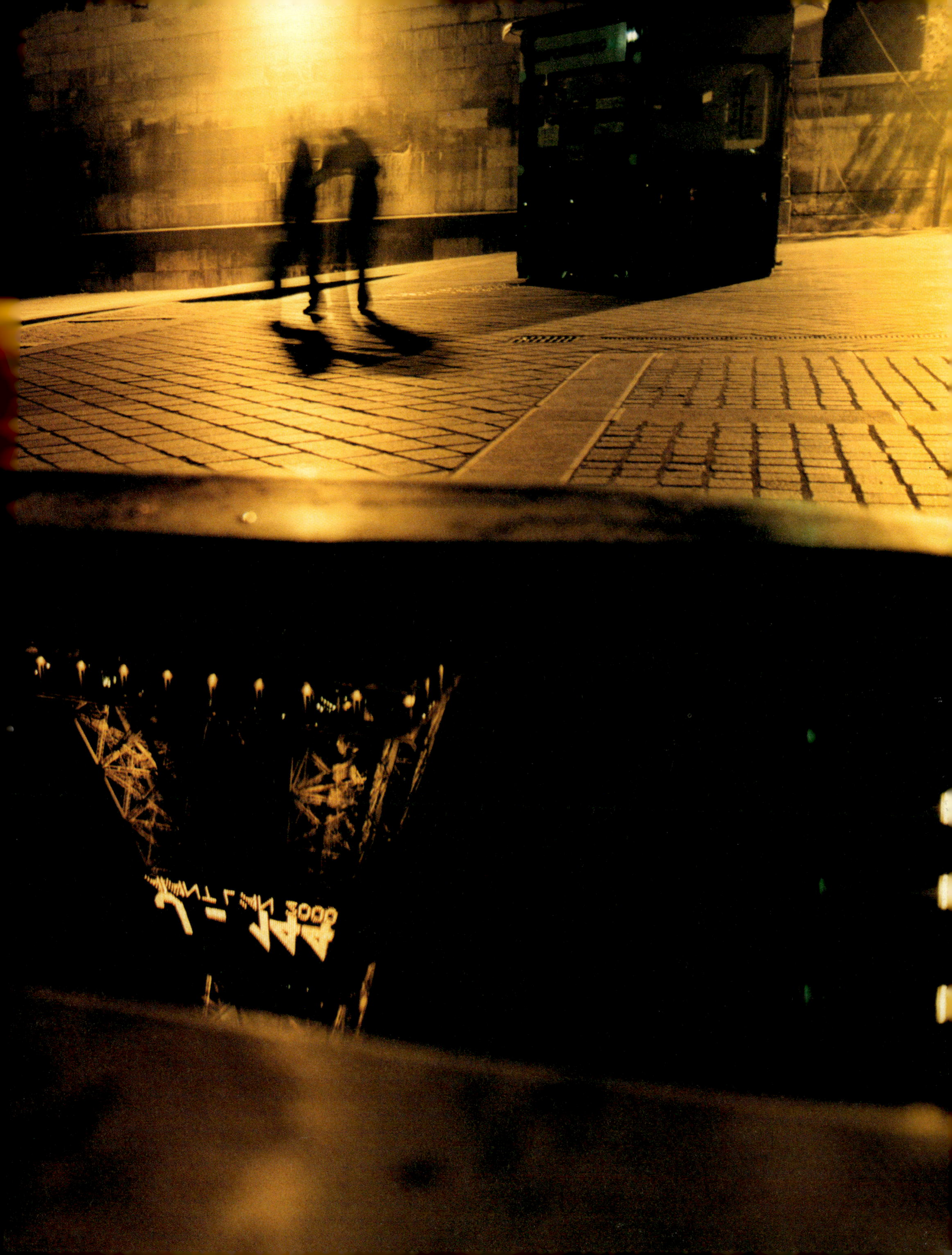

Le champ des Ides de Mars est couvert de fleurs du temps, lourds tournesols métalliques, gorgés de carbone 14, attirés au fil des heures par les flux de lumière solaire.

A l'heure dite au méridien de Green, l'année de l'éclipse, top chrono, un grand maelström moissonne soudain les pétales d'iridium comme un enfant qui souffle une fleur. Eclats de lumière qui palpitent dans la nuit, essaim de lucioles, désordre brownien de l'incertitude avant qu'un cyclone magnétique rassemble enfin le troupeau et dresse une haute flèche métallique, tendue à l'asymptote du millénaire, l'ardillon pointé vers un trou noir.

Sous le pont Mirabeau, dans un interstice, indifférents à cette histoire, des migrants grillent des sardines sur un brasero et d'autres se frottent les joues, interminablement, deux à deux.

The Field of the Ides of March is covered with time flowers, heavy metallic sunflowers, filled with carbon 14, drawn along the chain of hours, by the sunlight's flow.

At the appointed time, according to the Green meridian, the year of the eclipse, top chrono, a great maelstrom suddenly reaps the petals of iridium, like a child blowing on a flower. Flashes of light glitter in the night, swarms of fireflies, brownian disorder of doubt before a magnetic cyclone gathers the flock, and sets up a high metallic arrow, stretched to the millennium asymptote, its barb aiming towards a black hole.

Under the Mirabeau bridge, in a gap, indifferent to this story, some migrants are grilling sardines on a brazier and some others are rubbing their cheeks, endlessly, in pairs.

Guy Aznar
Sociologue
Sociologist

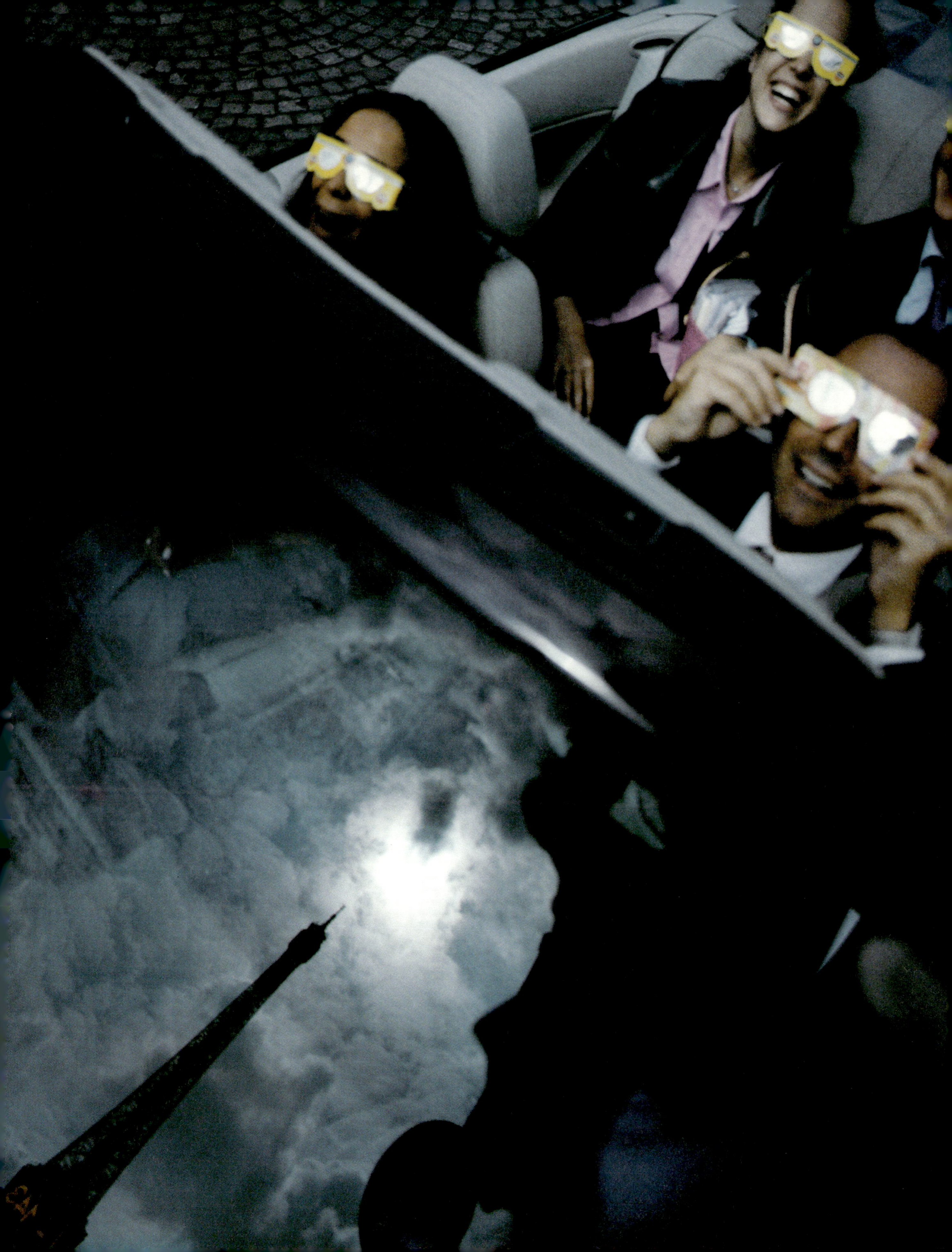

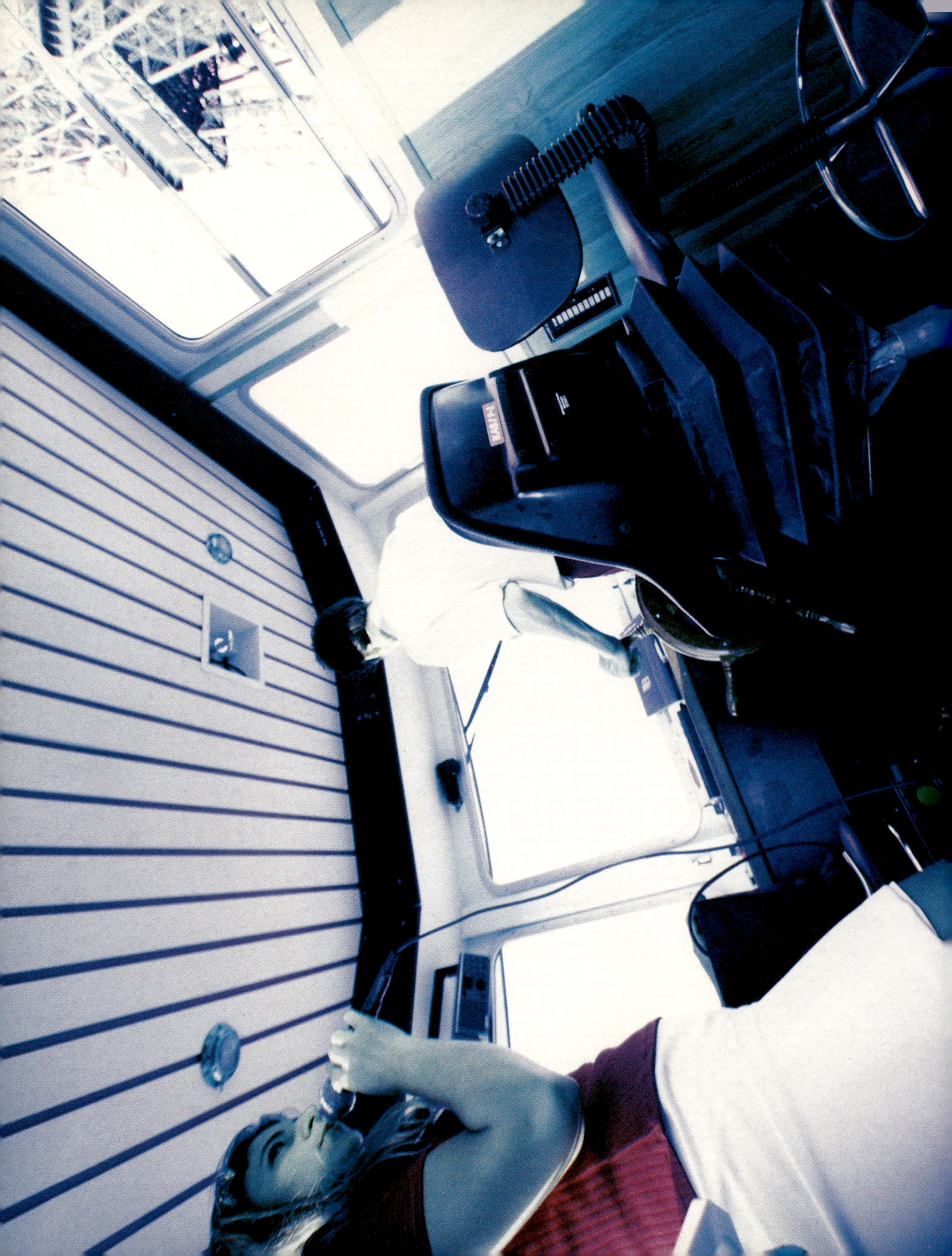

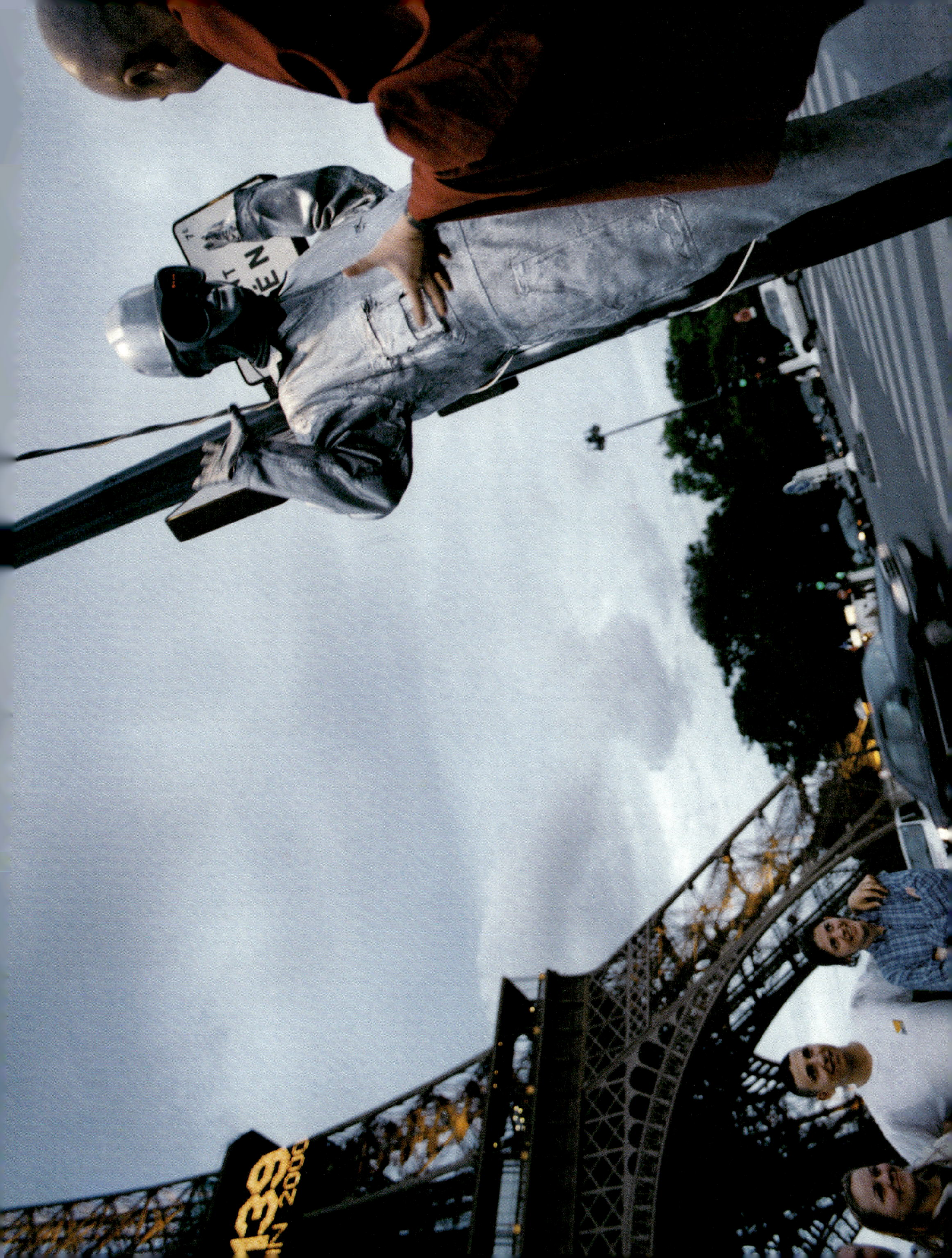

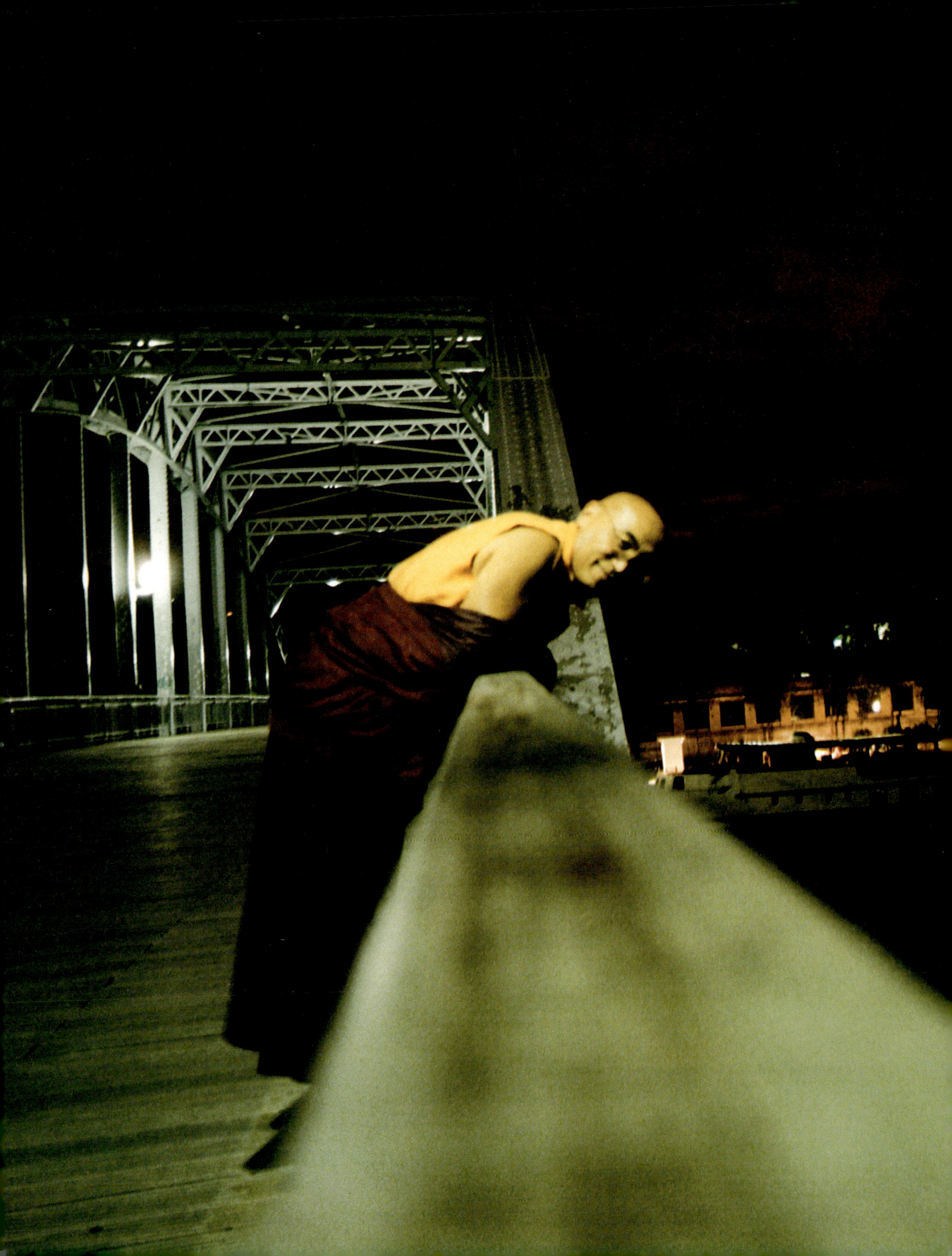

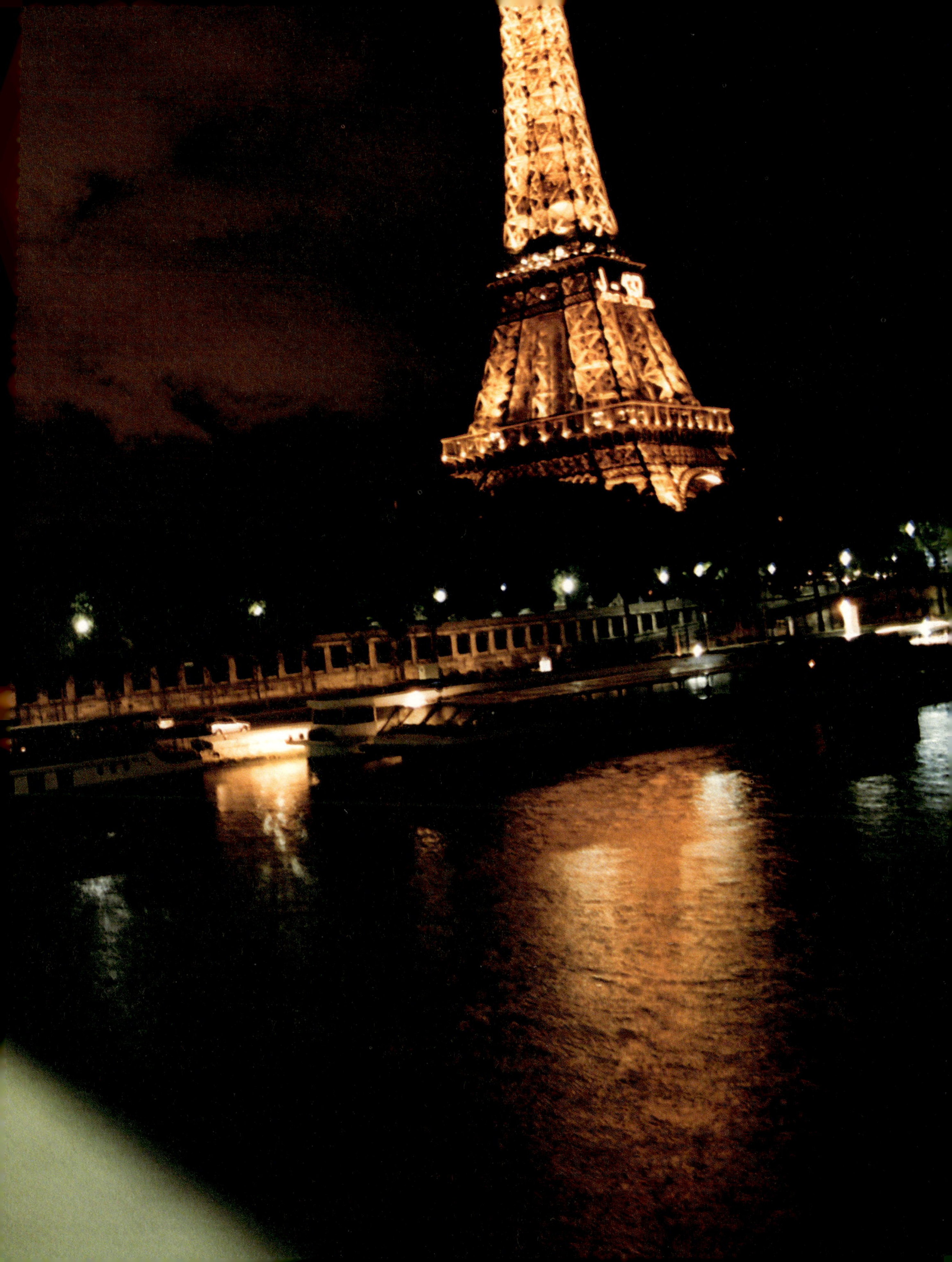

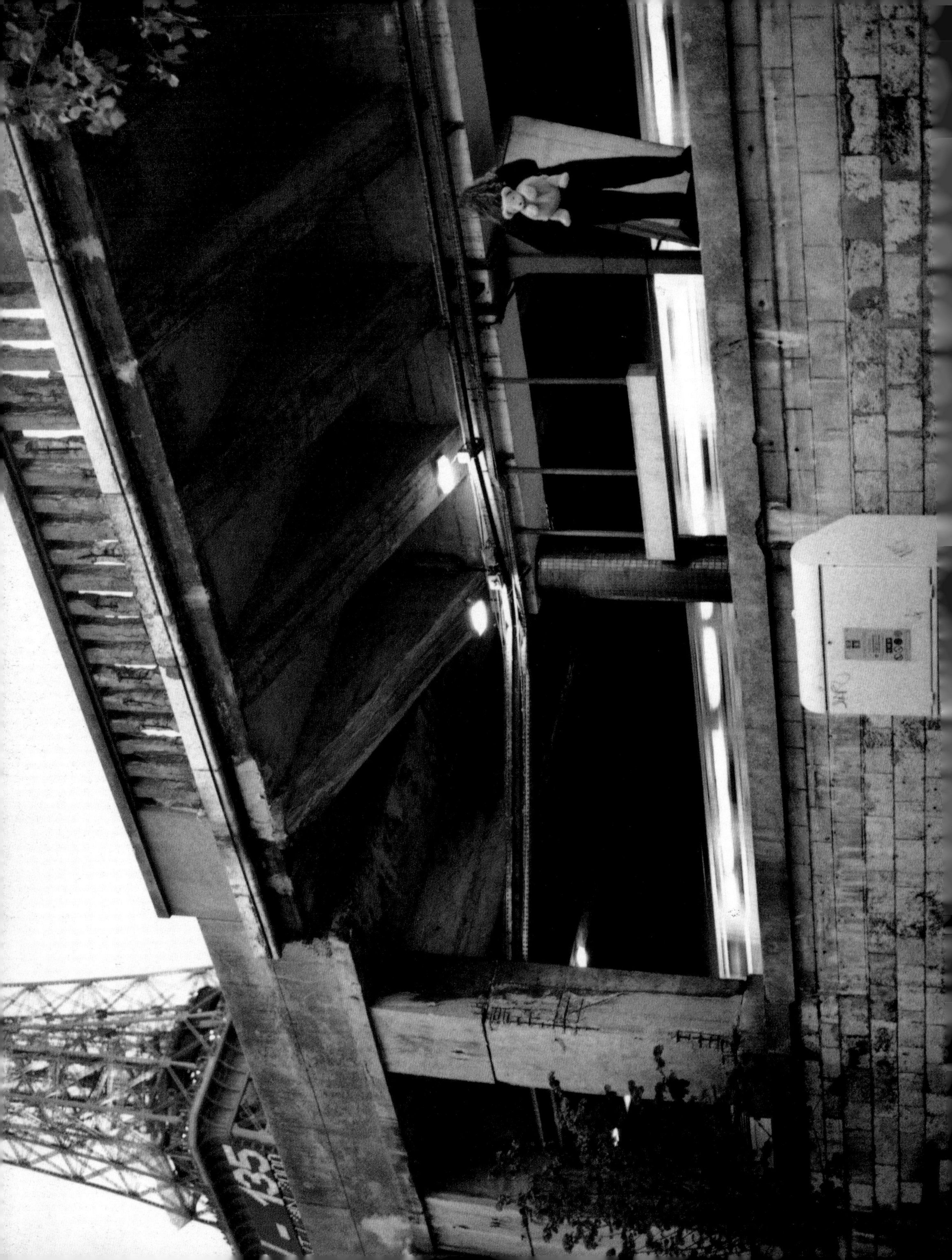
135

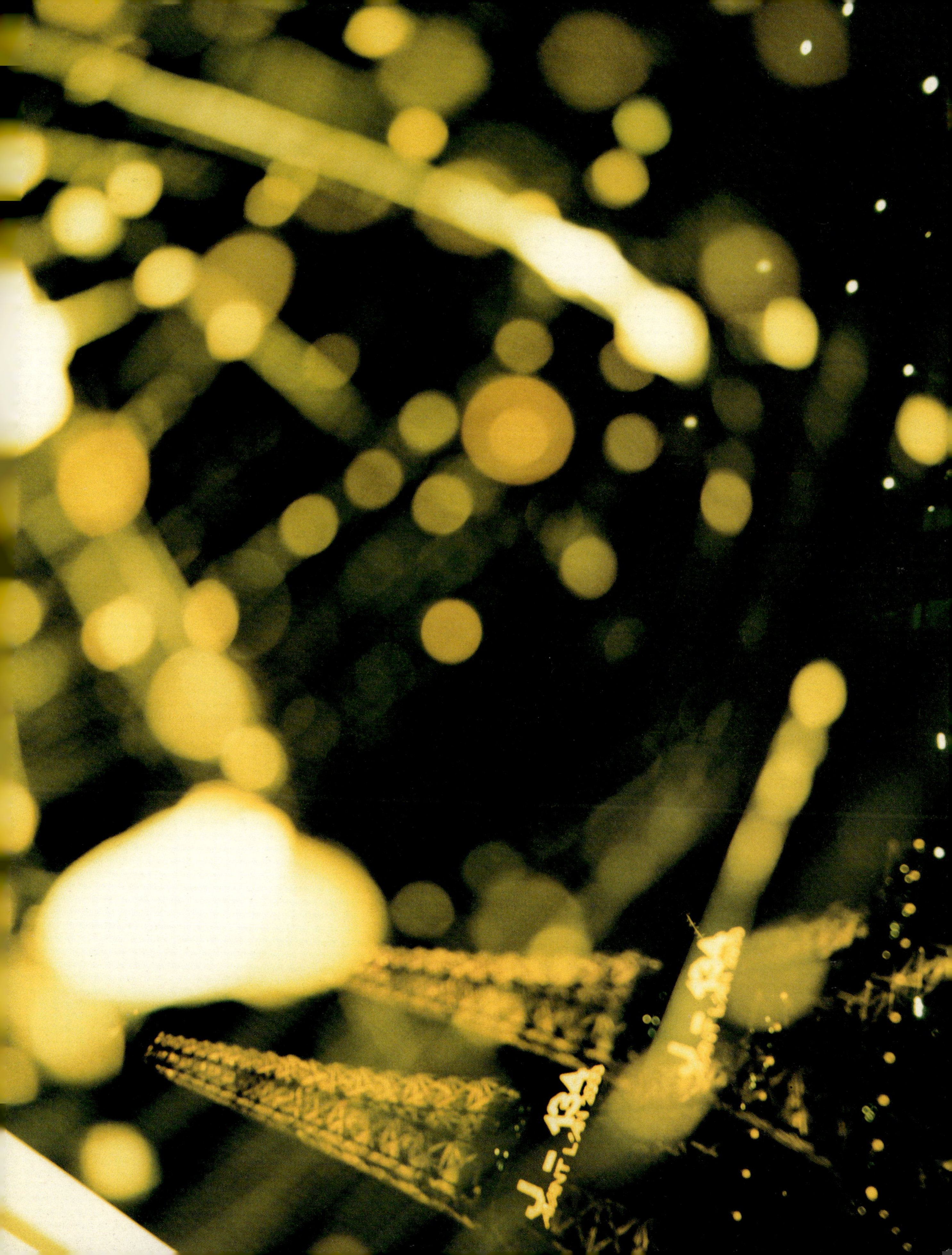

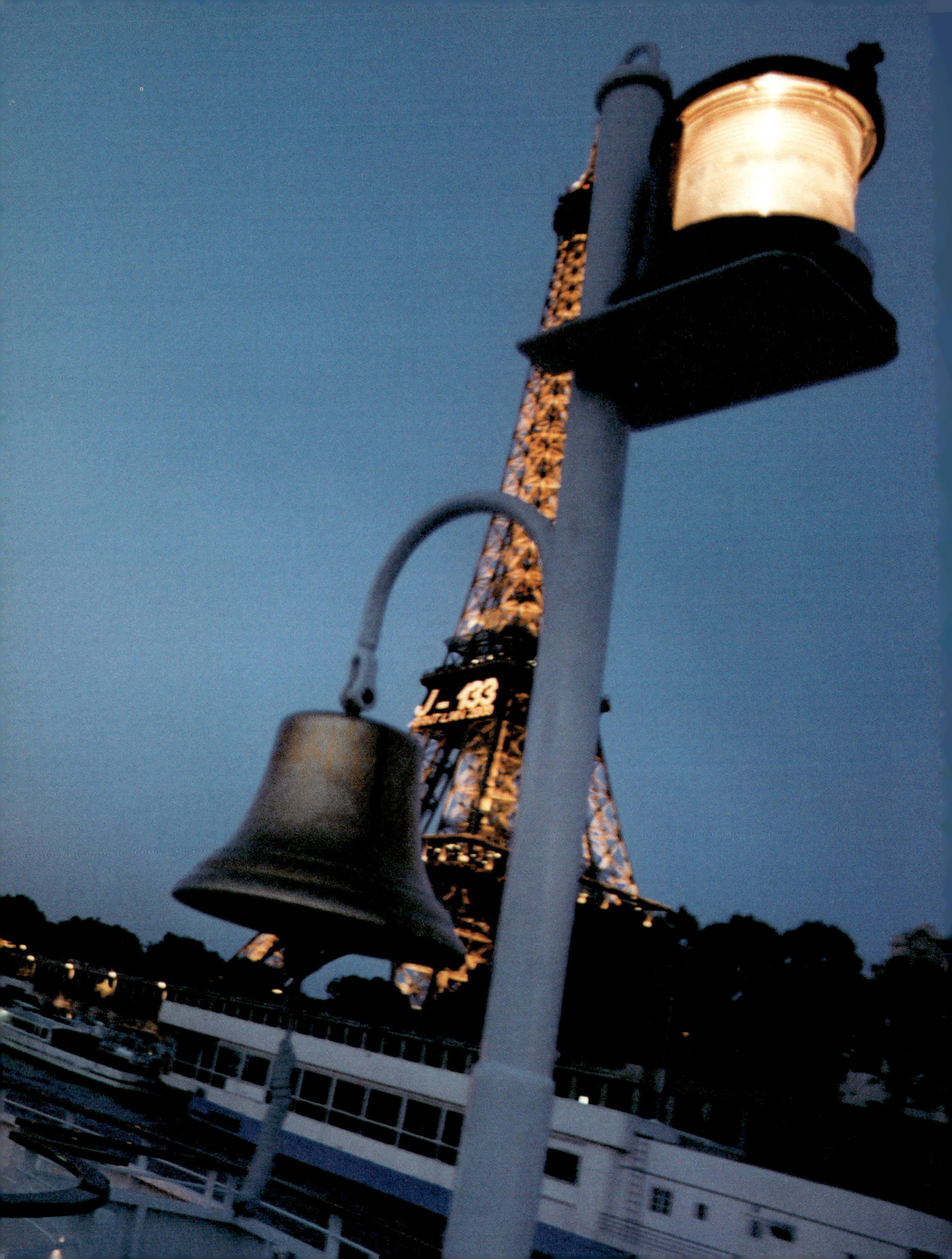
J- 133

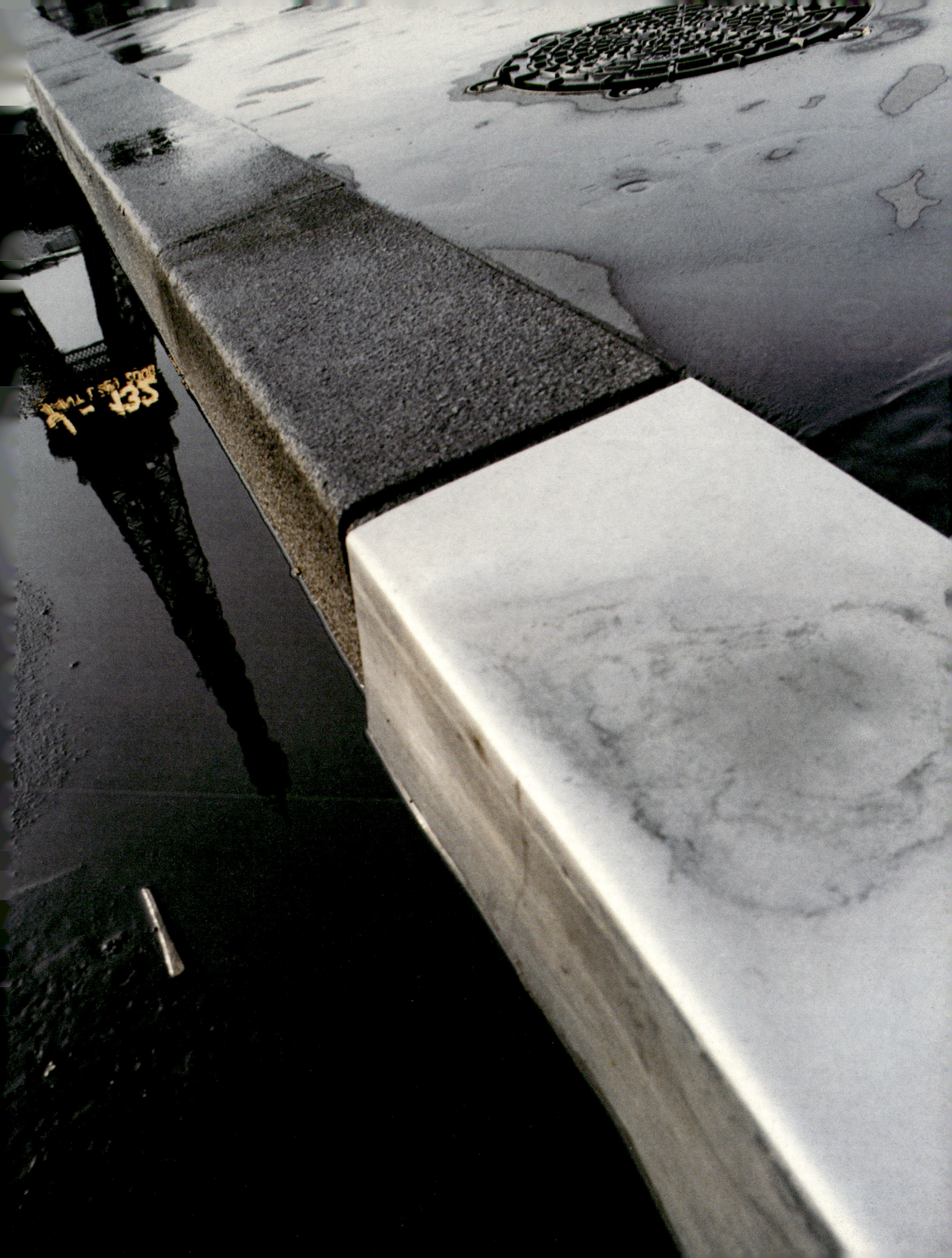

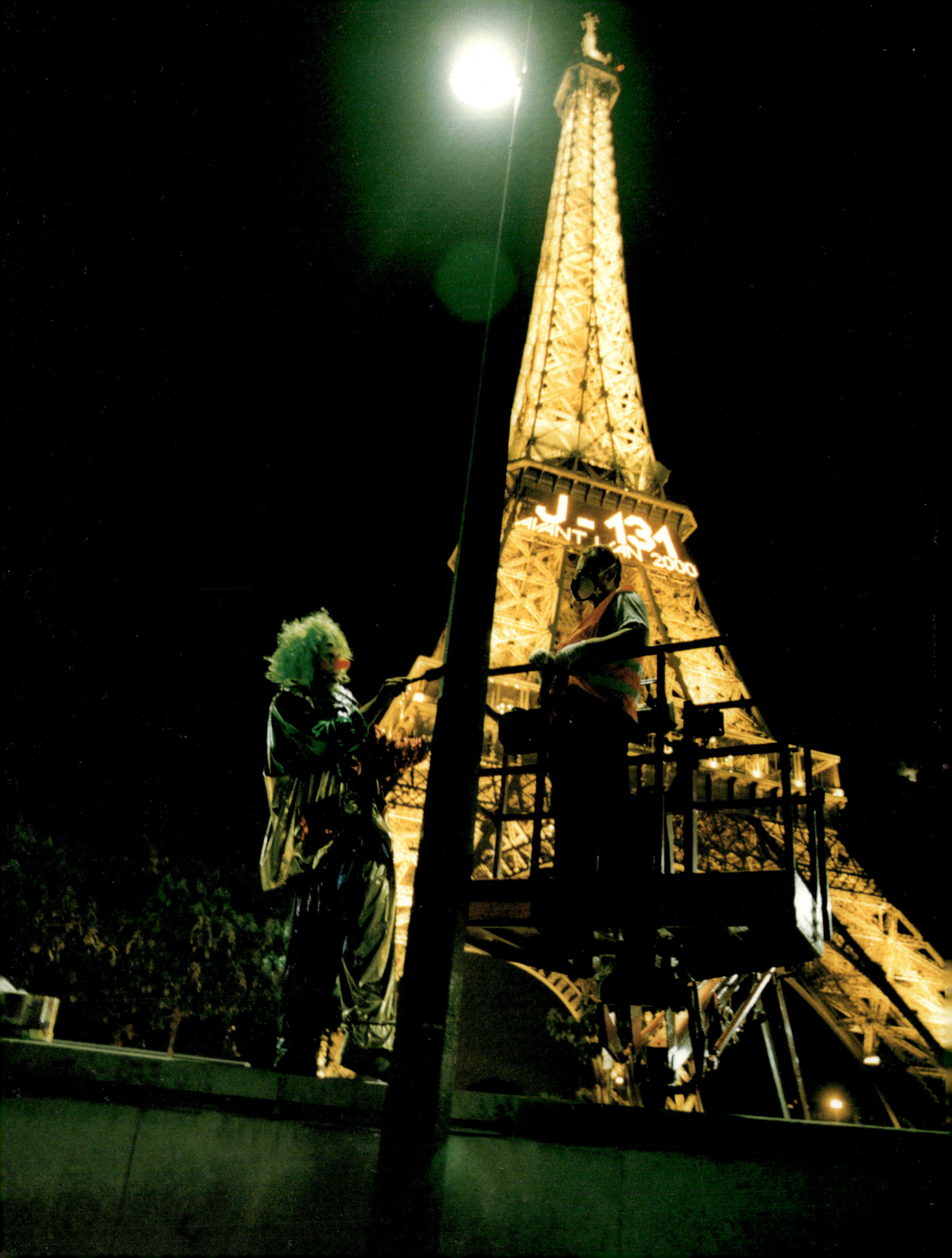
J - 131
AVANT
AN 2000

Ce n'est pas, notez bien, que je me refuse à voir en face le sablier de la vie et la vérité du temps qui nous est compté en ce bas monde ; mais je regrette toute vision arithmétique d'un temps décomposé en fractions égales. Je ne parviens pas à y reconnaître mon temps. J'ai connu et connaîtrai des heures creuses et des minutes pleines, des secondes d'éternité et des journées plates comme la main. Cette grande bringue de Tour Eiffel, clocher du vieux Parisien que je suis, me rassure par sa seule présence familière depuis mon enfance, au temps de l'exposition de 1937, où elle semblait régner sur l'univers. Je l'aime pour elle-même dans sa superbe inutilité de prouesse et je n'apprécie guère qu'elle se soit mise à faire l'intéressante avec ses chiffres changeants, sous prétexte qu'elle va entrer, elle, dans son troisième siècle d'existence. Vivre à cheval sur deux siècles me suffit. Je n'aime compter le temps, celui de ma vie ou celui de l'histoire, qu'en arrière. En avant de moi, je le veux grand ouvert, indéterminé, sans limite, comme ma liberté.

Note that it isn,t that I refuse to acknowledge the hourglass of life or face the fact that our days are numbered in this lowly world; but I deplore any arithmetical vision of time which divides it up into equal fractions. I cannot recognize in such a vision my perception of time. I have experienced and will experience empty hours and filled minutes, seconds of eternity and days as flat as my hand. That beanpole of Eiffel Tower, steeple for the old Parisian I am, her simple familiar presence has reassured me since my childhood at the time of the World Fair of 1937 when she seemed to be reigning on the universe. I love her for what she is, in the superb useless feat she is. And I don,t really appreciate her showing off with the changing figures of her countdown, under the excuse that she is entering her third century of existence. Living in a period overlapping two centuries is quite enough for me. I only like measuring time, the time of my life or the time of history, going backwards. I want the time in front of me widely open, indeterminate, limitless, like my freedom.

Jacques Rigaud
Directeur de RTL
Director of RTL

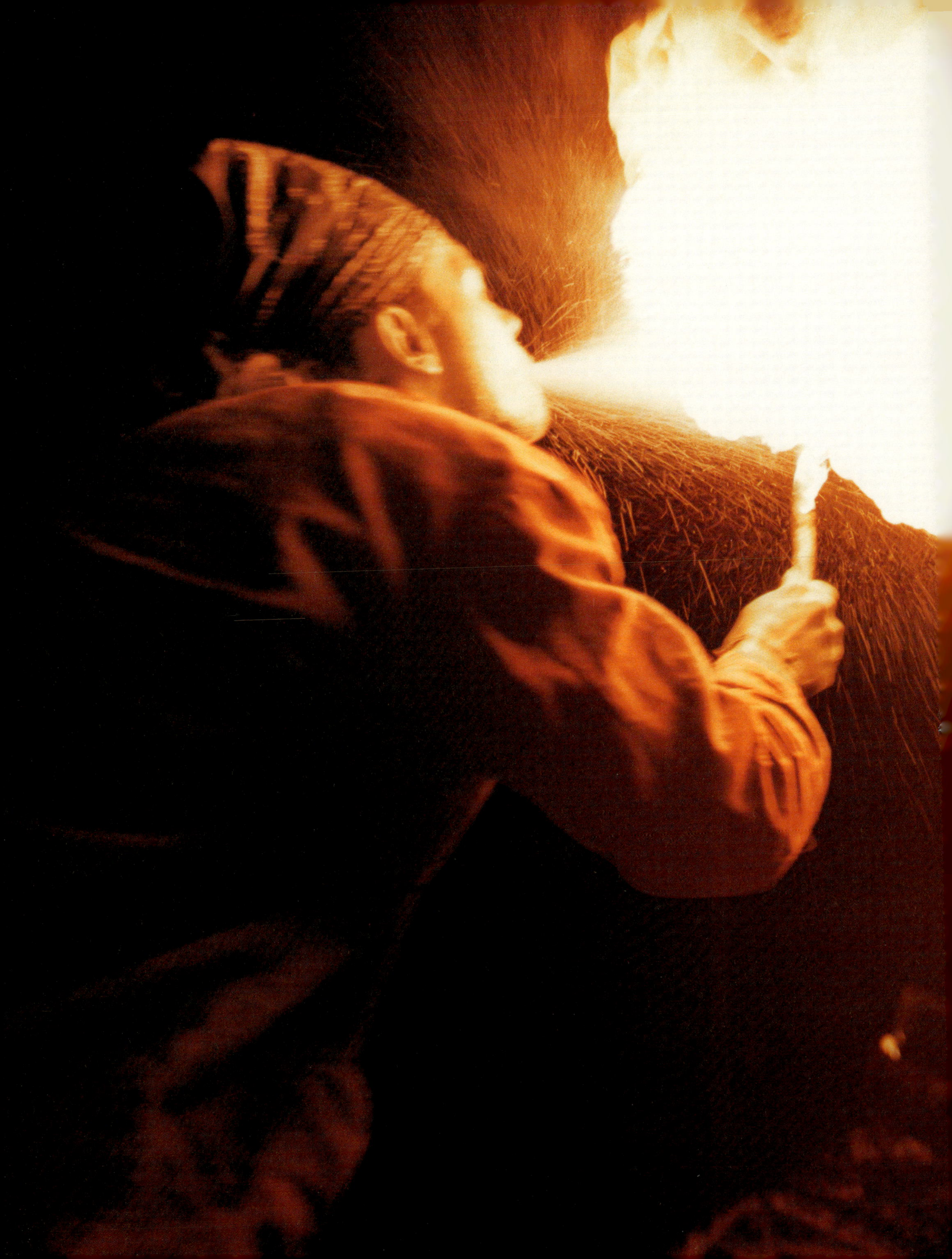

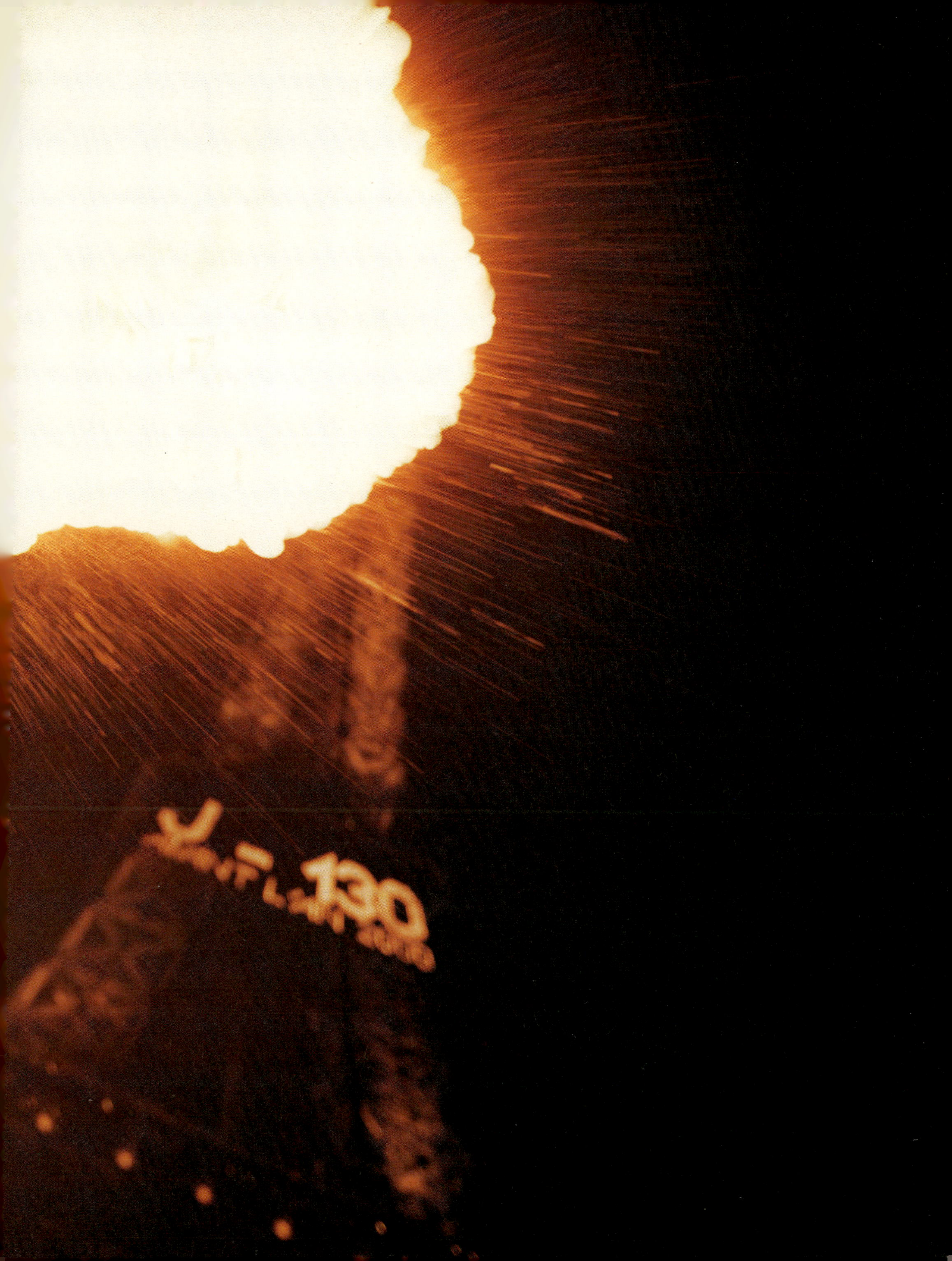
130

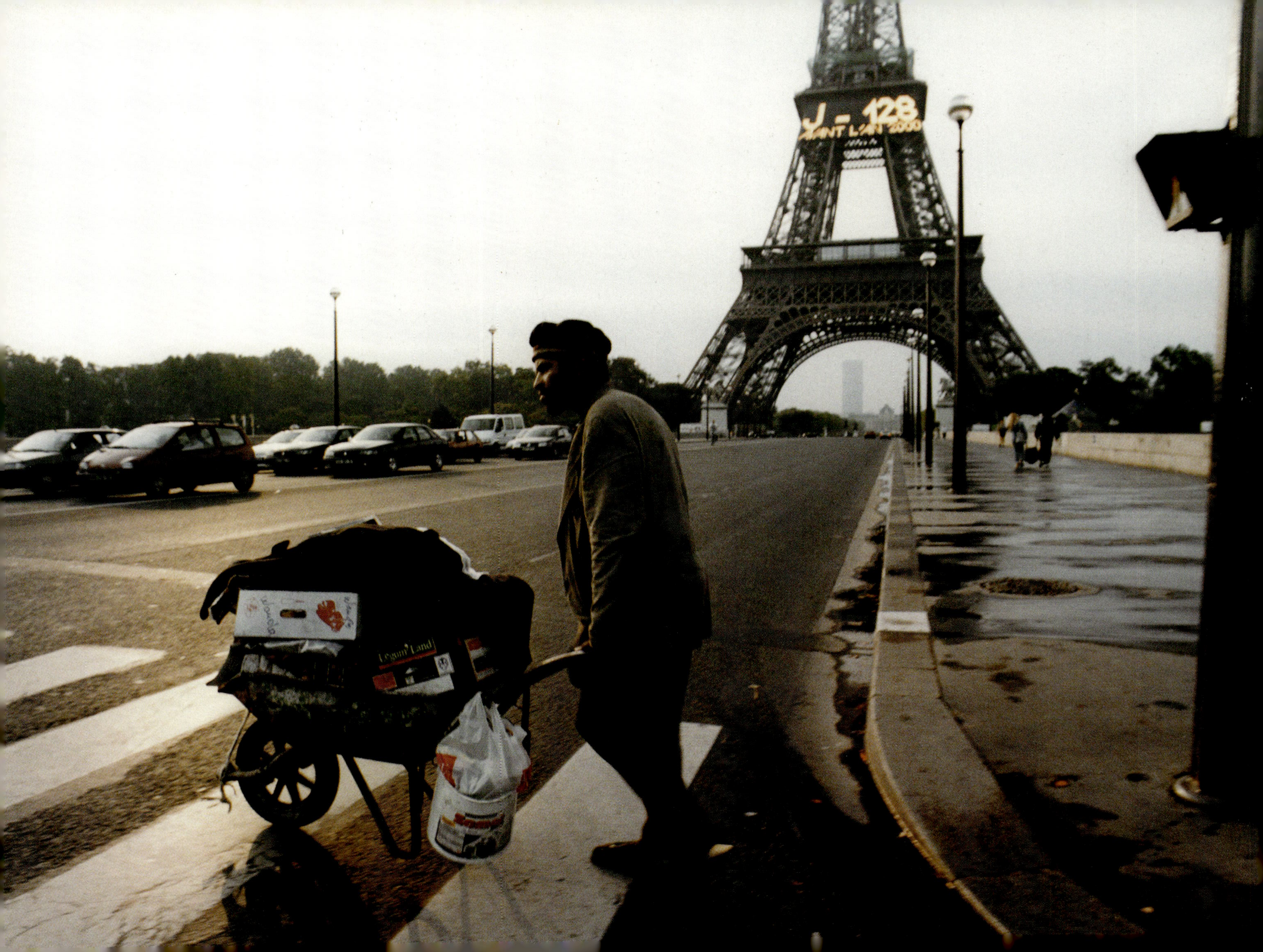
J - 128
AVANT L'AN 2000
Légum' Land

L'action humanitaire moderne est née en 1968 au Biafra, où les Nigérians assiégeaient et massacraient un petit peuple qui réclamait sa liberté. Ceux que l'on allait nommer les French doctors vinrent alors soigner les blessés et les enfants atteints de kwashiorkor, dans des conditions très difficiles sous les bombardements. Là est née la méthode humanitaire : assister les victimes sur place, les soigner, les écouter et surtout témoigner en leur faveur auprès de la communauté et l'opinion internationale.

L'action humanitaire ne se sépare pas de l'information : la présence d'équipes internationales, le témoignage, l'interpellation des médias repoussent l'inacceptable et contraignent parfois les politiques à l'empêcher. On massacre moins aisément sous l'œil des caméras.

Dans une deuxième étape, l'action humanitaire proposera le droit d'ingérence : ne pas permettre aux dictateurs de massacrer leurs minorités ou de les déporter. En 1988, les états du monde entier ont adopté la résolution 43-131 des Nations Unies, qui permet l'accès aux victimes et l'assistance humanitaire malgré les frontières. Pour la première fois, la victime devenait un sujet en droit international.

Lorsqu'une famille martyrise un enfant, c'est une affaire privée, mais il demeure de la responsabilité de tous de s'y opposer. Lorsqu'un peuple est opprimé par une dictature, il est du devoir de tous d'intervenir pour le protéger.

Les récentes interventions au Kosovo, puis à Timor, manifestent la lente mise en œuvre de ce droit et de ce devoir d'ingérence, désormais codifiés par plusieurs résolutions fondamentales des Nations Unies. Cette politique humanitaire débouchera par nécessité sur une diplomatie préventive : intervention avant les massacres et non après ou pendant comme c'est encore trop souvent le cas. Elle suppose la création d'une brigade internationale des droits de l'homme, bras armé des Nations Unies, telle est la première tâche du prochain millénaire. Ce sera son honneur, la garantie que le XXIe siècle ne ressemblera pas au sombre siècle que nous quittons.

Patrick Aeberhard
Co-fondateur de Médecins du Monde

Il s'appelait Vincent V. On habitait le même immeuble derrière Alésia, il avait onze ans et moi douze. On se connaissait pratiquement depuis la naissance.

Un jour on est tombé sur une BD de Franck Margerin, où il était question d'un génie qui sort d'une bouteille de Coca sur une plage. Le type qui l'avait trouvée avait droit à trois vœux. J'ai oublié les deux premiers, mais au troisième il demandait à aller jeter un œil en l'an 2000. Il se retrouvait alors au bord d'un trottoir à attendre que le feu passe au rouge et il ouvrait des yeux ronds comme billes. Au lieu de voitures sur la chaussée, des soucoupes volantes fendaient l'air en s'évitant avec adresse et, à côté de lui sur le trottoir, un petit garçon en tenue de scaphandrier tenait en laisse un petit chien lui aussi affublé d'une grosse tête ronde à respirateur. Dès lors, tout notre argent de poche est passé dans des magazines sur les OVNI. Vincent avait vraiment hâte de voir un truc pareil, mais surtout il s'écriait tout le temps : "Tu te rends compte ? T'auras trente-deux ans et moi trente et un !" Les soucoupes ne nous paraissaient pas improbables, mais l'âge si... L'année d'après, il s'est fait renverser alors qu'il traversait la rue pour aller récupérer un ballon. Par la suite, j'ai maintes fois eu envie de le rejoindre, mais je pensais toujours à ces foutues soucoupes qu'il me faudrait voir pour deux.

Tout ça est resté plus qu'abstrait jusqu'à ce que les premières boîtes de médicaments indiquent "2000" puis "00". Aujourd'hui, la BD a depuis longtemps été égarée dans un déménagement et, ce samedi 1er, tandis que je sors acheter du pain comme n'importe quel matin de n'importe quelle autre année, il n'y a pas de soucoupe en vue sur le boulevard. Pourtant, j'attends au bord du trottoir. J'attends que le feu passe au rouge et, plantée là toute seule, j'essaye d'imaginer le visage d'un gosse de douze ans avec vingt ans de plus.

His name was Vincent V. We used to live in the same building behind Alesia, he was eleven and I was twelve. We had known each other almost since birth.

One day we came across a comic book by Franck Margerin, about a genie who popped out of a bottle of Coke on a beach. The guy who had found the bottle was entitled to three wishes. I've forgotten the first two, but for the third he was asking to take a look at the year 2000. He then found himself standing on a pavement at some traffic lights, waiting for them to go red, and his eyes were wide open. Instead of cars rolling by, flying saucers were cleaving through the air skilfully avoiding each other, and waiting next to him on the pavement was a kid dressed in some kind of spacesuit, with a tiny dog on a lead, rigged out with a big plastic dome on its head with a respirator. From then on, all our pocket money went on magazines about UFOS. Vincent was really looking forward to seeing such a thing, but most of all he kept saying: "Can you imagine that? You'll be thirty-two and I'll be thirty-one!" The saucers didn't seem that improbable to us, but the age did... The following year, he got run over as he was crossing the road to retrieve a ball. After that, I wanted to join him many times, but I kept on thinking about the damned flying saucers I had to see for both of us.

It all remained a kind of blur until food and pill wrappers started to indicate "2000" and then "00". Now, the comic has been lost long ago whilst moving house, and on this Saturday the 1st, as I'm going out to get some bread just like on any morning of any other year, there are no flying saucers in sight on the boulevard. Still, I'm standing on the pavement, waiting for the lights to turn red, and as I'm standing there alone, I'm trying to picture to myself the face of a twelve years old kid twenty years older.

Ann Scott
Ecrivain
Writer

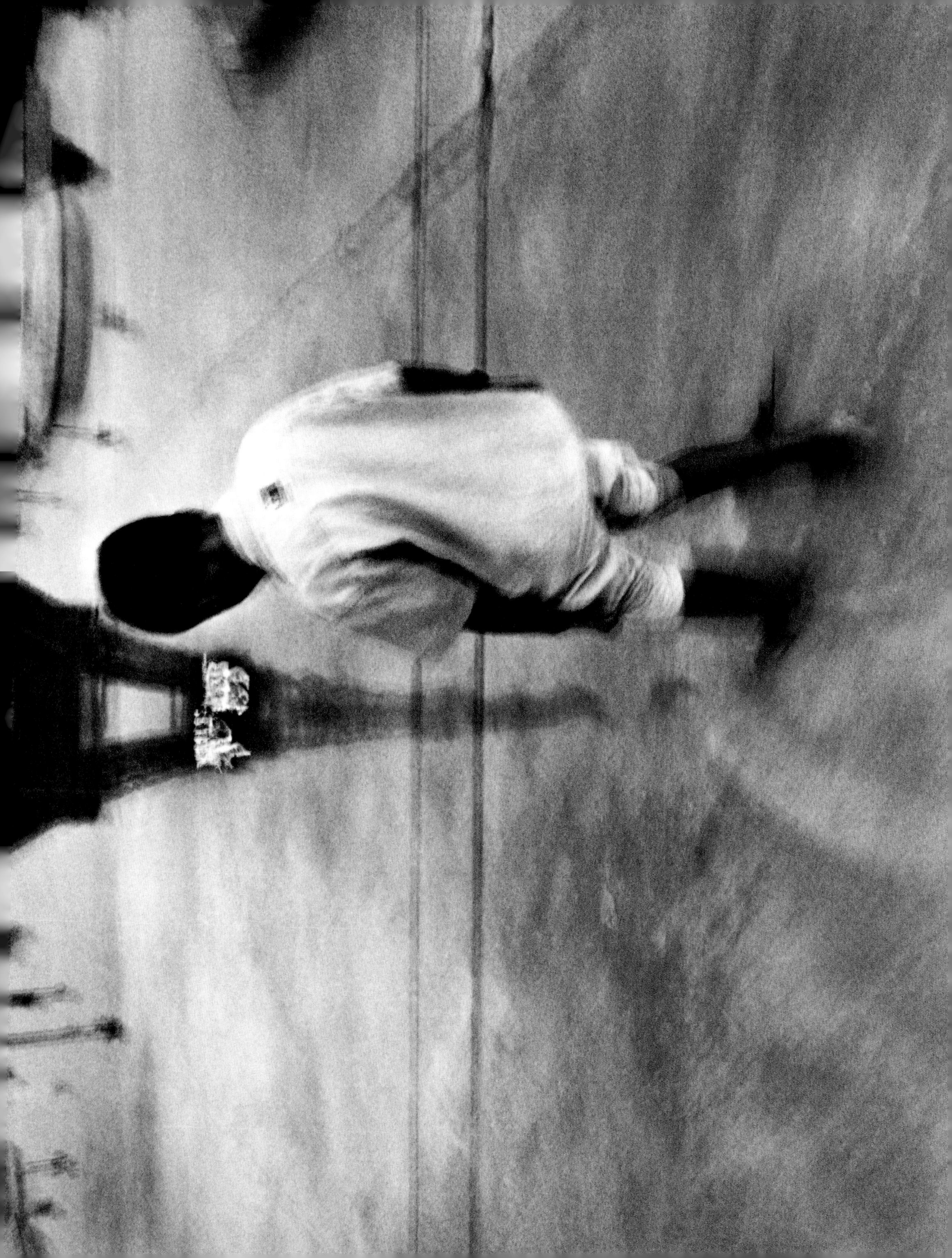

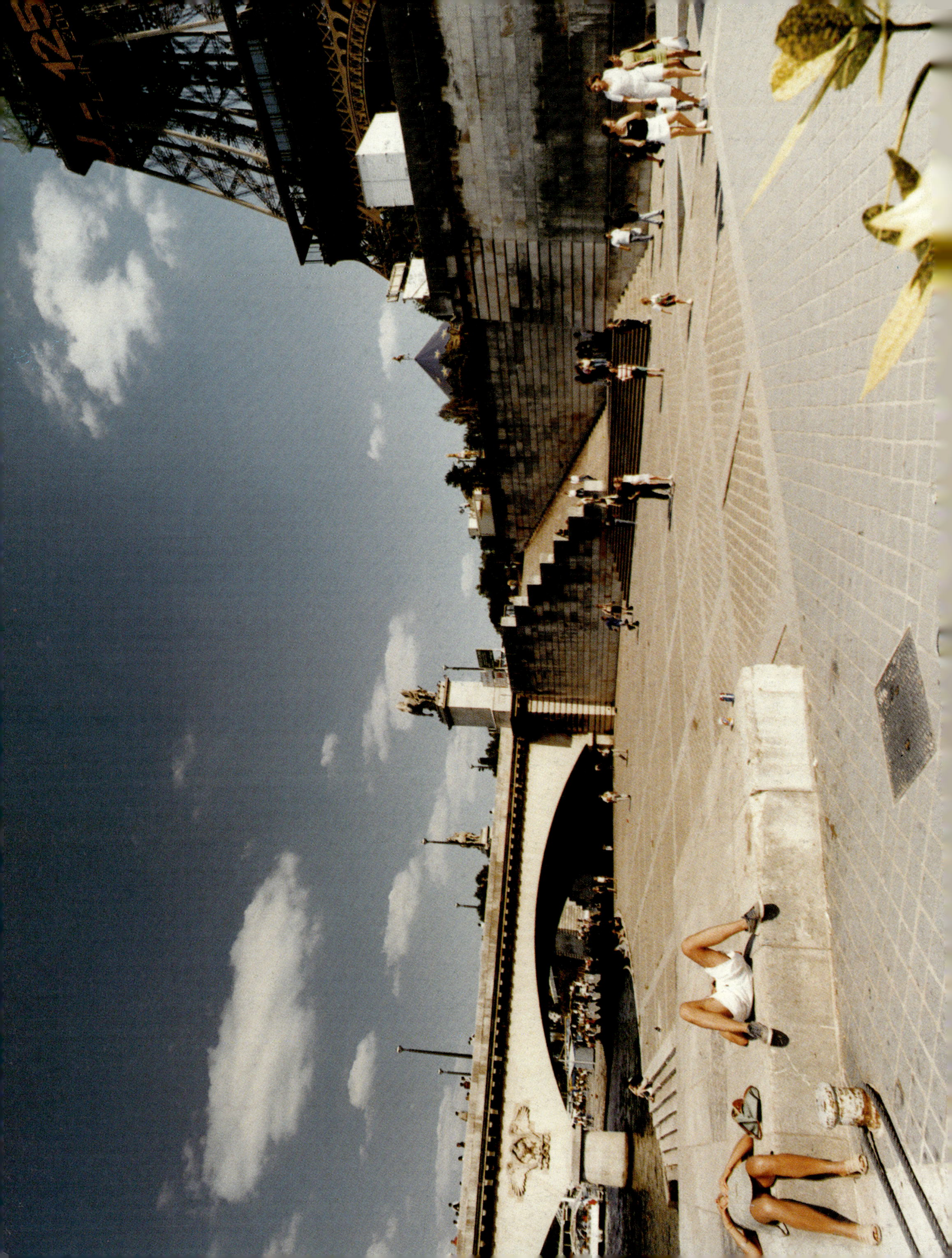

FLAMME DE LA LIBERTÉ

Vous savez pour un Africain, c'est important de faire semblant de s'émouvoir devant les valeurs dictées par l'Occident : "diamants, or, mercure, uranium, pétrole, etc.", car notre QI est évalué selon les réactions face à ces choses qui déplacent tant d'argent.

Donc, je suis ému par l'an 2000 même si Jésus n'est pas né en l'an 1, mais quelle importance !"

You know, for an African, it is important to pretend you are affected by values imposed by the West: "diamonds, gold, mercury, uranium, petroleum, etc...", because our IQ is rated according to our reactions to these things which represent so much money.

Therefore, I am affected by year 2000 even if Jesus was not born in year 1, but who cares ?

Ray Lema
Musicien
Musician

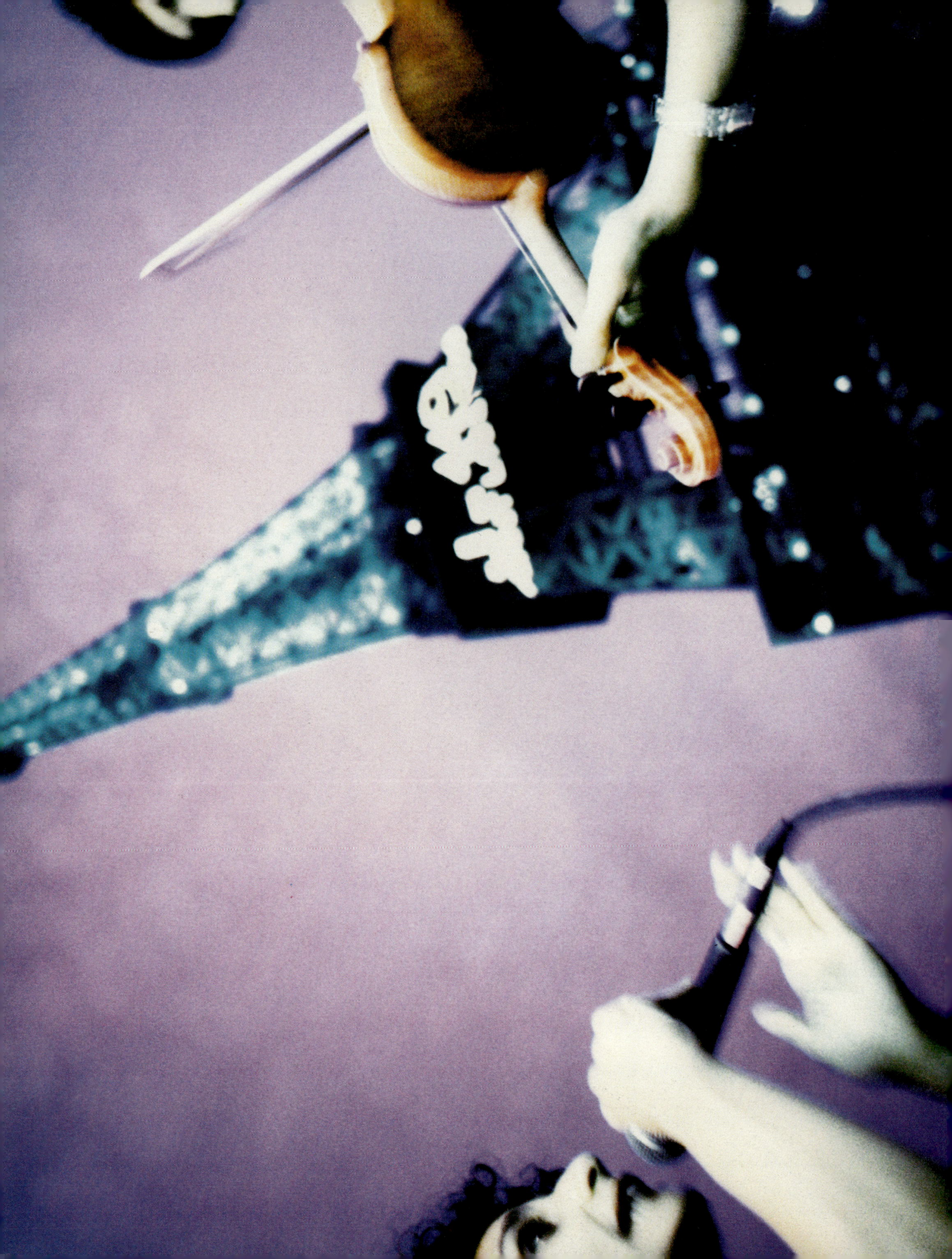

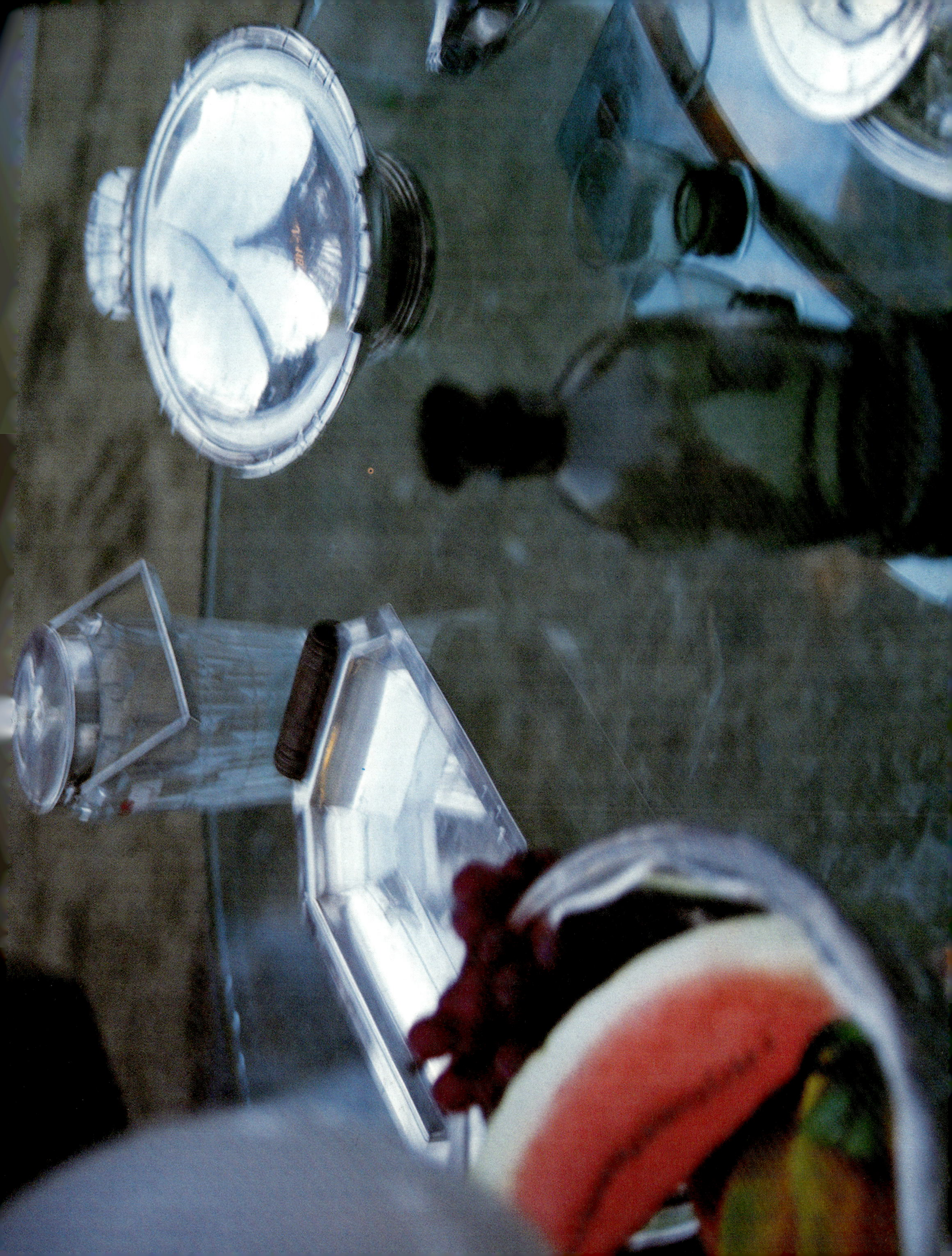

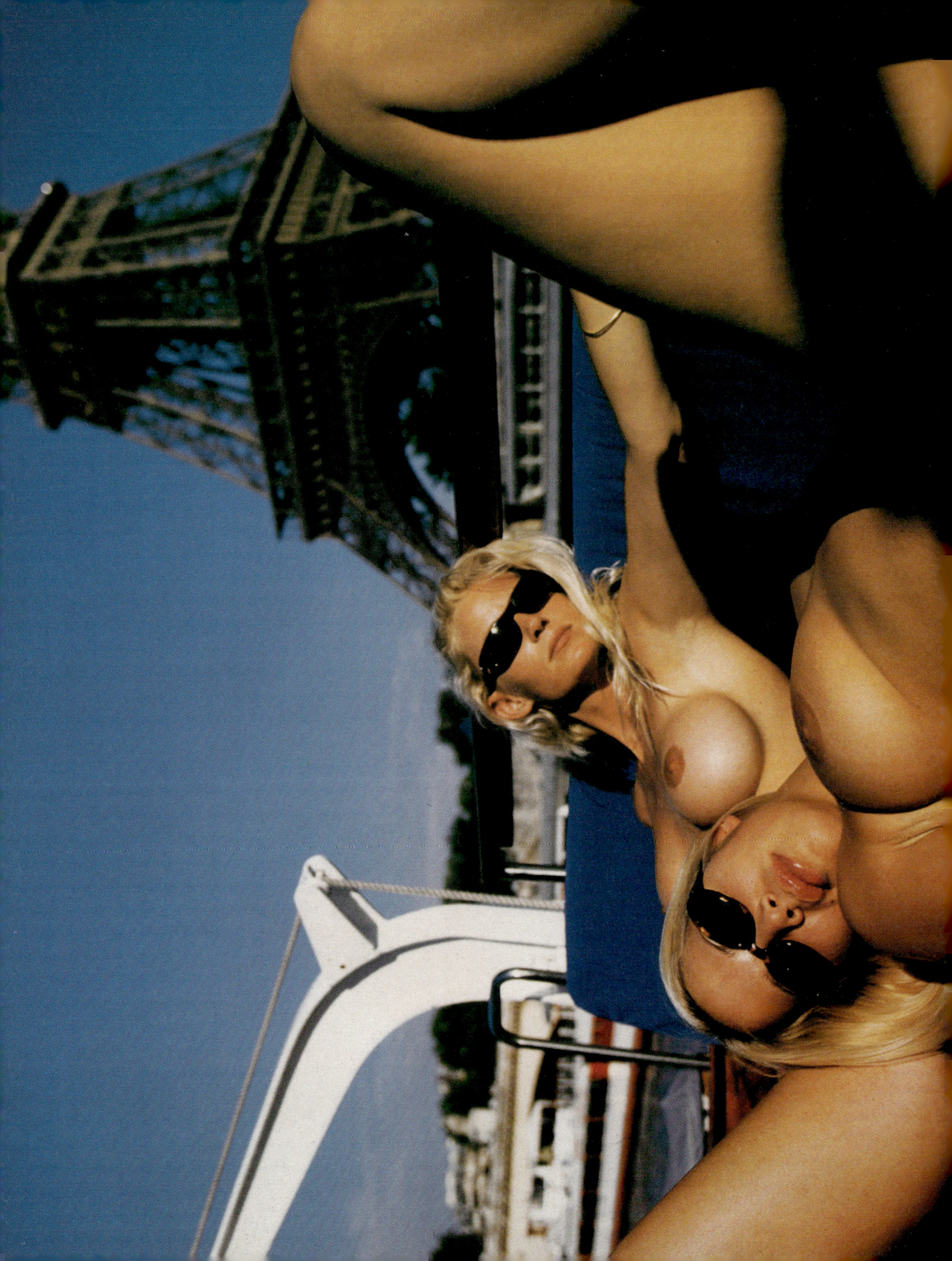

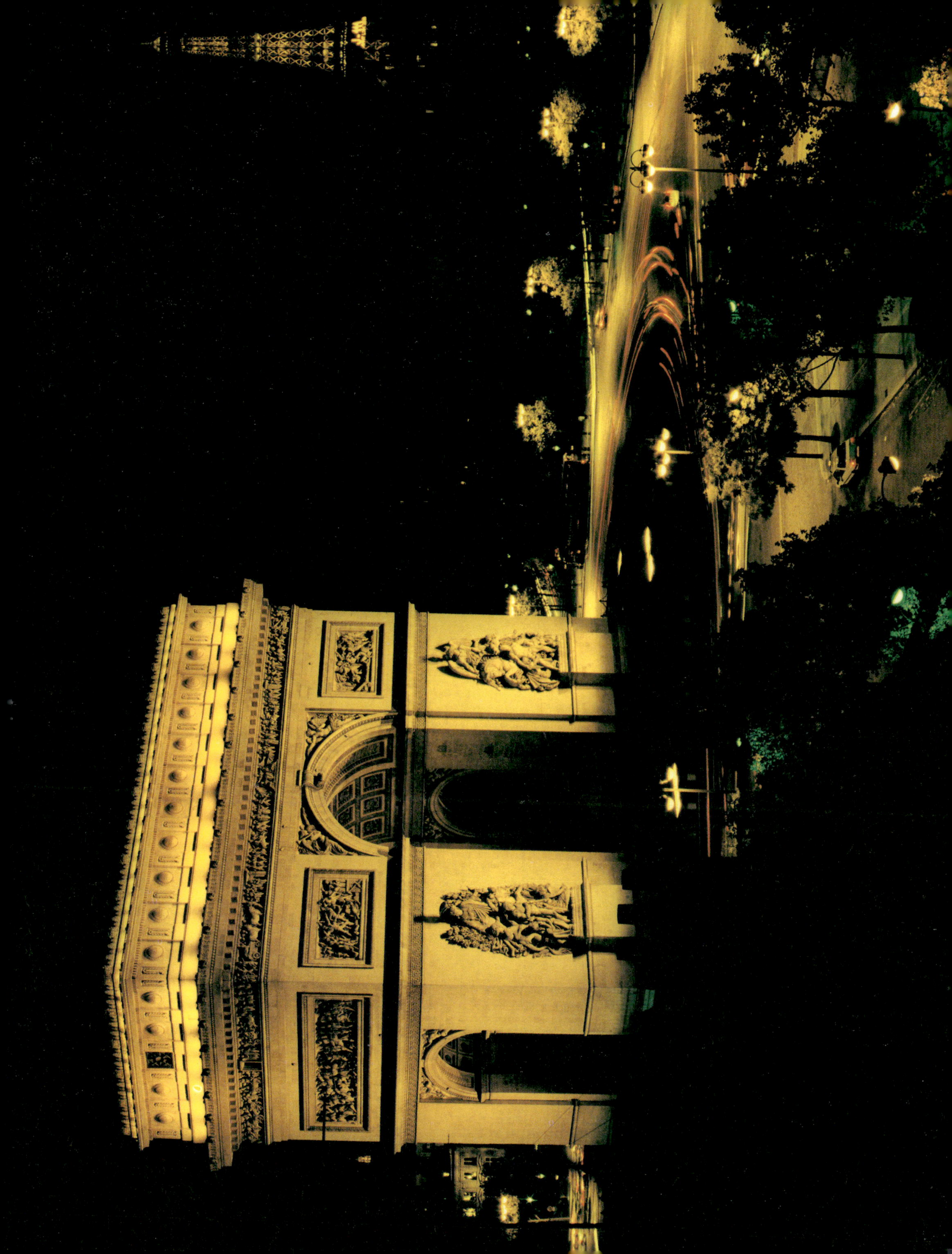

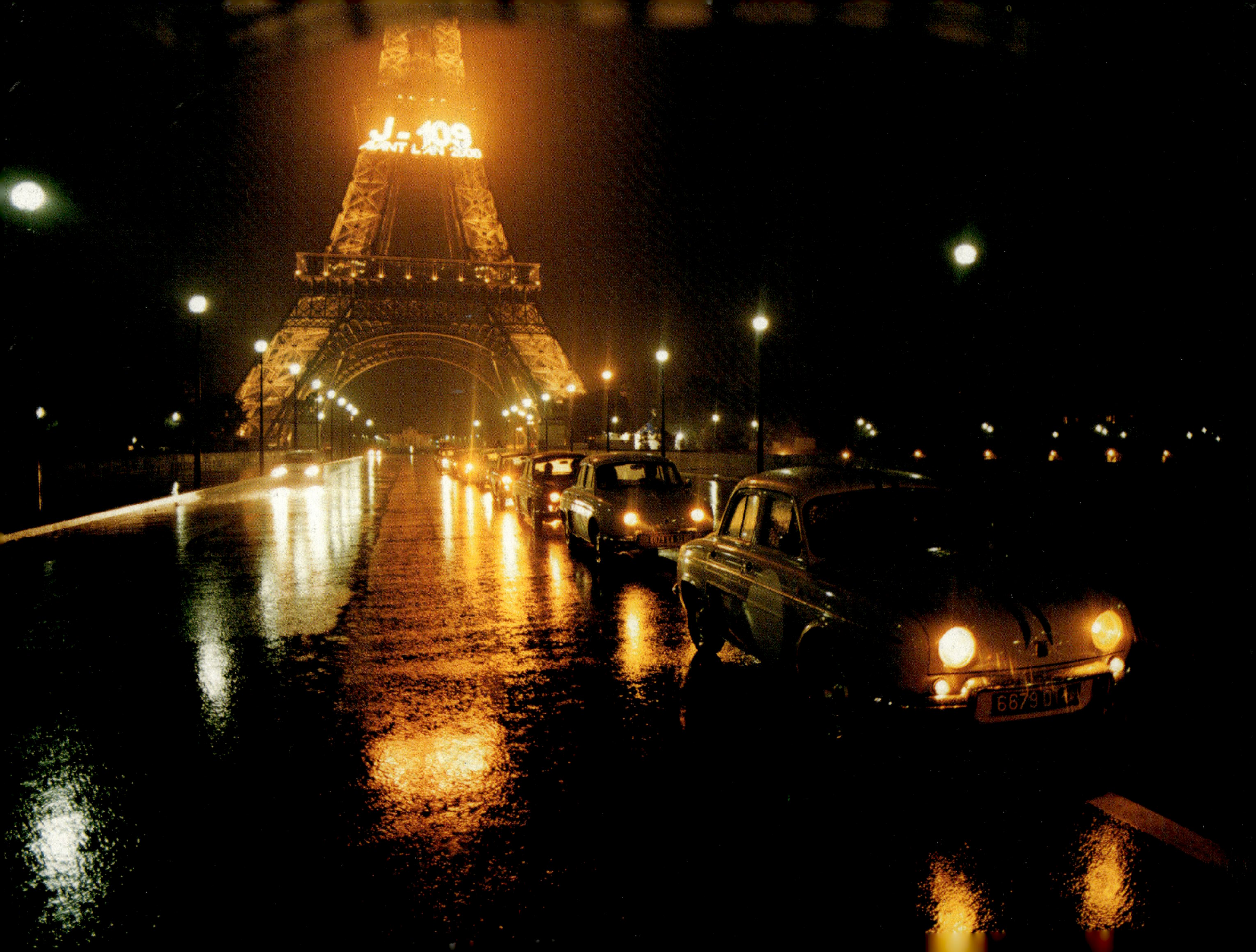
J-109
AVANT L'AN 2000

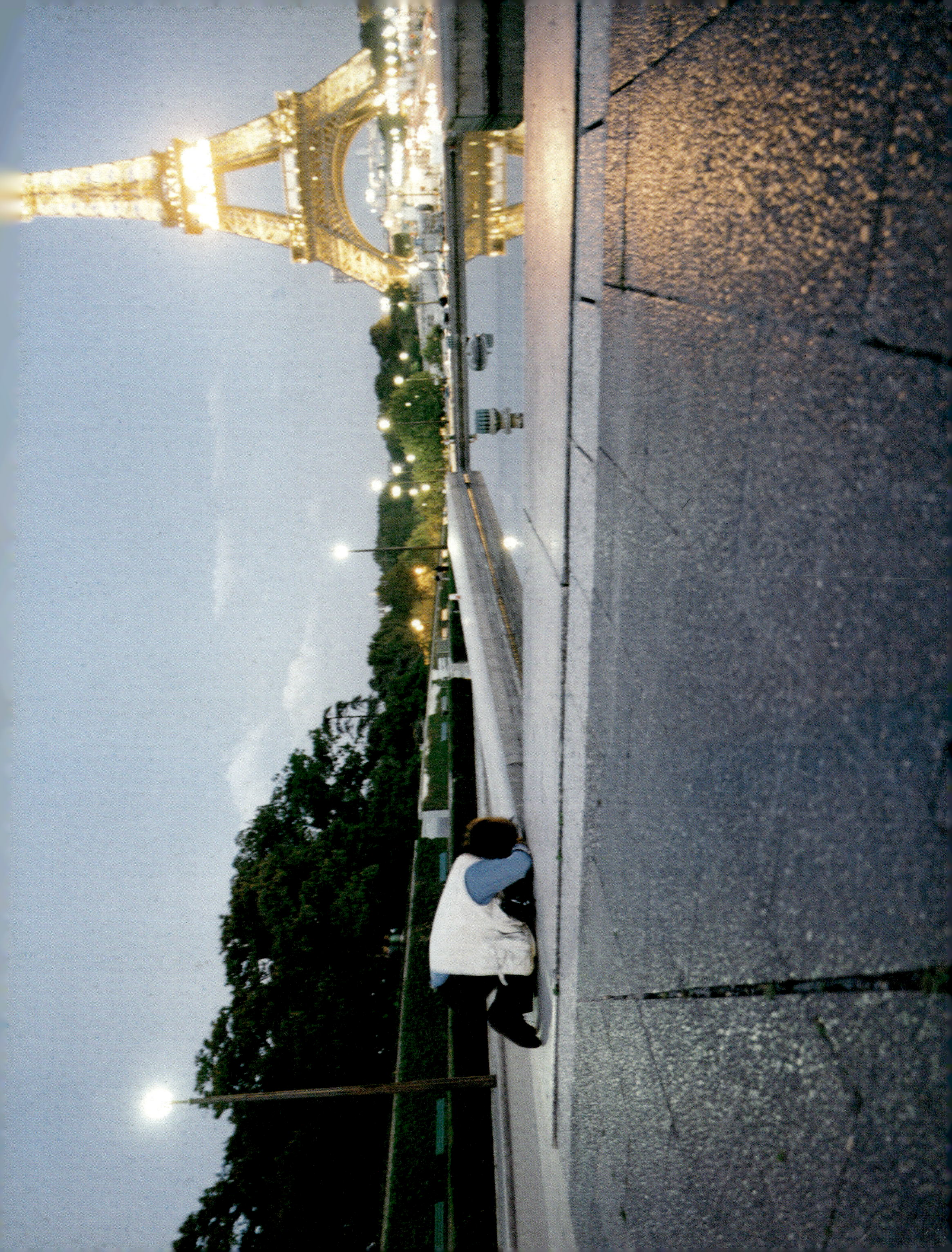

Pour nous, les Nasa, le temps passe au fil des lunes…
Notre terre marque nos heures…
Pourtant, dans notre histoire, s'est inscrite la date d'une invasion. Depuis, nous avons compté les années… Plus de cinq cents ans de résistance…
Qu'attendre alors du prochain millénaire, si ce n'est encore mille ans de lutte ?
Pour que nos territoires, nos droits, notre identité ne soient plus violés…
Pour que les étoiles ne cessent jamais de féconder la lagune…

For us, the Nasas, time passes as moons go by…
Our earth marks our hours. However, the date of an invasion is written down in our history. Since then, we have counted the years. More than 500 years of resistance…
What can we expect from the new millennium, if not 1000 years more of struggle?
For our territories, our rights, our identity not to be violated anymore…
For the stars never to stop fertilising the lagoon…

Daniel Piñacué Achicué

Amérindien issu de l'éthnie Nasa (Paez) du sud des Andes colombiennes, née de l'union d'une étoile et de la lagune. Défenseur de la cause indienne, réalisateur de films traitant du monde indien.

Amerindian from the Nasas ethnic group (Paez) located in the south of the Colombian Andes, which are born of the union of a star with the lagoon. He fights for the Indian cause and makes films dealing with the Indian world.

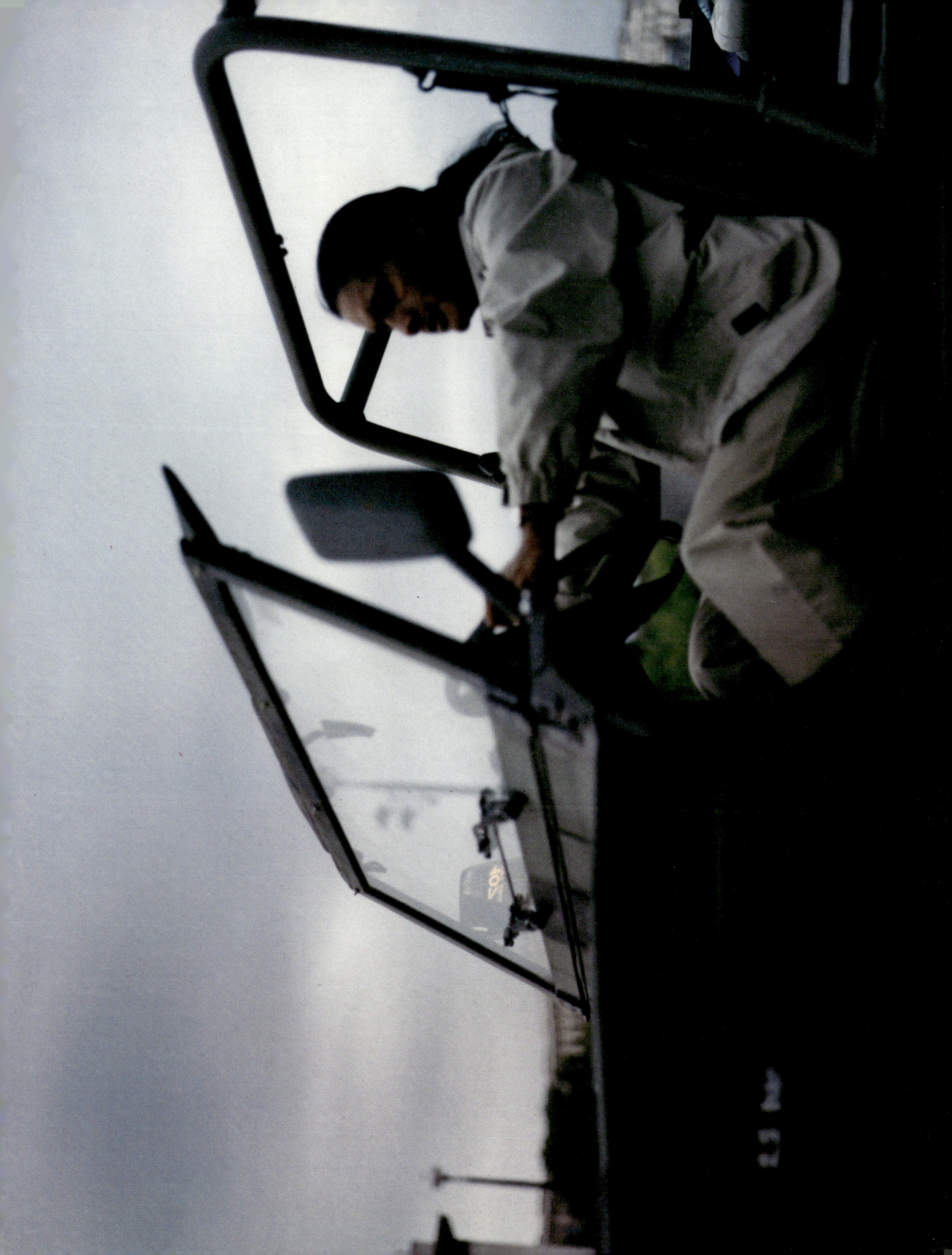

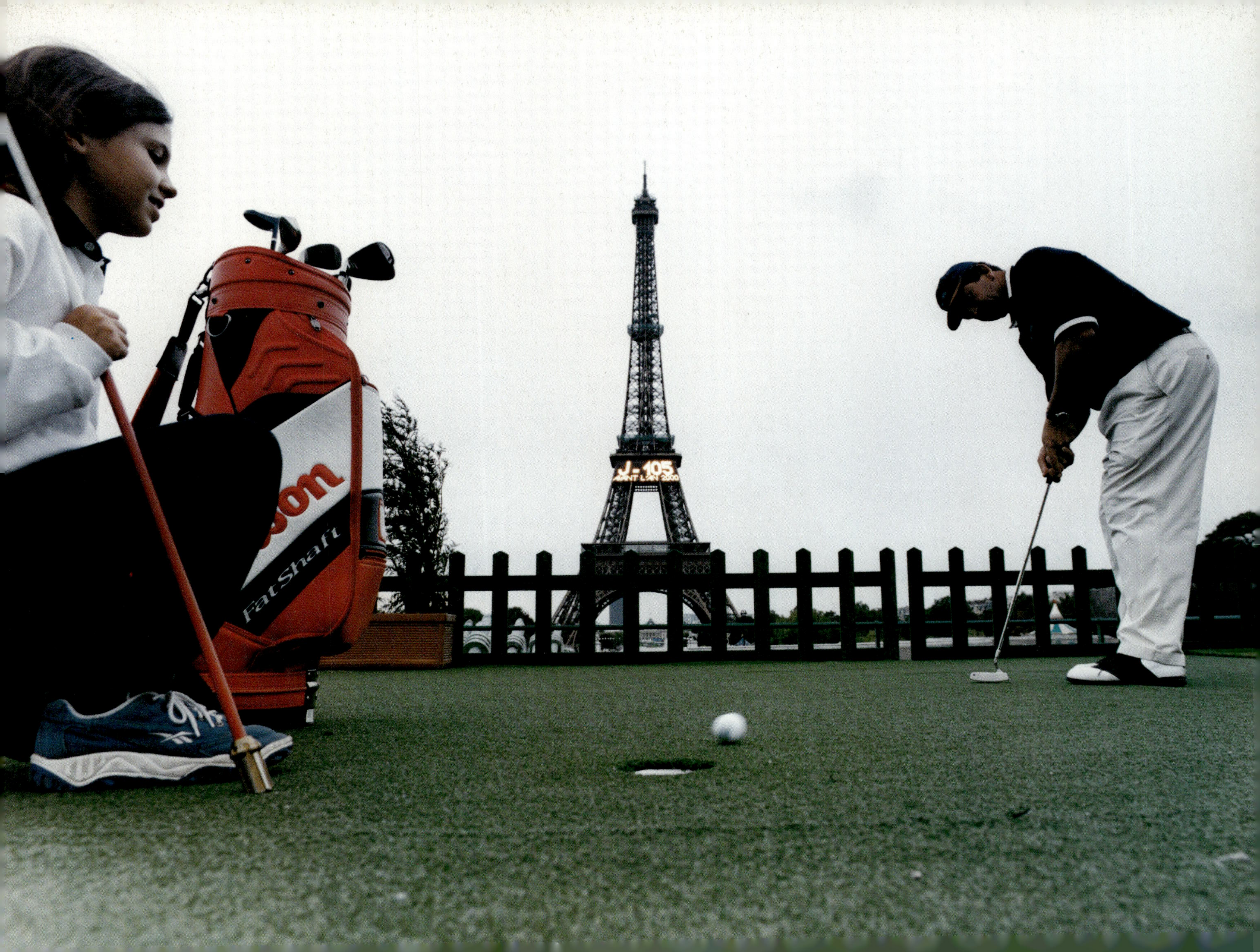
J-105
AVANT L'AN 2000
FatShaft

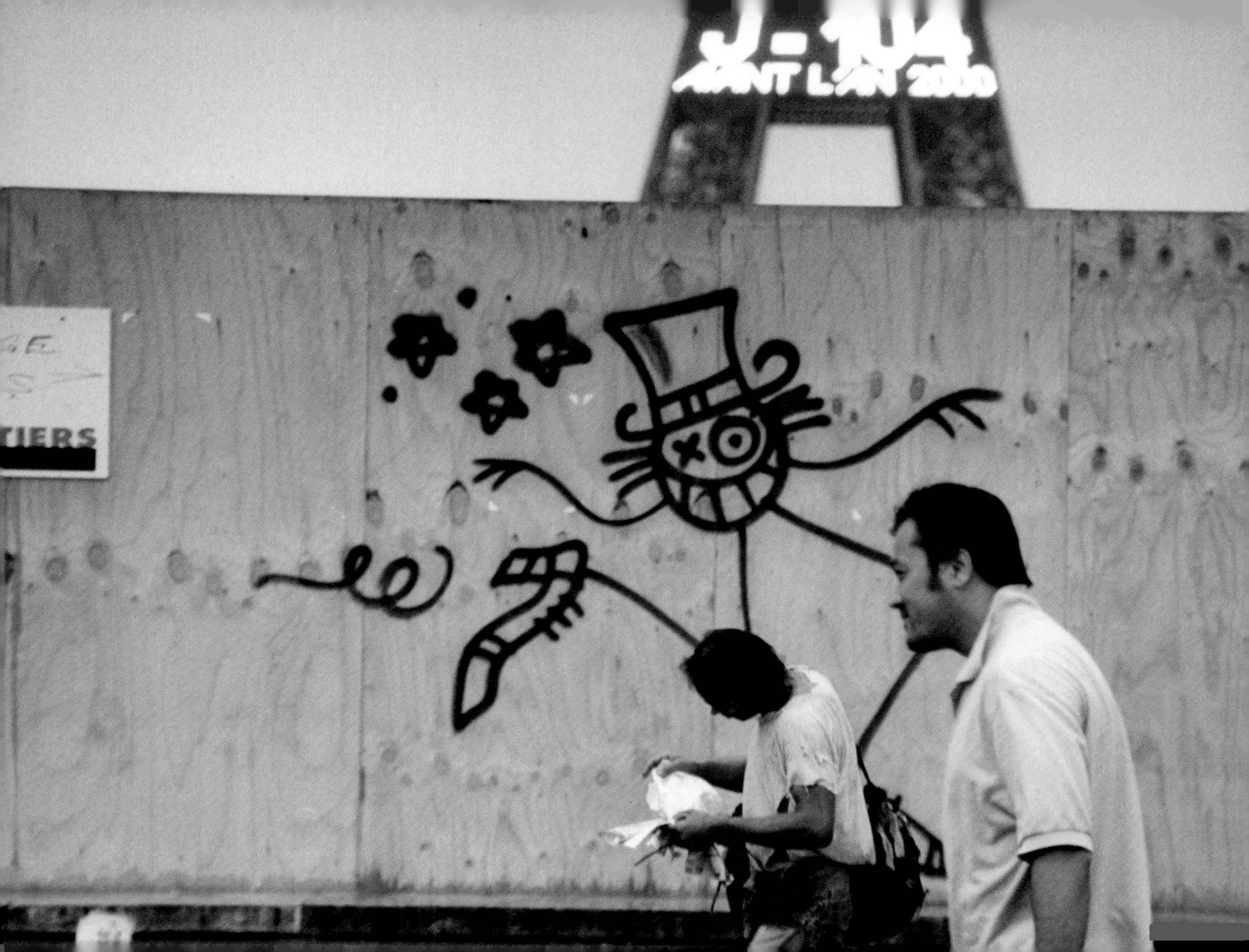
J-104
AVANT L'AN 2000
TIERS

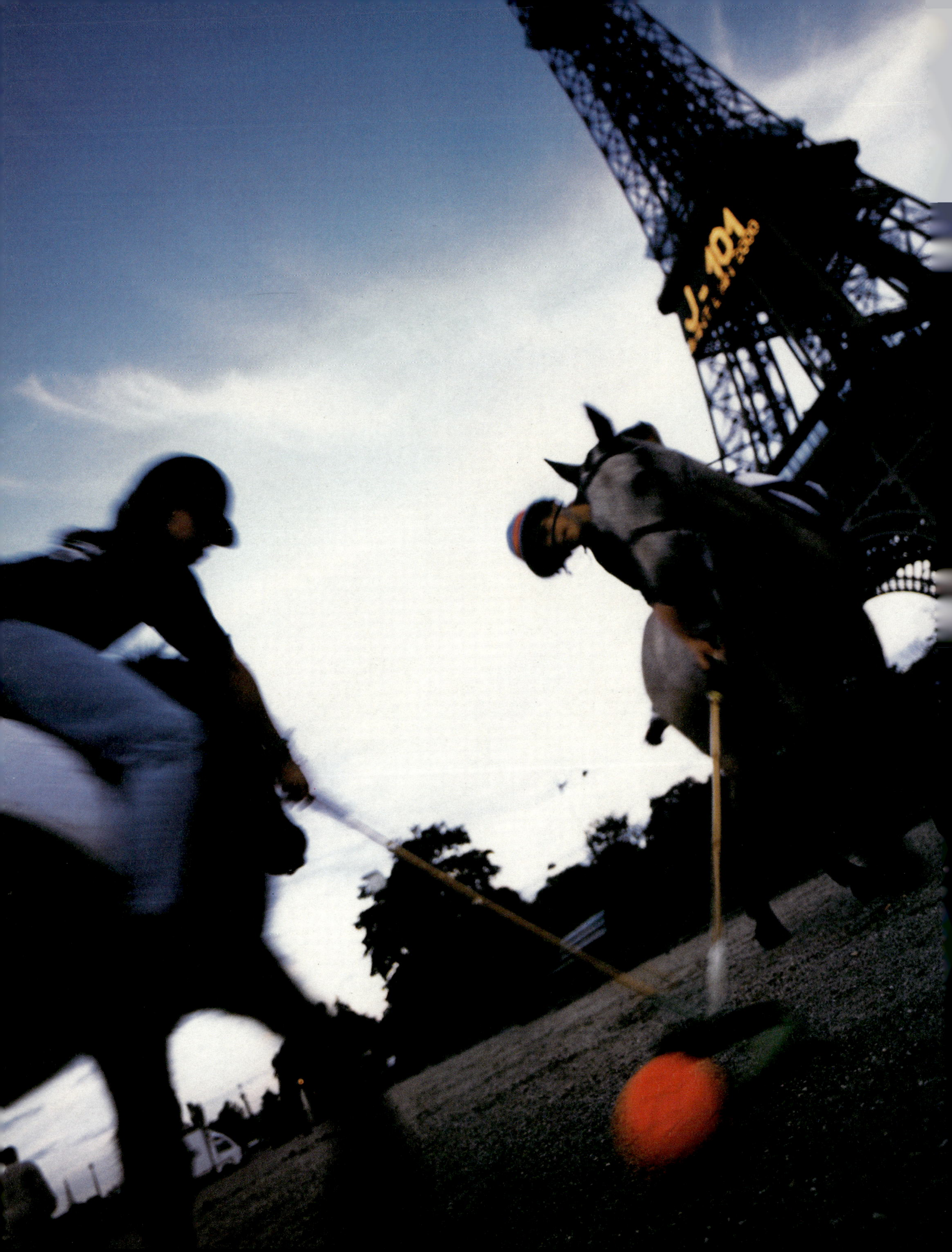

Abordant le troisième millénaire, qui a si fort marqué dans mon existence une sorte de limite me séparant de l'inconnu, inimaginable il y a quelques décennies, il faut bien se rendre à l'évidence : l'an 2000 est là et demain est bien aujourd'hui.

Ma pensée est que le puissant élan de la science ne doit pas nous faire oublier notre humaine condition, sa précarité et son infime importance eu égard au temps qui passe et à l'infini de l'univers.

L'essentiel est de cultiver vis-à-vis d'autrui le sentiment de l'amour, de la solidarité, en luttant de toutes nos forces contre les maux que sont la violence, l'ignorance, le fanatisme et la méchanceté humaine.

Tout passe. Il n'y a de durable que la vérité et ce que nous laisserons dans le cœur des générations futures de nos efforts et nos dépassements dans les domaines de la sagesse ou de la mémoire des hommes.

Arriving at the third millennium which has given to my existence a kind of limit, separating myself from the unknown, unimaginable some decades ago, we shall admit with evidence, that year 2000 is here, and tomorrow is now today.

My thought is that the power of science's progress shall not make us forget our human condition, its precariousness and its insignificance with regards to the passing of Time and the unfinished universe.

The most important thing is to cultivate with others love's feeling, solidarity, by fighting with all our strength against the evil forces of violence, ignorance, fanaticism and human wickedness.

Everything goes. There is just truth which can endure, and what we leave to the next generation is our effort and what we have achieved in wisdom and domain of memory.

Boubakeur Dalil
Recteur de l'Institut musulman de la mosquée de Paris
Rector of the Muslim Institute of the Mosque of Paris

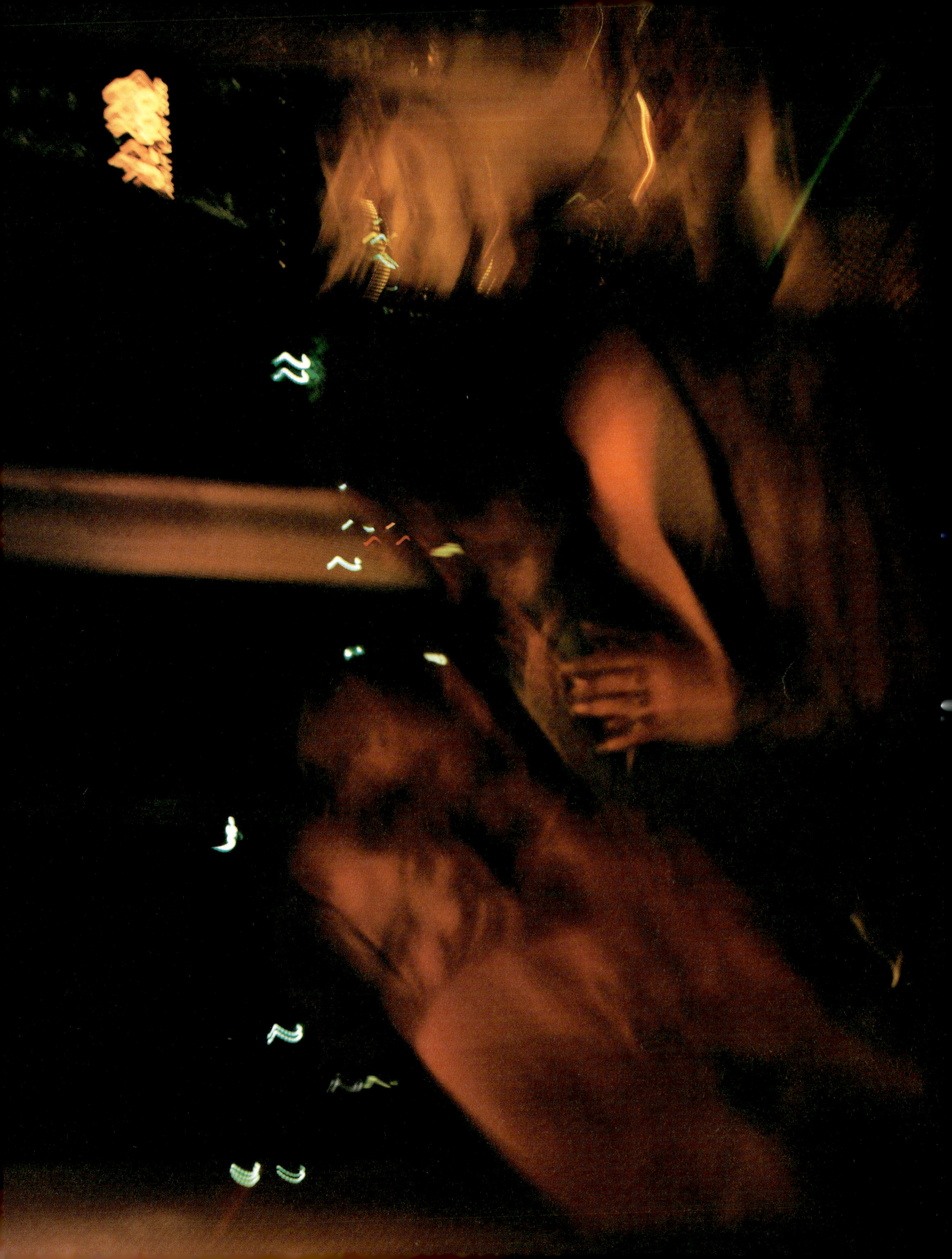

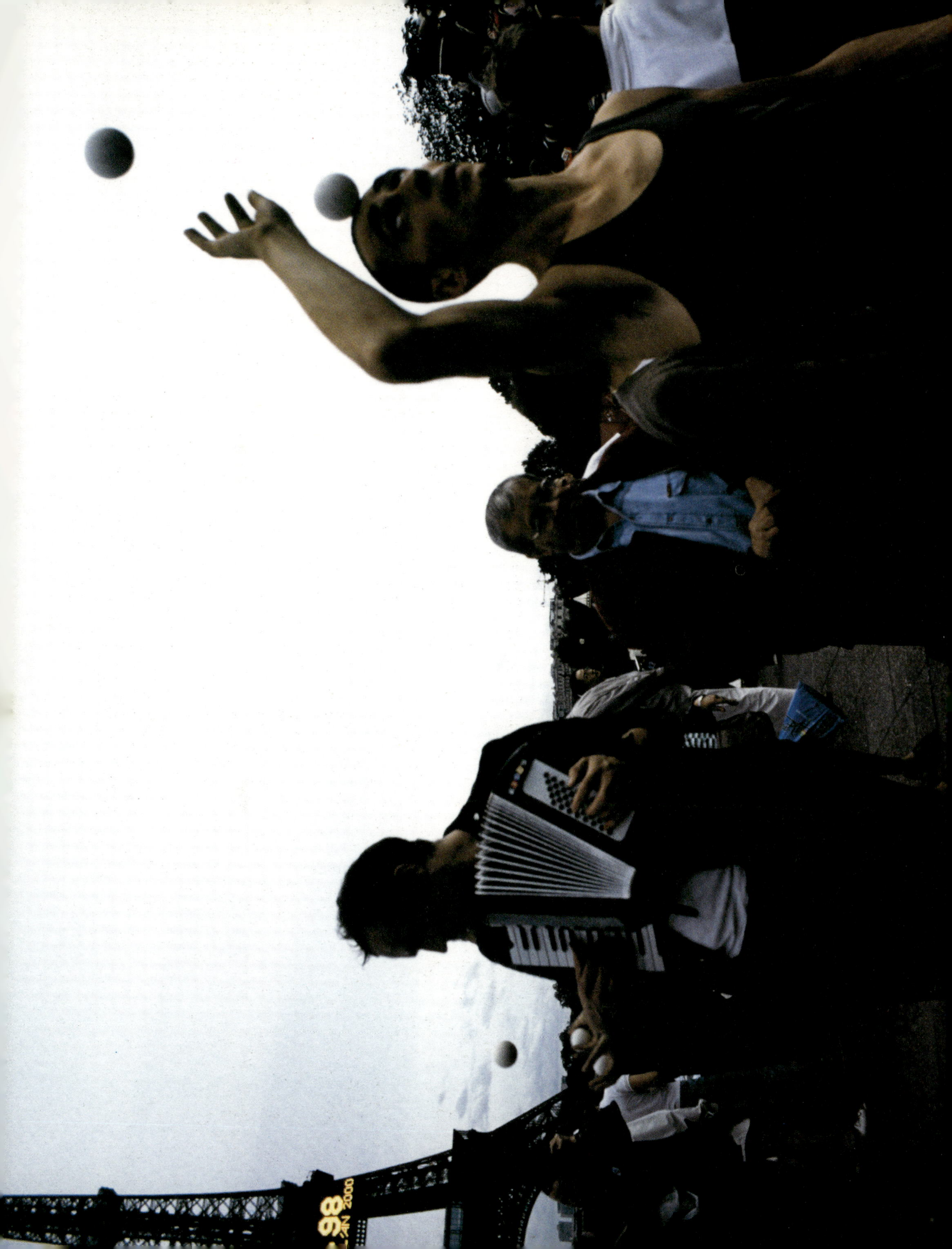

Dans le nouveau millénaire, je vois un monde sans séparation. Il y aura des différences, mais pas de divisions. Nous célébrerons nos différences, plutôt que de leur permettre de nous séparer. Nous expérimenterons aussi notre Unité avec Dieu. Ce nouveau sens de l'unité changera tout et mettra un terme à nos guerres et à notre constant préjudice des uns envers les autres. Nous aurons toujours nos désaccords, mais nous trouverons un moyen pour arriver à un consensus en nous servant de l'amour, et non de la peur. Cela sera le plus grand changement grâce auquel nous serons reliés les uns aux autres et pourrons enfin produire de la paix.

In the New Millennium I see a world in which there are no separations. There will be differences, but not divisions. We will celebrate our differences, rather than allowing them to separate us. We will also experience our Unity with God. This new sense of unity will change everything, and will end our wars and our constant damaging of each other. We will still have our disagreements, but we will find a way to come to consensus through the use of love, not fear. This will be a major shift in how we relate to each other and will produce peace at least.

N. D. Walsch
Auteur de la trilogie "Conversations avec Dieu"
Writer, author of "Conversations with God"

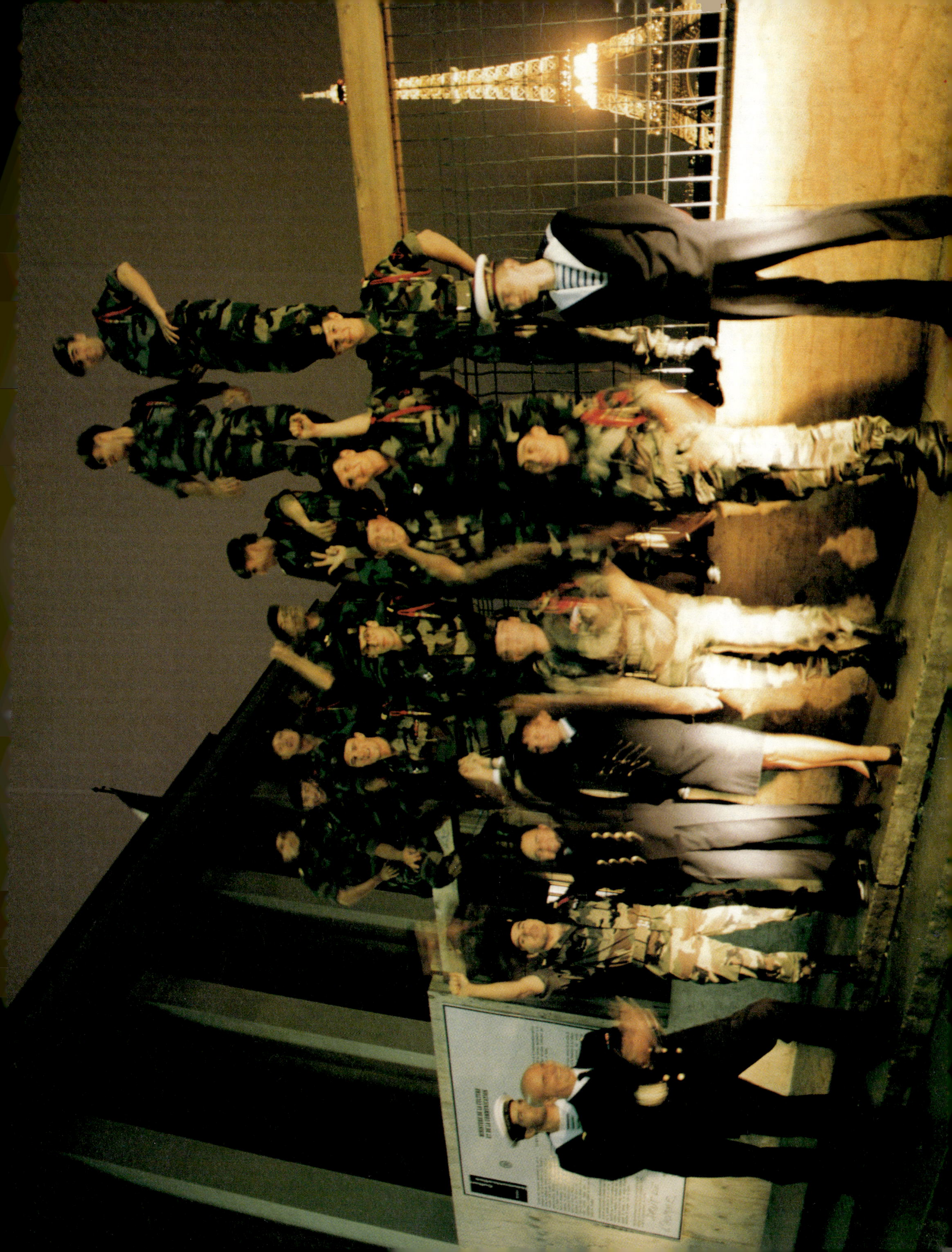

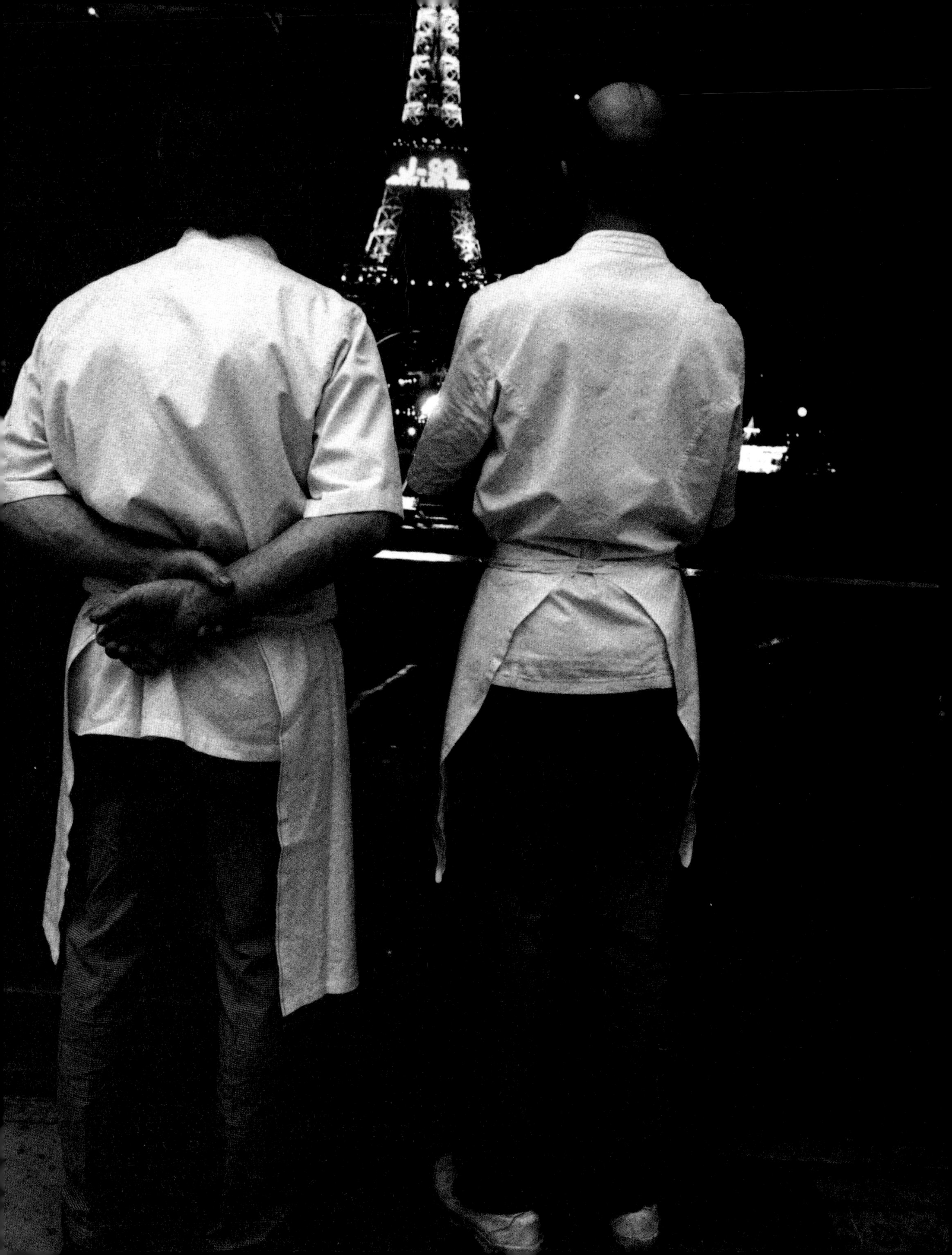

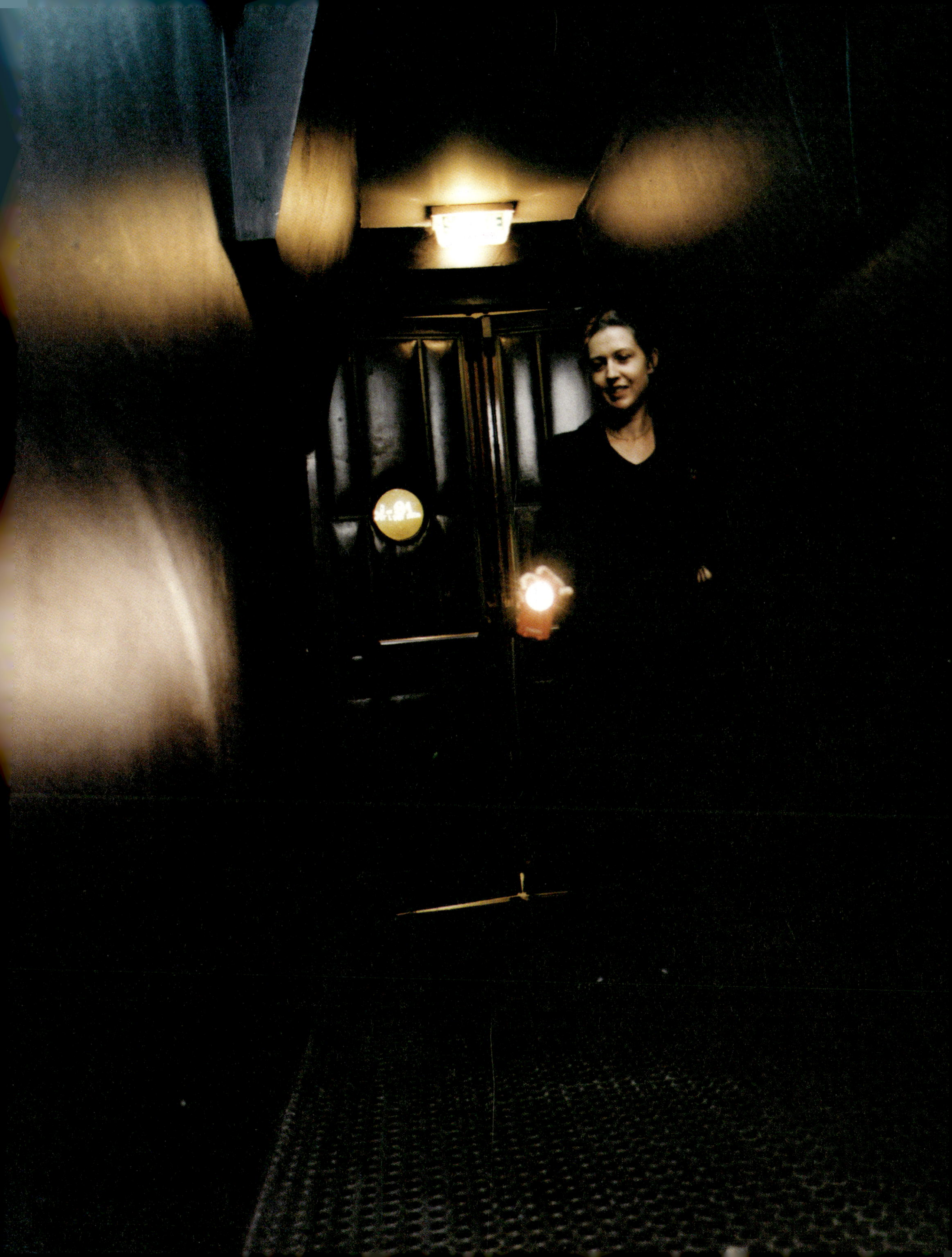

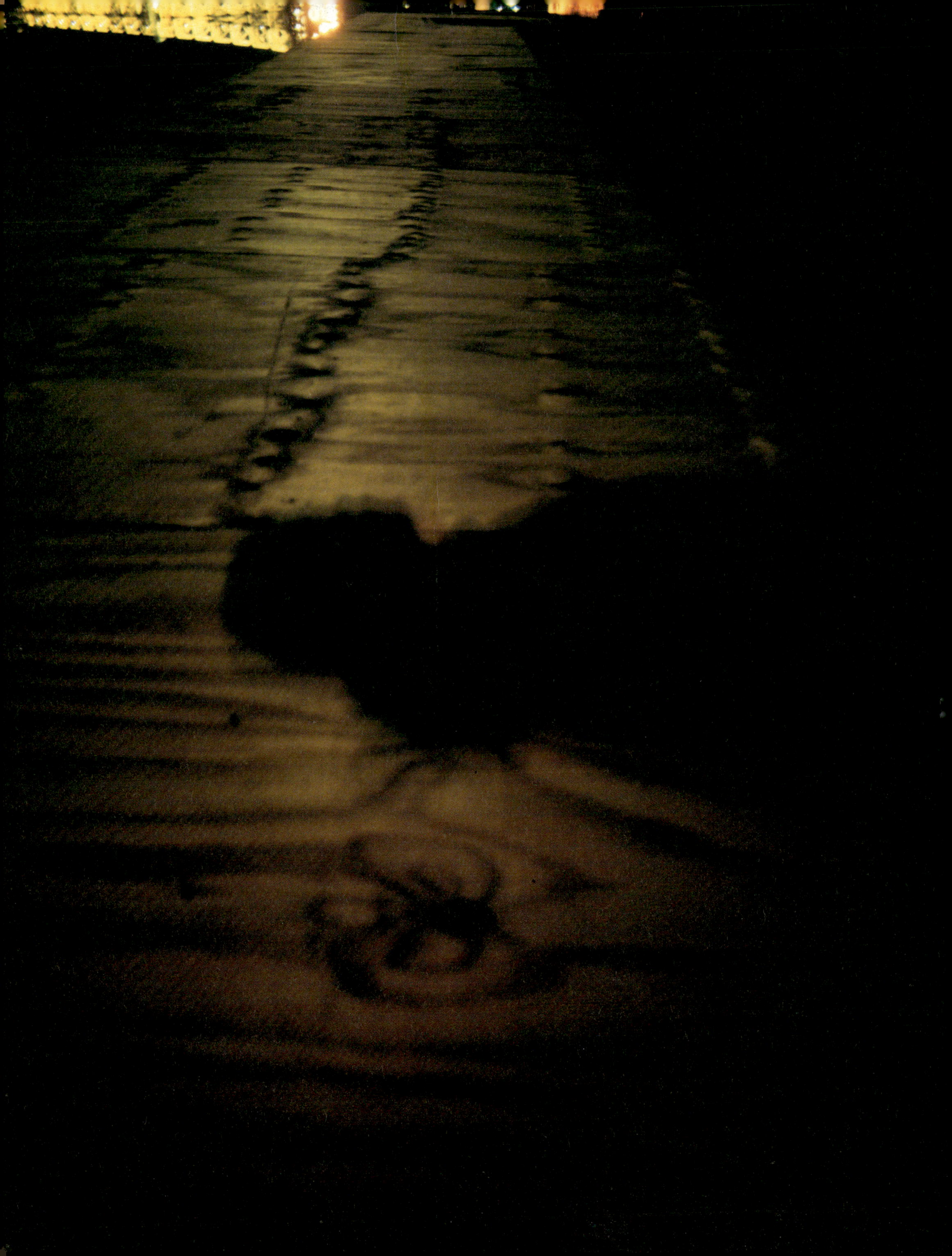

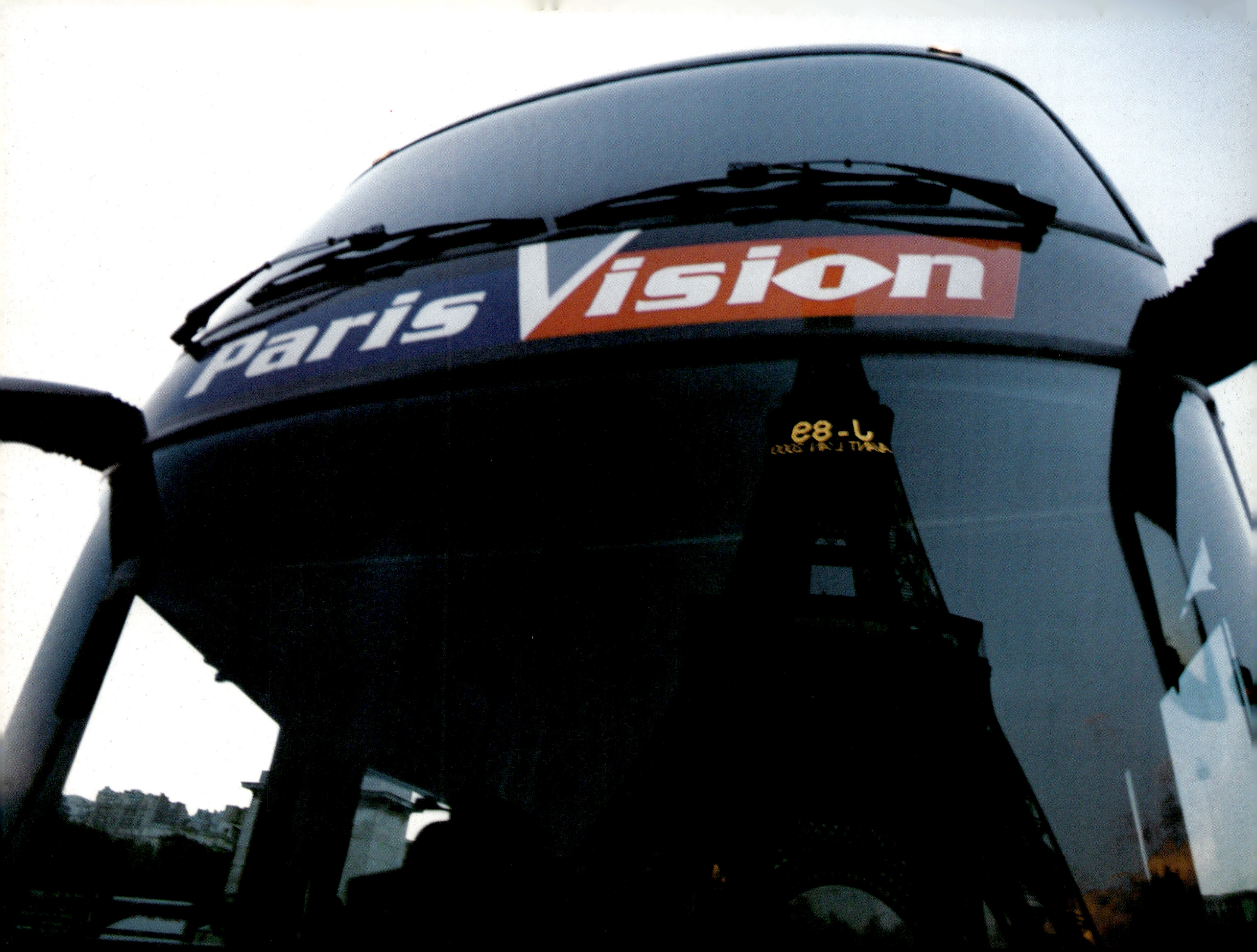

Paris Vision

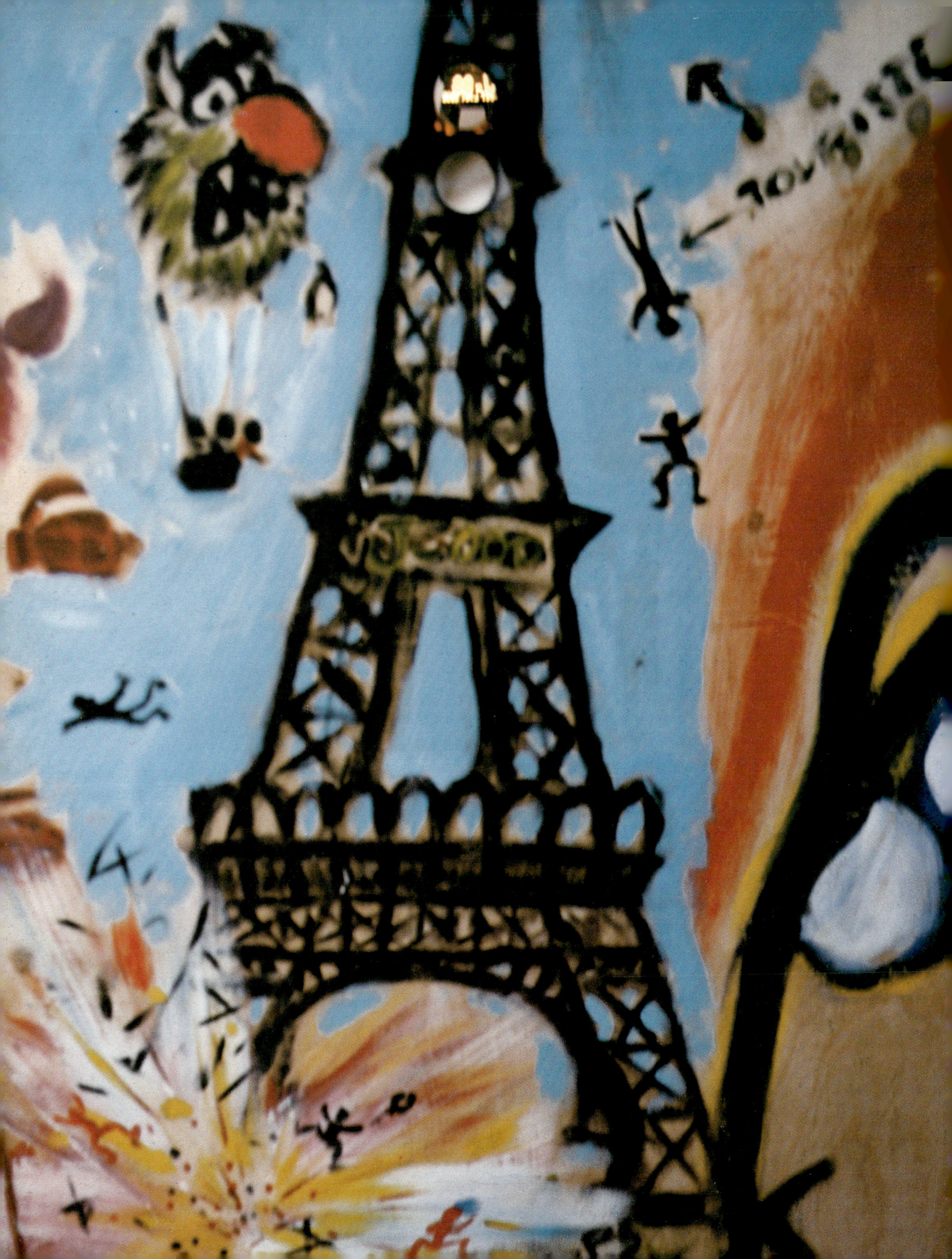

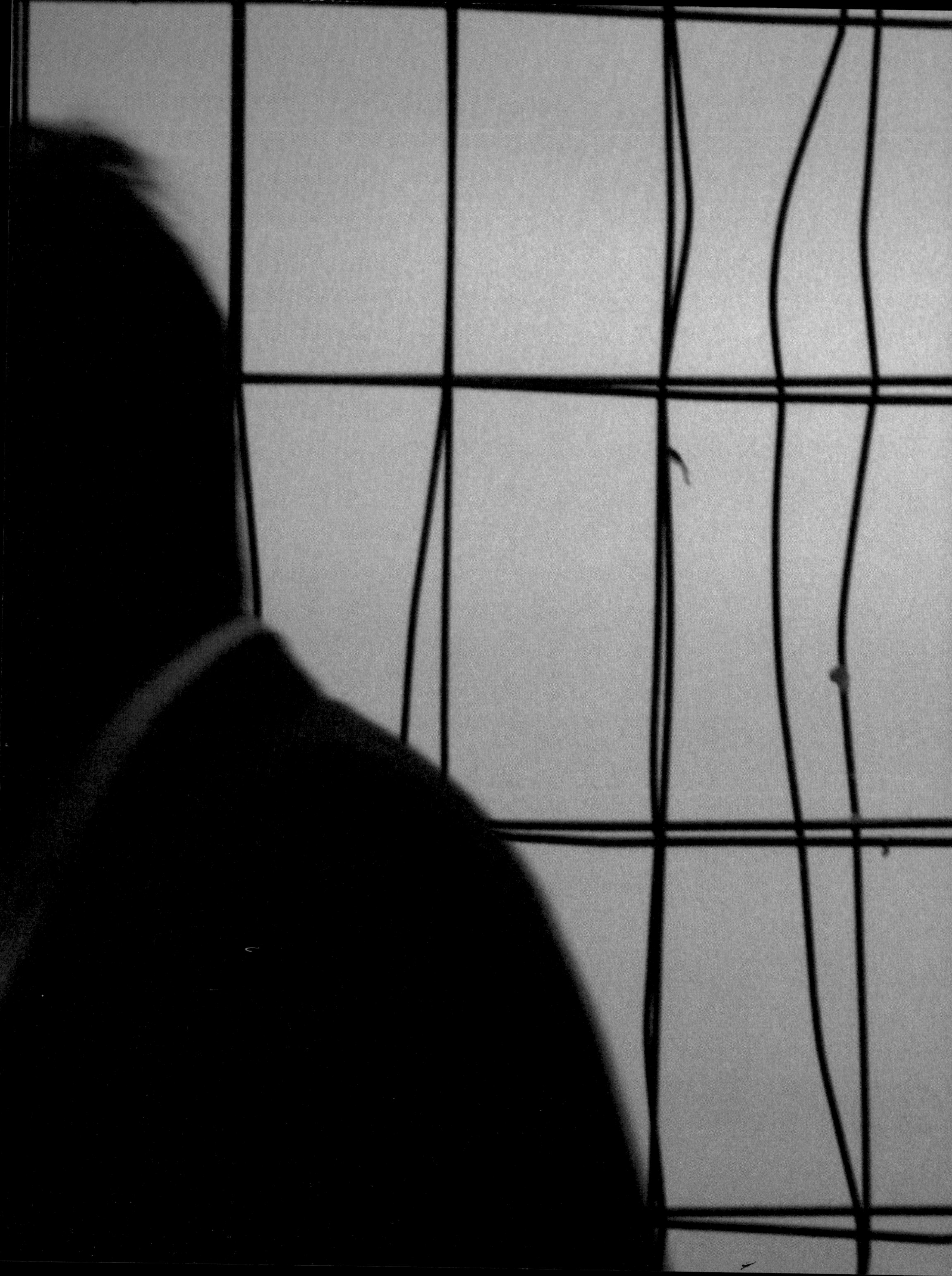

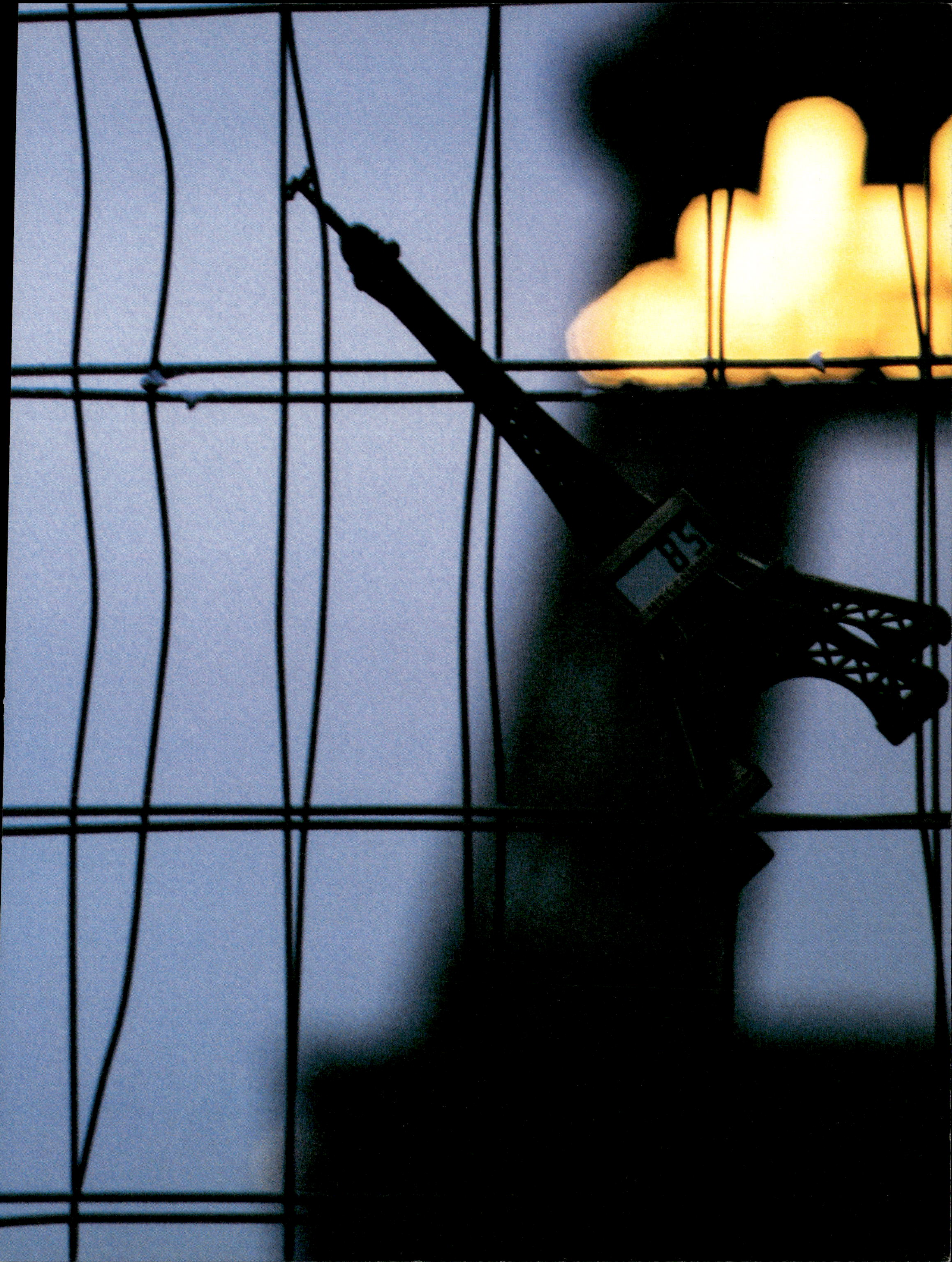

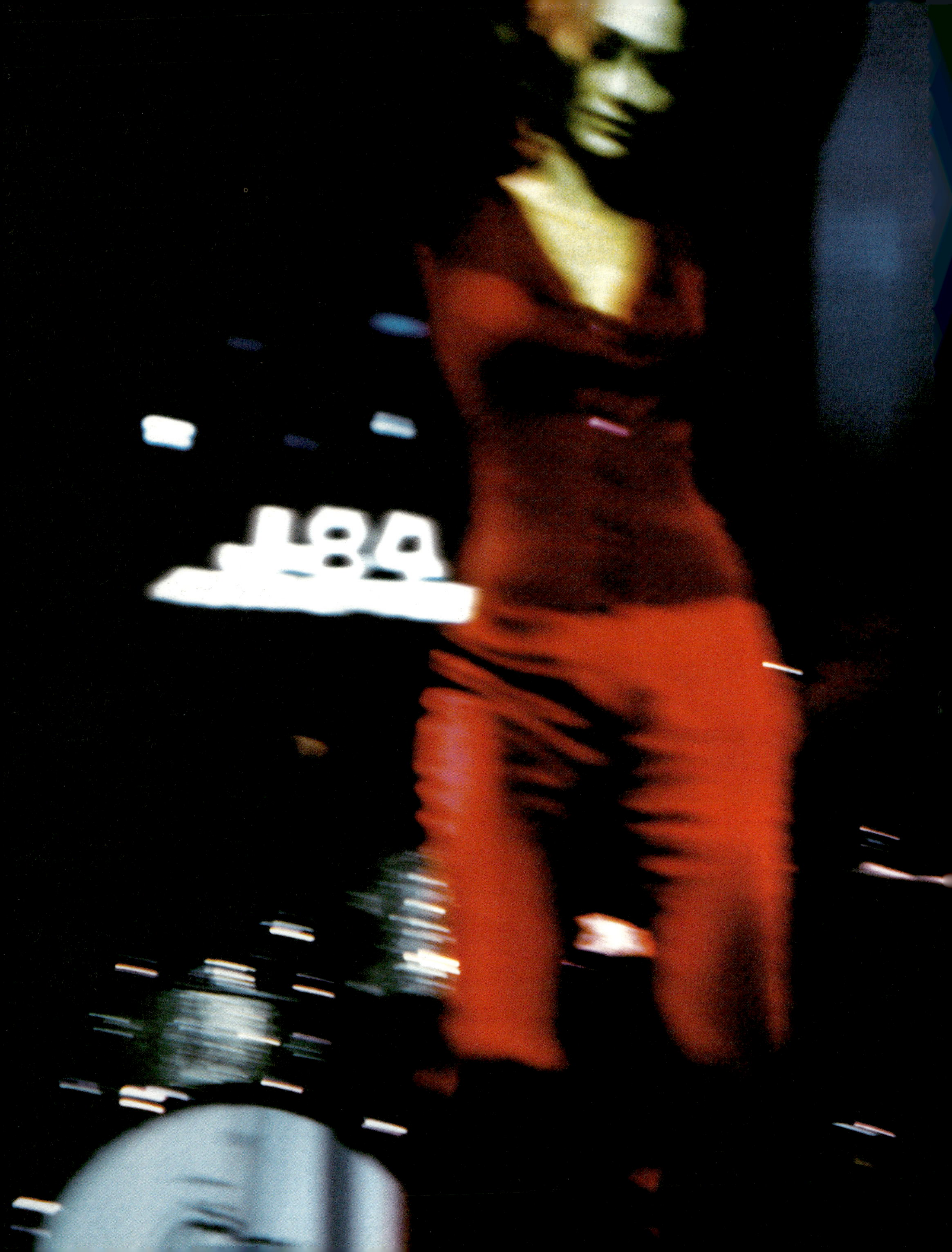

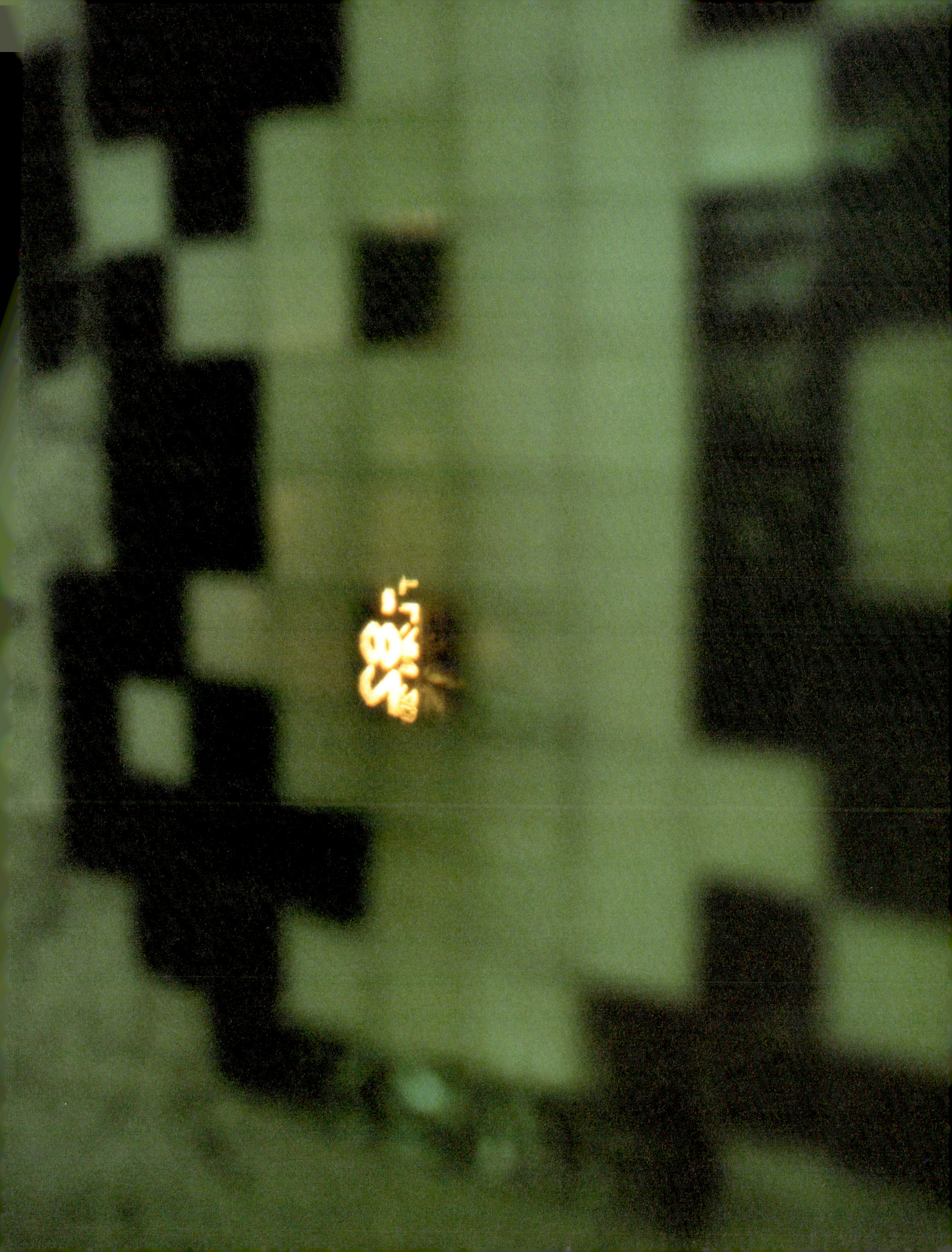

Betty se trouvait trop grassouillette (176)
Betty avait un petit problème de poids.
Elle adorait les hamburgers.
Alors John, son mari, lui a appris de l'aimer
et pour Noël, il lui a offert une cure avec un superbe voyage.
1 semaine au Kosovo, 15 jours au Vietnam et 2 semaines au Rwanda.
Dans sa dernière lettre, toute fière,
elle avait déjà perdu 50 kg (1 pied, un bras
et le bras gauche (quant je
fisse, vais tenait bon)
Depuis son passage en Afrique
on reste sans nouvelle.

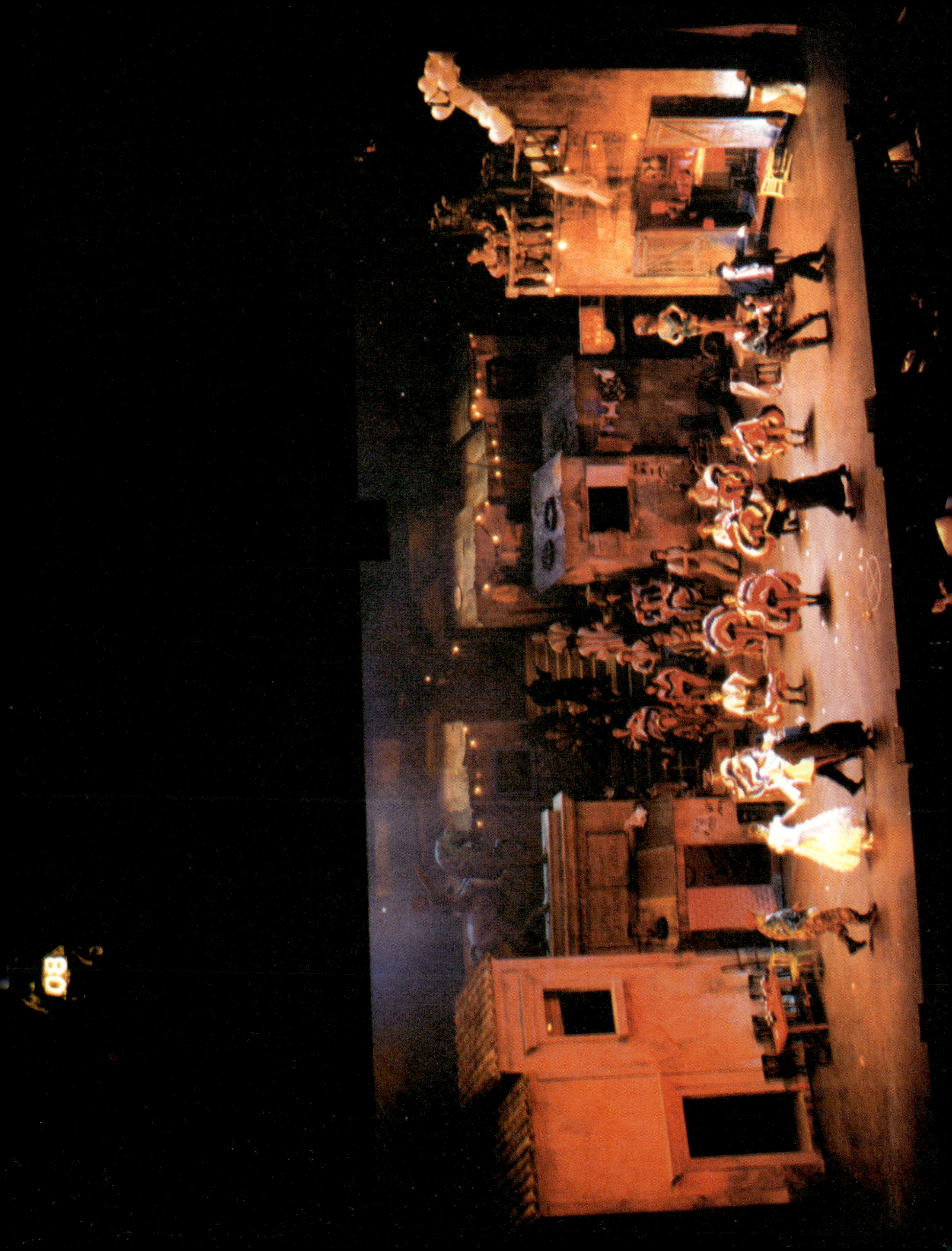

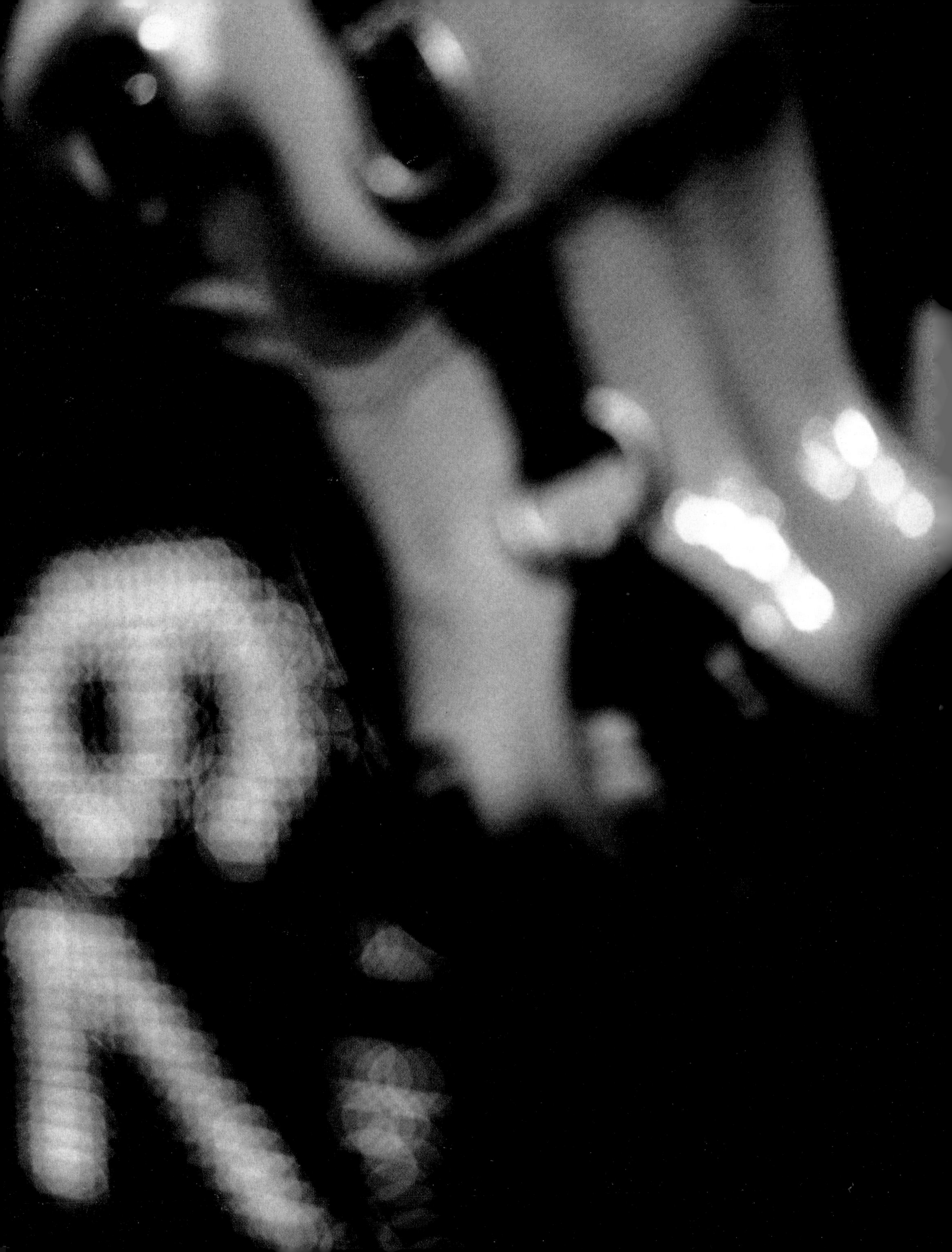

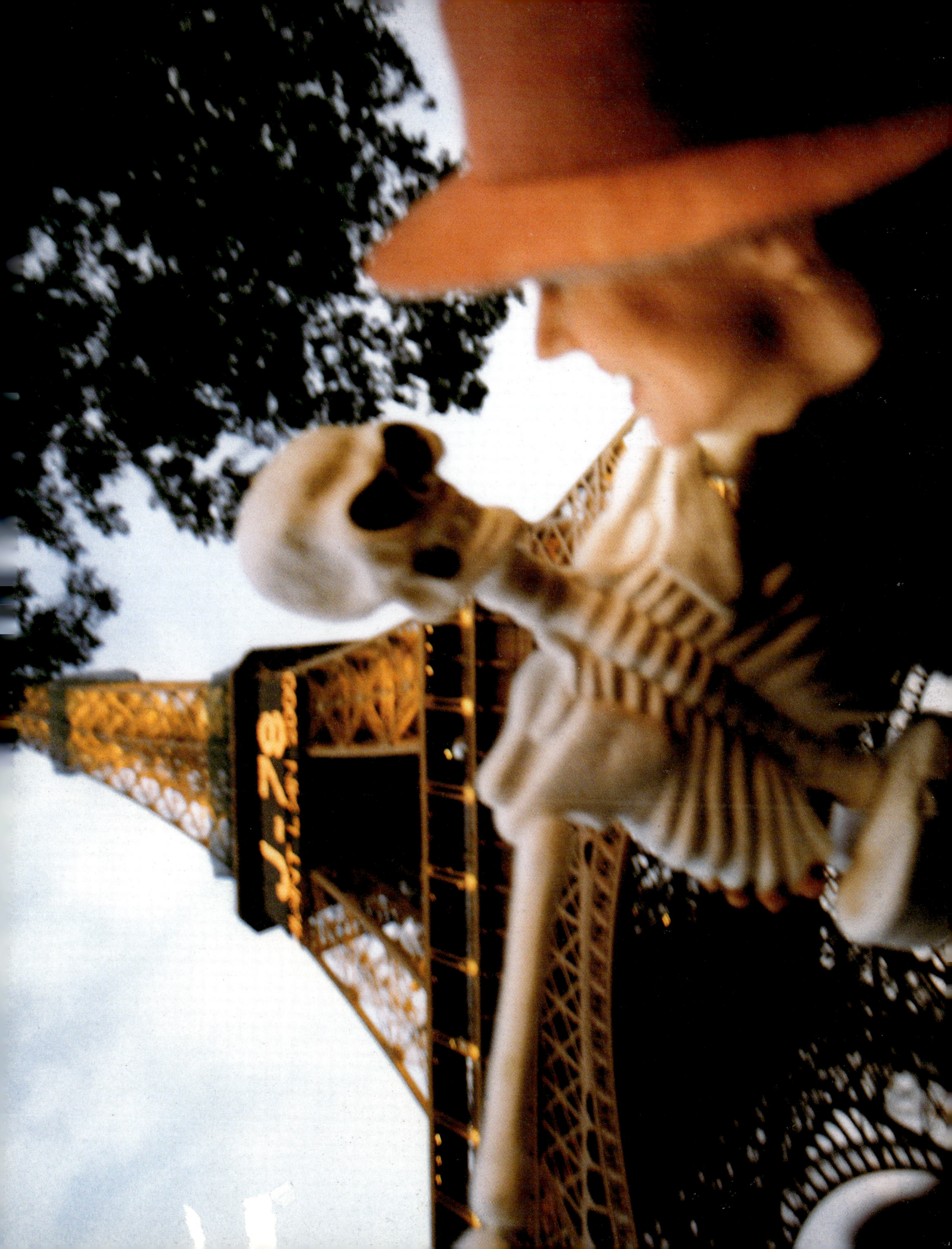

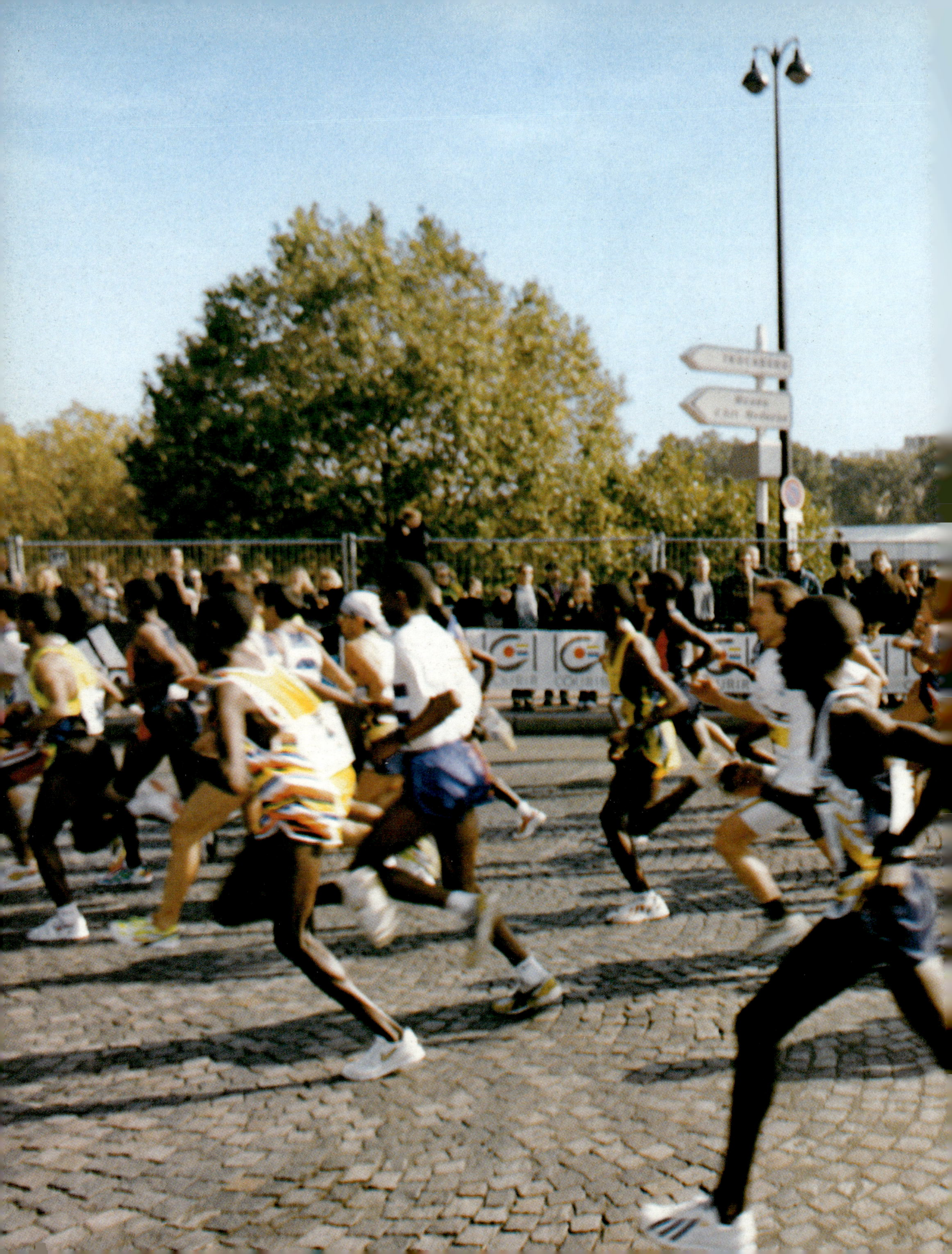

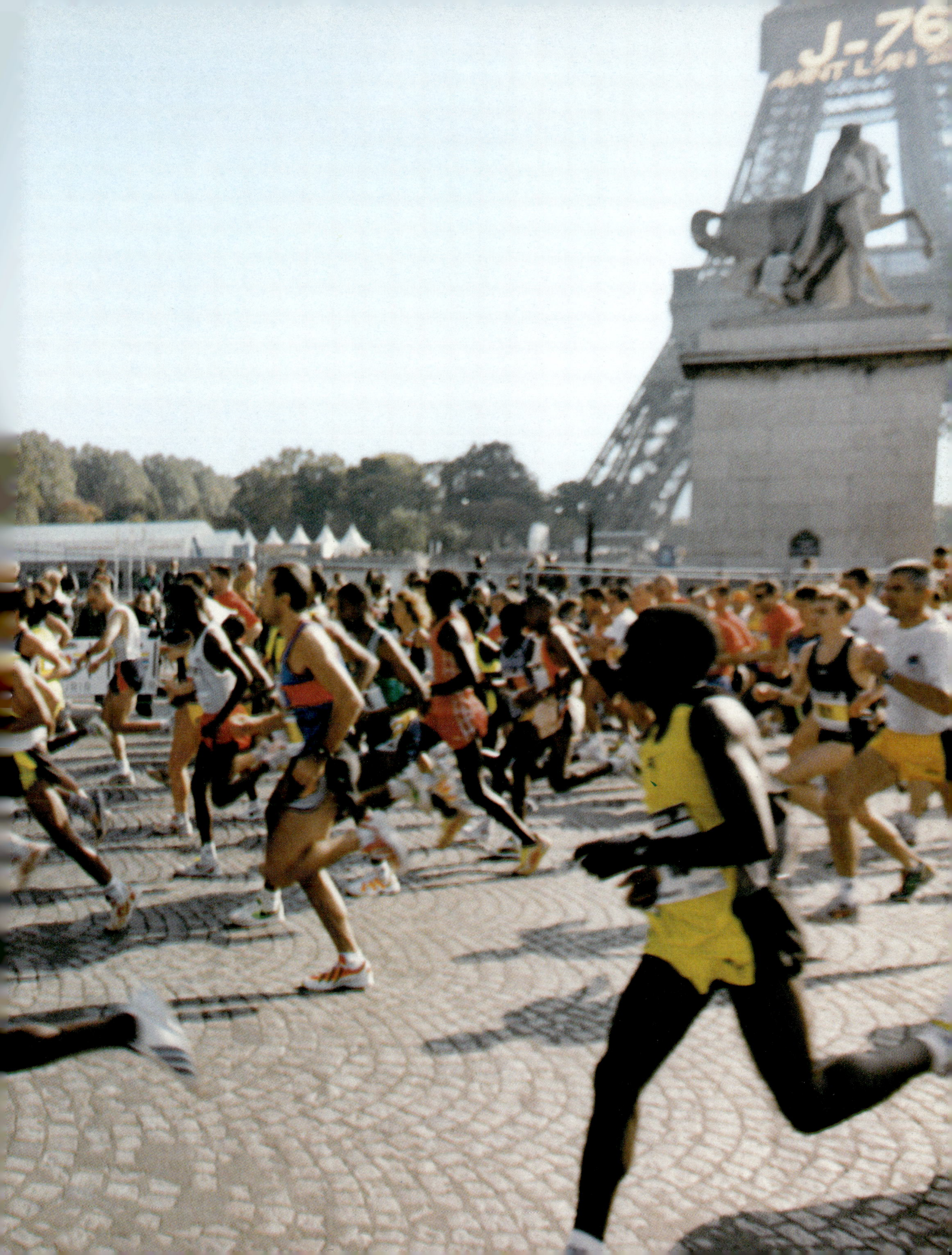

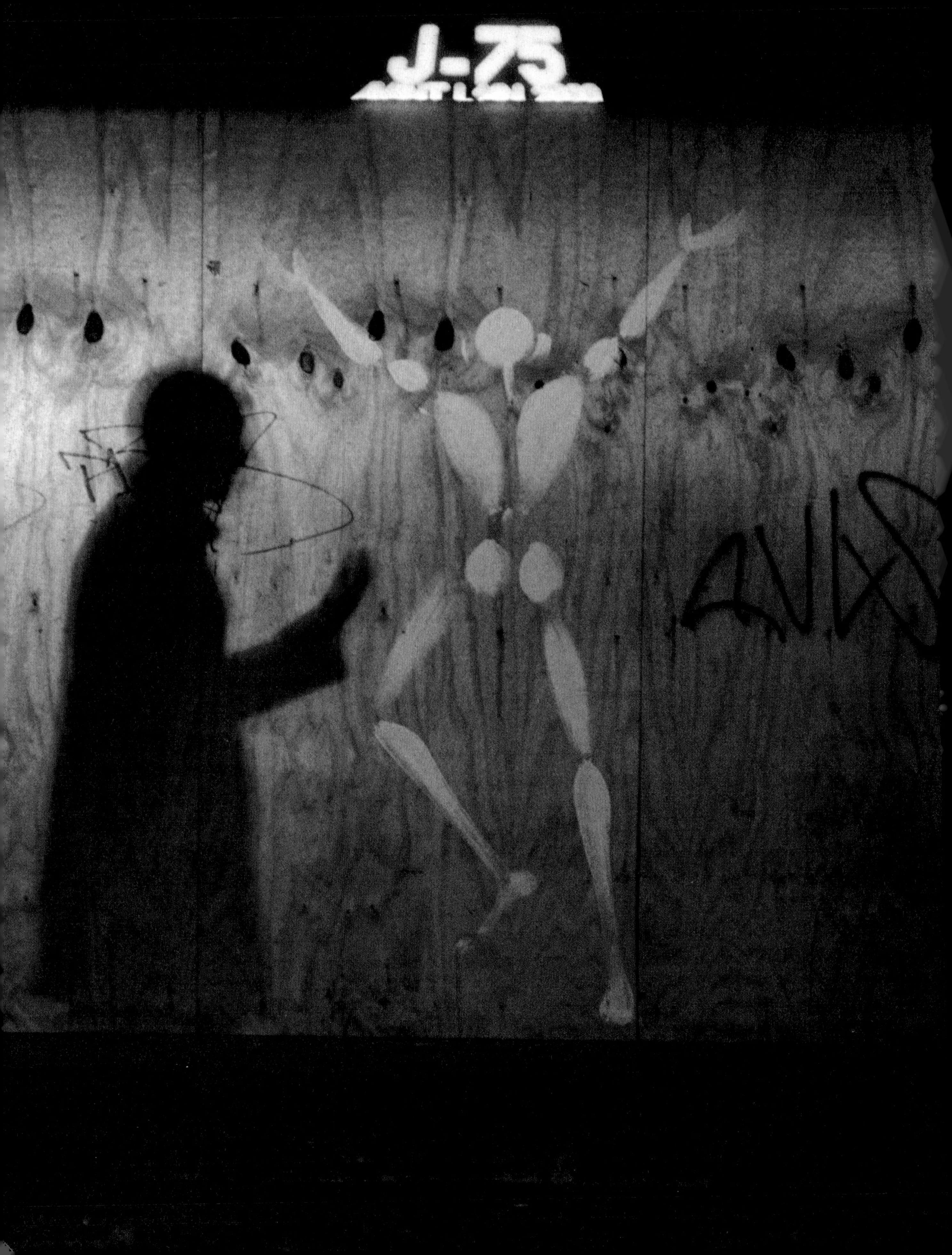
J-75

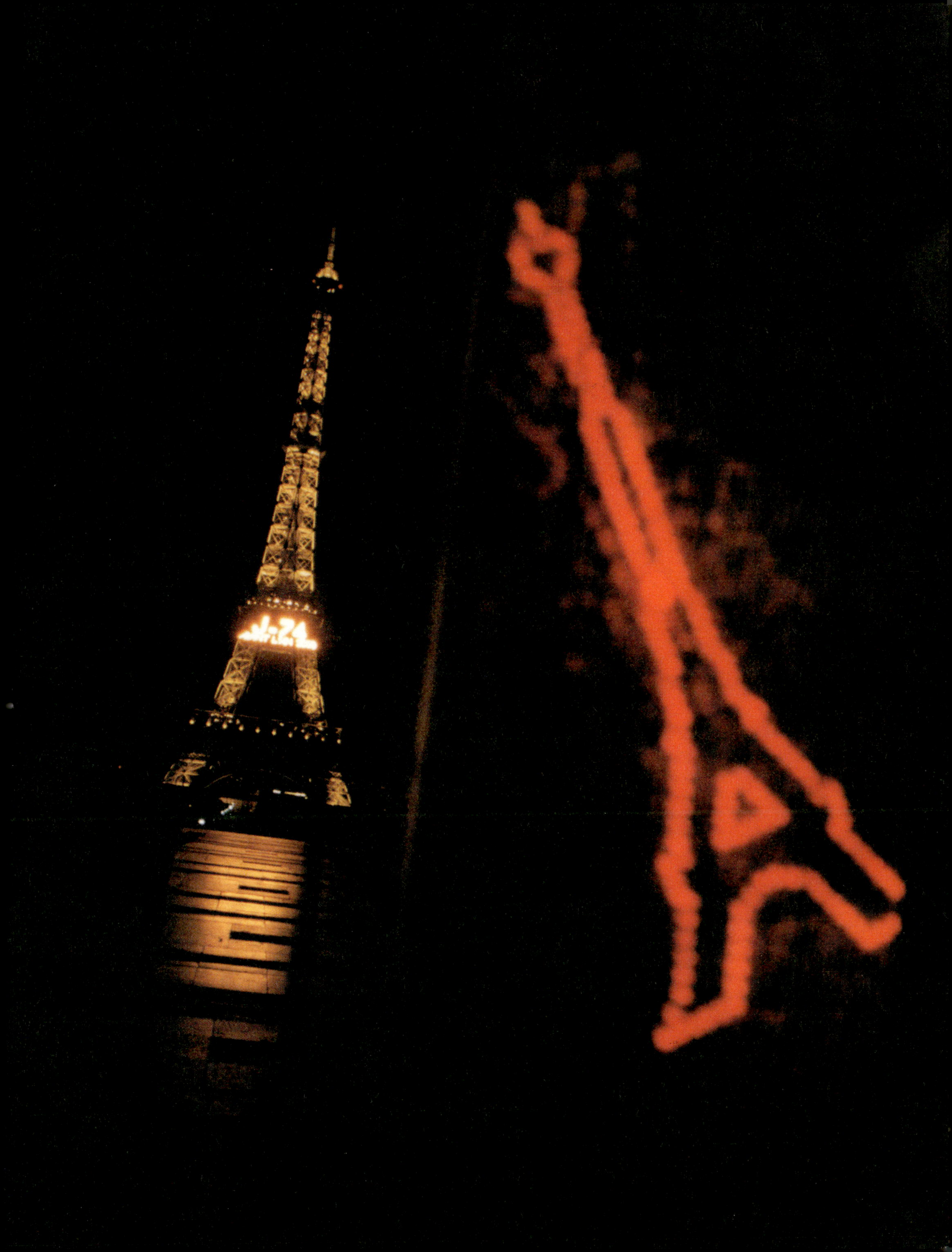
J-24

Remerciements

Pour avoir accepté de traverser mes photos : Alexandra Balach, Armand Levy, Katia, Valery Steffen, Anaïs Blancou, Jacques Collard (Maxim's), Philippe Robert, Louis Dias, Ali Stephane, Laure Amnalee, Paek Chul, Emmanuelle Tasini, Remi Attuyt, Regis De Viennay, Boran Mehran, Frédérique Aumonier, Fabrice Lallemand, Lucilla Ferrara, Laura Ceccola, Emiliana Lanaro, Linda Far, Jamila Guitoun, Gonzague Saint-Bris, Hors Humain, Laurent Combelles, Géraldine Ioos, Arnaud Pellat, Tatiana, Sylvine Petit, Oscar Castro, Laetitia Lopez, Francisco Lupi, David Fradet, Fancu, Ludovic Carene, Oscar Garcia Perez, Adam Brook et Douglas Law (Films "Invisible Circus"), Samanta et Fabrice Amouyal, Mohamed, Denis Naegelen, Marie Holzman, Olivier Bernard, Kim Shau, Hay Srean, Louis Lélu, Robert Fouret, Dorothée Cauden, Alain Bremont, Guillaume Varnier, Cai Chong Guo, Françoise Lahaye, Jeremy Lord, Rosabel Esfrella, Michael Gaury, Ykpaiha Luoknh Alexcamgp, Vanessa Ellis, Ali Sharaf, Momo et Luis Hassan, Didier Doussin, Jovani et Béatrice Jovanovic, Amida Essassi, Francois Sorentini, Hedi Ghannem, Jean Gaudiard, Thomas Colin, Martin Cerecedo, Noémi, Xavier Wantiez, Séverine Diard, Saleem (Les Films du rivage), Marianne Christiansen, Sarah Beck, Christna Soegaard, Majed Nizan, Hammoud Afif, Tony Hobbs, Marc Bizet, Lanee Elded, Jugurtha Dahoumane, Charles Taugoudeau, Peter Duong, Minna Matintupa, Xavier Brunelle, Heidi Sorvari, Kenny Eng, Brahim Aedegi, Agnès Guérin (Génerix), François Jousse (Directeur de la voirie, mairie de Paris), Van Damme, Fatima Oubila, Amadan Sambaa, Halim Hadjadj, Amandine Guillon, Yann Connesson, Adjudant Douchin (Circulation routière), Caroline Letideau, Ramona et Valentin, Heric Secke, Jamal Ghilana, Manabu Matsunaga, Gérard Bourgoin, Heidi Karl, Chris Bossette, Alain Manoumani, Mathieu Ricard, Maryline Fautrat, Olivier et Hind, Réa, Nathalie Bontoux, Fiona Buck, Vanessa Guérin, Andy Le Clown, Donavan Campbell, André Bouffard, Pascal Morrow, Pascal Gaikli, Jérôme Savary et sa femme, Nathalie Phanu, Fidaa Diab, James Huot, Patrick et Priscilla Paillol, Dominique Larretche, Sisi, Sarah Fil, Patrick Valle, Nimi, Patrick Ségarel, Mathieu Becquaert, Pierre, Chantal et Eugénie Dubois-Gance, Dougna Schutze, Vicky Kaya, Fanny Vaucelle, Annabelle Mouloudji, Simon Djongo, Yannick Elambert, Mokran, Lacano, Olivier et Eloi Ledoux, Vania et Georges, Philippe La Joie, Kaddi Mohamed, John Silverman, Fredy Petit, Saber Bensalha, El Houssaini-Khadija, Renaud et Jean Robert, Vanessa Meozzi, Alix Née, Eric Lefevre, Pascal Aujumier, Precugoup, José Oliviera, Jarmo, Sherifa, Samantha, Jean-Baptiste (Le Makai), Jean-Claude Durand et les élèves de l'école nationale du Théâtre de Chaillot (Anne-Hélène, Claire, Marie, Lamya, Bénédicte, Raphaël, Vincent, Guillaume, Emmanuel, Olivier), Emile Choukron, Yvon Lemarlek, Annette Burgdorf, Jacques Sabatier, Brigade Rollers : Laurent Dixon, Christophe Aliotti, Cédric Hernot, Stéphane Guénin, Guillaume Evlakov, Dany Gros Désirs, Pascal Morabito, Philip Anglim, Luc Becker, Eva et Cécile Glais, Alexandre Bastien, Christine Barmont et ses enfants François et Paul, Serge Alilat, Michel Jarcht, Ludovic Carène, Stéphane Beaudeau, Claude Fleitz, M. Chaumiène, Frédéric Vandamme, Ali Sharaf, Saleem Hiner, Claude Gréa, M. Meijer, Christophe Halet, Maurice Potache, Didier Caparos, Julie Dionisius, Anabel Rucker, Kiernan Morriarly, Missy, Melissa Kelly, Mommejad, Laurent Grynszpan, Elisabeth Schlesinger, Claude Gréa, Florence Morel, Madame Mulé, Miquel Cuevas, Doriane Marcin et sa fille, Noureddine Berridi, Carole Naville, Thierry Brunel, Camille Debaille, Nassima Hamdi, André Lems, Natacha Zaluzhnaya, Lisette Laurense, Philippe July, Laurence Lemaire, Brigitte Pasquini, Christian Krykant, Alain Detave, M. Piguel, Béatrice Cohen, Franck Hiribarne, Emanuel Ungaro, Hervé Mellière, Josiane Mouriesse David, Philippe Thouvenin, Bertin Guichard, Thierry Raman, Laurent Pénisson, Caroline Huls, David Gaillard, Marian Boros, Samantha Midi, Nathalie Chanu, Patrick Paillol et ses enfants, Charles de Vivie, Nadine Gérard, Cécile Dalmeque, Nikko-Pohjaniemi, Steeve Deimal, Sandrine Buyle, Zahi Ouarda, Bruno Lenoble, Susan Lewis et son fils, Thierry Sadoun, Bob Moskalyk, Mackenzie Delene, Victoire Bernaudin, Jean-Claude Durand, Aude Pichard, Clémentine et Frédérique Bedos, Françoise Fognini, Igor Brover, Christophe Richard, Jean-Paul Gaultier, Tulqu Pema Wangyal.

Auteurs : Christian Cabrol, Colette Touiller, Le Hors Humain, Tcheuky Sengué, Claude Pinoteau, Jean-Baptiste Richardier, Patrice van Eersel, Jean-Louis Servan-Schreiber, Michèle Salamagne, Richard Sebag, Maurice de Gandillac, Patrick de Wever, Catherine Despeux, Marc de Smetd, Michèle Cristofari, Guy Aznar, Léon Claude, Guillaume le Touze, Kent, Arnaud Desjardin, Tenzin Gonpo, Jack Lang, Serge Thomas, Yves Duteil, Pierre Druilhe, Ray Lema, Jacques Lacarrière, Hervé Chabalier, Patrice Levallois, Dominique Lapierre, Gilles Schneider, Franck Joucla, Michel Casse, Arnaud Marty-Lavauzelle, Louis Schweitzer, Patrick Aeberhard, Dalil Boubakeur, Norman Spinrad, Donald Neal Walsh, Marie Jaoul de Porcheville, Truan Trinh Xuan, Franck Coutriene, Pierre, Paolo Calia, Kriss, Patrick Chanson, Slimane Zeghidour, Natacha Nisic, I.D., Bessora, Stéphane Audeguy, Scott Mela Babe, Vincent Ravalec, Samatha Barendson, Rebecca Bournigault, Marie Decaux, Karin Bernfeld, Gérald Messadié, Ann Scott, Pierre Guillet, Eric Ouzounian, Grégoire Bouillier, Cécile Wajsbrott, Patrick Eudeline, Bernard Barataud, Marc Gentilini, Raphaël Triet, Francis Charhon, Mathieu Ricard, Michèle Perrot, Wolinsky, Maryse Wolinsky, Amor Fayçal, Frédéric Taddéi, Franklin Devaux, Aude Lafontaine, Michel Guiraud, Pierre-Alain Gourion, Paul Bonnenfant, M. Yeatman-Eiffel, Jacques Rigaud, Ladislas Robert, Jean-Louis Guigou, Docteur Jean-Marie Guffens, Josoa Ramamonjisoa, José Reynes, Renaud Patrick, Marol, Chantal et Alain Mamou-Mani, Victoire Tessman, Matthias Schäfer, Emmanuel de Brantes, Raymond Daudel, Carlos Bejarano, Jeanne Gruson, Professeur Alain Deloche, Patricia Salen, Honoré Carlesimo, Professeur Bernard David, Arouna Lipschitz, Docteur Olivier Caste, Larry Allam, Marie de Mennezel, Marino Valiano, Docteur Valérie Poyssegur, Docteur Hervé Castel, Thierry Reboud, Michaël Selinger, Pascale Guy, Stéphane Audeguy, Philippe Robert, André Comte-Sponville, Docteur Yann Rougier, Pierre Lunel, A. Azan, Hélène Lanic, Claude Challe, Rouben Melik.

Pour avoir participé : Jacqueline Nebout (Président-Directeur général), Bertrand Habert (Directeur commercial), Yolande Thiriet et toute l'équipe de la Société Nouvelle d'Exploitation de la Tour Eiffel, Martine Varenne («Diapason», Attachée de presse de la Tour Eiffel), Bertrand Bled (Président de la Mission Paris 2000), François Bouvier (conseiller du Délégué général de la Datar), Joël Brard (Maison européenne de la Photographie), Monsieur le Professeur de Lumley (Directeur du Muséum d'Histoire Naturelle), Pierre Alain Gourion (Conseiller au commerce extérieur), Alain Guillon (Responsable de la Labellisation An 2000), Michel Giraud (Directeur du laboratoire de Minéralogie), Marie-Odile Masson, Jean-Luc Monterosso (Maison européenne de la Photographie), Michel Oddo (Directeur-adjoint de la Communication CFCE), Gilles Pierre (Directeur de la Mission Paris 2000), Pierre Masson (Réseau Métropolis région Ile-de-France), Bruno Ravail (Administrateur général Direction des Affaires culturelles et historiques, Ville de Paris), Jean-Louis Vibert-Guigne, Monsieur le Professeur Patrick de Wever (Directeur du laboratoire de Géologie). Chaterine Be Nazeth, Paris Première : Thierry Ardisson, TF1 : Xavier Couture, F2 : Brigitte Smith, Sophie Maisel, Didier Dahan, Arte : Véronique Barondeau, Véronique Kolasa «Le Book», Furuhata Ikuo (adjoint Ville de Tokyo), Handicap Internationnal – Jean-Baptiste Richardier, Tazartes, François Bertaux, Alain Caille, Sophie Gadonneix (Le Figaro), Rouben Melik, toute l'équipe du Muséum national d'Histoire Naturelle, Herriko Taberna, Dominique Roynette, Laurent Greisalmer, François Lolichon (Le Monde), Gorodo, D'Armagnac (Le Monde interactif).Gabrielle Lubliner, Bernard, Nathalie Goffard, Didier Rossigneux, Edourd Sicot, Léa, Valéry, Gabrielle et Pierre Magnier, Pierre Siccardi, Alexandre Marie, Le Touze, Nicole Dular, Richard Oidin, Jacqueline et David Israël, le curé de la Paroisse St-Pierre, Paul et Nadia Jaskilski, Florence Tredez, Cyril Buffet, Nefissa Mimoun, Albert, Maurice Subervie, Reinold Hart, Stan Levy, Louis Boutolleau, Lydie Boutin, Guillaume Letestu, Julia Denis, Nicola Larbiose, Marc Parent (Ipso Facto), Patrice Bachy, Olivier Delachelal (éclairage de la Ville de Paris), Abdelkarim Essoulami (Sté Manzeh Diafa-Maroc), Fred Sacouman, Jean-Pierre Schaefer (artificier), Antonio (Sky Light), Stéphane Lelarge, David Ficho, Joël Moro (Mairie de Paris service audiovisuel), M.H. Solamgue (Hôpital Brousse), Michel Oddo (CFCE), Chandra Mani Adhikari, Jose Reynes, Gilbert Myotte (Paris événements), Jambaro (Vedettes de Paris), Jovica Vuckovic, Renaud Chane (artificiers), Olivier Dhotel (Sté Blue Green), Arry Boujnah, Patricia Noé, Marie Allwright, Mathias Schäfer, Isabelle Bouilloux, Fabrice Rosset et Christophe Hirondel (Champagne Deutz), Agnès Chemama et l'équipe du Théâtre national de Chaillot, Lili Quint, Gérard Chalençon, Francis Poidevin, Marie Gourion, Jean-Alain Dugaud (Etb. Lefebvre), Nicole Froissard, Nicolas Baby (FFF), Didier Spad (Compagnie des Bateaux à roue), Michel Peret (Illumination de la Ville de Paris), Claude (Objectf Bastille), Armand Chocron, Eric Pajot, Pierre Legovic, Yves-Marc Ajchenbaum, Carra, Karine Barte, Olivia Bodiche, Eric Schaub, Fabien Lecuyer, Jean-Louis Gibert, François Bouvier-Socolovsky, Thierry Sadoun, Véronique Dales, Tour Eiffel : Marie-Claude De Maneville, Antoine Vigne, Thierry Legouez, Catherine Piault, Calix, Agnès et Maxime Fauché, Michaël Gaury, Patrick Brenneur, George Trivino (Les Mangeurs d'étoiles), Colette Harel, Carl Lefay, Fruly, Charline, Danielle Santini, Claire Rousseau, Françoise et Sonia Fabiani, Alexis Komenda (photo de la robe Ungaro de l'an 2000).

Traduction : Johnny Gadler, Simon Morales, Fanny Pagniez, Olivia Ingraham, Kali, Chalum, David Coxon (Cercle d'études Astarté).
Sponsors : PICTO Javel : Pierre, Eddy, Philippe, Patricia Gasman, Michel Litvine, PICTO Bastille, pour les tirages : Stéphane Fusil, Franck Monceux, Frédérique Jourda Gill Ditman, Antoine Agoudjian. Réception : David Bressand, François Guszek et toute l'équipe de Picto.
Champagne DEUTZ et vin DELAS FRERES.
Sté FUJIFILM France : Michel Develay, Bruno Baudry.
CANON photo vidéo : Jean-Pierre Colly.
DB photo.

(à la mémoire de mon père)

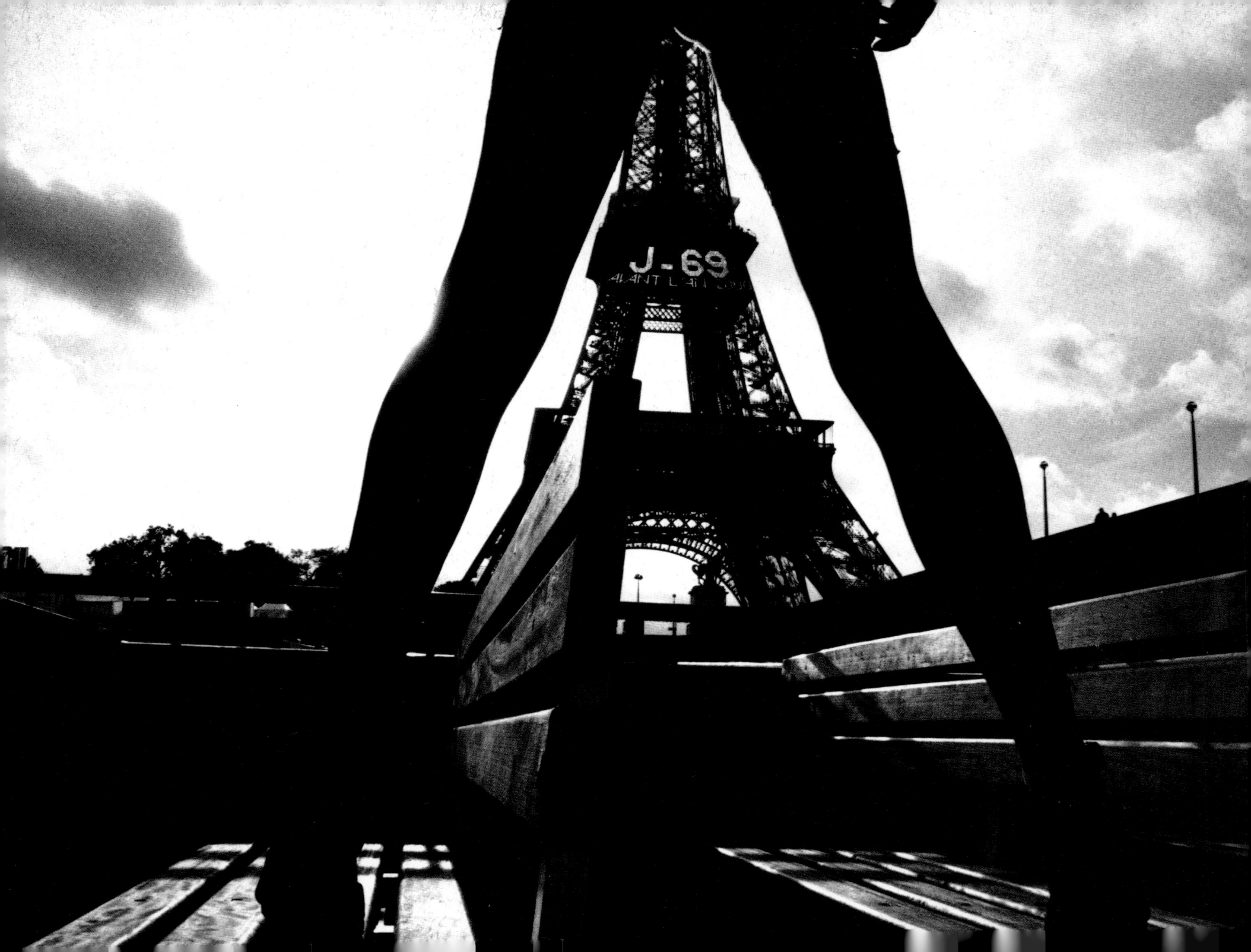
J-69

J-68
AVANT L'AN 2000
LIBERER LES PRATIQUANTS ARRETES
STOPPER LES ARRESTATIONS ARBITRAIRES
ACCEPTER LE DIALOGUE PACIFIQUE
真善忍
VERITE COMPASSION PATIENCE
法輪功
FALUN GONG
METHODE D'EXERCICES TRADITIONNELS
CHINOIS DE L'ECOLE DE BOUDDHA

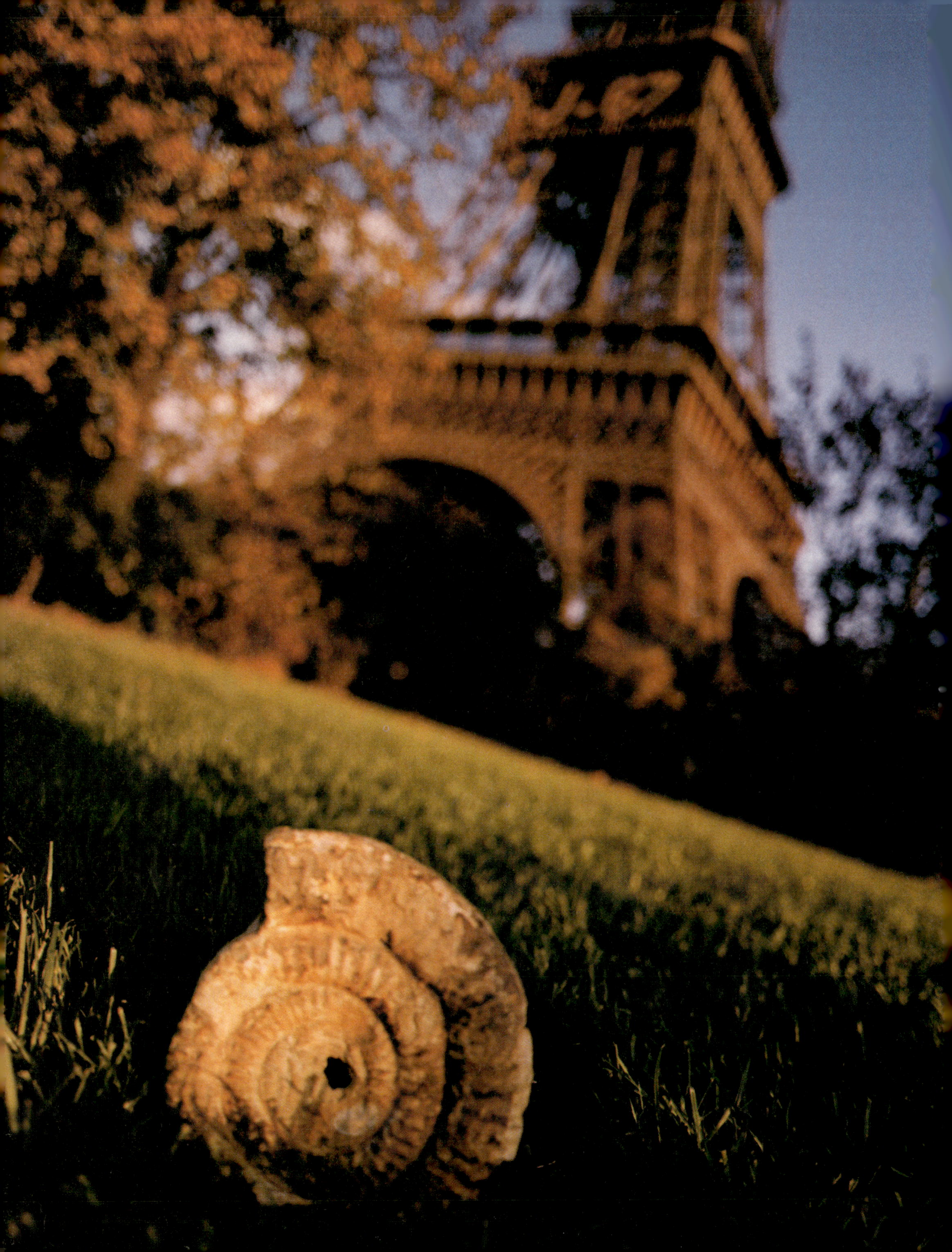

La Terre s'est accrétée il y a 4,6 milliards d'années. Des traces de vie apparaissent précocement, dès 4 milliards d'années. Puis, rien ne semble plus se passer, et pourtant la vie est en train de modifier fondamentalement l'environnement de la Terre, notamment par l'apparition de l'oxygène atmosphérique. Vers 600 millions d'années, la vie explose de toutes parts et se manifeste par une complexification et une diversification. On a retrouvé des fossiles nombreux et diversifiés dont certains évoquent les mille-pattes, les limules, les concombres de mer et d'autres formes encore plus étranges, qui sont d'un exotisme unique. Cette faune a pu être retrouvée car elle vivait au-dessus de fonds argileux, qui se présentent comme un enregistreur extrêment fin ; ces argiles sont aujourd'hui transformées en schiste. Il a donc fallu près de 3,5 milliards d'années pour aller de simples traces de vie à des êtres organisés et variés. Depuis lors, la vie n'a pas cessé de se modifier, de se diversifier et de s'adapter. Elle a traversé des environnement variables, elle a subi des crises qui ont duré quelques millions d'années. Ces crises ont permis le découpage de l'échelle géologique. La plus fameuse d'entre elles sépare les ères Secondaire et Tertiaire. Communément appelée la crise Crétacé-Tertiaire, elle a vu la disparition définitive des dinosaures, ce qui lui a procuré une certaine célébrité. Les grandes crises du monde vivant ne résultent pas d'une cause unique mais de la conjonction de plusieurs causes. Cette notion de conjonction de causes conduit à la réflexion. Depuis son origine, la vie ne cesse de se développer, de se renouveler à des vitesses variables et, dans ce concert évolutif, subrepticement, comme dans le *Boléro* de Ravel, l'Homme a émergé. Le bilan est que la vie s'est développée de façon exponentielle jusqu'à présent. Mais qu'en sera-t-il demain de cette augmentation ? En s'organisant l'Homme peut sans doute vaincre les dangers des rejets de CO_2, de la déforestation, etc., mais qu'en sera-t-il si une nouvelle cause, inattendue, surgissait ? On estime aujourd'hui qu'environ cent espèces disparaissent par jour. A ce rythme, toutes auront disparu d'ici environ dix mille ans, soit la durée qui nous sépare de l'Age de la pierre polie. Mais d'autres facteurs interviendront peut-être et changeront l'ensemble de ces données.

The Earth accreted itself 4.6 billion years ago. Traces of life appeared precociously as early as 4 billion year ago. Then, nothing seemed to happen any more, however life was fundamentally modifying the environment of the Earth, particularly with the appearance of oxygen in the atmosphere.

About 600 million years ago life exploded and spread everywhere. It was characterized by an increasing degree of complexity and diversity. Numerous fossils of different kinds were found, certain evoke centipedes, others limuluses or sea cucumbers or some even stranger and unique exotic life forms. We were able to discover this fauna because we were lucky enough that it lived above the argilaceous sea bed which revealed itself an extremely sensitive recorder; these clays have now become schist. It took about three and a half billion years to go from mere traces of life to highly organized and varied life forms. Since then life has constantly been modifying, diversifying and adapting itself. It has gone through varying environments, it has undergone crises which lasted several million years. These crises have enabled us to divide the geological scale. The most famous of these crises marks the separation line between the Secondary and the Tertiary Eras and is commonly named the Cretaceous-Tertiary crisis. It saw the final extinction of dinosaurs which brought to it a certain degree of renown. The major crises of the living world do not result from one single cause but from the conjunction of several causes. This notion of conjunction of causes must lead us to meditate.

Since its origin, life has never stopped developing and renewing itself at varied degrees of speed, and within this evolutionary concert, surreptitiously, as in Ravel's *Bolero*, Man emerged. The result being that life has developed in exponential mode up to the present times. But what will the rhythm of this progression be tomorrow?

By organizing himself Man can certainly overcome the dangers of CO_2 emissions, of deforestation, etc. but what if a new and unexpected cause suddenly appeared? It is estimated today that about 100 species disappear every day. At such a pace, they will all have disappeared within ten thousand years, which is about the span of time separating us from the polished stone Age. But other factors may come up and change all the elements of the problem.

Professeur Patrick de Wever
Géologue, Museum national d'Histoire Naturelle
Geologist, National Museum of Natural History

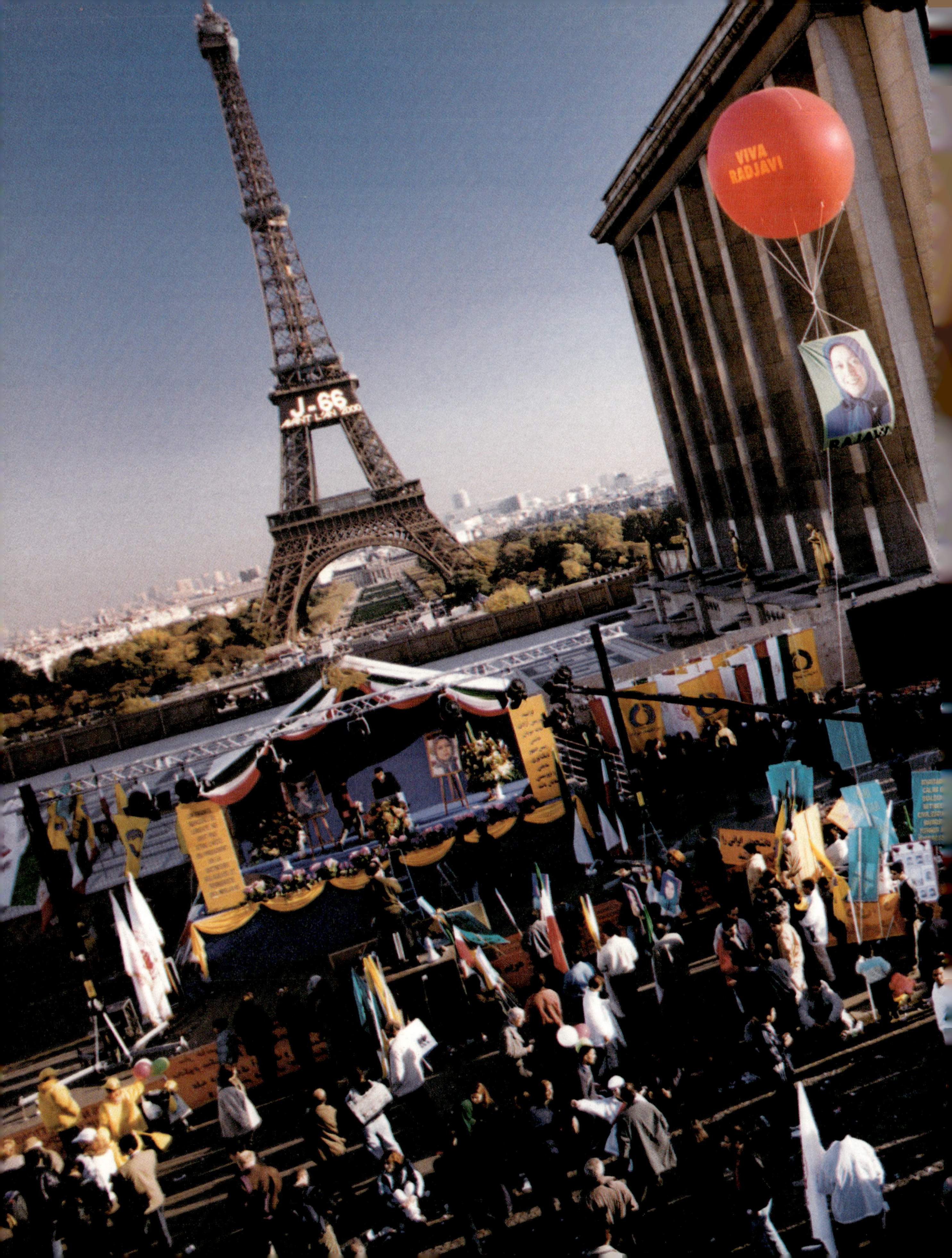
J-66
VIVA
RADJAVI
RAJAVI

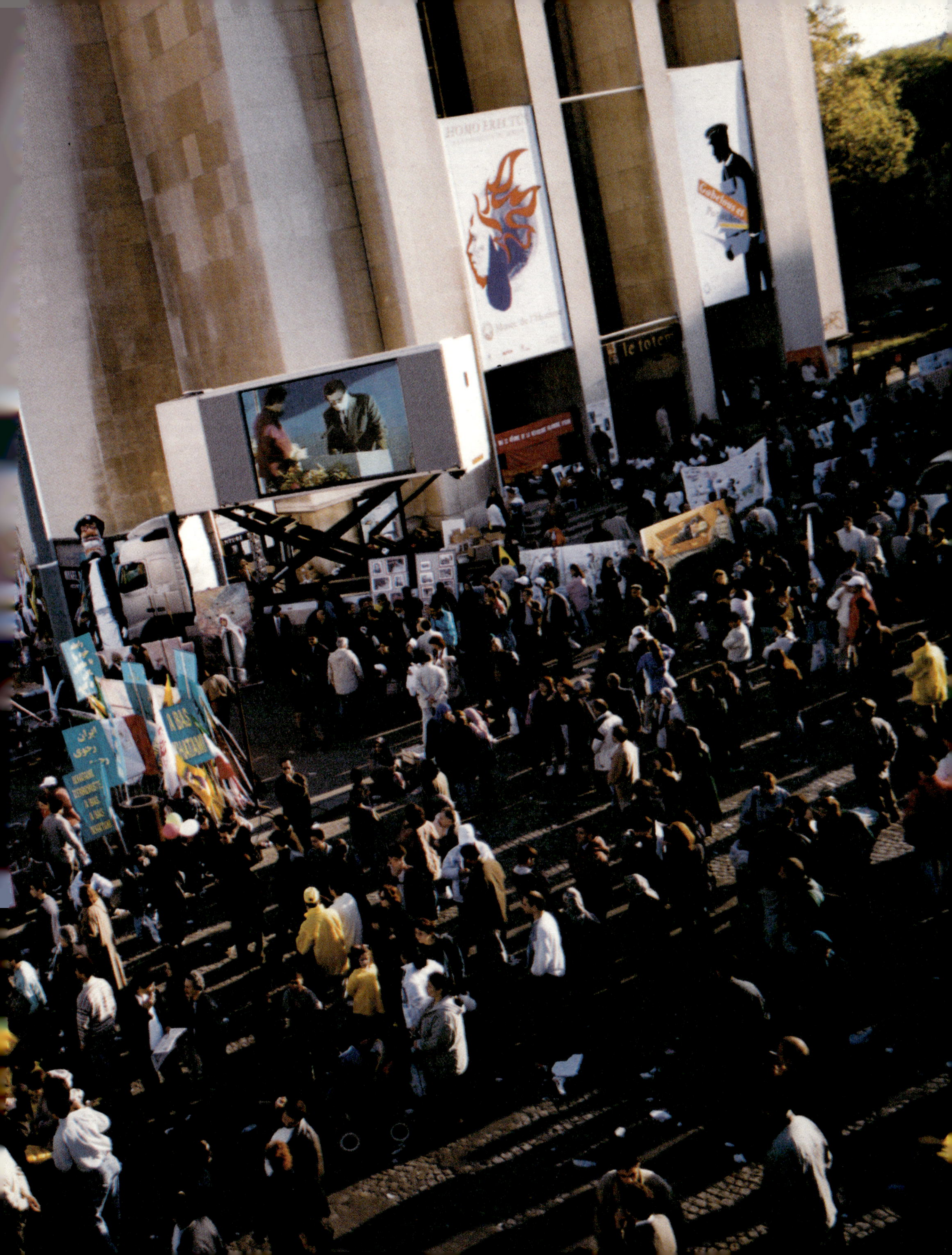
HOMO ERECTUS
A BAS

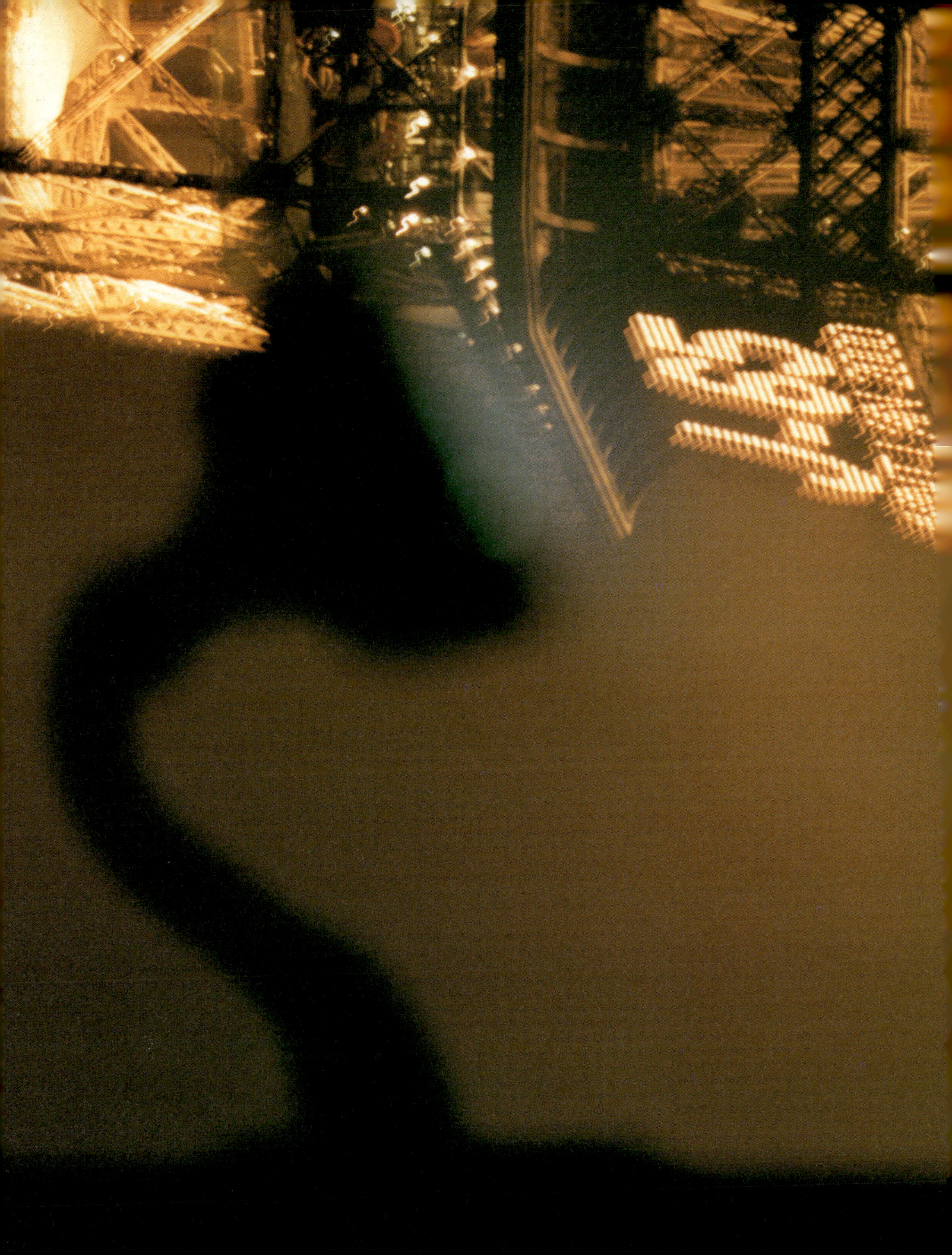

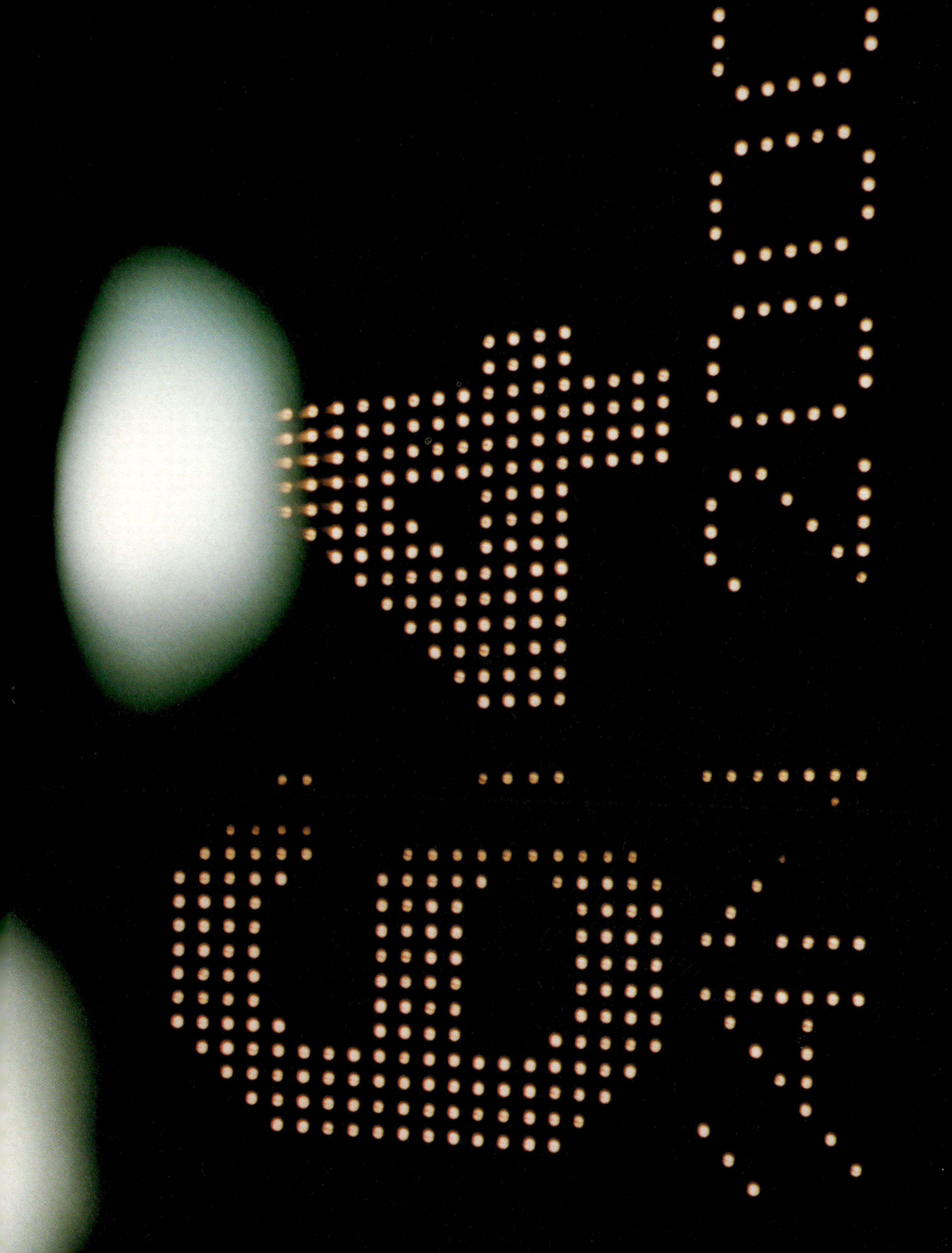

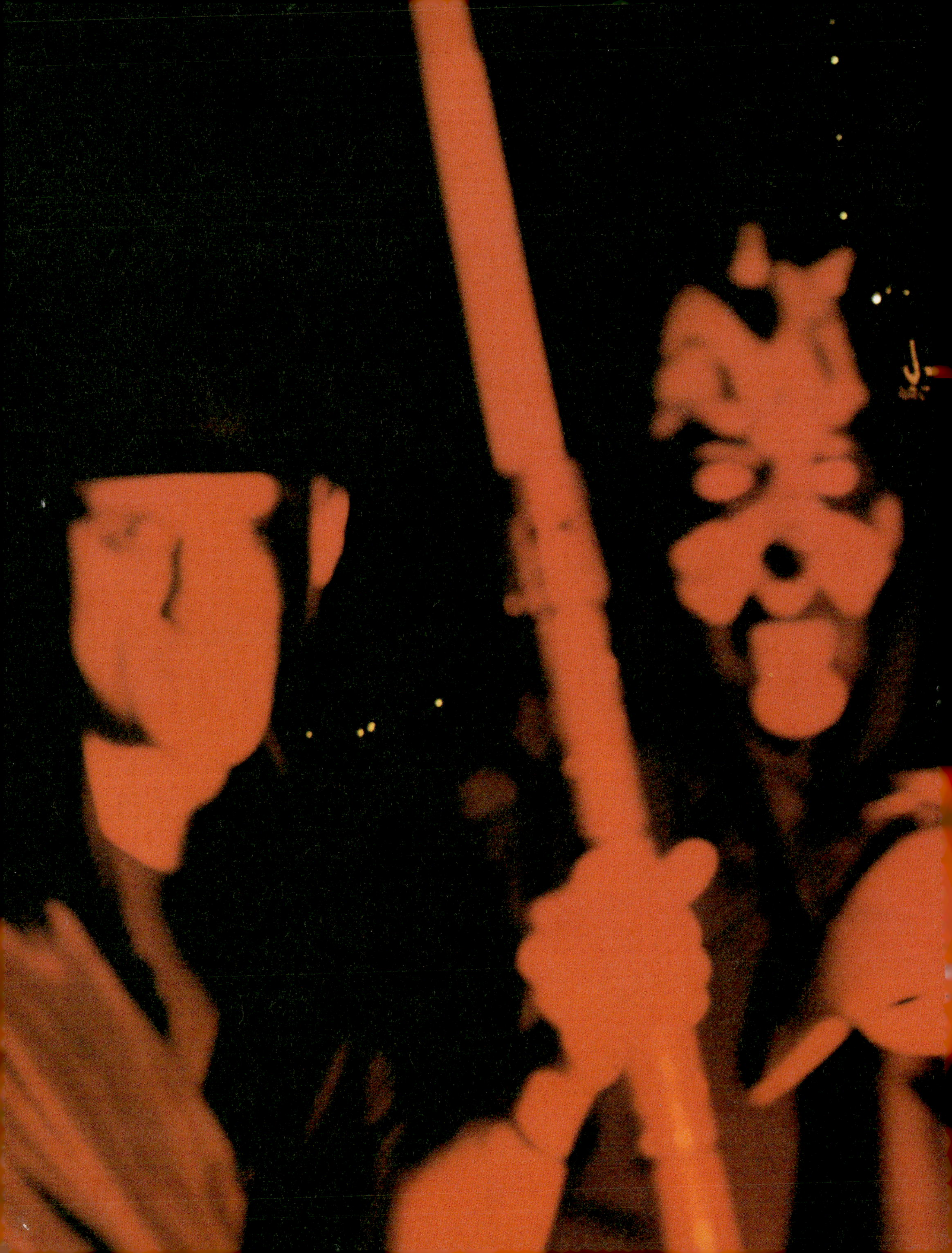

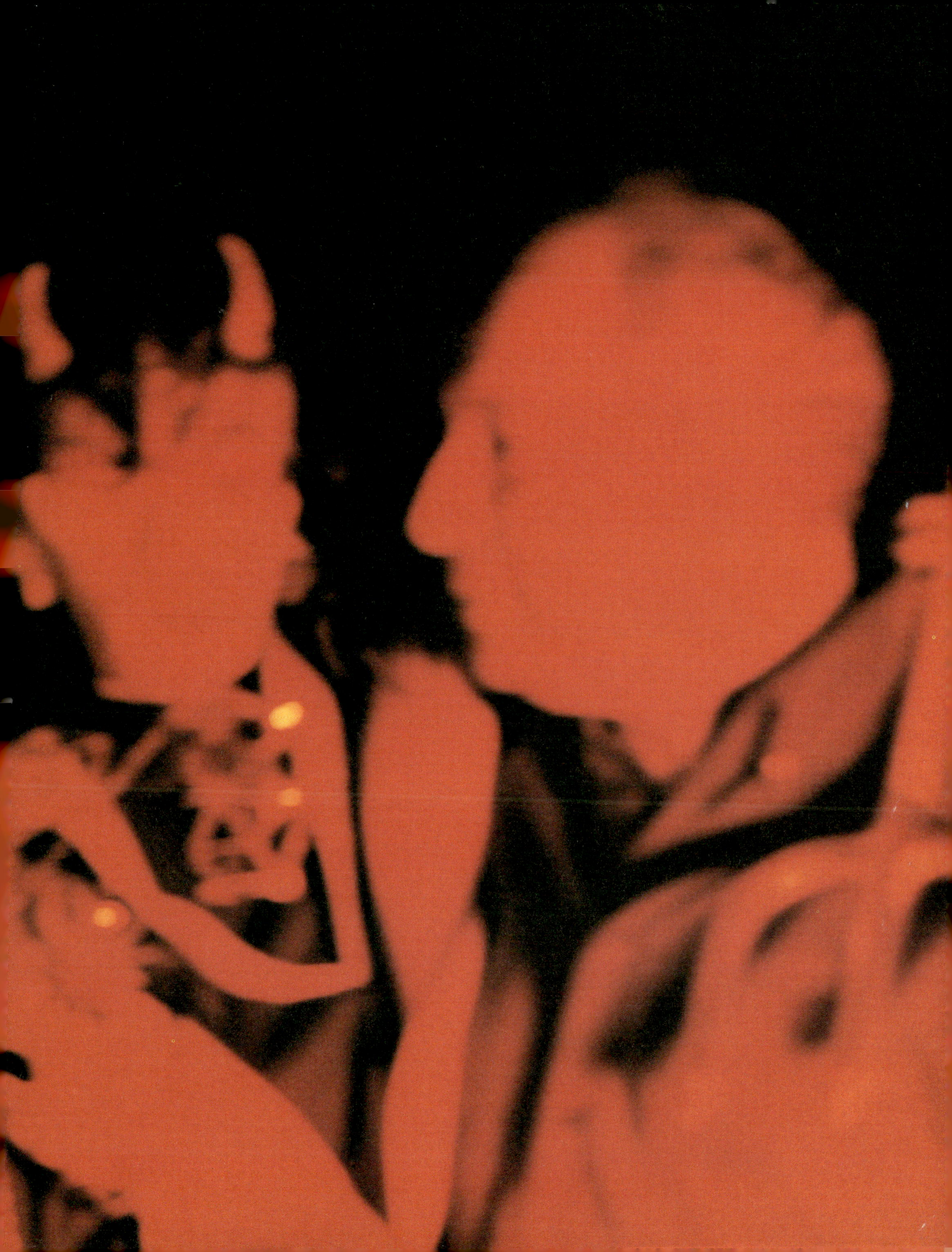

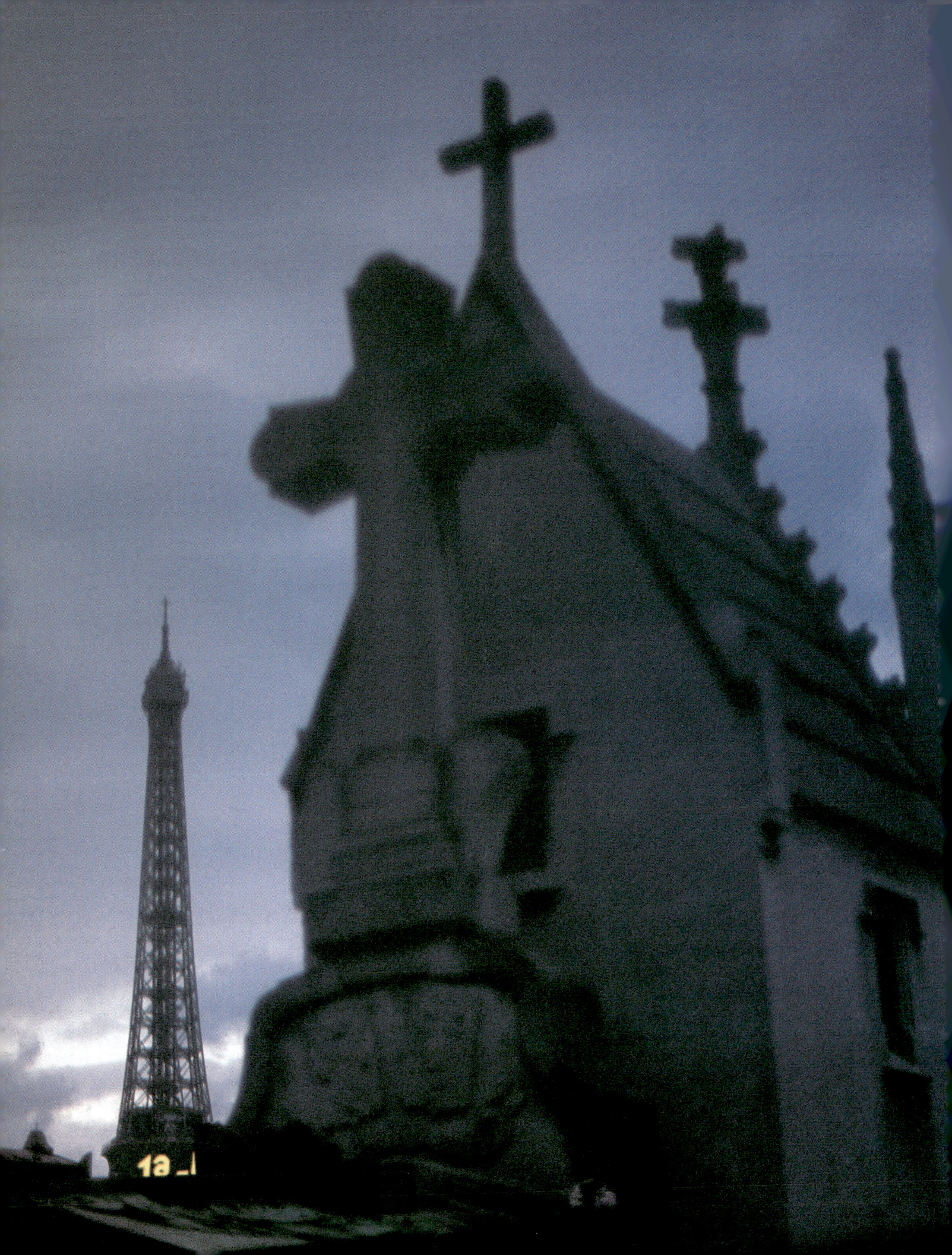

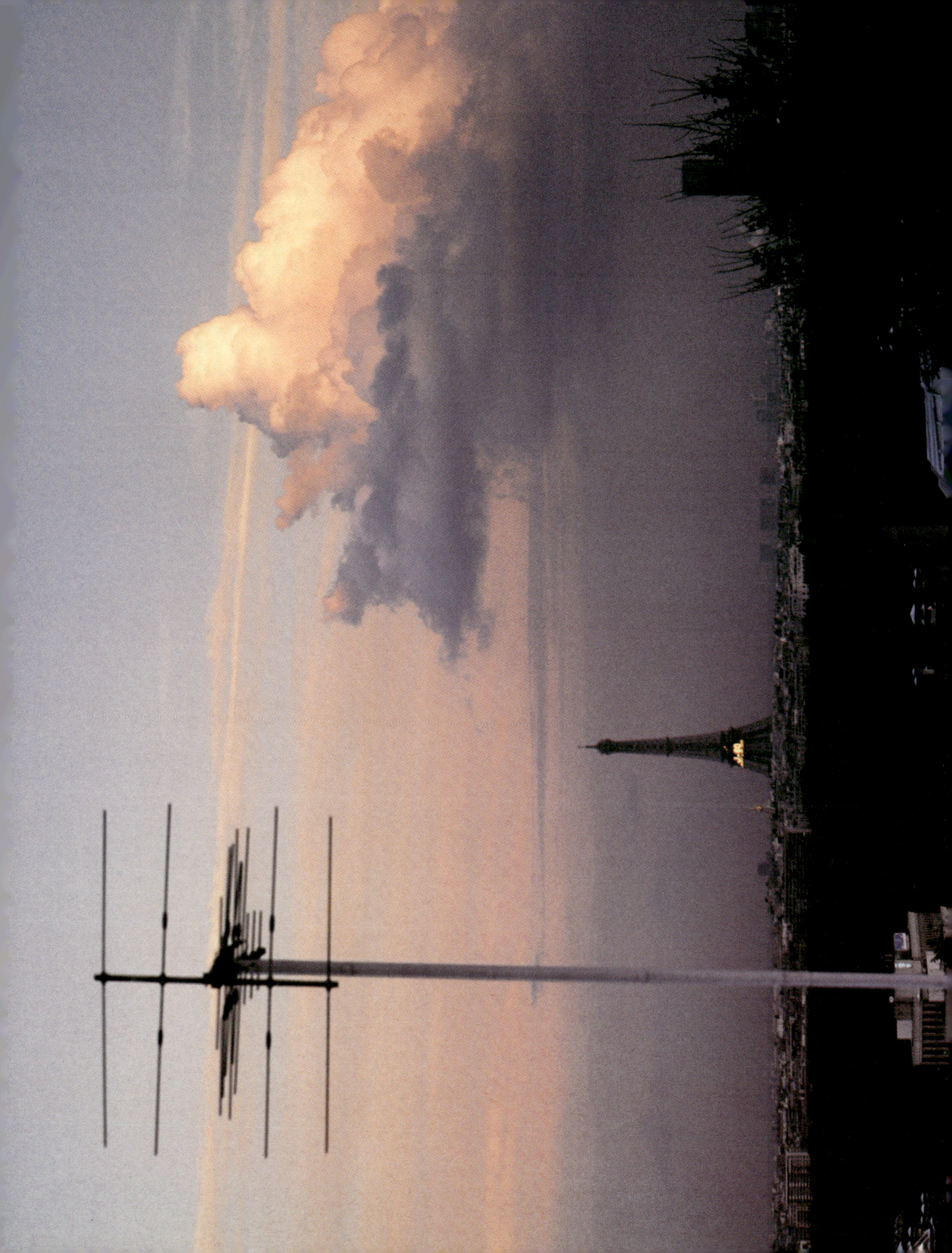

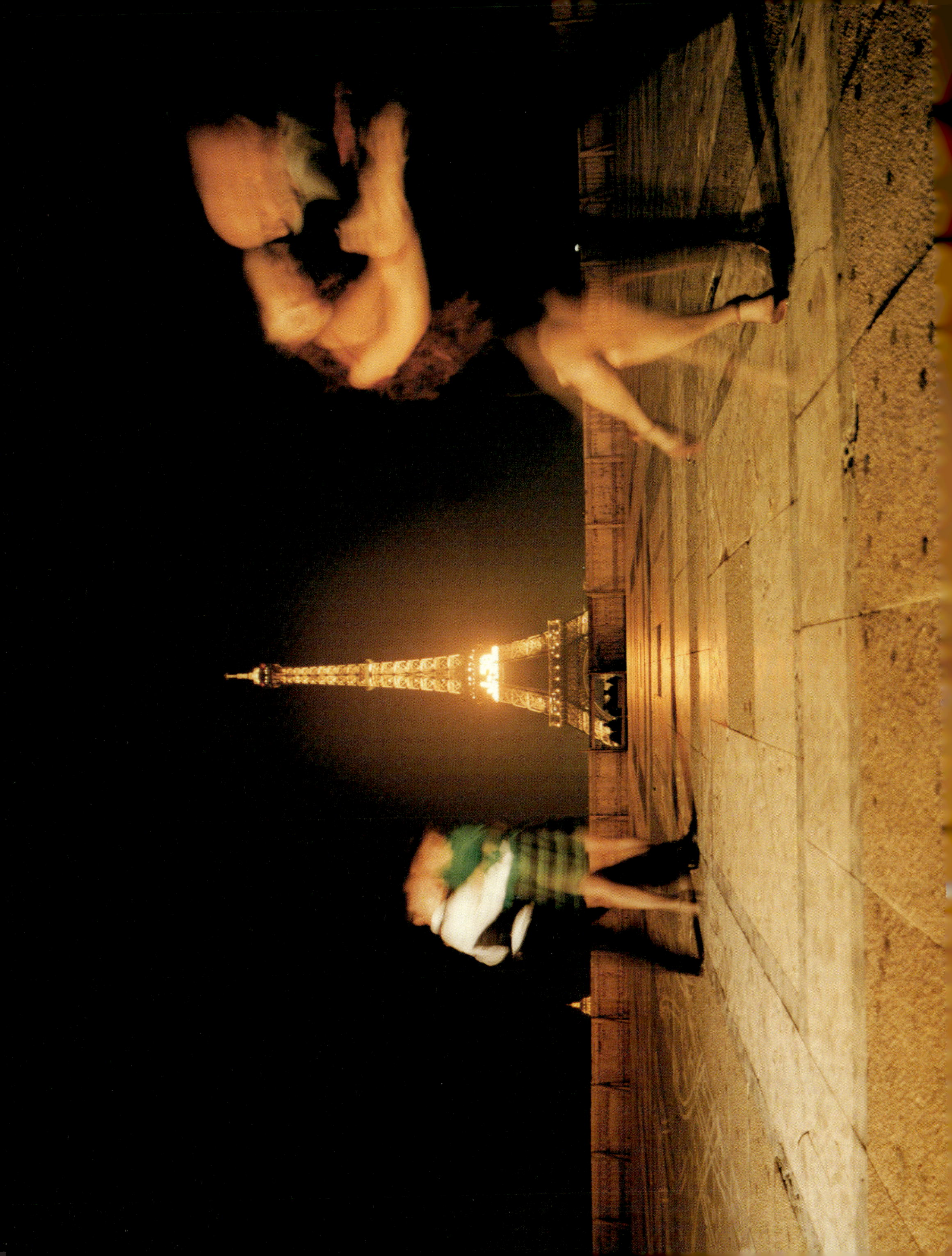

C'est le Mondial du Temps, le cinoche du beau monde, et le tempo du globe, le tango planétaire, va serrer ses pulsions.
L'an 2000, comme le temps, ne saurait exister autrement que par le sens que je lui donne, sens que je donne à ma soi-disant existence.

It's the World Cup of Time, the movie of the beautiful people and world, and the tempo of the globe, the planetary tango, is going to tighten its pulses.
The year 2000, as time, cannot subsist otherwise than by the meaning that I give to it, meaning that I give to my so-called existence.

Pierre-Alain Gourion
Avocat
Lawyer

Le troisième millénaire ? Je ne vois certainement pas un âge d'or, celui-ci n'a d'ailleurs jamais dû exister. Mon espoir pour le prochain siècle : que les êtres humains comprennent qu'ils sont un seul organisme vivant sur une planète unique. Mon inquiétude : que les problèmes de pollution nous dépassent. Mon utopie : la pacification de la conscience enseignée dès l'école !

The third millennium? I certainly don't see a golden age, one has certainly never actually existed. My hope for the next century: that human beings understand that they are a single organism living on a single planet. What I worry about: that we might be overtaken by pollution-related problems. My utopia: that the pacification of consciousness might be taught at school!

Marc de Smedt
Editeur, directeur de la revue Nouvelles Clés, écrivain
Publisher, Nouvelles Clés magazine director, writer

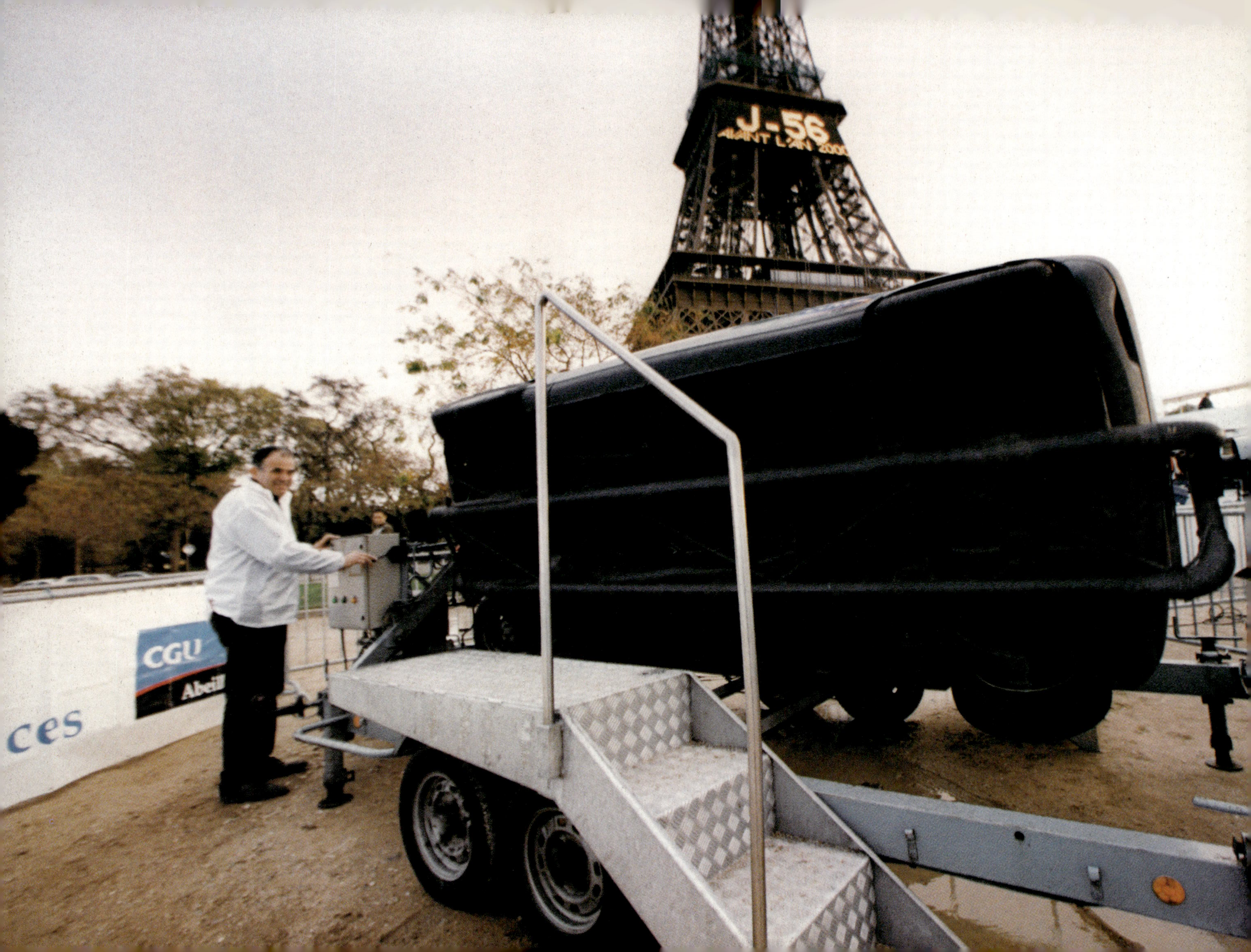
J-56
AVANT L'AN 2000
CGU
Abeil
ces

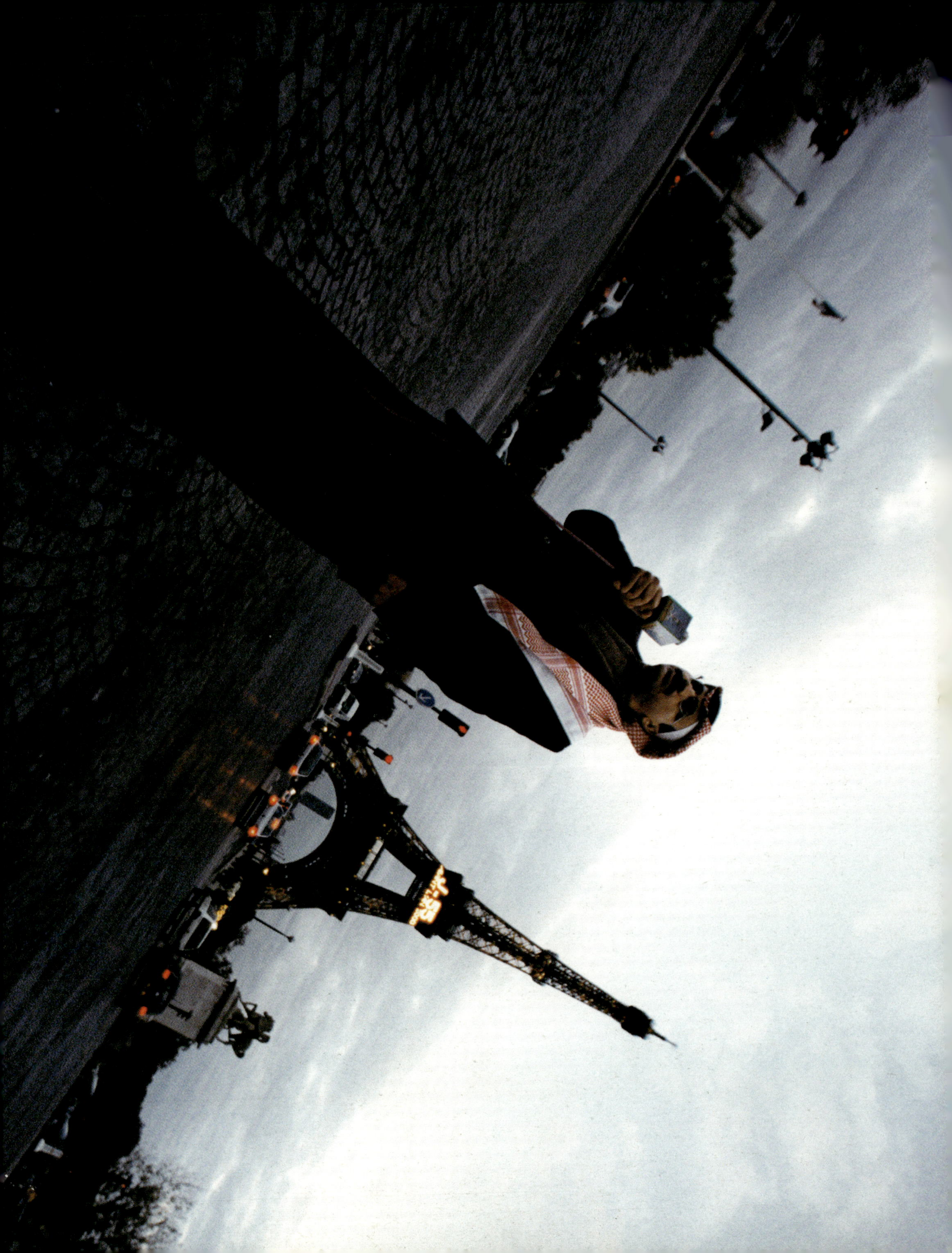

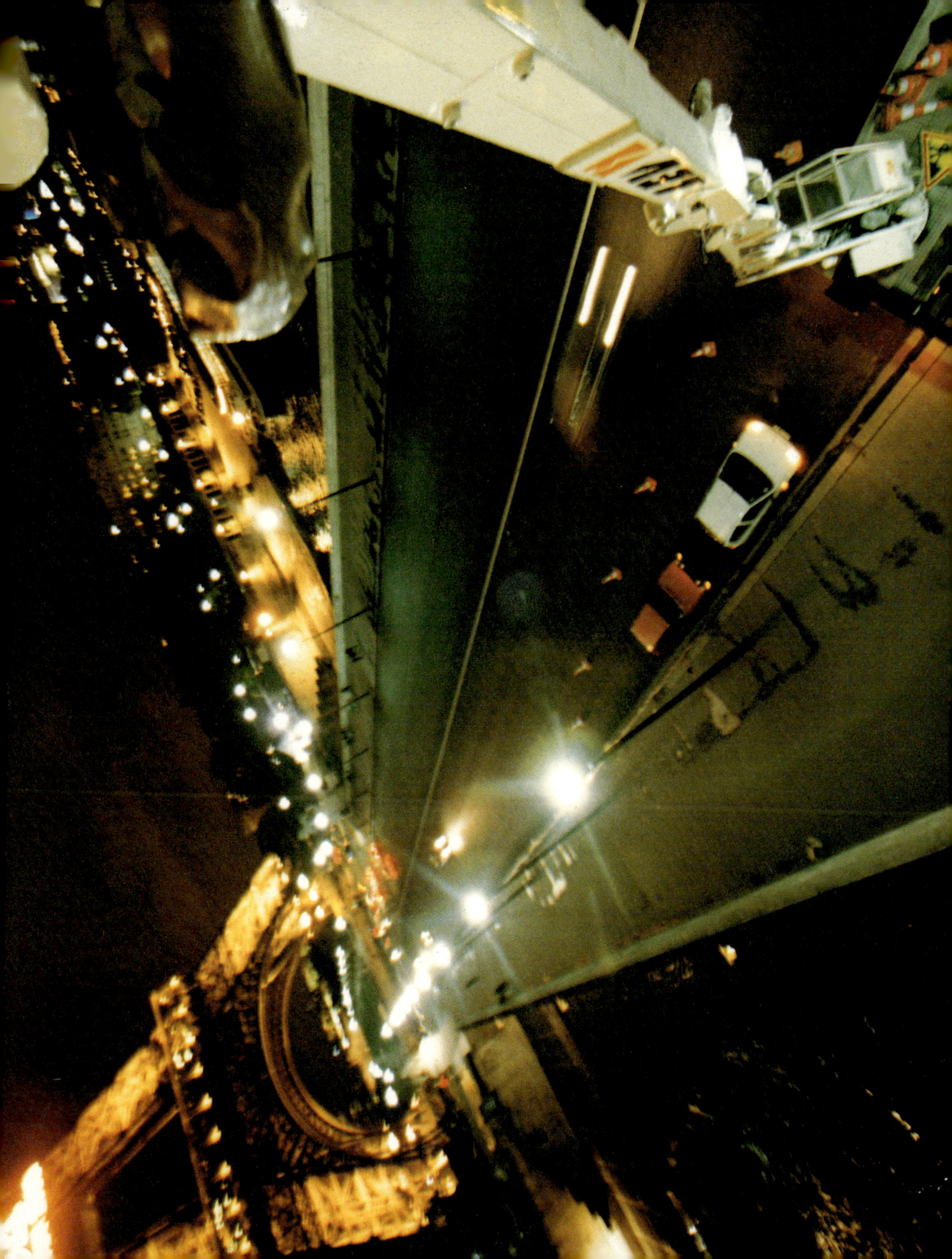

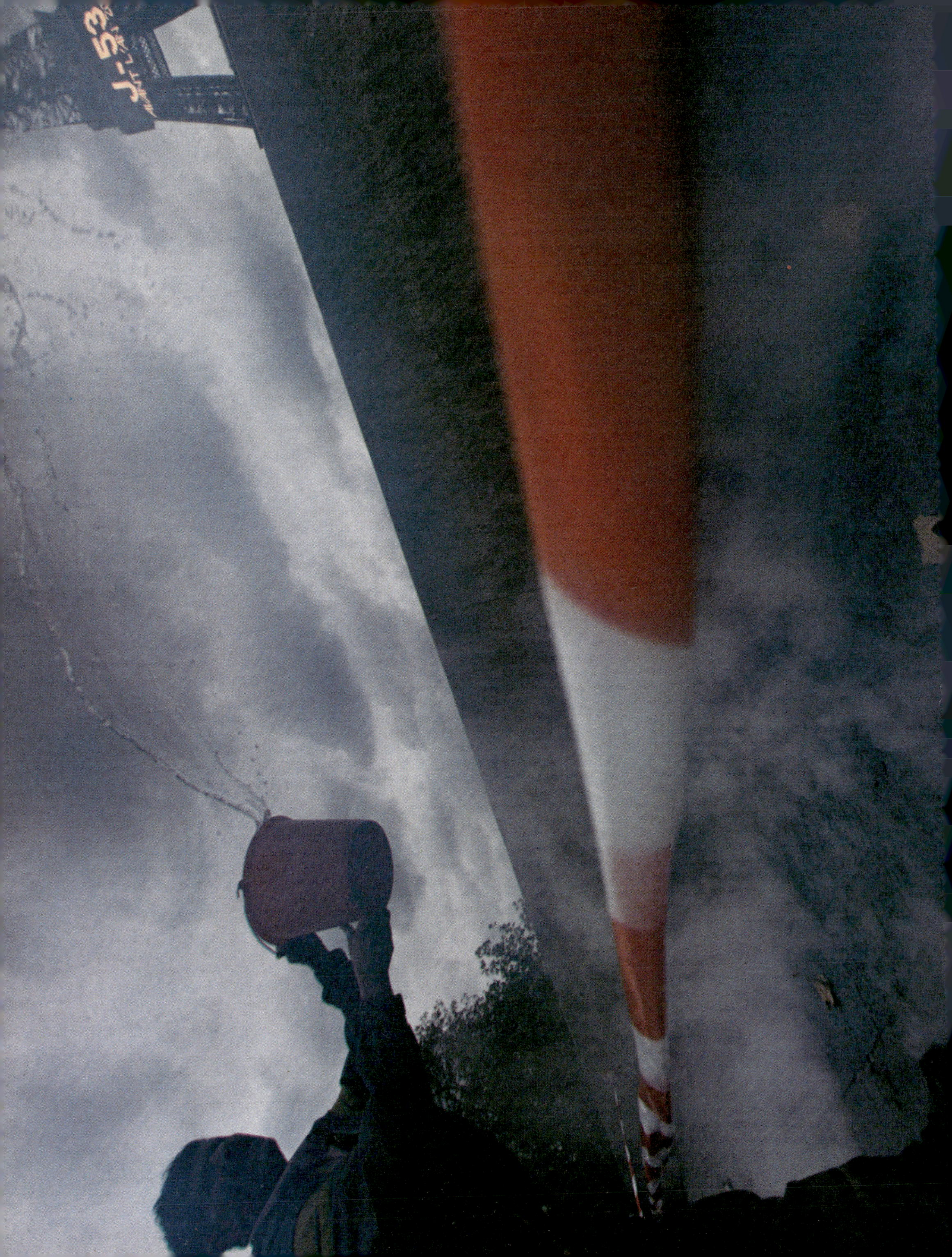
J-53

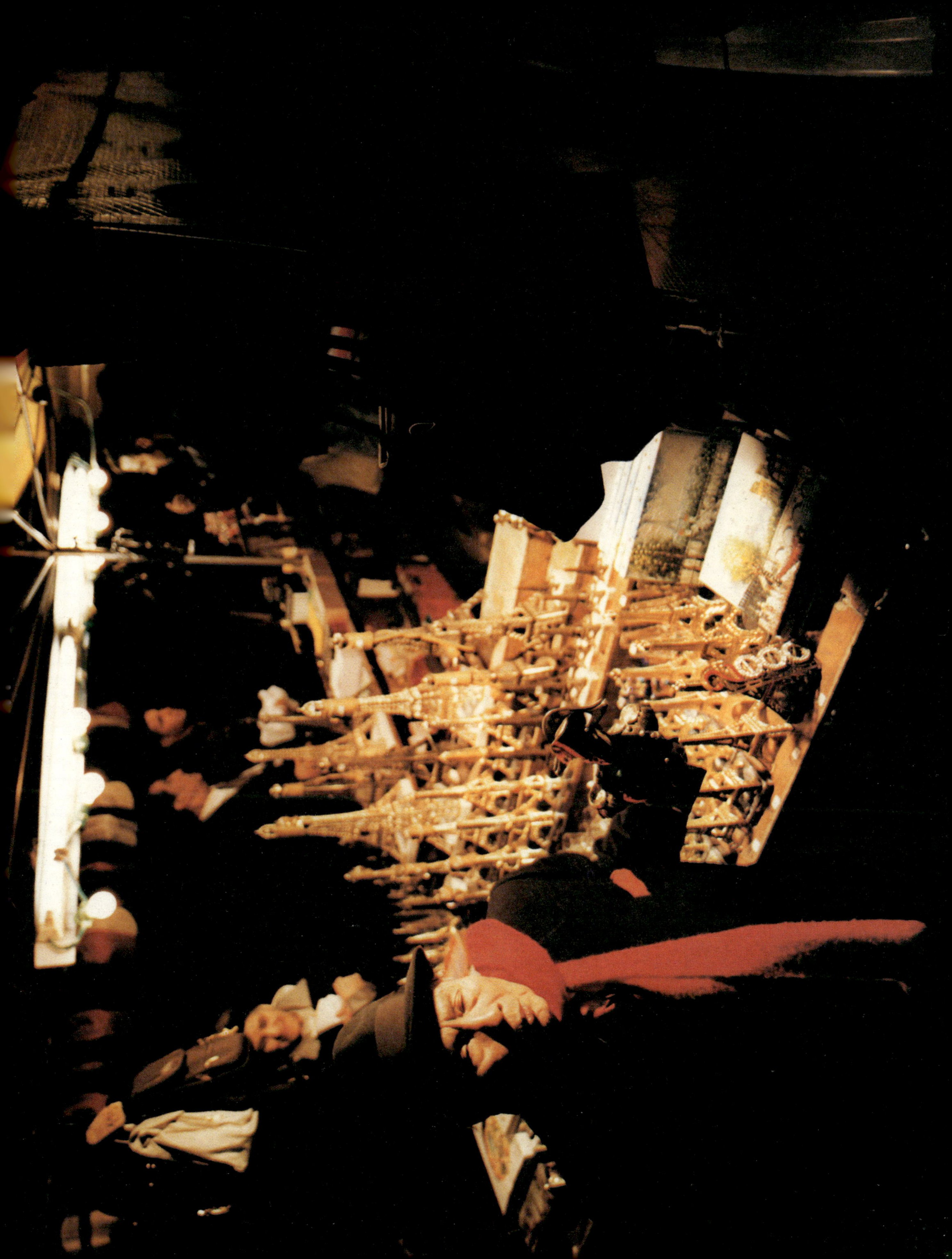

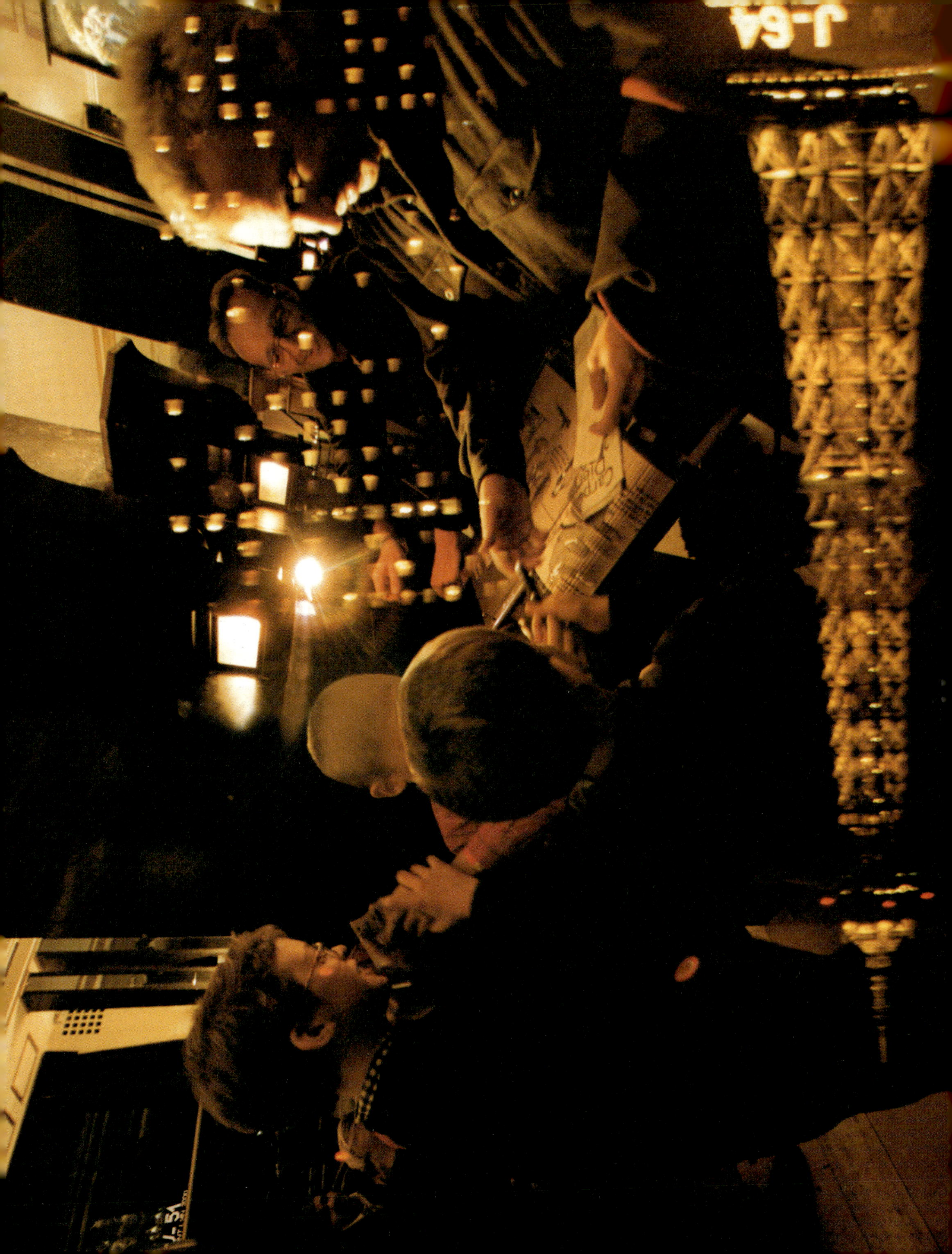

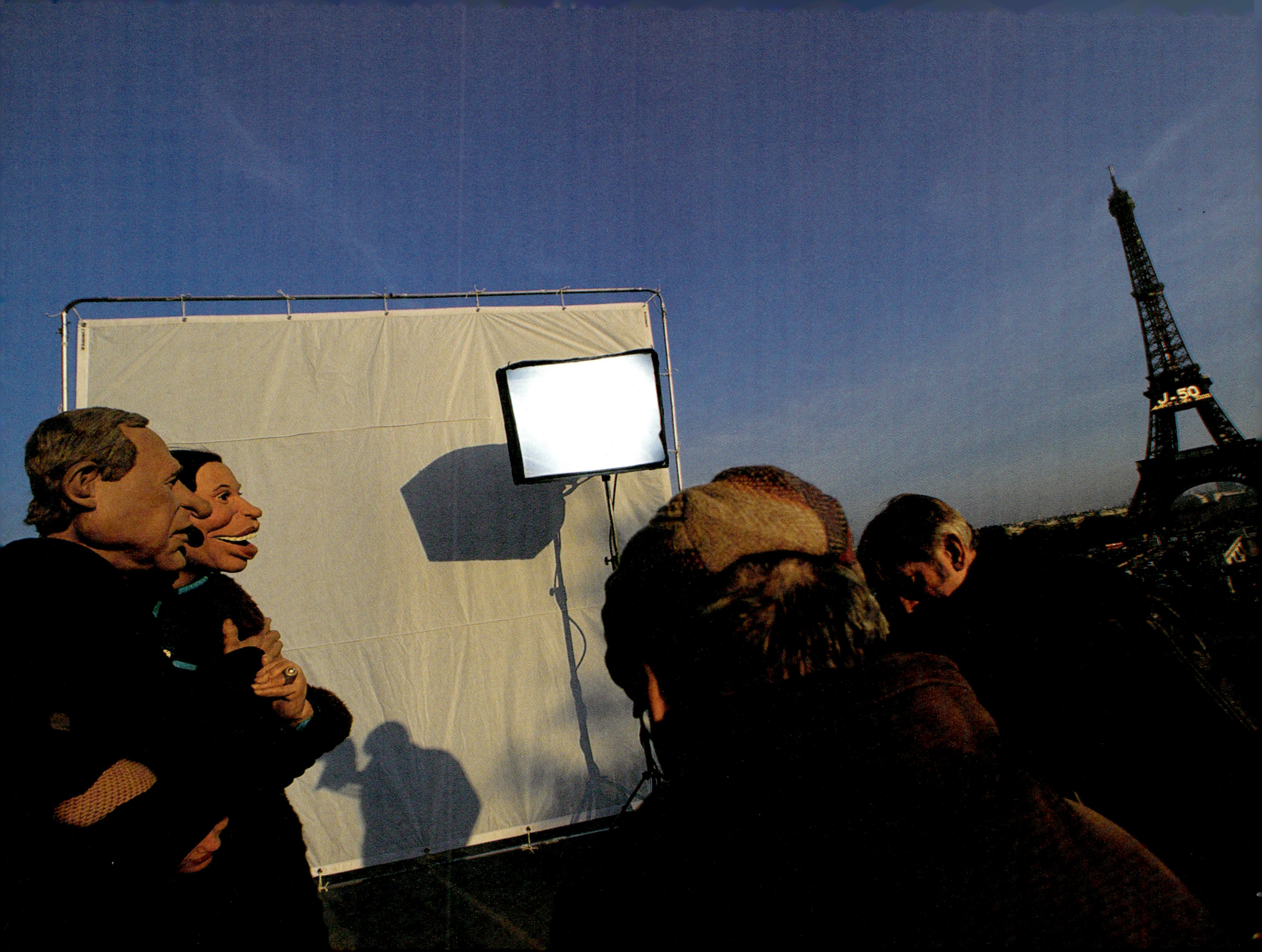
J-50

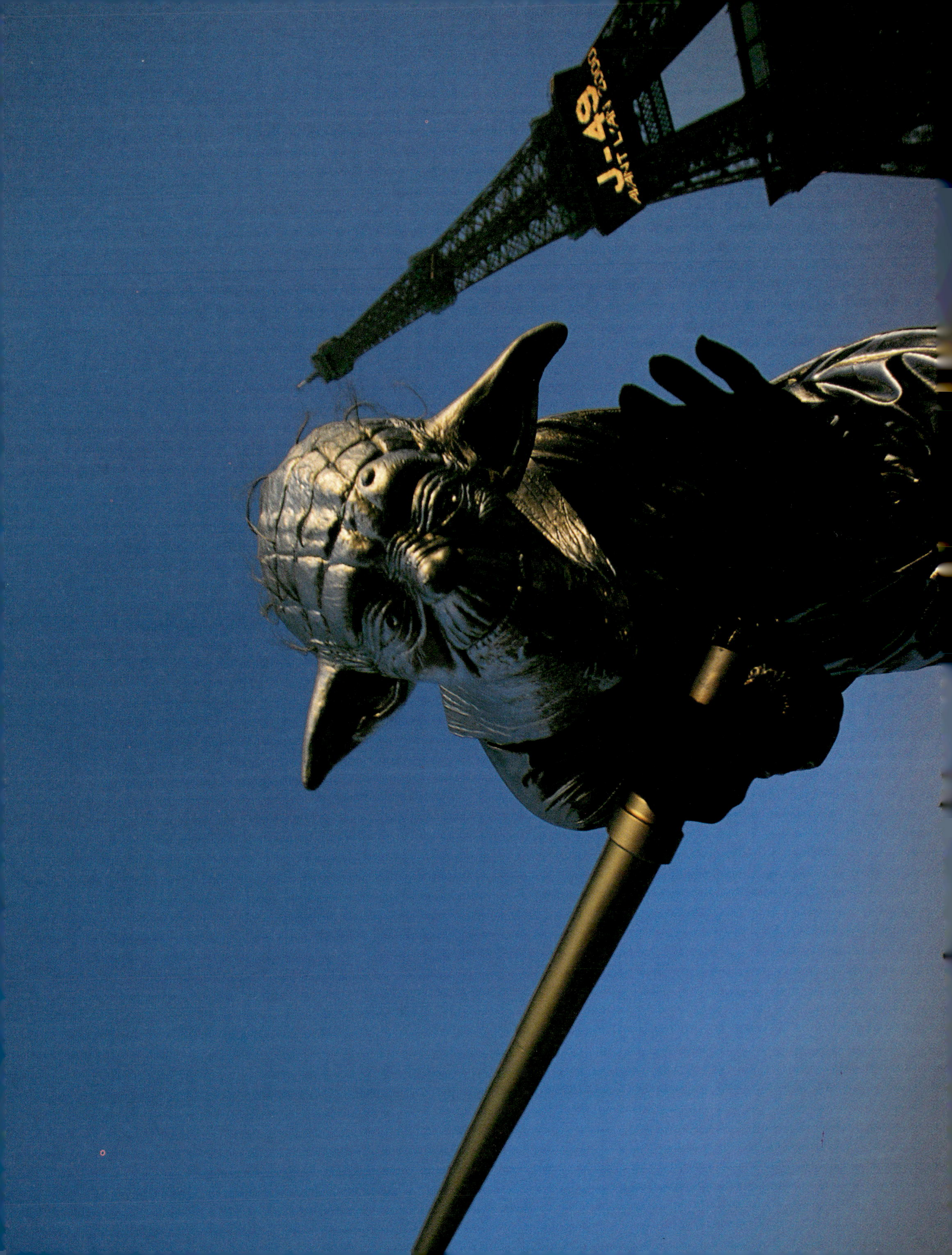
J-49

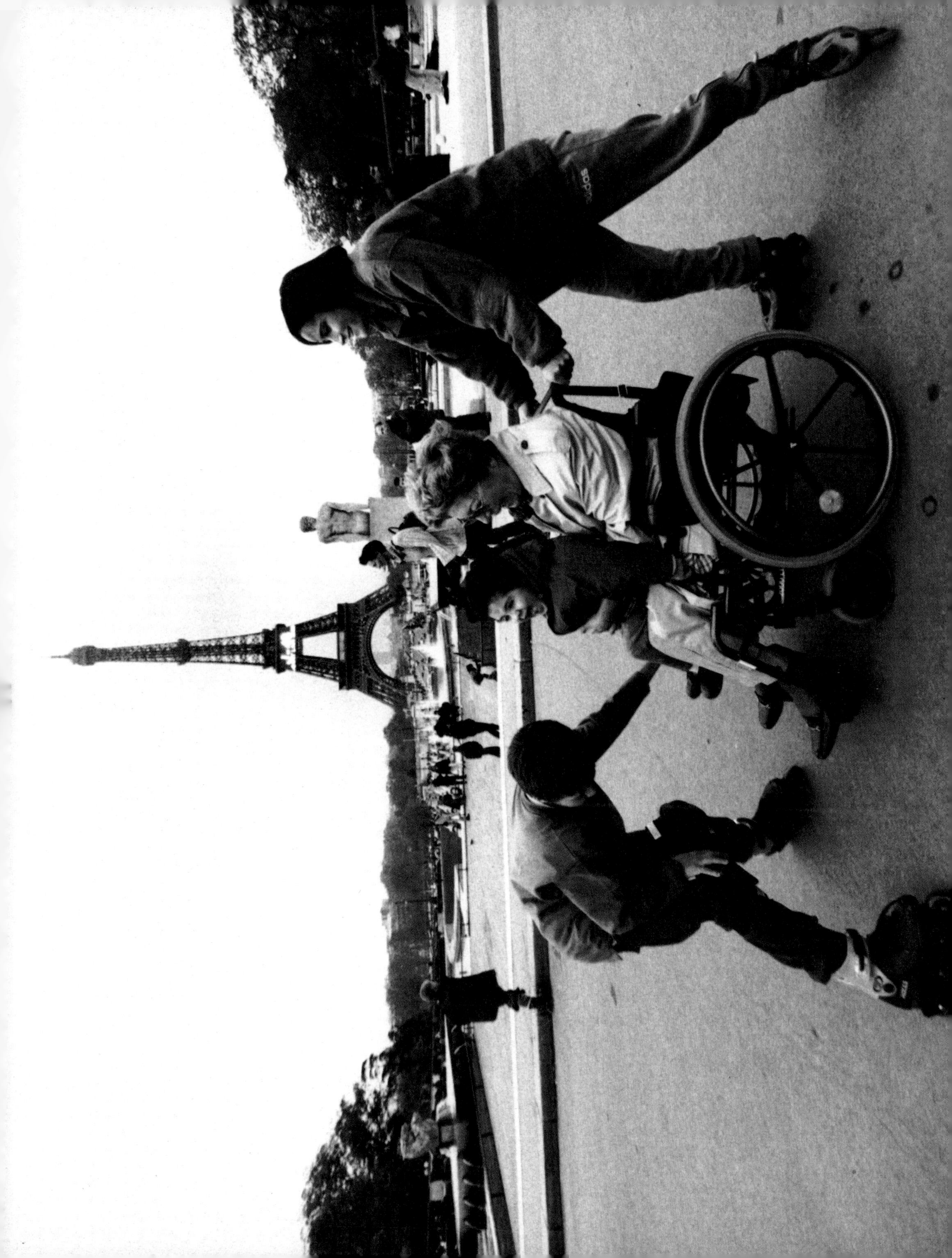

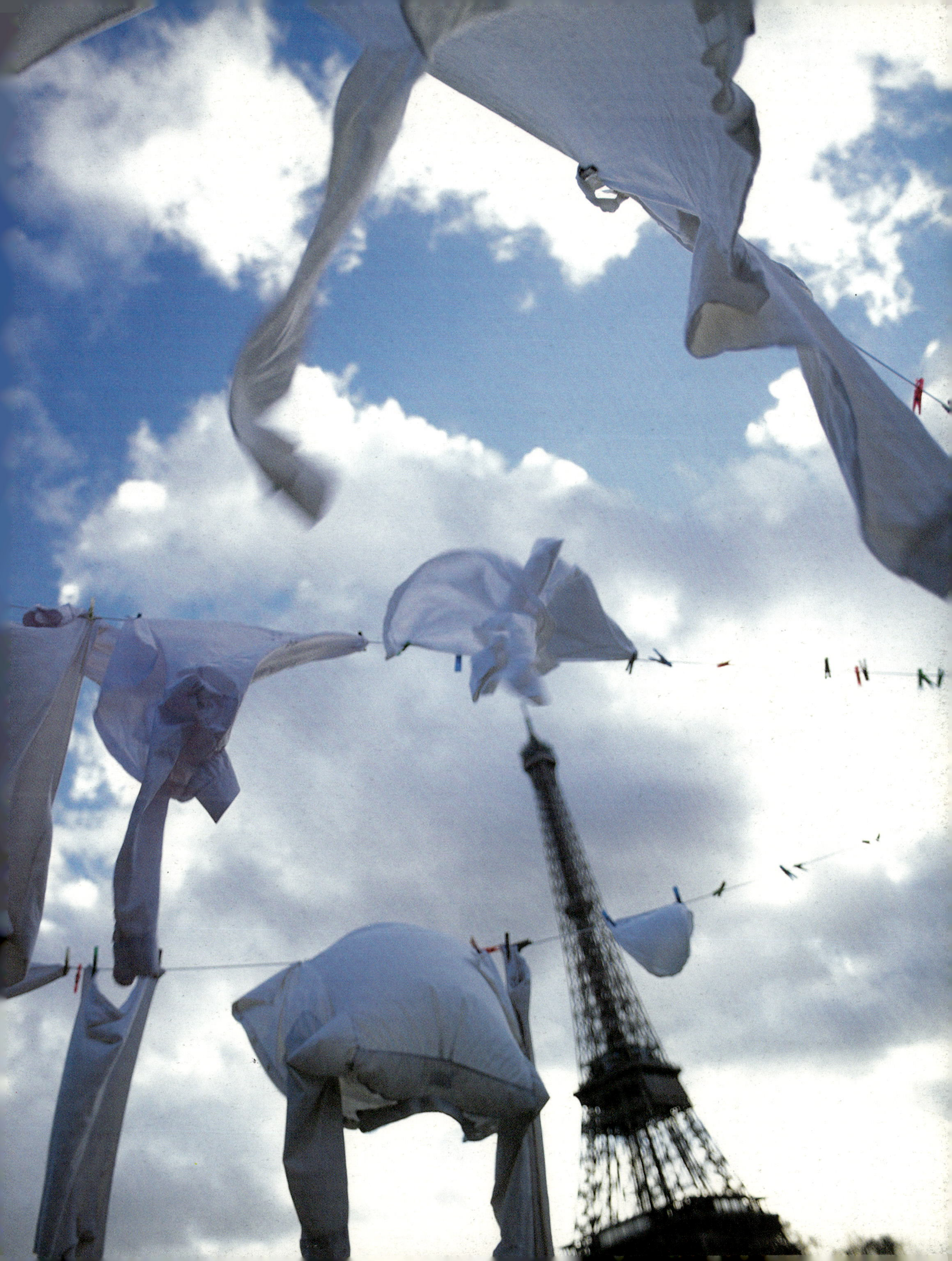

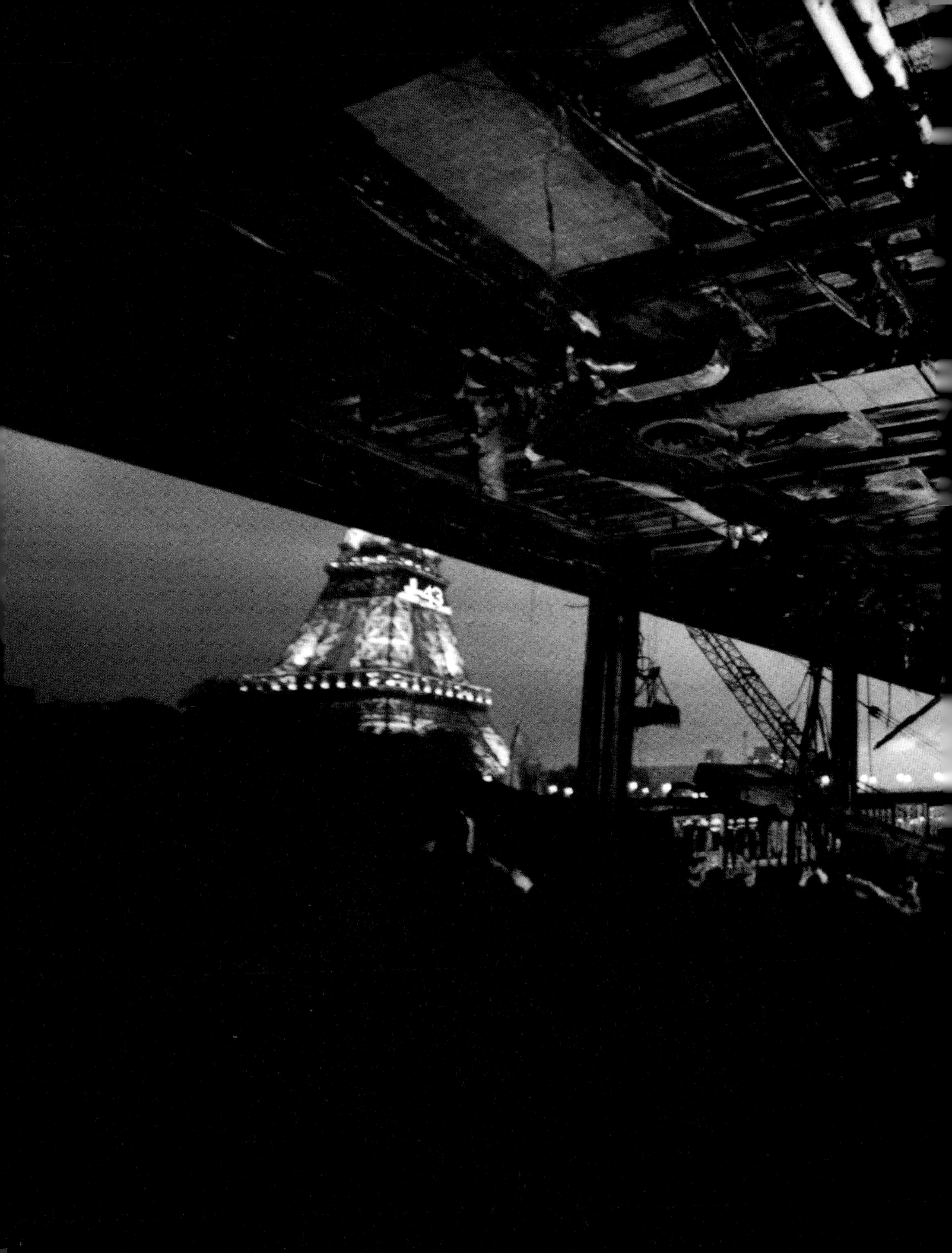

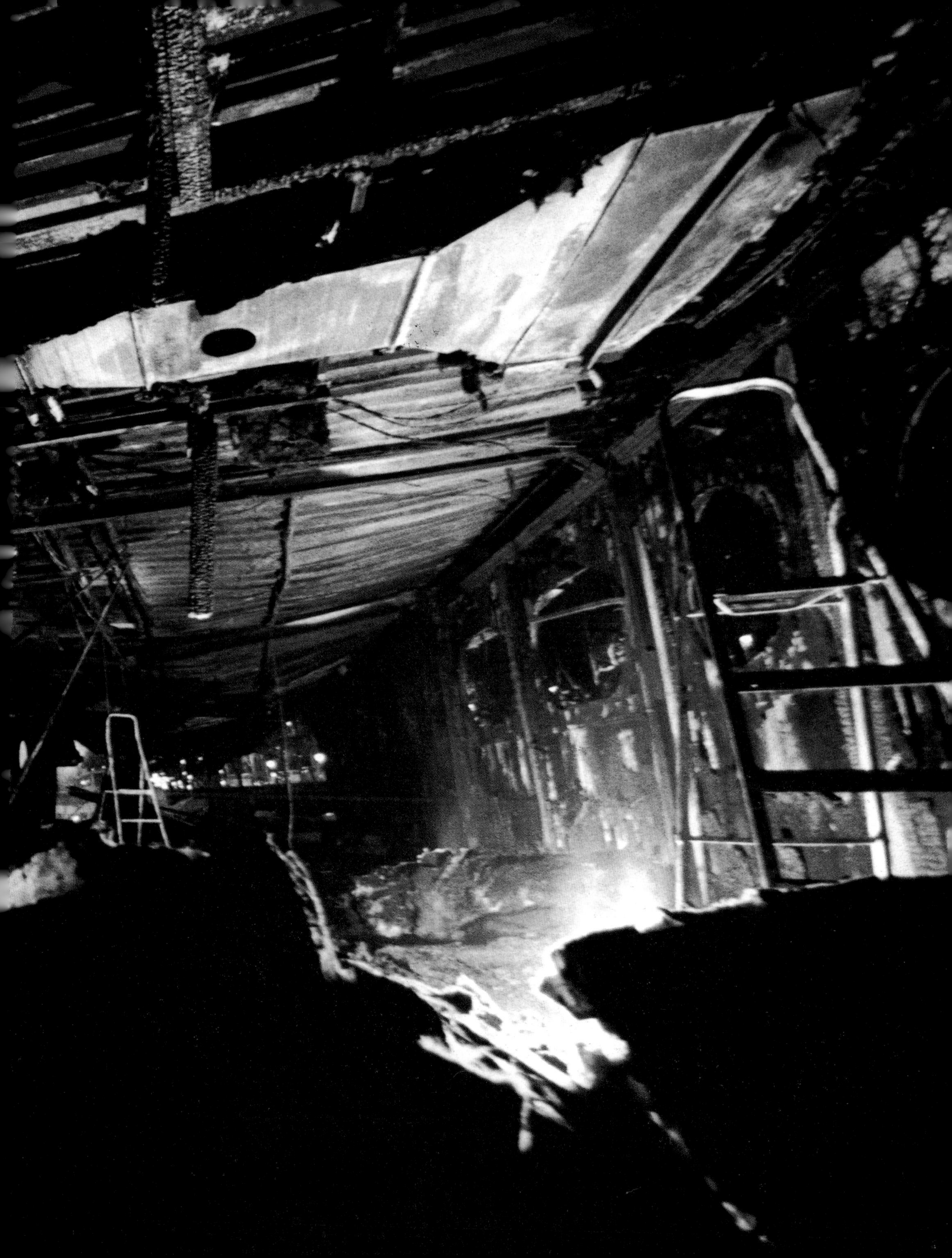

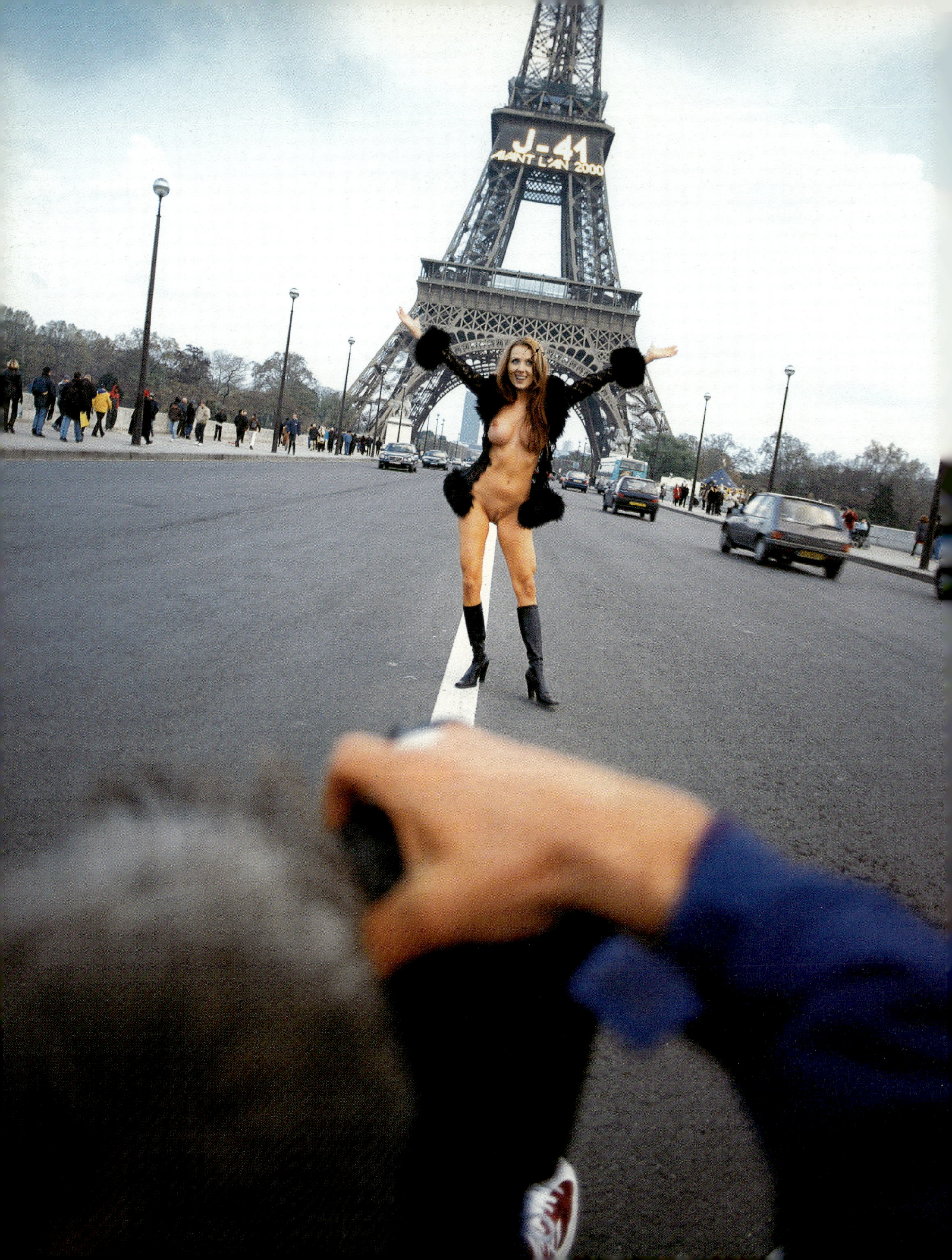
J-41
AVANT L'AN 2000

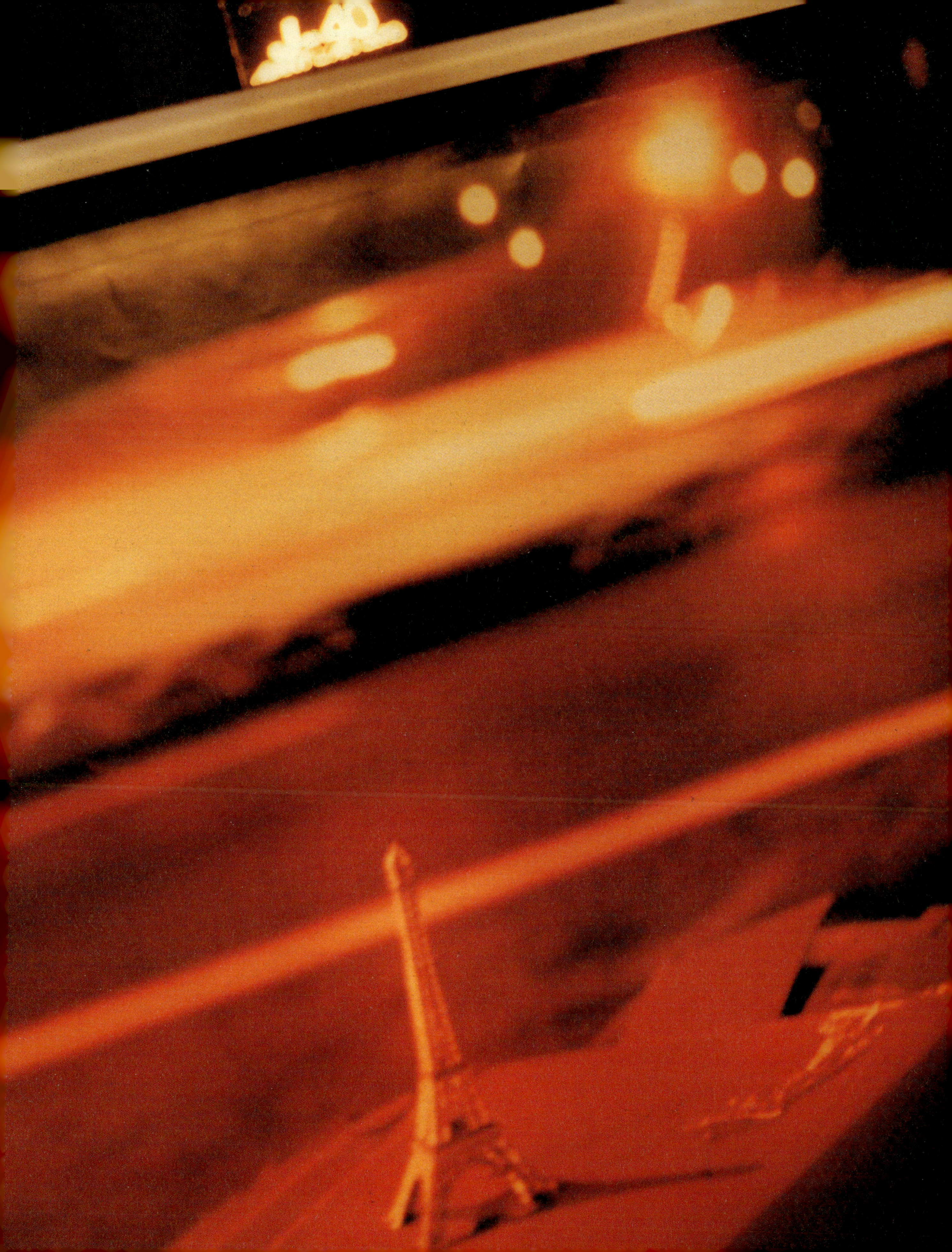

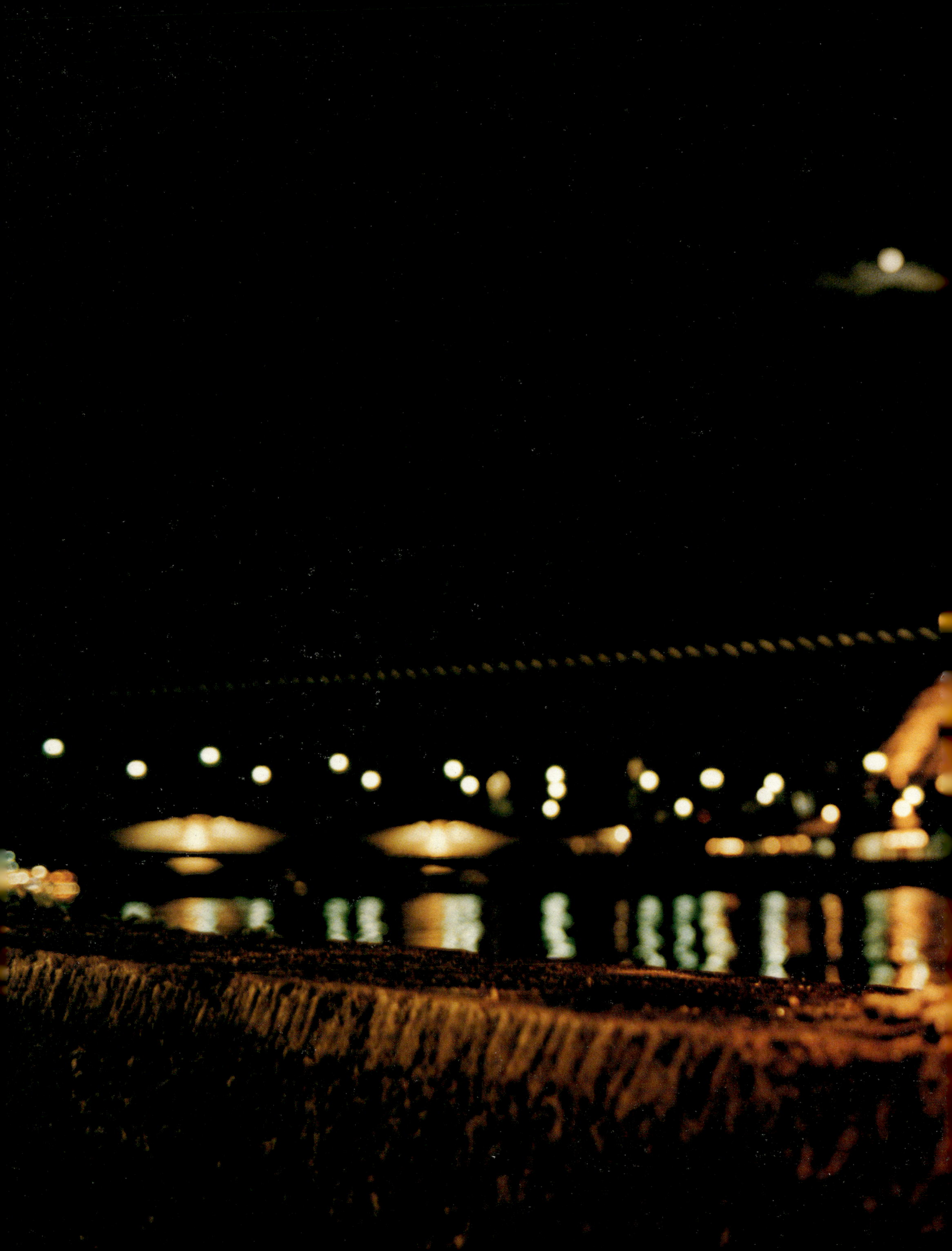

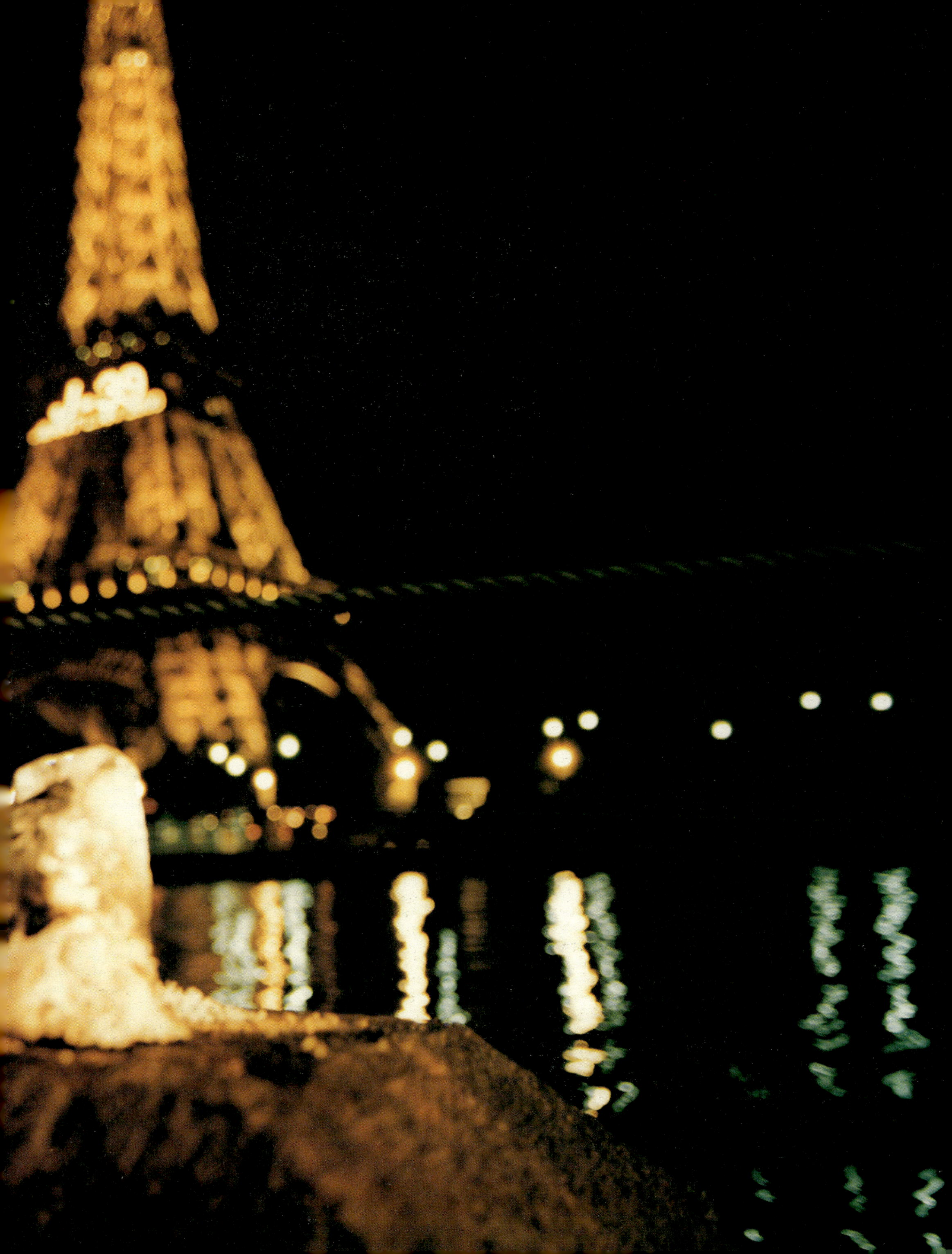

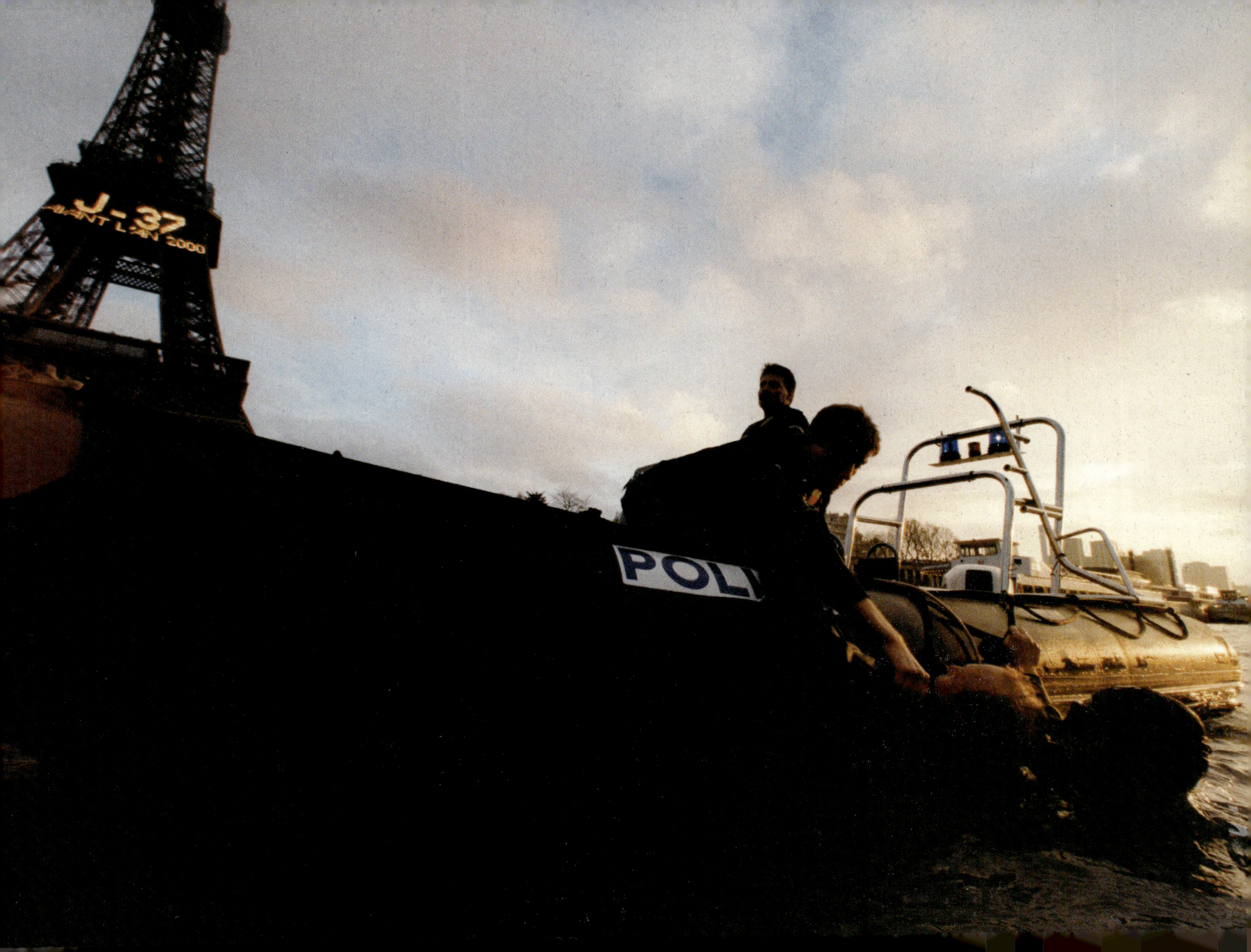

J-37
L'AN 2000
POL

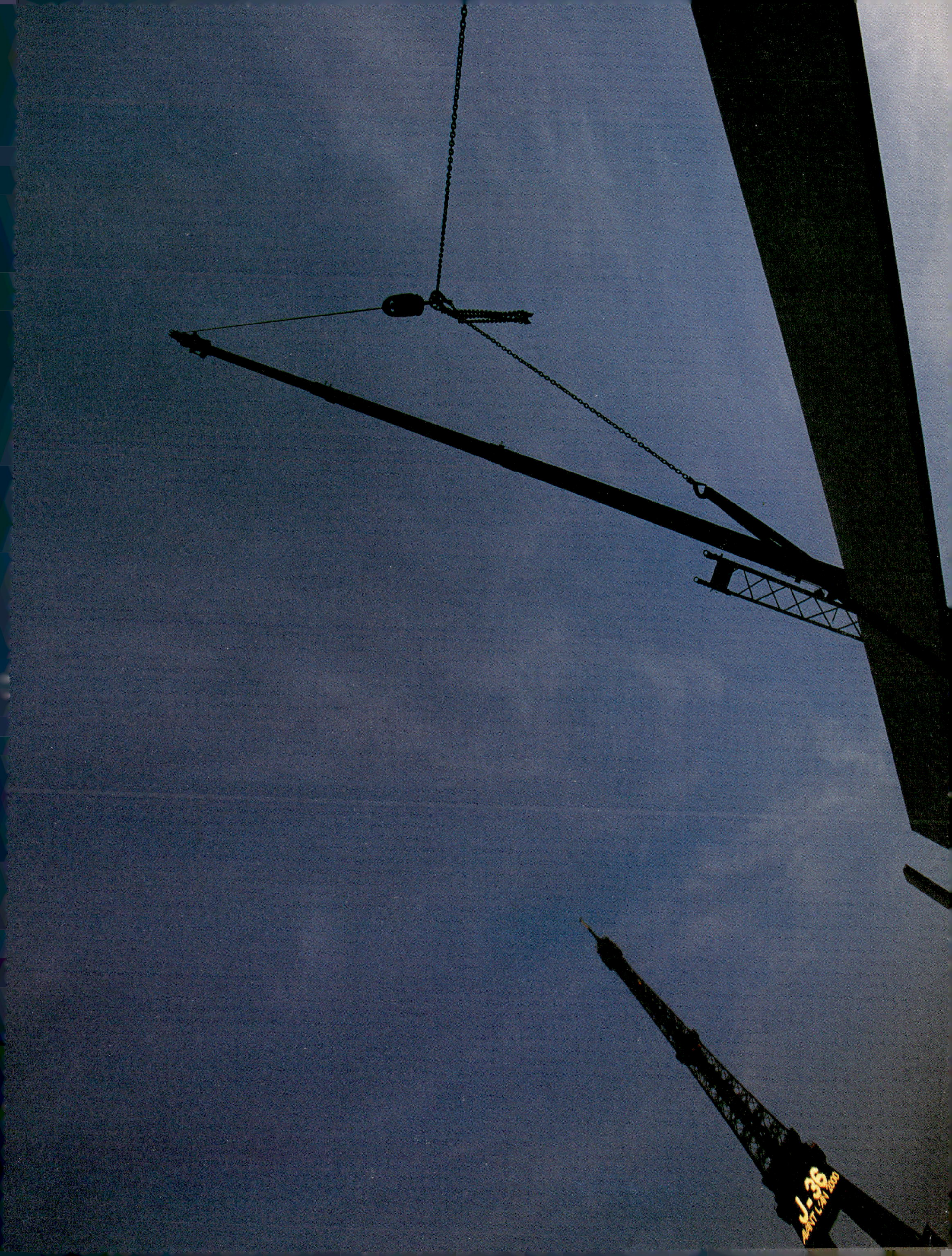
J-36

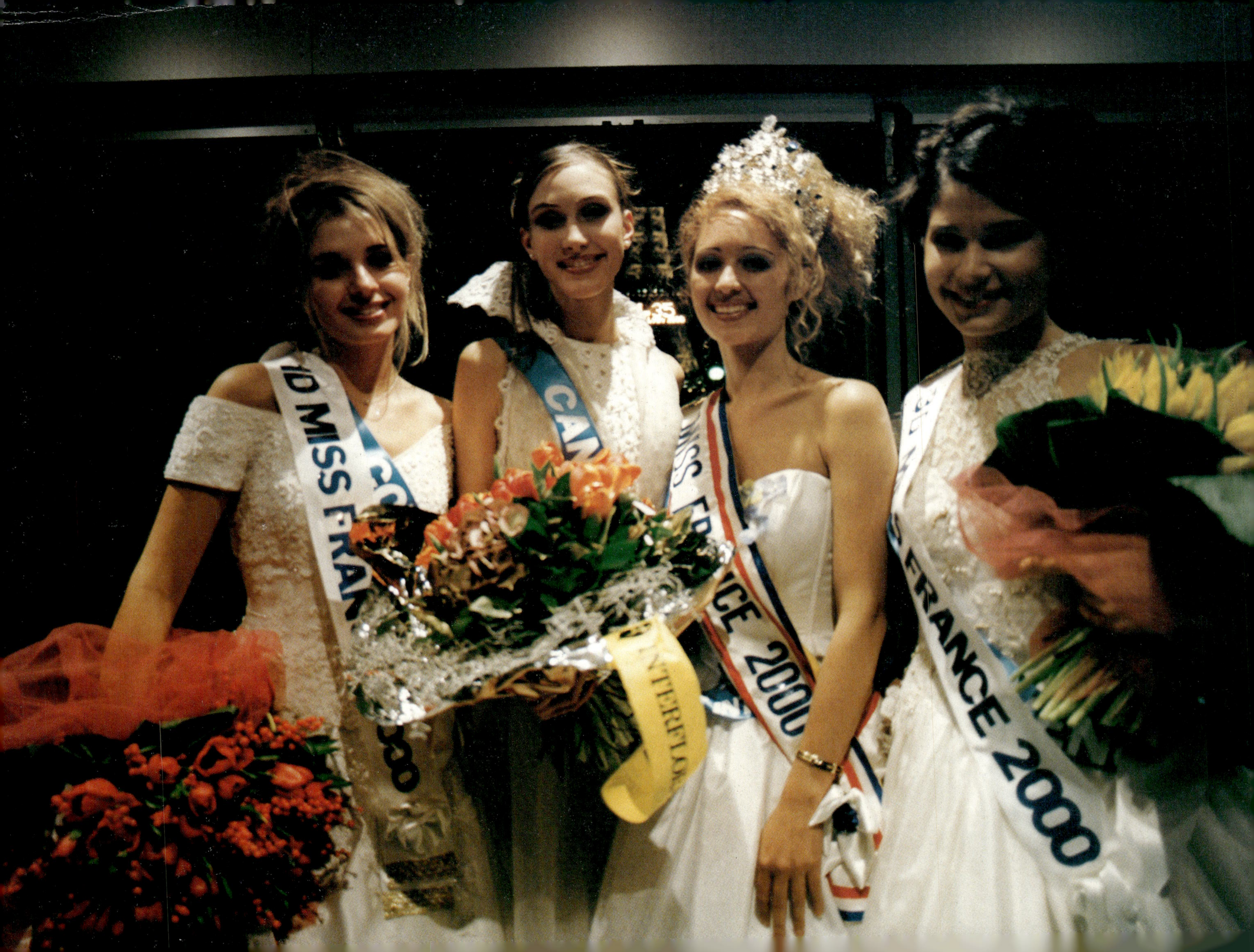
MISS FRAN
CAN
MISS FRANCE 2000
FRANCE 2000
INTERFLO

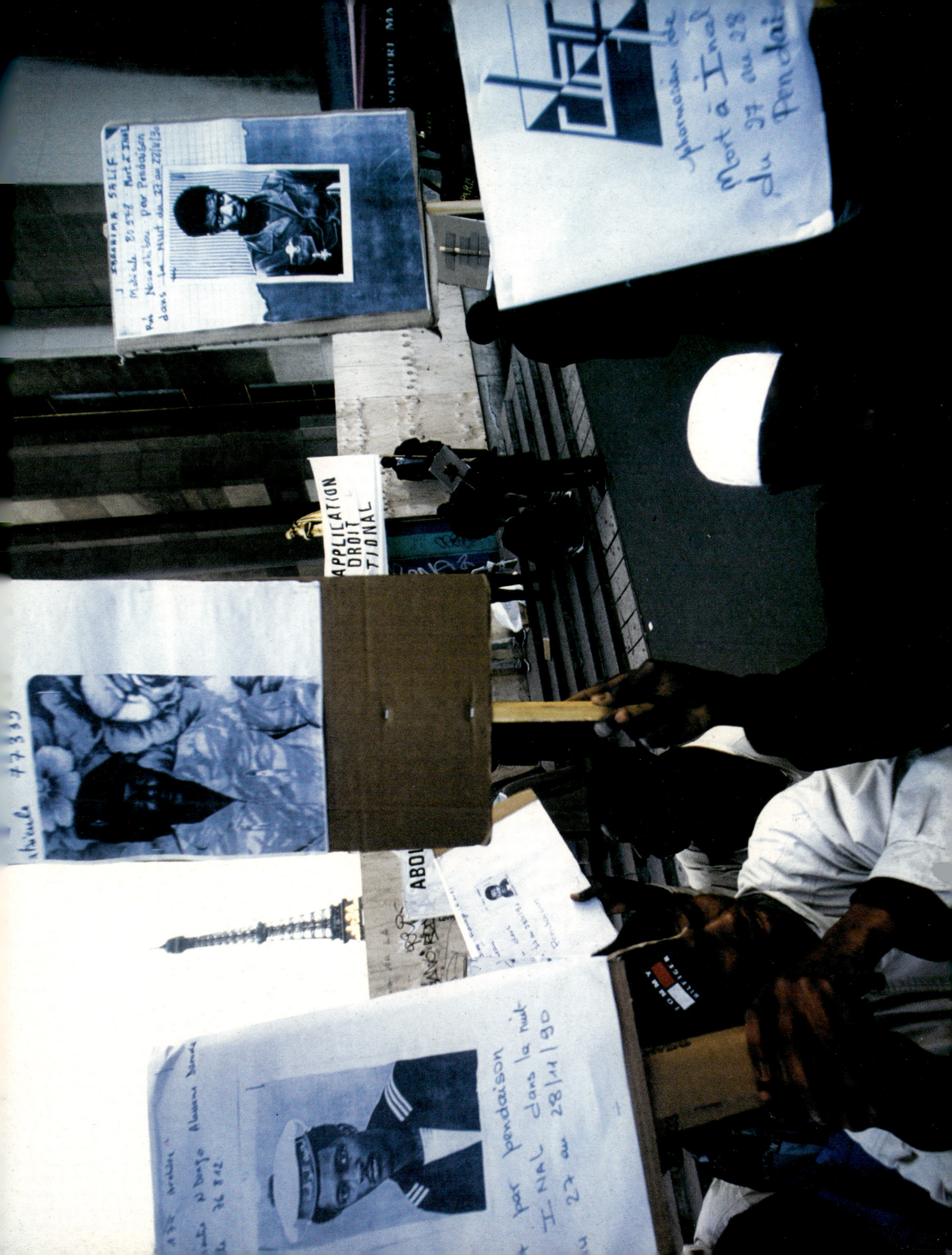

APPLICATION
DROIT
TIONAL
ABO
TOMMY HILFIGER

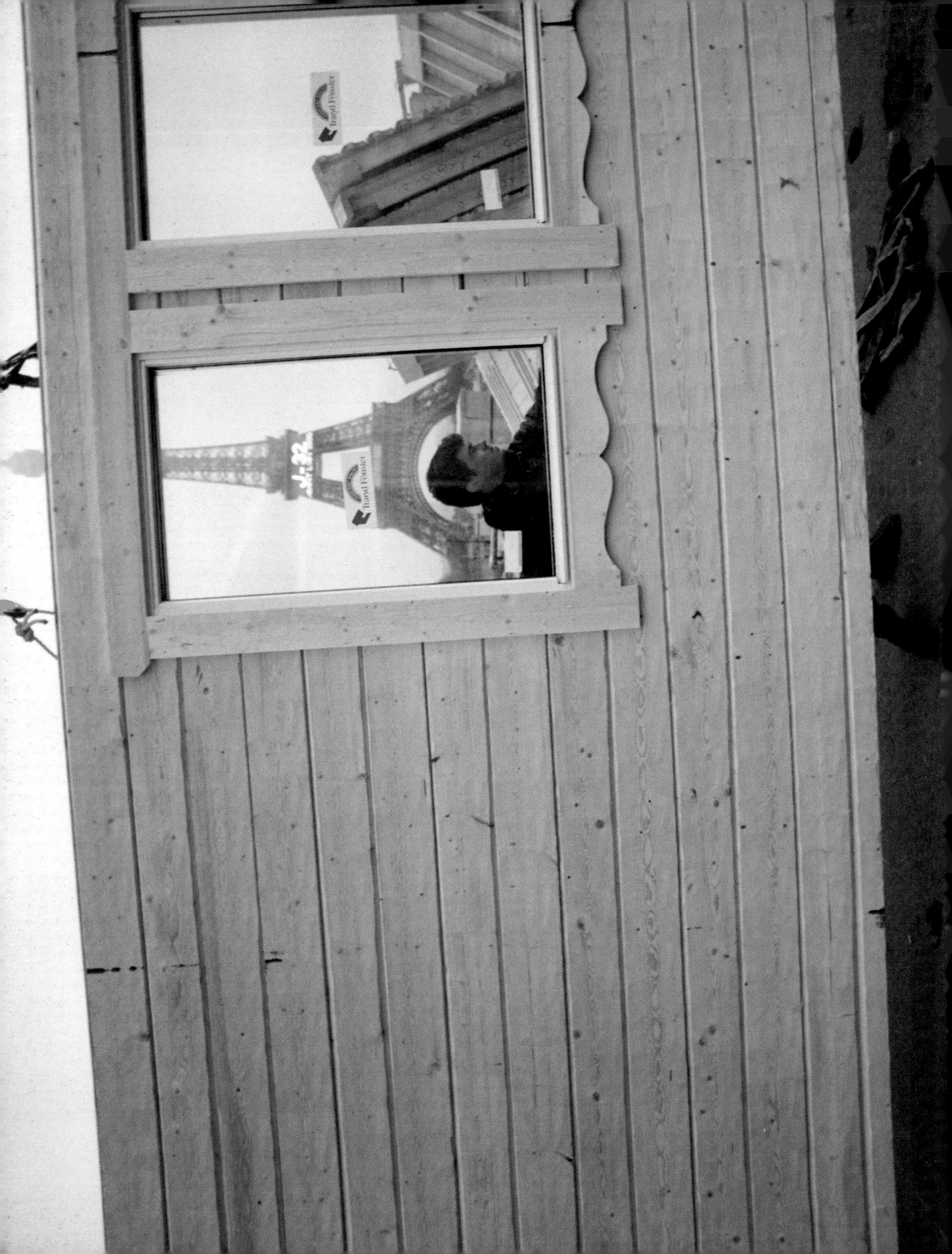
Traryd Fönster
J-32
Traryd Fönster

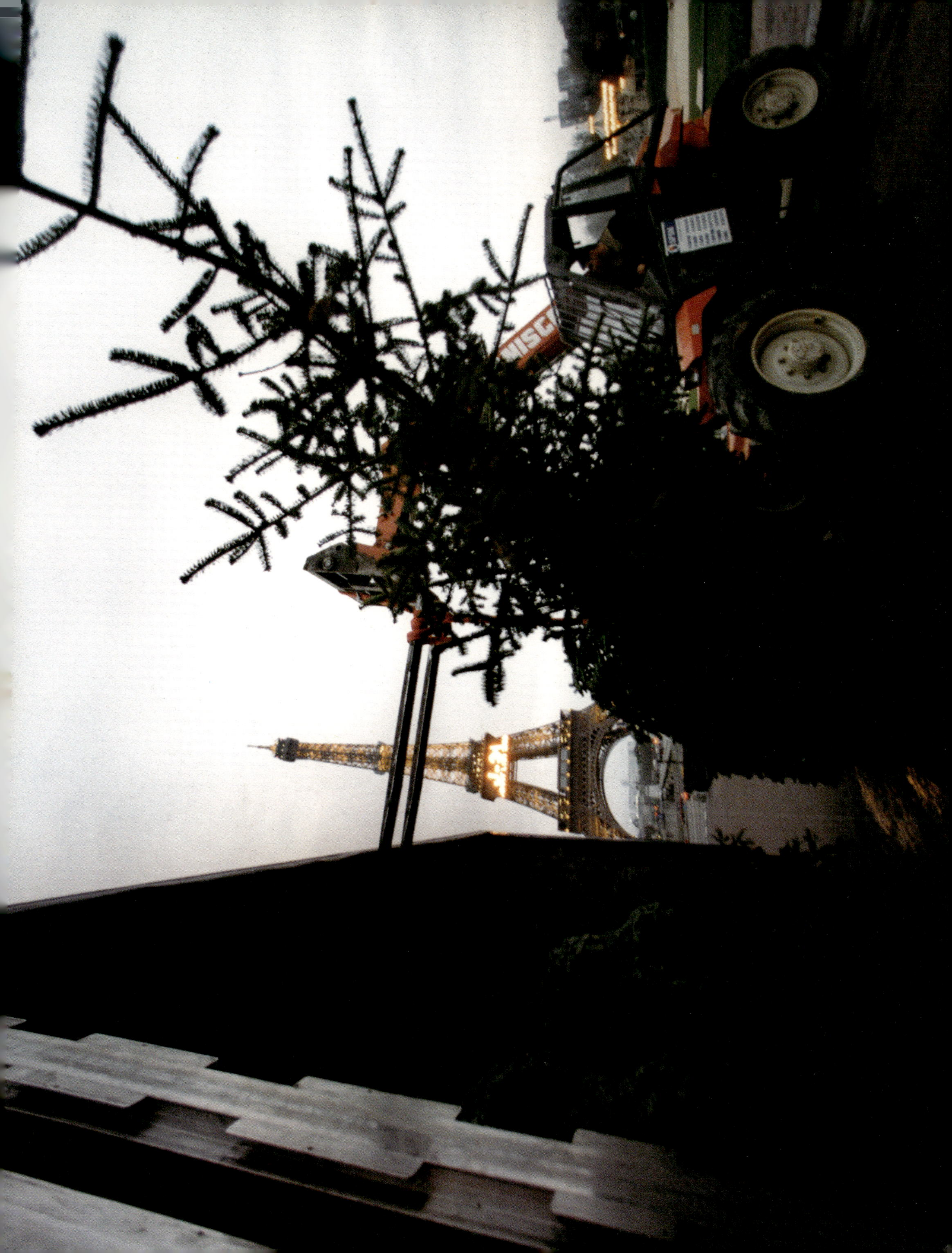

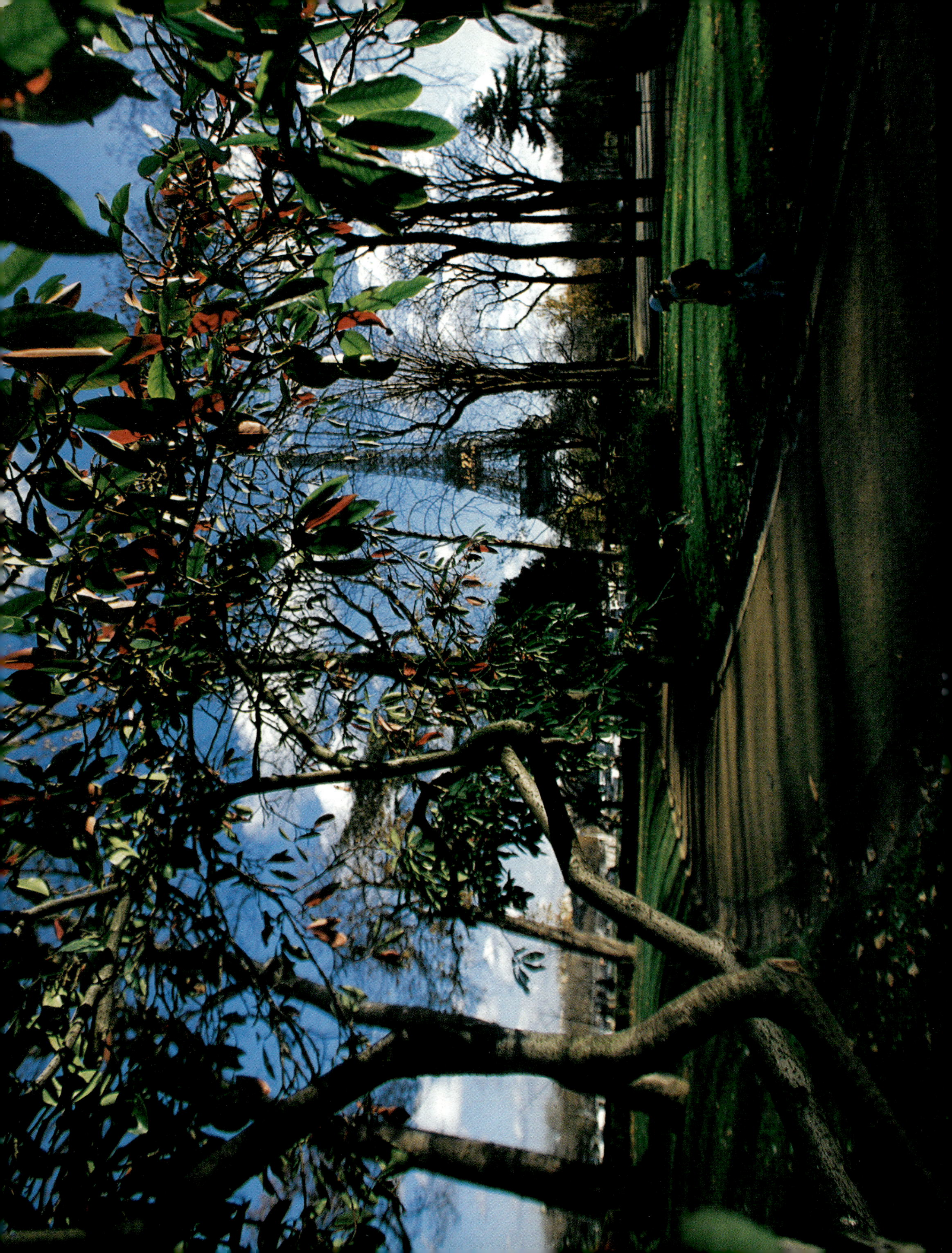

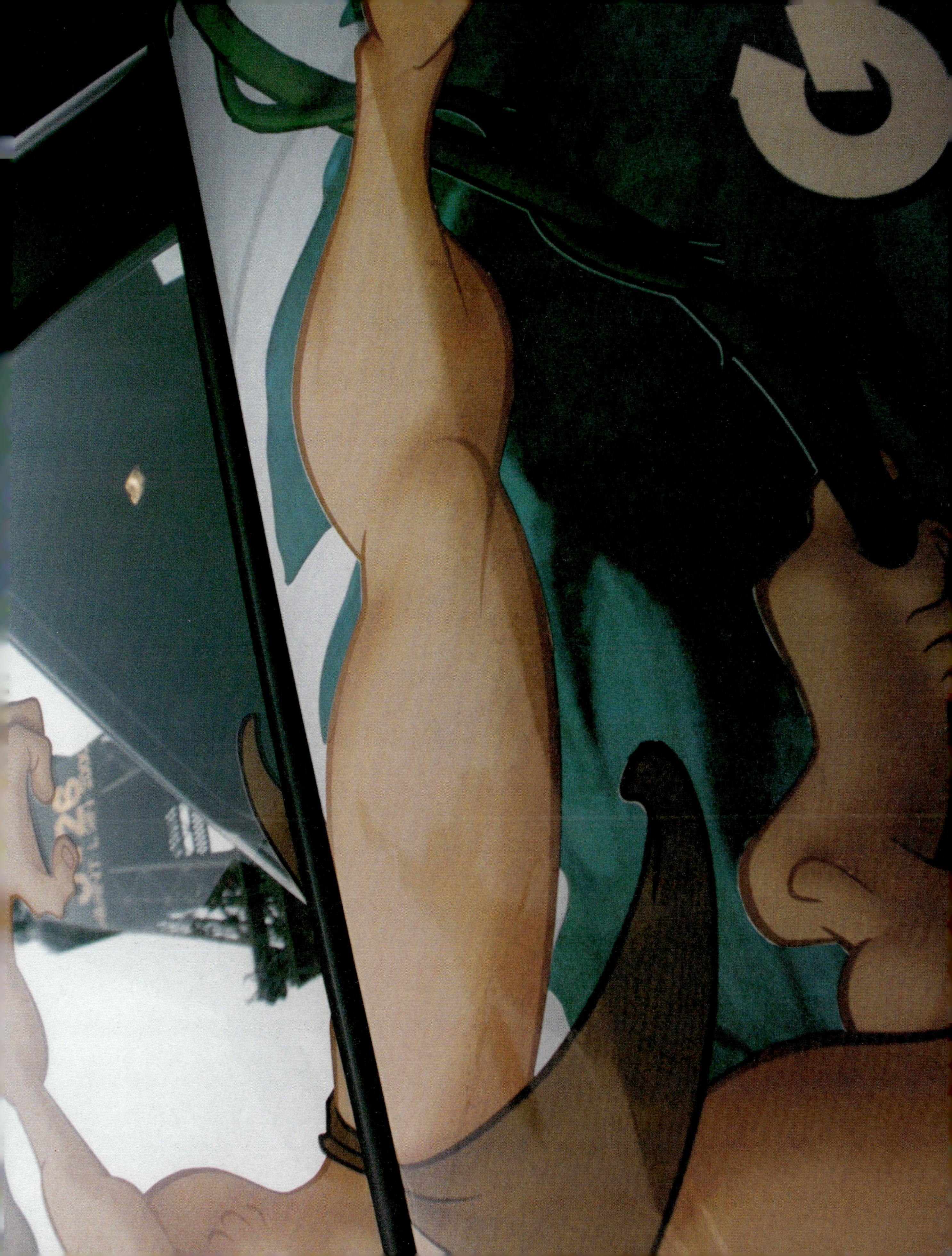

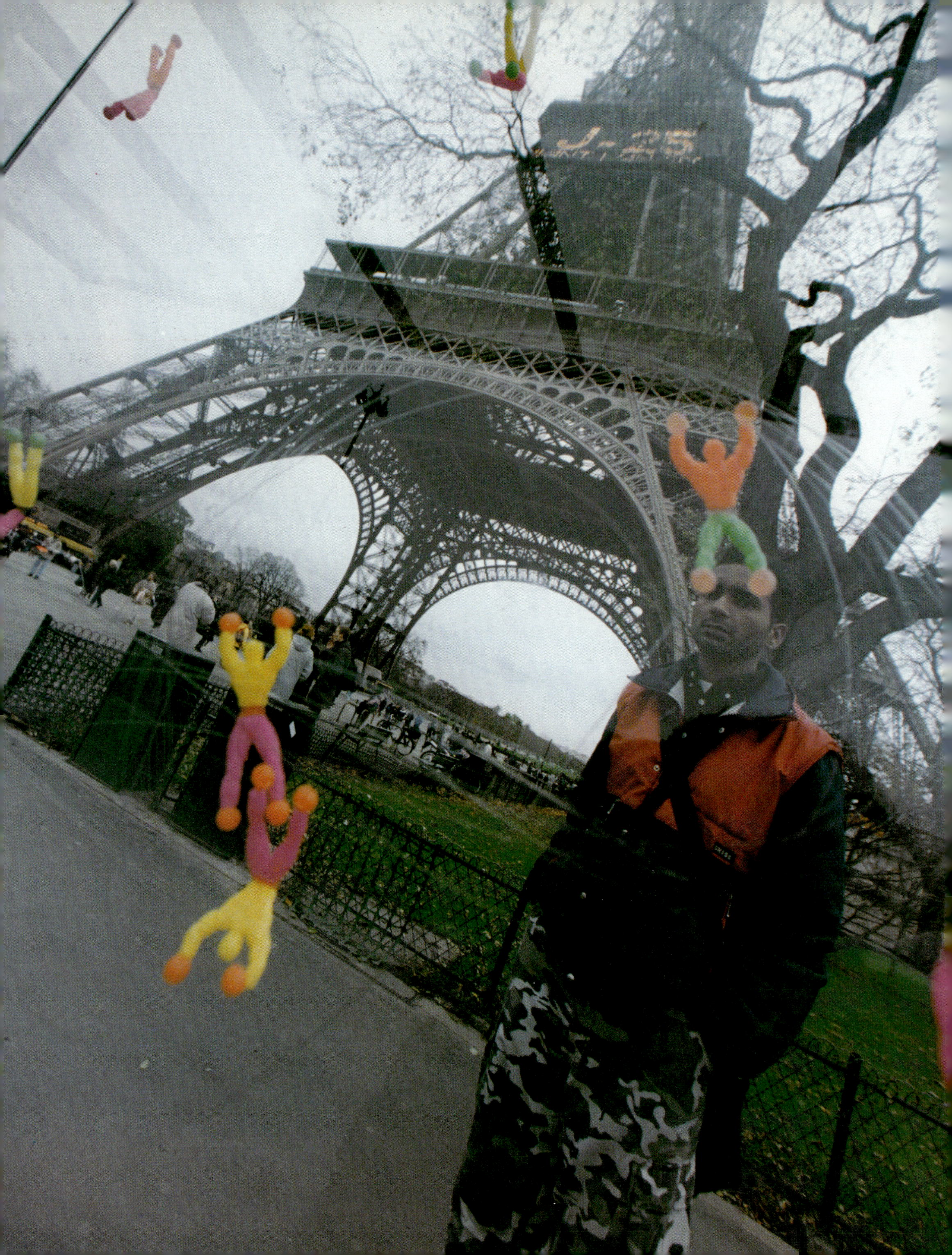
J-25

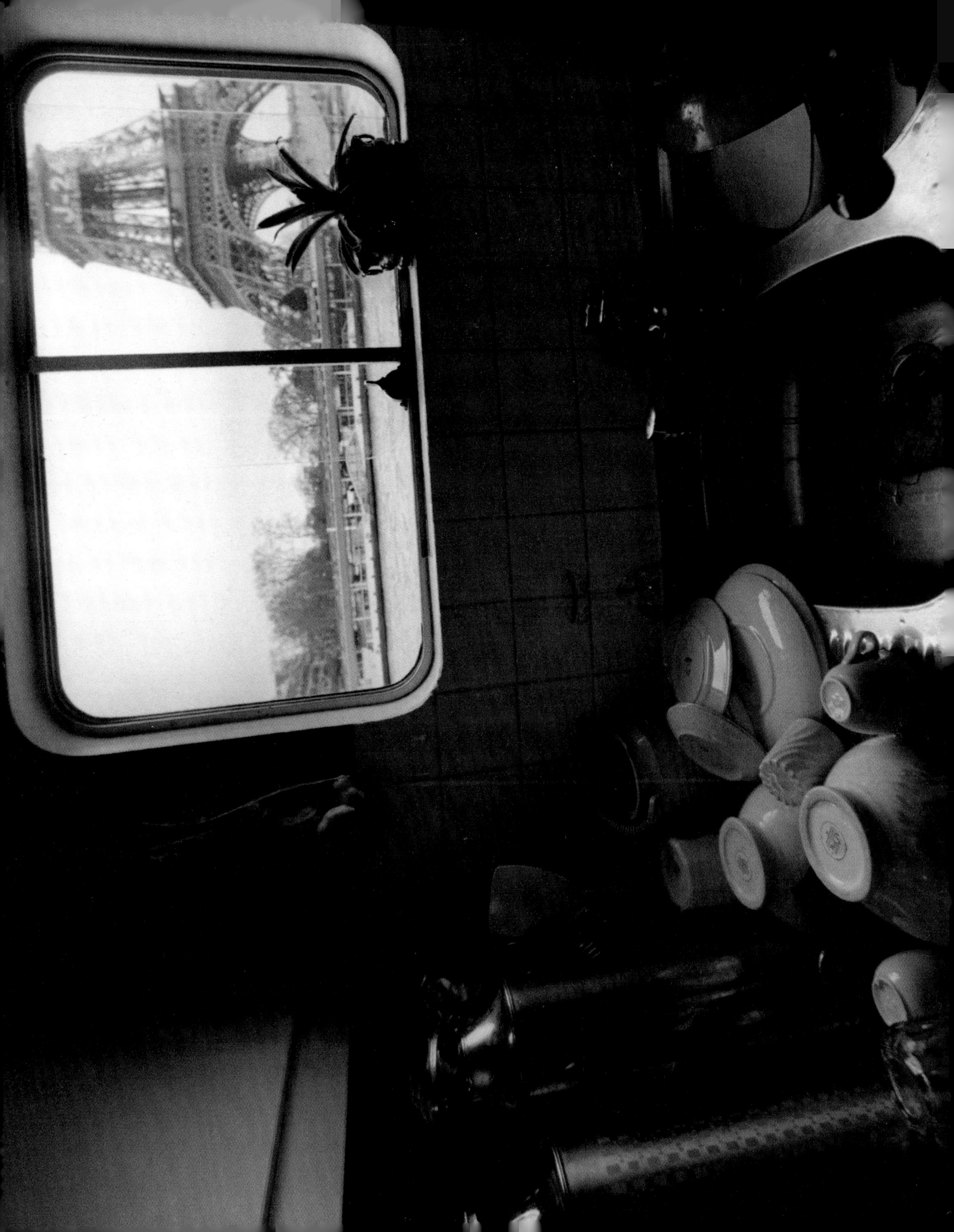

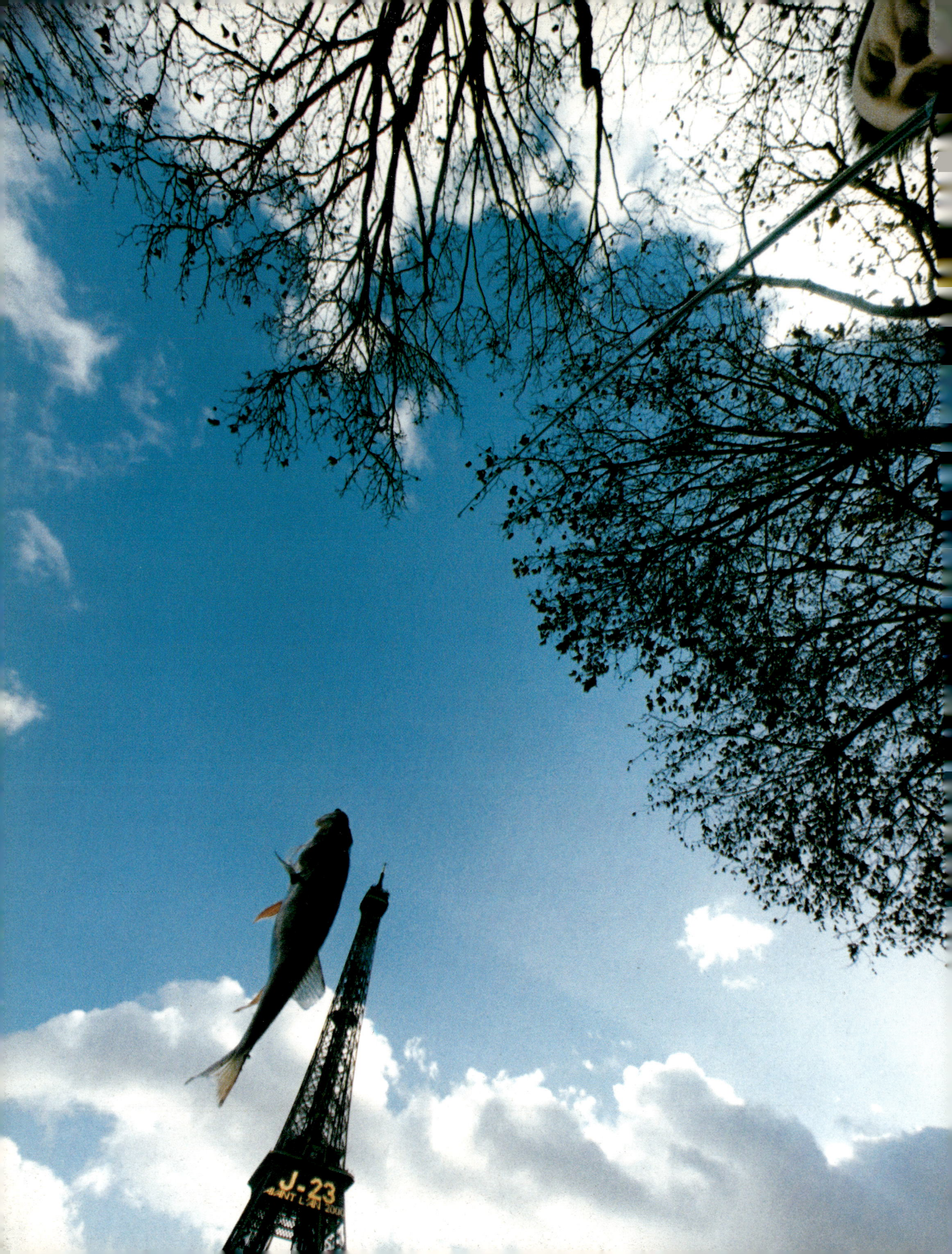
J-23

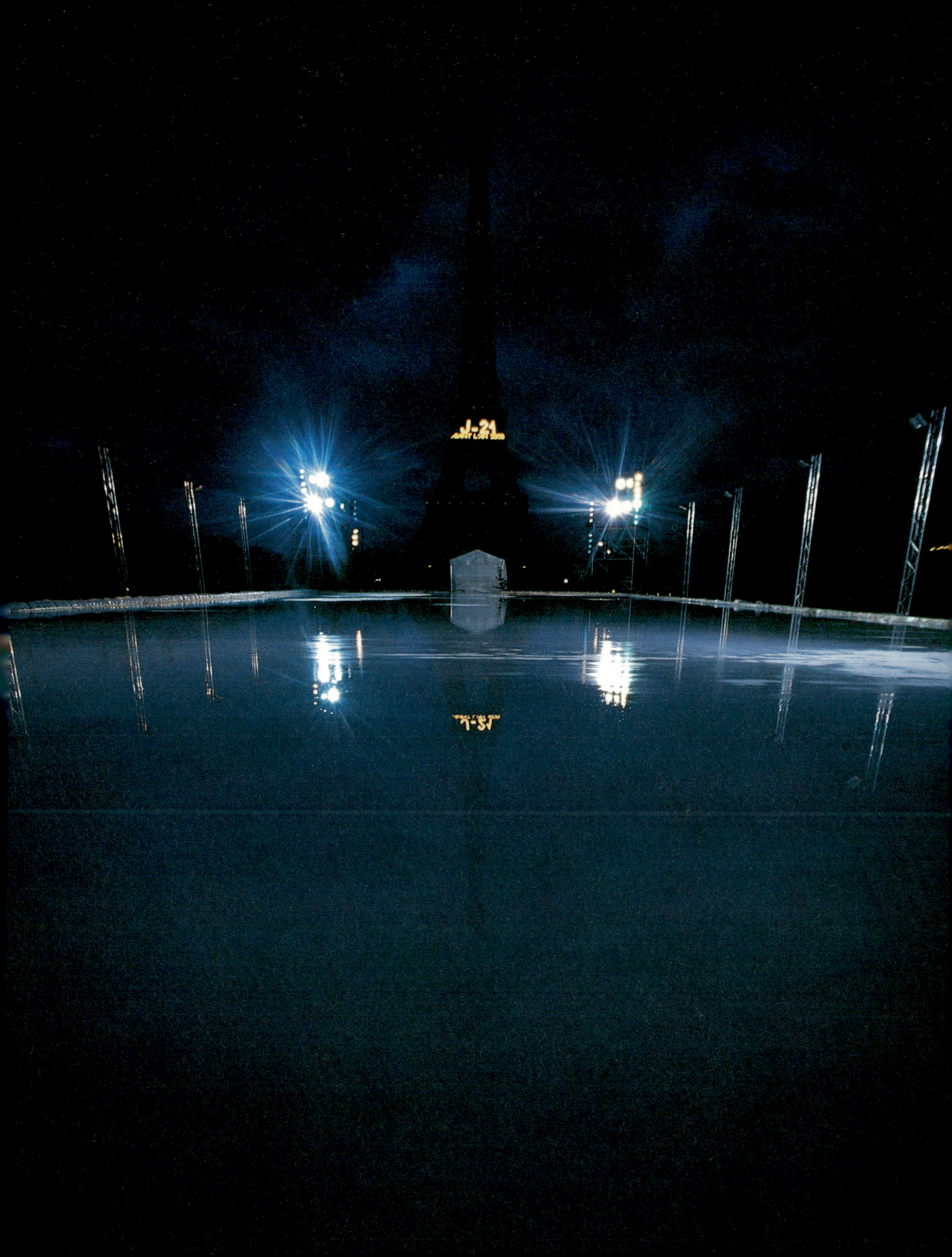
J-21

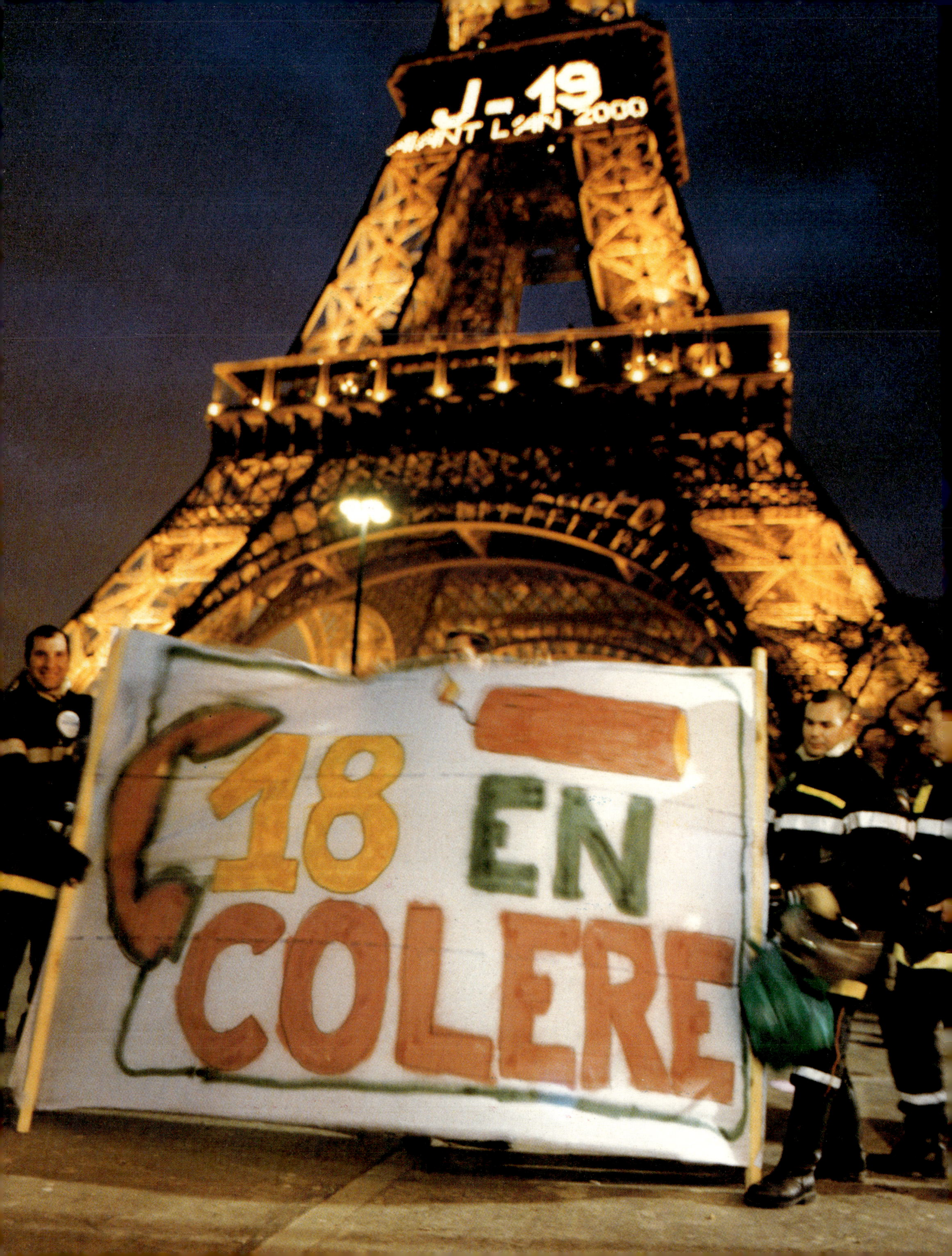
J - 19
L'AN 2000
18 EN
COLERE

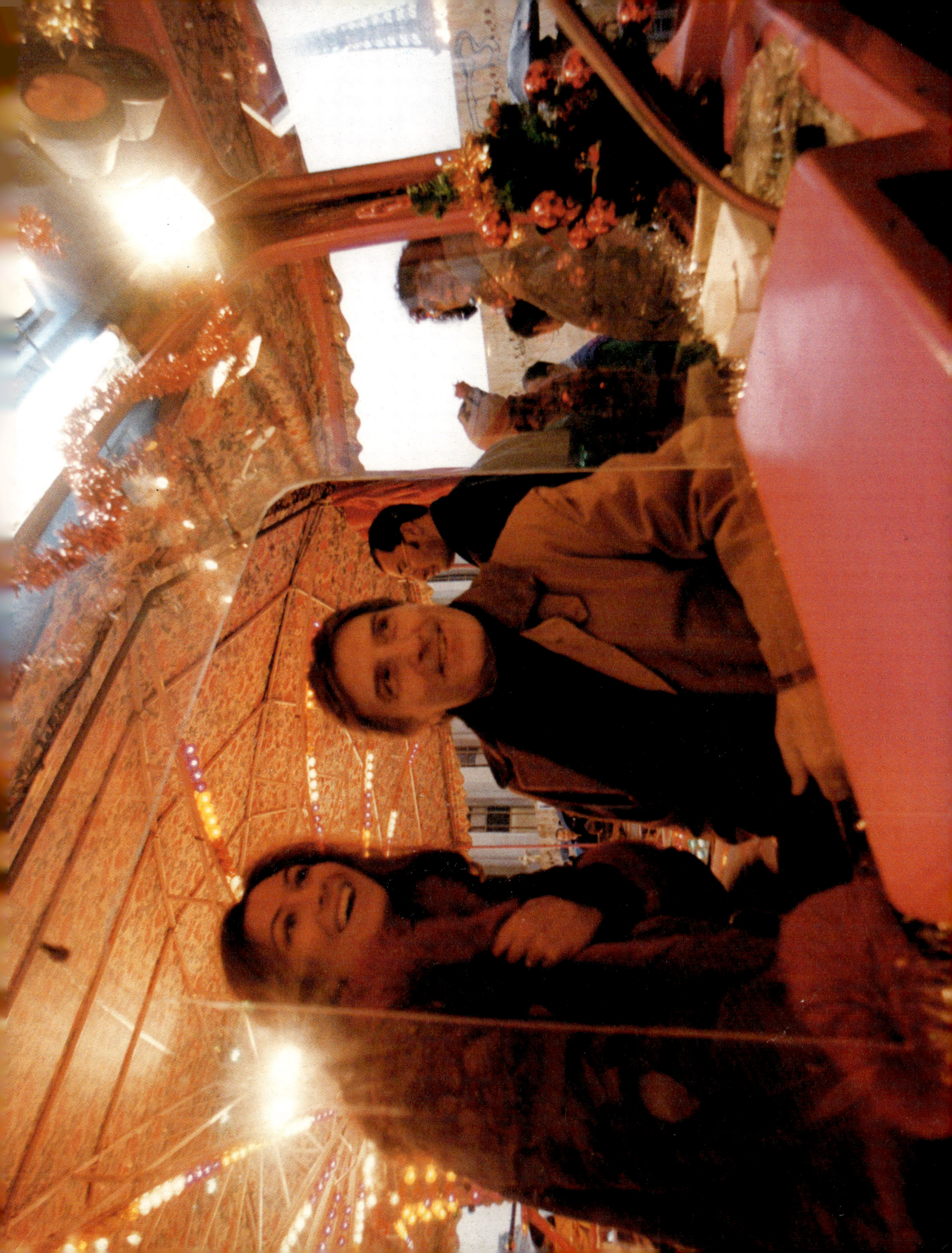

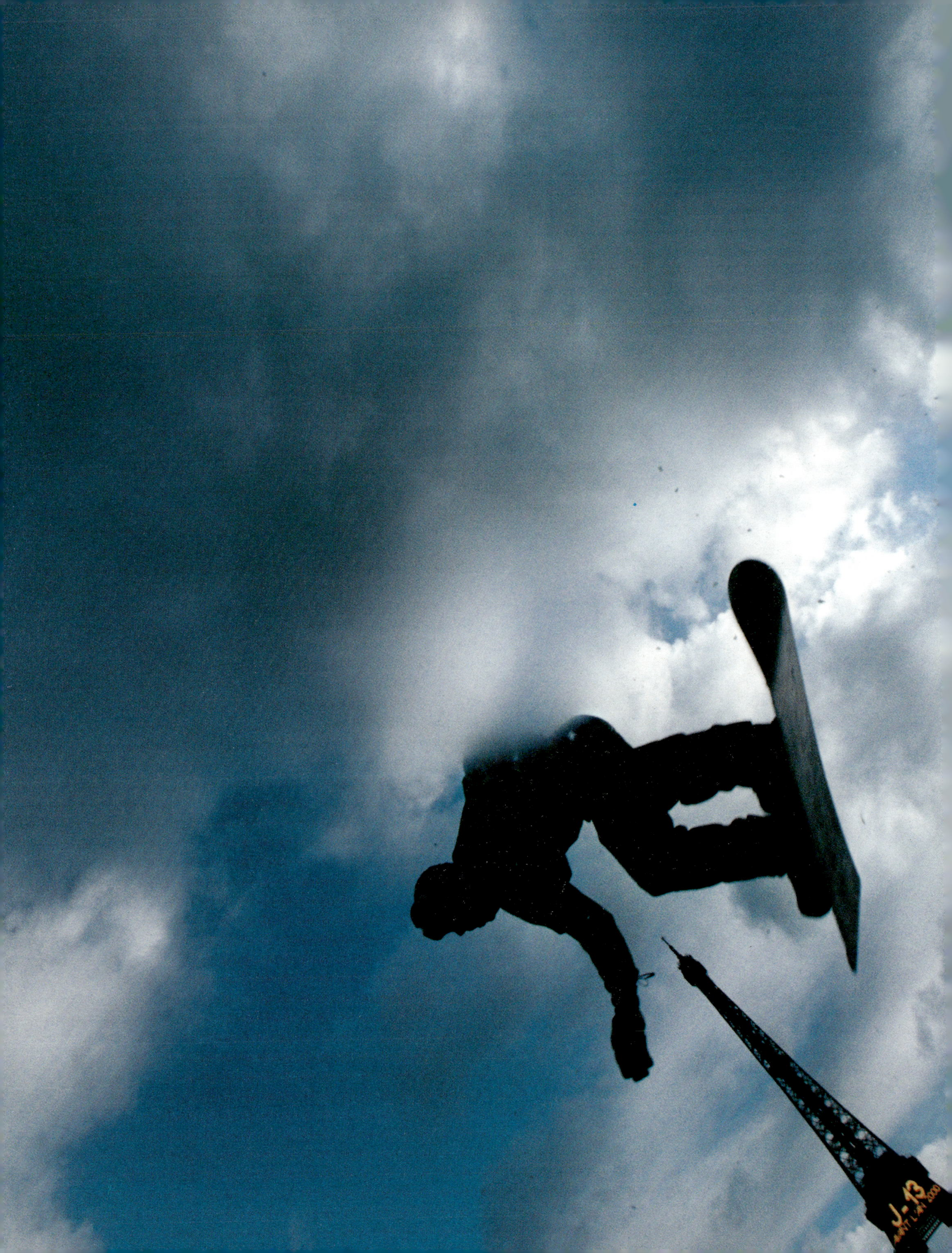
J-13

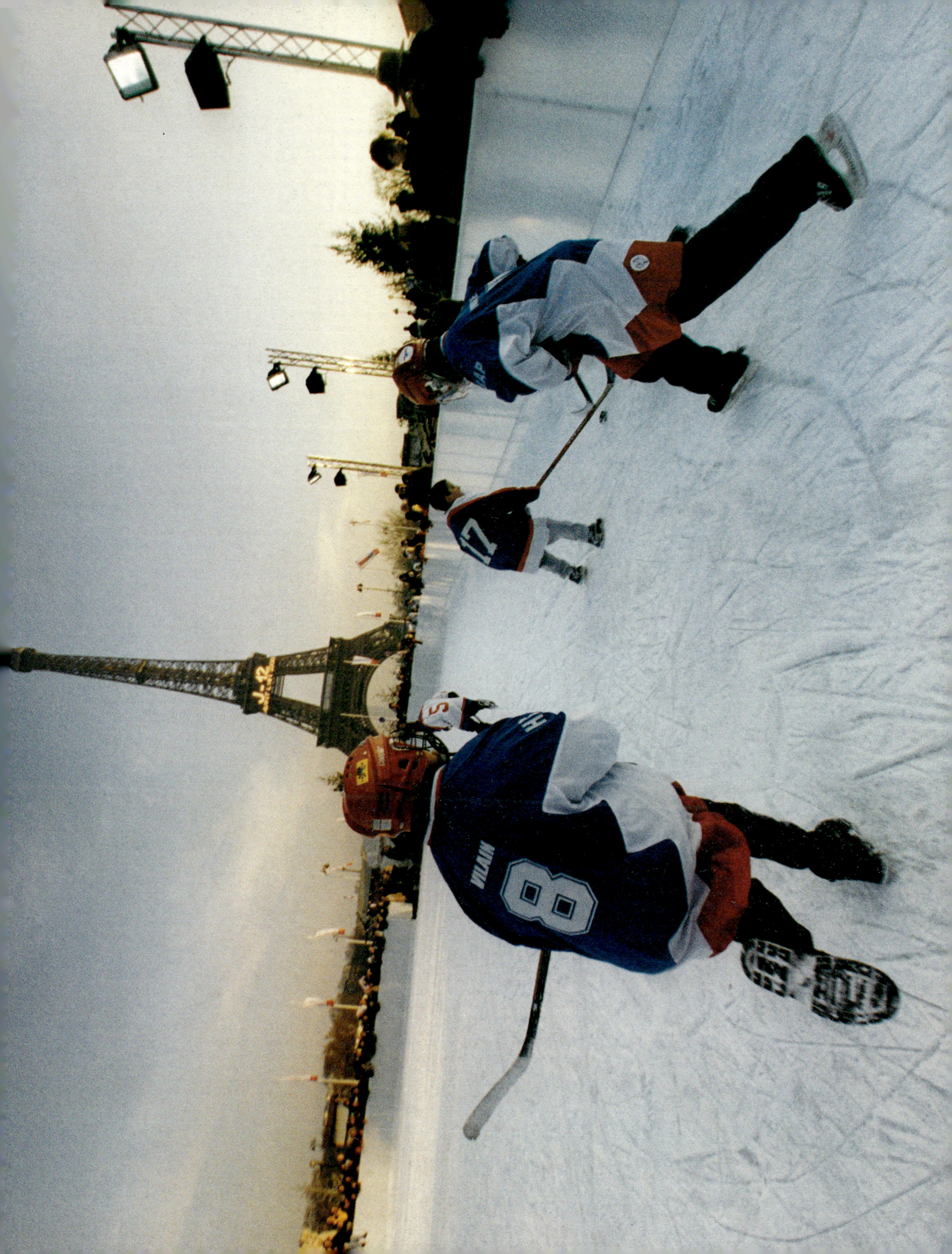
17
VILAIN
8

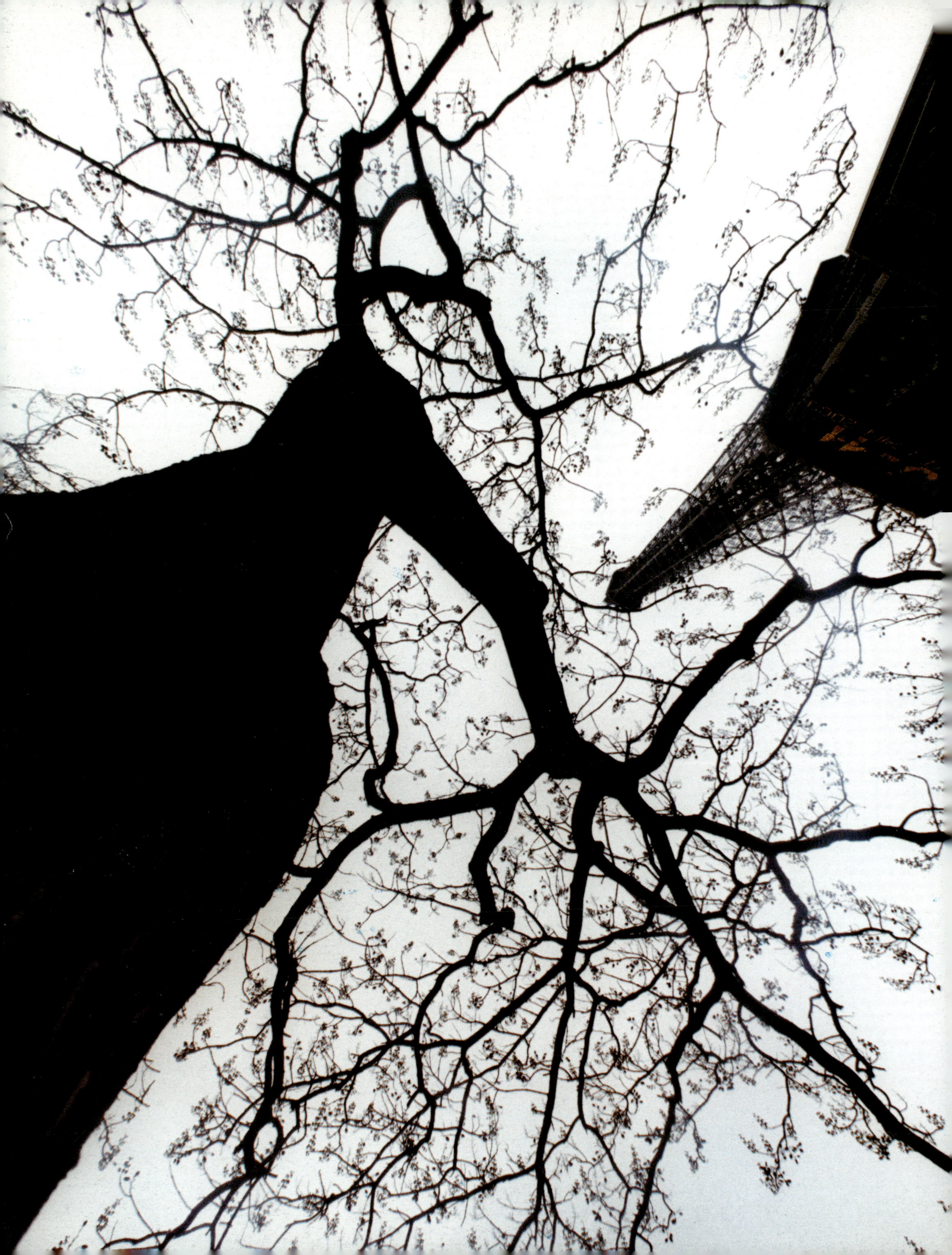

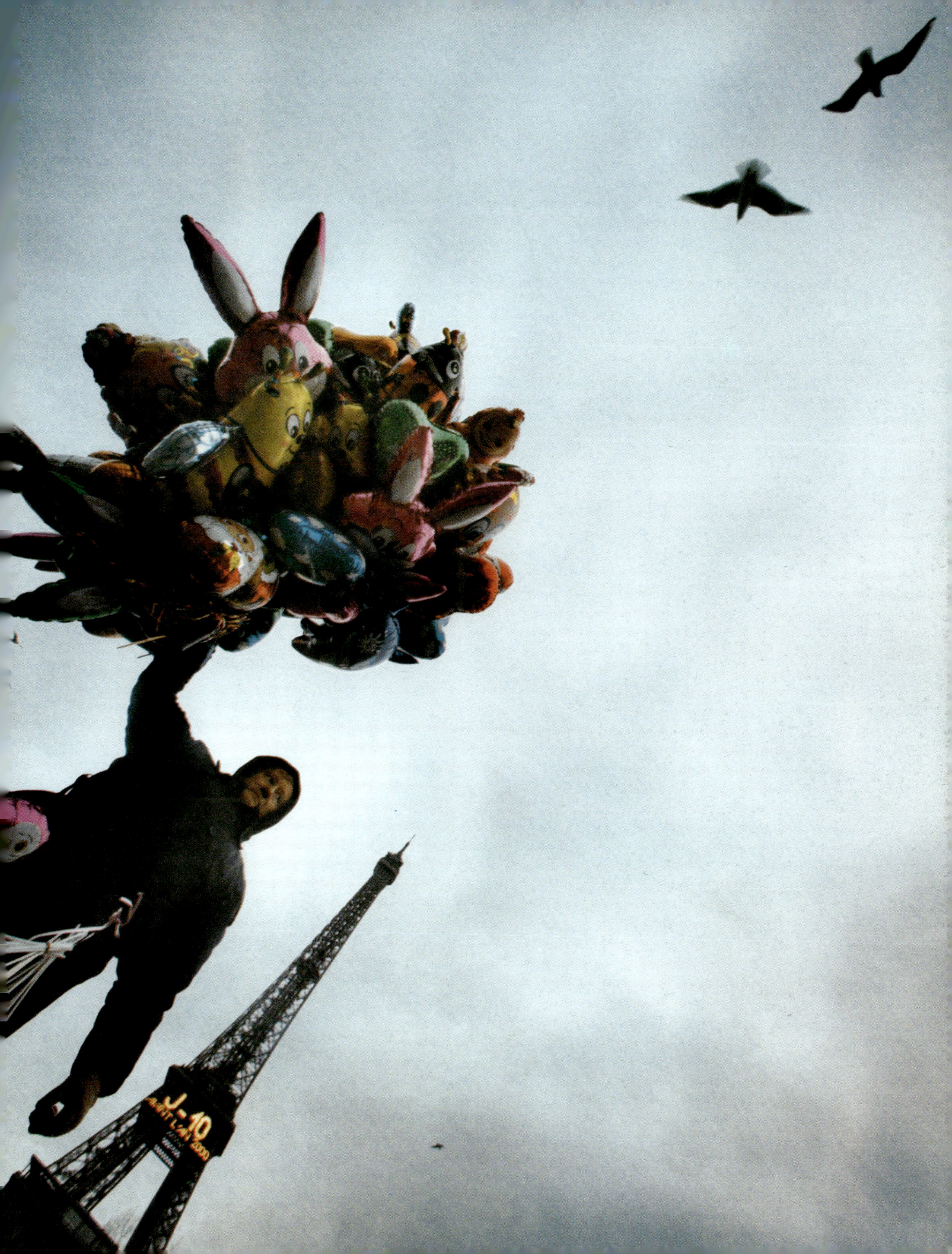
J-10
L'AN 2000

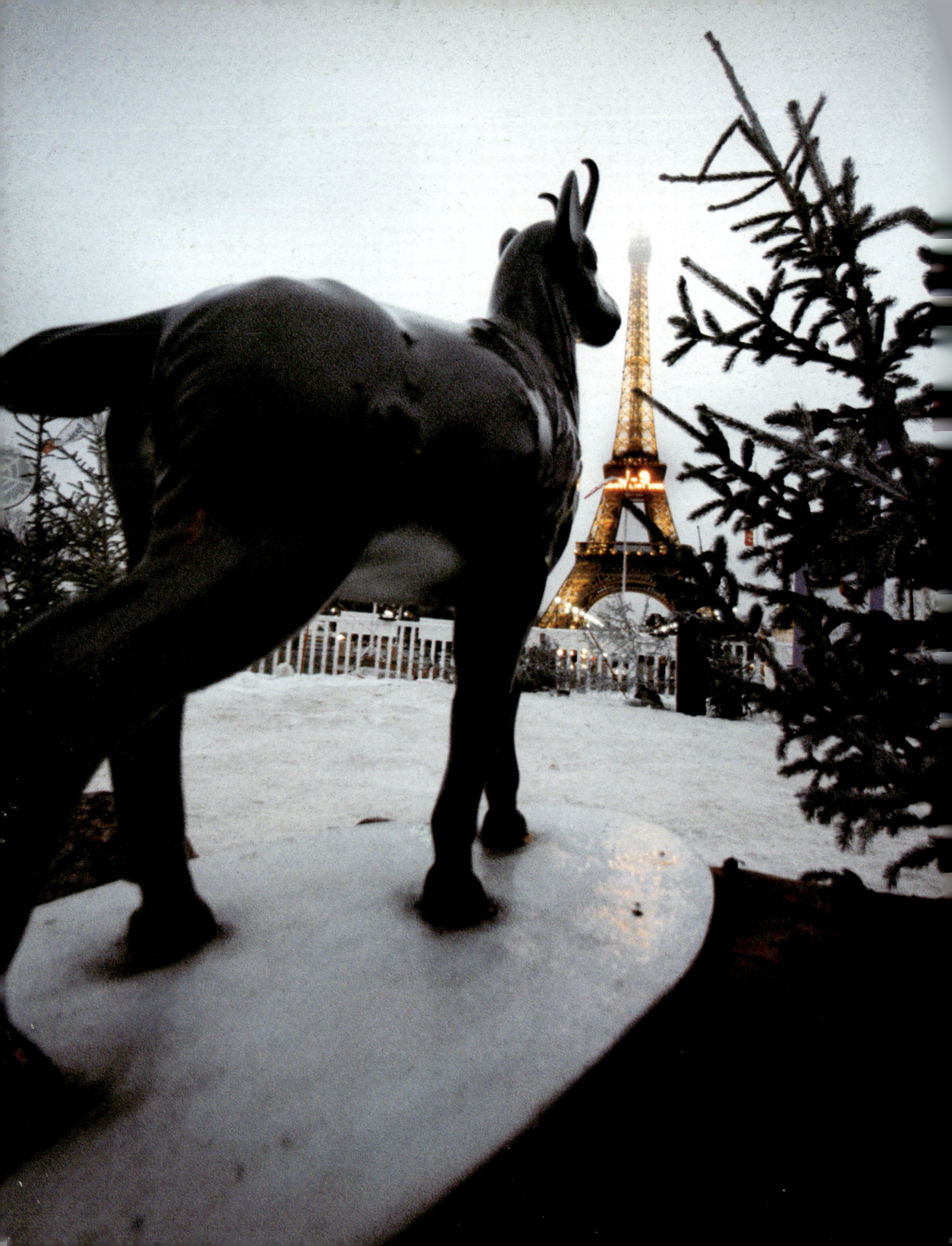

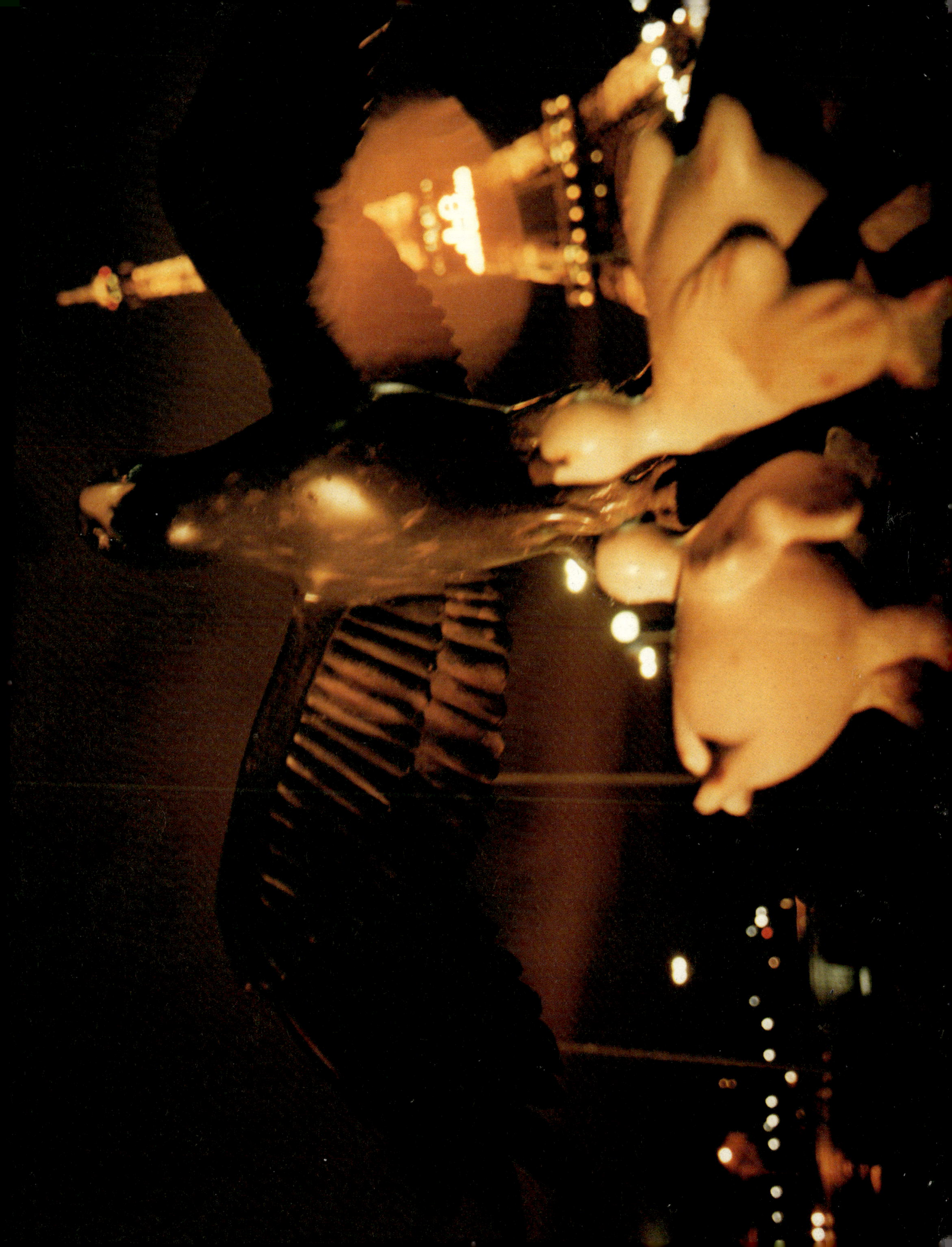

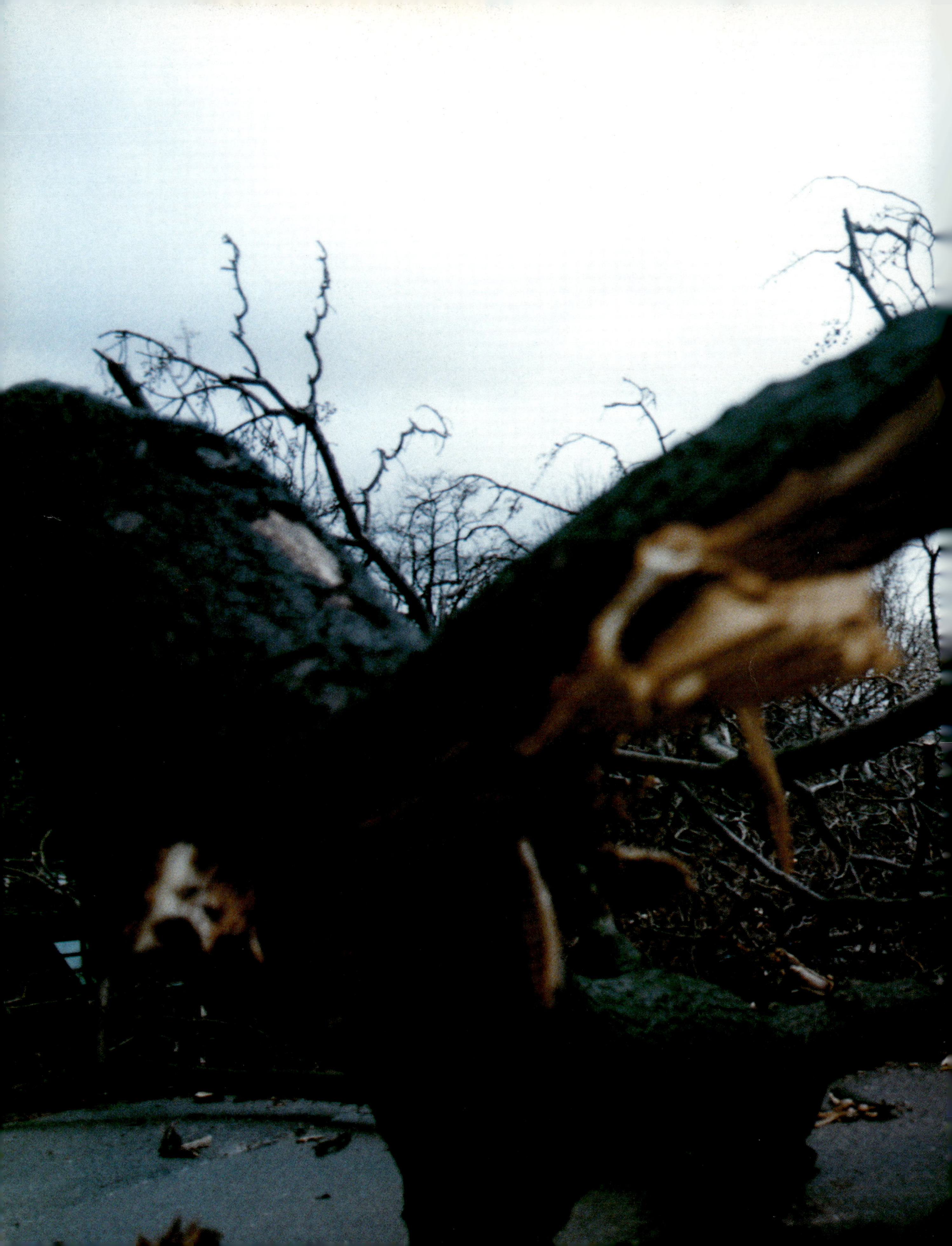

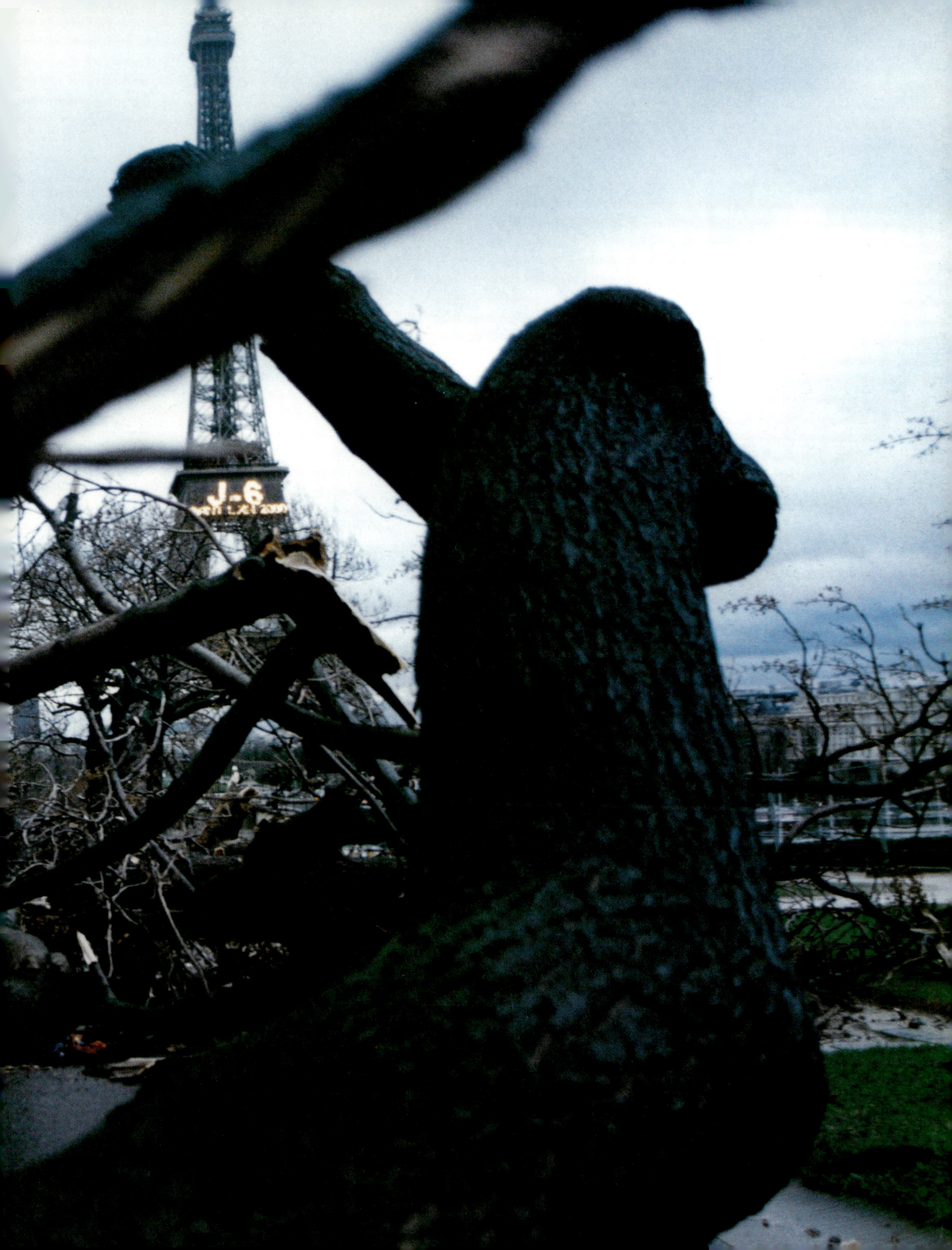
J-6

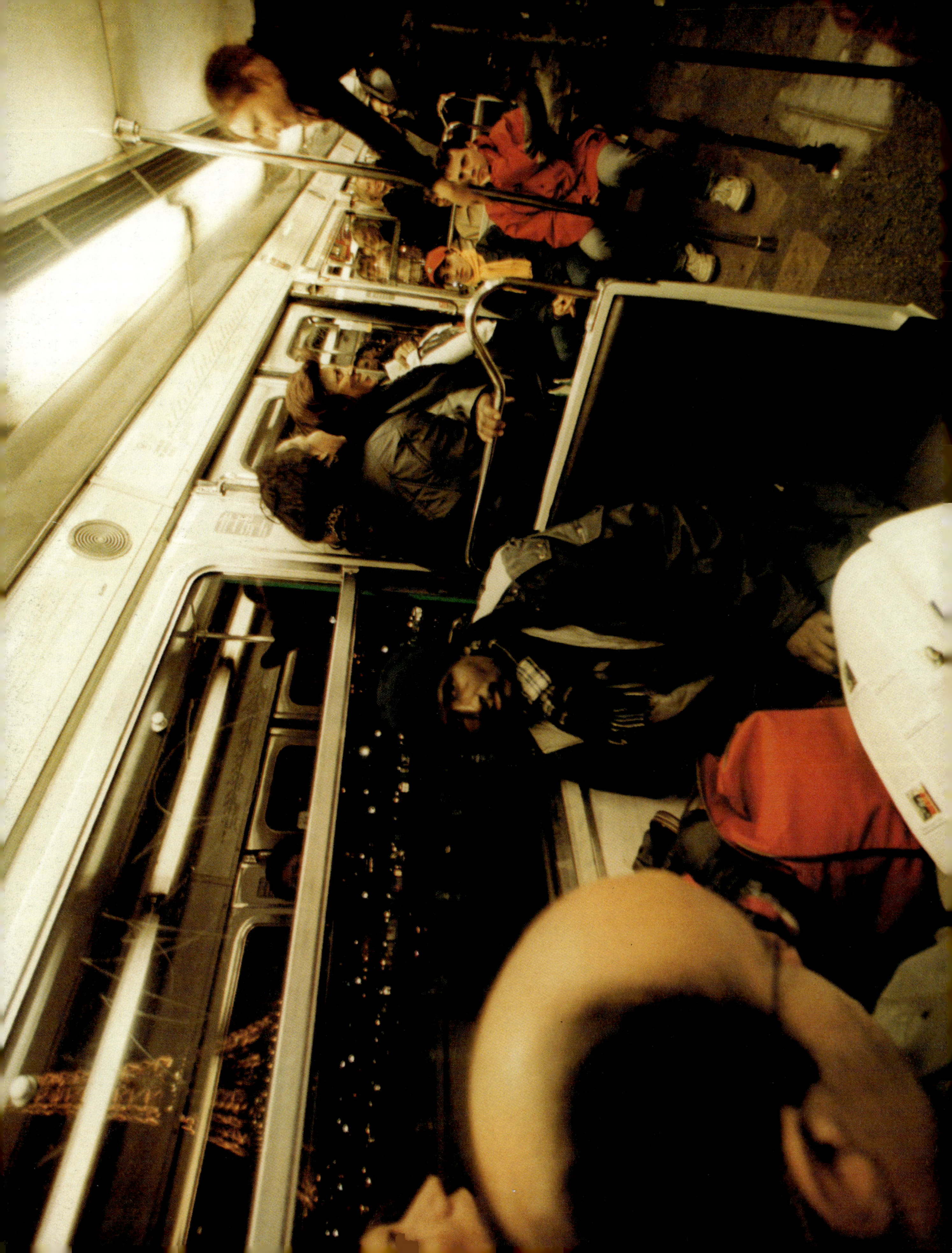

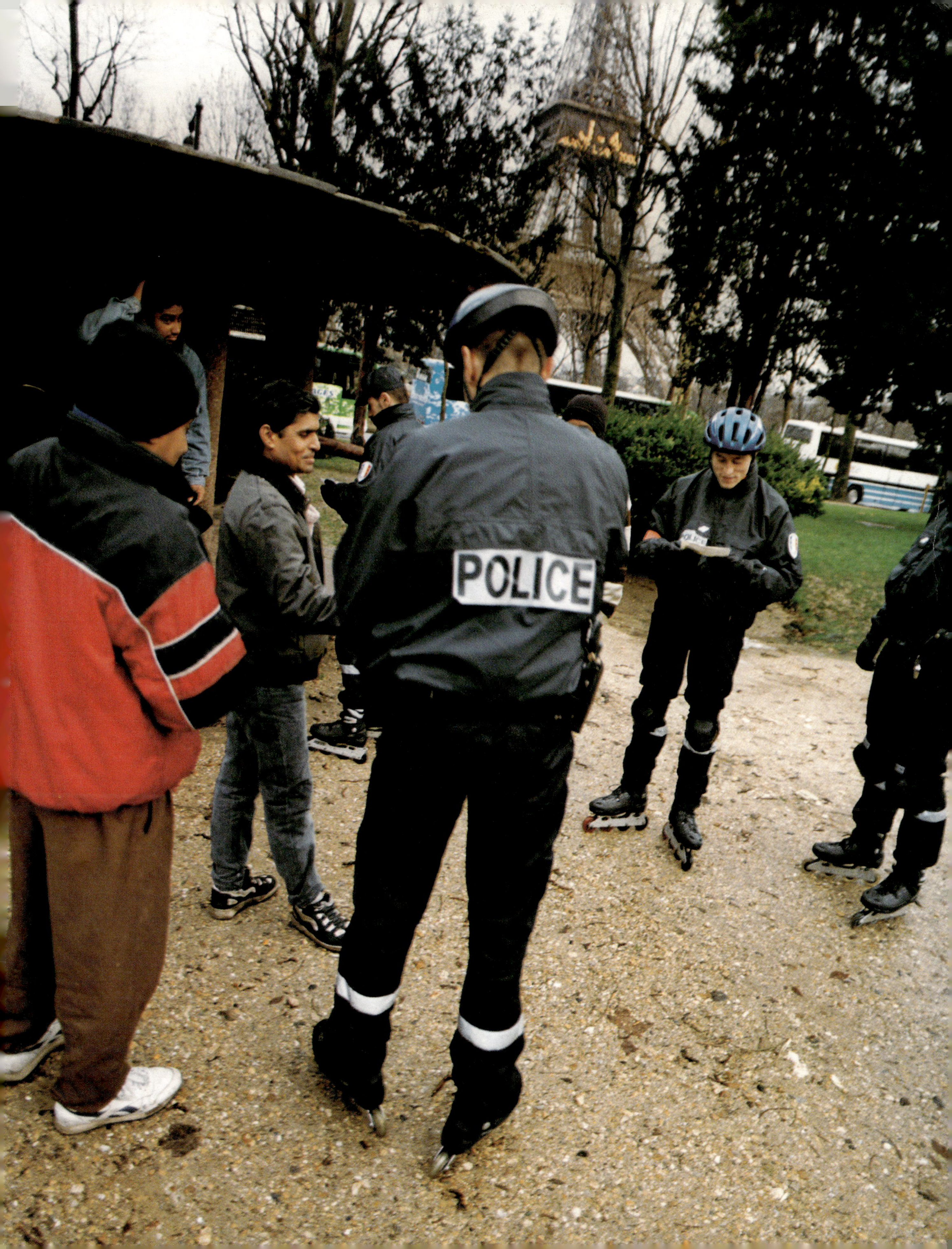
POLICE

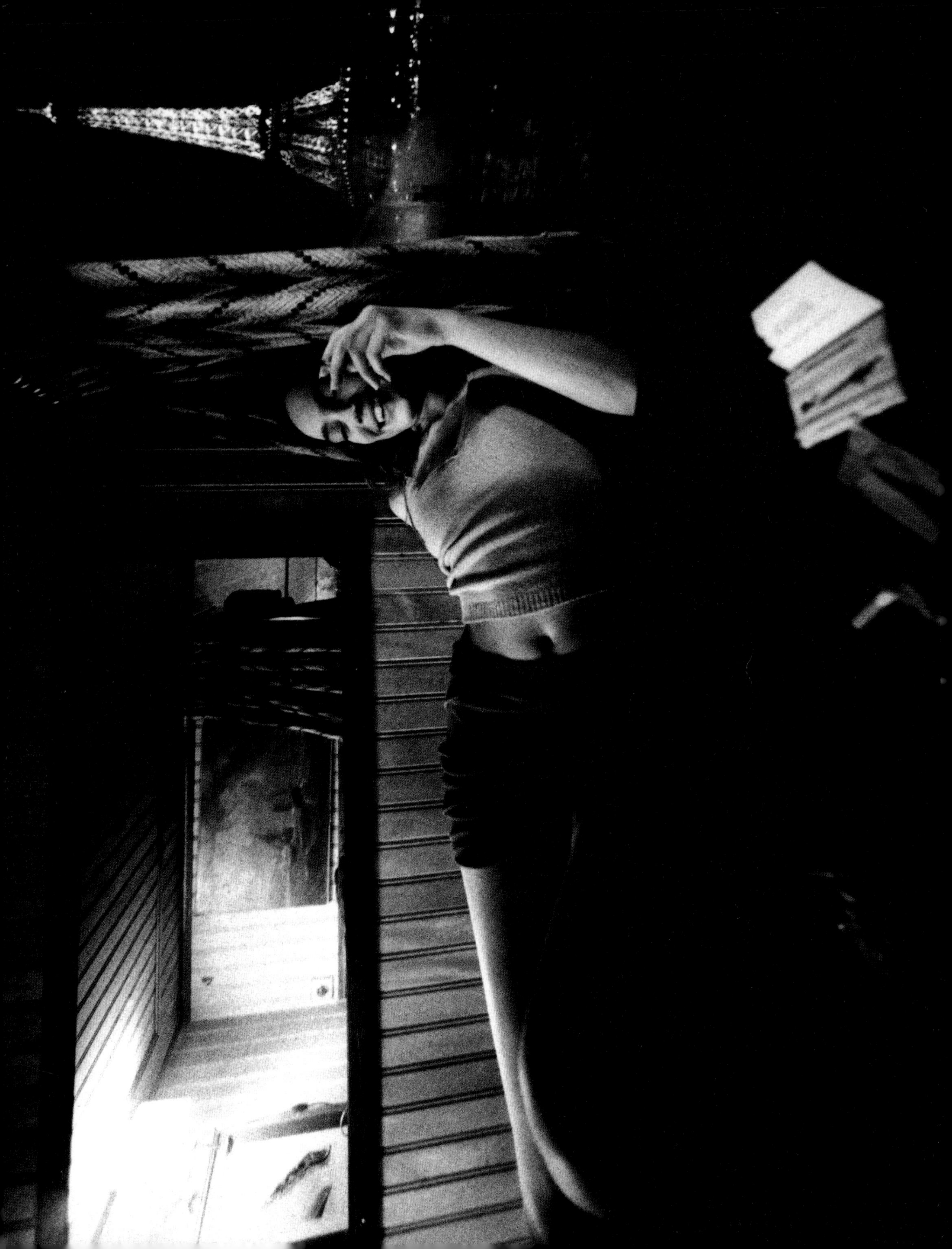

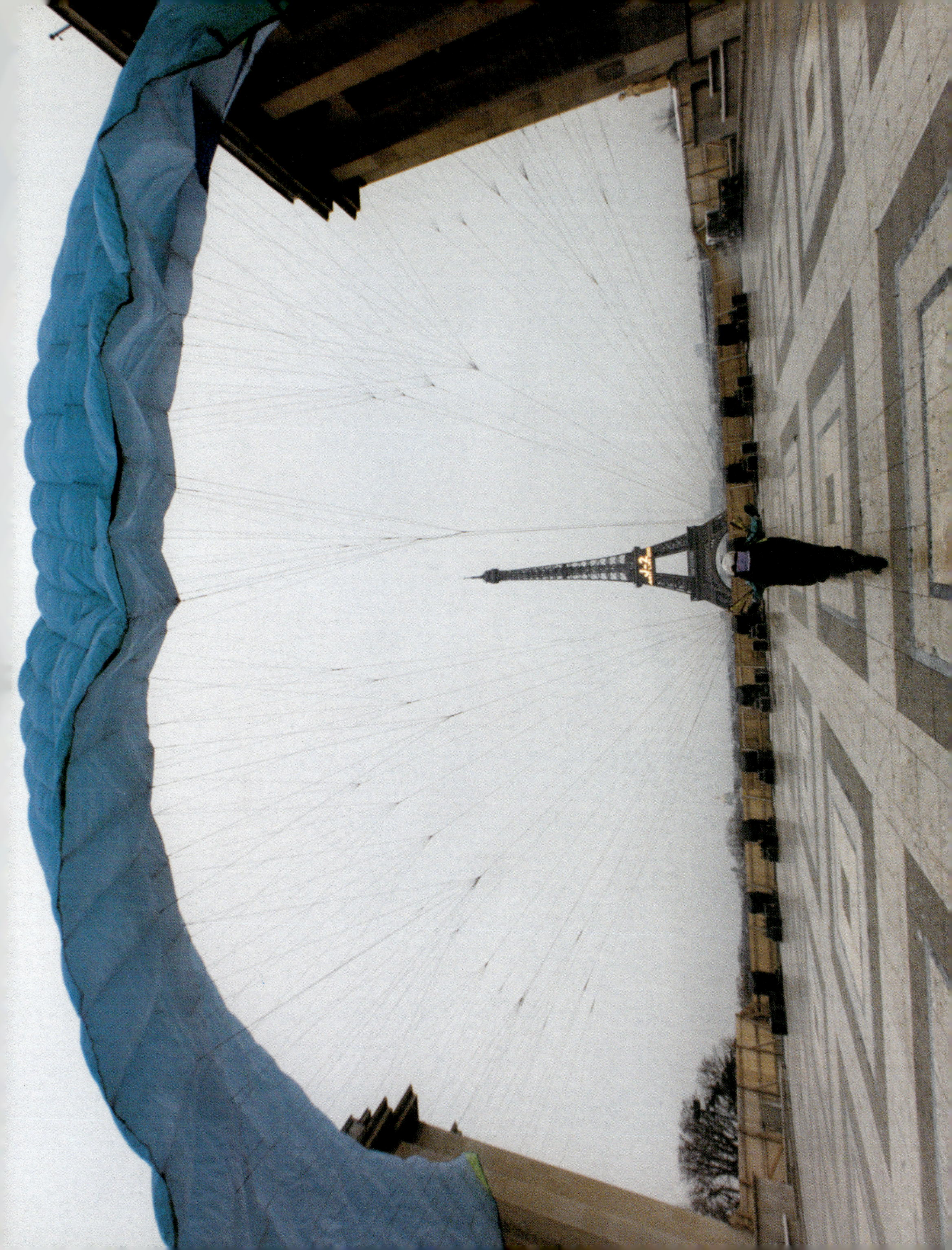

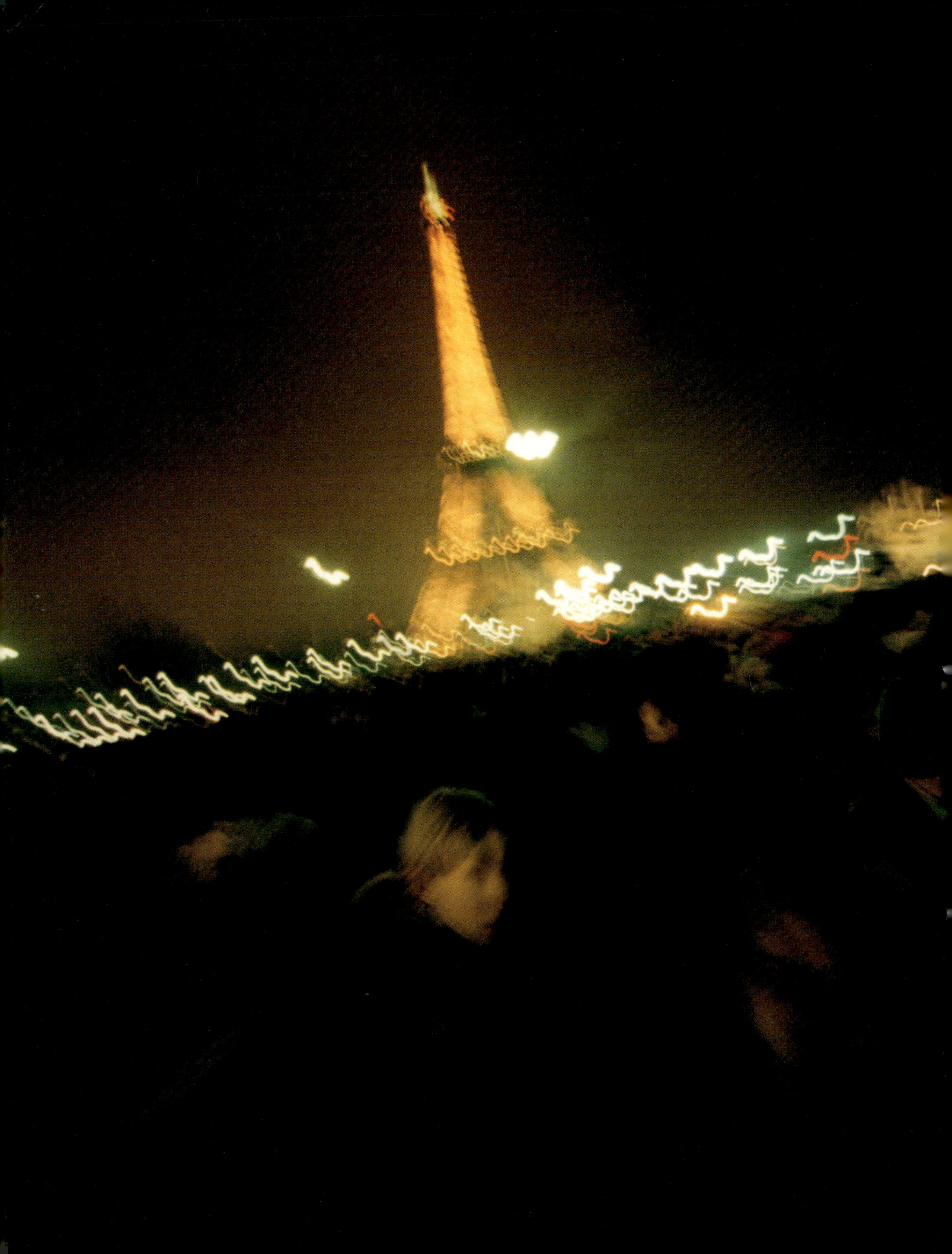

L'an 2000 selon le calendrier grégorien, l'an 2543 pour les Cinghalais, l'an 1420 pour les Musulmans, l'an 16 du 79e cycle sexagénaire pour les Chinois. Balayons ces éclats du temps et de l'éternité, savourons le présent au village de nul temps, où êtres de demain et êtres d'antan, êtres naissants ou êtres mourants, êtres jouissants ou êtres souffrants, sont tels des reflets chatoyants dans le miroir du temps.

The year 2000 according to the Gregorian calendar, the year 2543 for the Singhalese, the year 1420 for Muslims, the year 16 of the 79th sexagenarian cycle for the Chinese. Let's sweep away these splinters of time, and let's enjoy eternity in the present of the timeless village where tomorrow's and yesterday's people, alive or dead, happy or suffering are glinting and shimmering in the mirror of time.

Catherine Despeux
Professeur de chinois à l'INALCO
Chinese teacher at INALCO

Parole de Christophe Colomb

Ainsi soit-il Santa Maria mon navire
Où j'arme un équipage au destin hors nature.
Moi, le navigateur, je frappe sur la cire
Un profil nettoyé des masques d'aventure.

Et porte à l'avenir le sceau de mon message
Au temps de mon départ où l'or et le plomb fondent,
Où l'esclave abolit le fouet du partage,
Et règne sur l'empire où s'arrondit le monde.

Petit navigateur de nos saintes collines
Moi, le navigateur, je dis : c'est autre chose
De racler un miracle et sonner les matines
Et transformer le monde en sa métamorphose.

Rouben Melik
Auteur

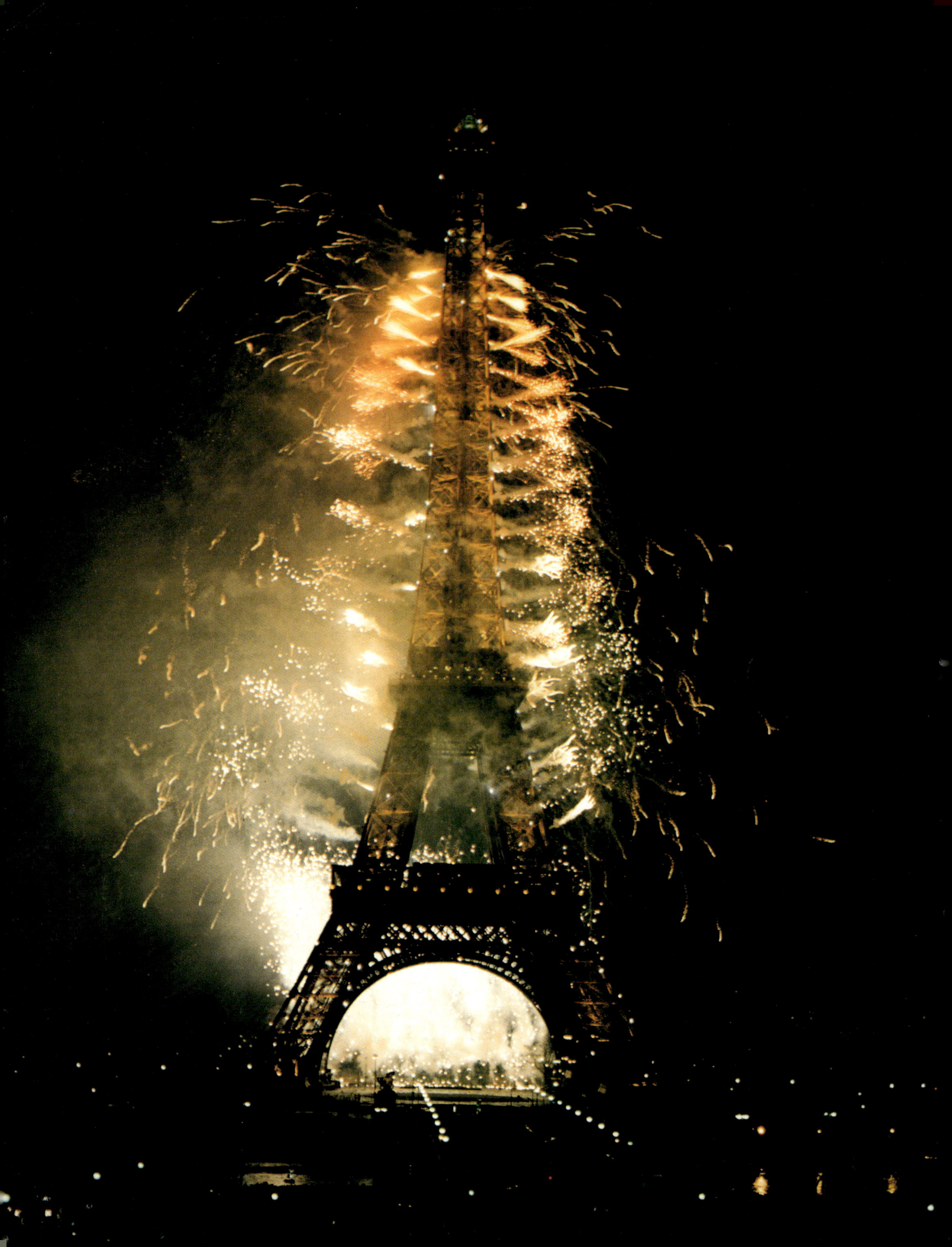

Caucasien. Il fait le tour du monde à vélo pour l'eau de son pays.	J-344	Caucasian. He is touring the world on bicycle for the water in his country.
Manifestation de soutien au Kosovo.	J-343	Demonstration of support to Kosovo.
Palais de Chaillot. La Tour Eiffel a disparu. Reste le reflet du décompte.	J-330	Palais de Chaillot, The Eiffel Tower has disappeared. Only the reflection of the countdown remains.
On l'appelle Jésus.	J-321	People call him Jesus.
Blocs de glace taillés dans la banquise de Norvège. Ils vont être sculptés sur le parvis du Trocadéro. Hommage à la pureté de l'eau.	J-318	Blocks of Ice which were carved out from the Norwegian ice fields. They are going to be sculpted on the square of the "Trocadero" for a demonstration on water pureness.
La Seine déborde.	J-311/J-310	The Seine river overflows.
Ils sont une centaine de chats en liberté, nourris quotidiennement par l'Association de défense des chats du Trocadéro.	J-297	There are about a hundred cats roaming freely. They are fed daily by the association for the defense of the cats of the "Trocadero".
José gagne sa vie en promenant les chiens des autres.	J-289	Jose earns his living by walking other peoples' dogs.
Il vit dehors depuis deux ans.	J-286	He has been living out in the streets for two years.
Ce scientifique russe a choisi la liberté de la rue. Sa hantise : les rats, les flics.	J-282	This Russian scientist has chosen the liberty of the streets. His obsessive fears : rats and cops.
Le marathon de Paris.	J-272	The Paris marathon.
Michel, mort quelques jours plus tard : l'alcool, l'usure. Il avait installé un abri de fortune sous ce pont.	J-267	Michel, who died a few days later worn away by life and alcohol. He had set up a makeshift shelter under this bridge.
Poète marginal se disant "hors-humain". Il est né en 1944 dans un camp de concentration. Depuis, il joue avec sa vie.	J-260	A dropout artist who qualified himself as "out-human". He was born in 1944 in a concentration camp. Since then he has played with his life.
Ragazoni, ancien coureur de Formule 1.	J-257	Ragazoni, a former Formula one racing car driver.
Depuis le bureau du Comité français du commerce extérieur.	J-256	From the office of the French Comity on Foreign Trade.
Les étudiants de l'Université catholique de Tuna Da, Portugal.	J-248	The students of the catholic university of Tuna Da, Portugal.
Manifestation de la gauche israélienne.	J-242	Demonstration by the Israeli Left.
Depuis le clocher de l'église Saint-Pierre-de-Chaillot.	J-240	From the bell tower of the Saint-Pierre-de-Chaillot Church.
Juste avant Rolland Garros. Happening.	J-224	Just before Rolland Garros tennis tournament.
Les dix ans de Tien Anmen.	J-212	The tenth anniversary of the Tien Anmen massacre.
Des étudiants américains venus célébrer la fin de leur scolarité.	J-211	American college students who have come to celebrate the end of their studies.
Pour la reconstitution des marais salants de Noirmoutier. Opération de promotion.	J-203/-199/-198	For the rebuilding of the salterns of Noirmoutier. Promotion event.
Elles ont fait le voyage pour participer aux manifestations couronnant l'année du Maroc.	J-192	They have made the trip to take part to the crowning events of the Morocco year.
Un tour du monde en Harley Davidson.	J-186	A Harley Davidson round the world trip.
5 H 00 du matin, la Seine comme une mer d'huile.	J-180	5 am, the Seine, a glassy sea.
Les canons à eau des bassins du Trocadéro.	J-172	The water cannons of the basins of the "Trocadero".
Le 14 juillet.	J-171	The 14th of July.
Fermeture des grilles d'un bateau mouche pour la nuit.	J-165	The closing of the gates of a river boat for the night.
Statue vivante.	J-162	A living statue.
Photographe japonais.	J-159	A Japanese photographer.
Lutte de secteur entre vendeurs ambulants.	J-157	A fight over selling sectors among street vendors.
Clocher de l'église Saint-Pierre-de-Chaillot.	J-155	Bell tower of the Saint Pierre de Chaillot Church.
En Chine, le Falun Gong vient d'être assimilé à une secte et, de ce fait, interdit. Manifestation silencieuse.	J-154	In China the Falun Gong has just been declared a sect and therefore outlawed. Silent demonstration.
Eclipse.	J-143	Eclipse.
De dos, Mathieu Ricard, traducteur officiel du Dalaï Lama.	J-139	The back of Mathieu Ricard, the Dalaï Lama's official translator-interpreter.
Dans la transparence d'une toile d'araignée.	J-134	Through the transparency of a cob web.
Bateau.	J-133	Boat.
31 août : deuxième anniversaire de la mort de Diana.	J-123	August 31st : the second anniversary of Princess Diana's death.
Fêtes de la Seine (suite) avec la Banda Zefir.	J-119	The Seine Feast with the Banda Zefir.
Salon des antiquaires.	J-118	The antique dealers' exhibition.
Daniel Pinacué Achicué, Amérindien issu de l'ethnie Nasa (Paez) du sud des Andes colombiennes, chef de la Révolution armée de Colombie.	J-107	Daniel Pinacue Achicue, native American of the Nasa (Paez) tribe, in the South of the Columbian Andes, head of the armed revolution in Columbia.
Happening de la Fédération française de Golf.	J-105	Happening by the French Golf Federation.
Fête des vendanges.	J-100	The wine harvest feast.
Handicap Internationnal, manifestation contre les mines anti-personnel.	J-98	Handicap International, demonstration against anti-personnal mines.
La marine française.	J-95	The French Navy.
Ouvreuse du Théâtre national de Chaillot.	J-91	Usherette of the National Theater of Chaillot.
Palissade peinte pendant la manifestation contre les mines anti-personnel.	J-88	Fence painted during the demonstration against anti-personnal mines.
Au loin, une montgolfière.	J-87	In the distance, a hot air balloon.
Annabelle Mouloudji en représentation à Chaillot.	J-84	Annabelle Mouloudji on show at Chaillot.
Palissade peinte pendant la manifestation contre les mines anti-personnel.	J-81	Fence painted during the demonstration against anti-personnal mines.
Spectacle de Jérôme Savary "La Périchole, la chanteuse et le dictateur".	J-80	Show by Jerome Savary, "La Perichole, la chanteuse et le dictateur".
Les 20 km de Paris.	J-76	The Paris 20 Kms.
Manifestation silencieuse contre l'interdiction du Falun Gong.	J-68	Silent demonstration against the forbidding on the Falun Gong.
Ammonite, 18 millions d'années : apparition de la vie sur Terre.	J-67	Ammonite, 18 million years ago : life appears on Earth.
Manifestation pour Radjavi.	J-66	Demonstration for Radjavi.
Halloween.	J-62	Halloween.
Danseurs de Tango.	J-58	Tango dancers.
Manifestation de la prévention routière, test sur voiture.	J-56	Road Safety event, test in cars.
Présentateur vedette de la télévision saoudienne.	J-55	Star anchorman of the Saudi Television.
Mitterrand chinois.	J-52	Chinese Mitterrand.
Jean-Paul Gaultier à la sortie d'un spectacle du théâtre de Chaillot.	J-51	Jean-Paul Gaultier right after a show at the Chaillot theater.
Canal+, tournage des Guignols de l'info.	J-50	Canal+ Cable TV, shooting of the "Guignols de l'info", the star news parody show.
Jarmo, photographe de Miami, pour Playboy, Bateau «le Don Juan».	J-41	Jarmo, Miami photographer for Playboy, Boat "le Don Juan".
Première météorite reconnue par le monde scientifique.	J-39	The first known meteorite acknowledged as such by the scientific world.
Construction d'un chalet pour le Village des enfants.	J-36	Building of a chalet for the Children's village.
Les pompiers manifestent pour un meilleur statut.	J-19	Firemen demonstrating for better status and contract.
Dimanche 26 décembre au matin. Une tempête d'une violence sans précédent s'abat sur Paris et le Nord de la France.	J-6	Sunday December 26th in the morning. A storm of unprecedented strength hits Paris and the North of France.
Entre la station Bir-Hakeim et Passy.	J-5	Between the Bir-Hakeim station and Passy.
Police en rollers.	J-4	Police on rollers.
Patricia Gasman (Société Picto) en parachute ascensionnel.	J-2	Patricia Gasman parascending.
Le décompte a disparu.	J-1	The countdown has disappeared.
Enfin ! ! !	Jour J/D-Day	At last !!!

Robe de l'an 2000 par Emanuel UNGARO avec les photos de Jean-Paul LUBLINER
The millenium's dress by Emanuel UNGARO with Jean-Paul LUBLINER's pictures